Wege zur virtuellen Haupt- und Gesellschafterversammlung

Saarbrücker Studien
zum Privat- und Wirtschaftsrecht

Herausgegeben von Johann Paul Bauer,
Michael Martinek (geschäftsführender Herausgeber)
und Helmut Rüßmann

Band 40

PETER LANG
Frankfurt am Main · Berlin · Bern · Bruxelles · New York · Oxford · Wien

Andreas Wolf

Wege zur virtuellen Haupt- und Gesellschafterversammlung

Eine vergleichende Untersuchung
über die Einbeziehung elektronischer Medien
in die Hauptversammlung
einer Aktiengesellschaft und die
Gesellschafterversammlung einer GmbH

PETER LANG
Europäischer Verlag der Wissenschaften

Bibliografische Information Der Deutschen Bibliothek
Die Deutsche Bibliothek verzeichnet diese Publikation in der Deutschen Nationalbibliografie; detaillierte bibliografische Daten sind im Internet über <http://dnb.ddb.de> abrufbar.

Zugl.: Saarbrücken, Univ., Diss., 2003

D 291
ISSN 1433-8866
ISBN 3-631-51834-X

www.peterlang.de

Saarbrücker Studien zum Privat- und Wirtschaftsrecht

herausgegeben von
Prof. Dr. Johann Paul Bauer
Prof. Dr. Dr. Dr. h.c. Michael Martinek
Prof. Dr. Helmut Rüßmann

Die Schriftenreihe "Saarbrücker Studien zum Privat- und Wirtschaftsrecht" bildet in erster Linie ein Forum für rechtswissenschaftliche Doktorarbeiten der Universität des Saarlandes auf zwei juristischen Schwerpunktgebieten. Zum einen sollen Dissertationen im klassischen Privatrecht, vor allem im bürgerlichen Vermögensrecht der ersten drei Bücher des BGB und ihrer Nebengesetze vorgestellt werden. Zum anderen findet das Wirtschaftsrecht im Sinne des Wirtschaftsprivatrechts besondere Berücksichtigung, womit namentlich die Gebiete des Handelsrechts einschließlich des Bilanzrechts, des Personen- und Kapitalgesellschaftsrechts einschließlich des Konzernrechts, des Gewerblichen Rechtsschutzes sowie des Wettbewerbs- und Kartellrechts bezeichnet sind. Es versteht sich, daß nicht nur rechtsdogmatische Studien, sondern auch rechtstatsächlich, rechtspolitisch oder interdisziplinär angelegte Arbeiten in die Schriftenreihe Aufnahme finden. Denn die Rechts- und Wirtschaftswissenschaftliche Fakultät der Universität des Saarlandes vereinigt unter *einem* Dach die Fachbereiche Rechtswissenschaft und Wirtschaftswissenschaft und regt damit Studenten und Hochschullehrer in besonderer Weise zu fachübergreifender Lehre und Forschung an. Die Schriftenreihe steht aber nicht nur sehr guten und ausgezeichneten Dissertationen, sondern auch anderen "Studien" zu privat- und wirtschaftsrechtlichen Themen offen, bis hin zu Materialien und Skripten des akademischen Unterrichts. Die drei Herausgeber, die zugleich stellvertretend für ihre anderen Saarbrücker Fakultätskollegen des Privat- und Wirtschaftsrechts handeln, verbinden mit den "Saarbrücker Studien zum Privat- und Wirtschaftsrecht" den Wunsch, daß die hier veröffentlichten Arbeiten die verdiente Resonanz in der breiteren juristischen Fachöffentlichkeit finden.

Meinen Eltern

Inhaltsverzeichnis

Einleitung

In den letzten Jahren hat die Globalisierung der Kapitalmärkte und Unternehmen sowie die internationale Verflechtung der Gesellschaften immer mehr zugenommen.

Neuartige elektronische Kommunikationssysteme, die die Geschwindigkeit des Informationsaustausches beschleunigt haben, haben das ihre zu dieser Entwicklung beigetragen, und so hat sich vieles verändert. Vor allem das Internet mit der Vielzahl seiner Kommunikations- und Informationsmöglichkeiten spielt hier eine entscheidende Rolle. In Sekundenschnelle ist heute eine weltweite Verbindung aufgebaut, mittels derer sich mehrere Menschen zur gleichen Zeit austauschen und sich gegenseitig Informationen übermitteln können. Auf diese Weise können Bild- und Tondokumente oder auch einfach nur Textdateien größeren Umfangs schnell ohne Zeitverlust und ohne materiellen Aufwand einem großen Publikum zugänglich gemacht werden. Flexible und mobile Systeme, die durch die Satellitentechnik ein fast unbegrenztes Netzwerk auch über entlegene Regionen der Welt spannen, ermöglichen es, jeden zu jeder beliebigen Zeit an jeder Stelle des Globus zu erreichen.[1] Ein entscheidendes Kennzeichen dieser neuen Technologien ist darüber hinaus ihre Interaktivität.

Immer mehr stehen die neuen Medien auch einer großen Anzahl von Menschen zur Verfügung. Hier wird die Expansion dieser Technik und die Fülle der Angebote täglich gewaltiger. Einer Schätzung zufolge gab es im Jahr 2000 schon ca. 1 Milliarde Sites im Internet, die alle Quelle von Informationen waren.[2]

Onlinejobs und Internetarbeit verbreiten sich immer mehr und sind fast schon zu einer Selbstverständlichkeit geworden. Es bestehen sogar schon Überlegungen, inwieweit ganze „virtuelle Unternehmen“ in Zukunft agieren können.[3]

Ein Unternehmen, das national oder international Bestand haben will, wird sich dieser Entwicklung heute nicht mehr verschließen, wenn es nicht den Anschluss an den Weltmarkt verpassen will.[4] Somit ist es heute im Sinne einer modernen Unternehmensstrategie auch hilfreich, sich darüber Gedanken zu machen, wie diese neuen Medien in den Arbeitsabläufen der Unternehmen und der unter-

---

1 *Groebel* in Büllesbach/Heymann Informationsrecht 2000 S. 258 (287f, 292)
2 *Groebel* in Büllesbach/Heymann Informationsrecht 2000 S. 285 (286)
3 Hierzu *Ensthaler/Gesmann-Nuissl* BB 2000, 2265
4 Vgl. *Albach,* Horst in FS Lutter 2000 S.3 (5f)

nehmensinternen Kommunikation eingesetzt werden können, zumal schon ca. 44% der Aktionäre oder Inhaber von Fondsanteilen über einen eigenen Internetzugang verfügen sollen, es jedoch aus dem Kreis der anderen Personen lediglich ca. 16% sein sollen.[5]

Gesellschaften, die häufig in der Form einer GmbH oder Aktiengesellschaft betrieben werden, haben im Zuge der Globalisierung mittlerweile einen beachtlichen Auslandsanteil ihres Umsatzes und der im Ausland beschäftigten Mitarbeiter aufzuweisen.[6] Auch ihr Gesellschafterkreis ist in den letzten Jahrzehnten immer internationaler geworden.

Gerade dieser Umstand trägt auch viel dazu bei, dass in den letzten Jahren vor allem bei der Aktiengesellschaft zu beobachten ist, dass bei den Hauptversammlungen nur noch eine verschwindend geringe Anzahl von Aktionären auftritt. Diese Entwicklung stellt für die Gesellschaften ein Problem dar, nicht zuletzt deshalb, weil so das Zustandekommen von Zufallsmehrheiten begünstigt wird, wodurch eine relativ kleine Gruppe die Geschicke der Gesellschaft zu lenken vermag, was naturgemäß die Großaktionäre begünstigt. Es wird auch als Kritikpunkt aufgeführt, dass die geringe Präsenzquote ein „Verpuffen" des demokratischen Gedankens bewirke, der dem deutschen Recht der Hauptversammlung innewohne.[7]

Nun eröffnet sich durch die elektronischen Medien eine ganz neue Perspektive. An den Versammlungen können mit ihrer Hilfe auch Gesellschafter teilnehmen, die sich gerade auf der anderen Seite des Erdballes befinden. Zwar wird die physische Distanz nicht überwunden, jedoch kann dem Gesellschafter die Ausübung seiner Mitverwaltungsrechte auf diese Weise ermöglicht werden.

Eine elektronische Abhaltung der Gesellschafterversammlung bzw. Hauptversammlung kann somit dazu beitragen, die hohen Kosten einer Versammlung zu senken, der vorherrschenden mangelnden Präsenzquote bei solchen Versammlungen entgegenzutreten und Zeit zu sparen. Die Versammlung wird so zu einer „schlanken Gesellschafterversammlung". Als positiver Nebeneffekt verleiht der Einsatz dieser Technologien dem Unternehmen in der Öffentlichkeit ein modernes zukunftsoffenes und dynamisches Bild.[8]

So optimistisch und wünschenswert diese Vision auch klingen mag, eine solche elektronische Versammlung wirft einige technische und rechtliche Probleme

---

5 *Habersack* ZHR 165 (2001), 172 (173)

6 Näher *Claussen* in Dörner/Menold/Pfitzer S. 297, 300

7 *Claussen* in Dörner/Menold/Pfitzer S. 297, 317f; *Hasselbach/Schumacher* ZGR 2000, 258 (259); *Noack* ZGR 1998, 592, (596, 599); *Schneider/Burgard* in FS Beusch 1993, S. 793ff; *Claussen* AG 2001, 161 (163ff)

8 *Hohlfeld* GmbHR 2000 R53; *Hasselbach/Schumacher* ZGR 2000, 258 (259); *Zwissler* GmbHR 2000, 28

auf, die einer Klärung bedürfen. So bleibt also zu prüfen, inwieweit der Einsatz der neuen Kommunikationssysteme rechtlich möglich ist.

Gang der Untersuchung

Die Arbeit beleuchtet die Zulässigkeit der Einbeziehung elektronischer Kommunikationsmedien in die Vorbereitung und Durchführung von Hauptversammlungen einer Aktiengesellschaft und von Gesellschafterversammlungen einer GmbH. Hierbei werden die beiden Gesellschaftsformen gegenübergestellt und so ihre Gemeinsamkeiten und Unterschiede in dieser Fragestellung herausgearbeitet. Ziel der Arbeit ist es, eine Satzung für eine GmbH zu entwerfen, die eine Einbindung neuer Medien in die Gesellschafterversammlung erlaubt.

In einem ersten Teil wird in einem Überblick der technische Hintergrund erläutert. So werden unterschiedliche Wege der Einbeziehung elektronischer Kommunikationsmedien dargestellt und die hiermit verbundenen Vor- und Nachteile aufgezeigt. Im Folgenden wird kurz auf die seit längerem bekannte Übertragungsart der Videokonferenz eingegangen. Im Anschluss daran widmet sich die Arbeit dem Internet und den Möglichkeiten seines Einsatzes. Hierbei wird auf Entstehungsgeschichte, Systematik und Funktionsweise des Internet eingegangen und die Sicherheit einer Datenübermittlung erläutert. Die Ausführungen in diesem Teil der Arbeit sollen einen Einblick in die technischen Mittel verschaffen, deren sich Gesellschaften bedienen können, um Gesellschafterversammlungen in der Vorbereitungs- und Durchführungsphase elektronisch ausgestalten zu können. Die Ausführungen im technischen Teil erheben hierbei nicht den Anspruch auf eine tiefgründige und vollständige Untersuchung der technischen Medien. Diese Medien werden vielmehr als bestehend vorausgesetzt, so dass sich die Arbeit in ihrem Kern auf die rechtliche Zulässigkeit des Einsatzes dieser Technik konzentriert.

Der zweite Teil der Arbeit geht der Frage nach, inwieweit elektronische Kommunikationsmittel bei der Vorbereitung und Durchführung der Hauptversammlung einer Aktiengesellschaft genutzt werden können.

In einem dritten Teil wird bezugnehmend auf die gewonnenen Erkenntnisse bzgl. der Aktiengesellschaft die Zulässigkeit einer Einbeziehung elektronischer Medien bei der GmbH selbst untersucht.

Aufbauend auf diesen Untersuchungsergebnissen werden daran anschließend im vierten Teil der Arbeit Satzungsbestimmungen formuliert, die es einer GmbH erlauben, sich bei der Vorbereitung und Durchführung ihrer Gesellschafterversammlungen elektronischer Kommunikationsmedien zu bedienen.

Die Arbeit enthält in einem Anhang ein Glossar, in dem die wichtigsten technischen Begriffe um das Internet und die Möglichkeiten seines Einsatzes in alphabetischer Reihenfolge kurz zusammengefasst sind, um ein schnelles Nachschlagen zu ermöglichen.

Teil 1 Technische Grundlagen

A. Möglichkeiten der Einbeziehung elektronischer Medien

Obwohl strukturbedingt nicht alle Punkte gleichermaßen auf die AG und GmbH übertragbar sind und vor allem auch große Publikumsaktiengesellschaften einen ganz anders gestalteten Aktionärskreis aufweisen und auch infolge ihrer Stellung in der Öffentlichkeit anders mit den Medien Umgang pflegen, als dies bei kleinen Aktiengesellschaften und GmbH der Fall ist, beziehen sich die folgenden Überlegungen in diesem Teil der Untersuchung grundsätzlich auf beide Gesellschaftsformen. Daher ist bei Äußerungen mit der Bezeichnung „Gesellschafterversammlung" auch die Hauptversammlung einer AG gemeint und mit der Bezeichnung „Gesellschafter" auch der Aktionär einer AG, es sei denn, ein bestimmter Punkt bezieht sich zwangsläufig auf eine bestimmte Gesellschaftsform.

Eine Vorstufe von internetunterstützten Gesellschafterversammlungen kann seit einigen Jahren bei verschiedenen größeren Aktiengesellschaften beobachtet werden. So sind manche Gesellschaften dazu übergegangen die Vorstandsreden im hauseigenen Business-TV oder im Internet zu übertragen bzw. zum freien Abruf zur Verfügung zu stellen. Diese etwas zurückhaltende Einbeziehung des Internet eröffnet allerdings lediglich die Möglichkeit, wenige ausgesuchte Reden passiv zu verfolgen.[9]

Will man darüber hinausgehen und bei der Durchführung einer Gesellschafterversammlung den Teilnehmern durch den Einsatz moderner elektronischer Kommunikationsmittel auch die Möglichkeit einer aktiven Mitgestaltung an die Hand geben, so muss man hierbei unabhängig von der rechtlichen Zulässigkeit grundsätzlich zwischen zwei Modellen unterscheiden.

I. Übertragung einer Präsenzversammlung / „Tele-Hauptversammlung"

Bei dieser Vorgehensweise hält die Gesellschaft eine Gesellschafterversammlung bzw. eine Hauptversammlung im traditionellen Sinne als eine Präsenzversammlung an einem bestimmten Ort ab. An diesem Ort kommen die Verwaltungsmitglieder, der Notar und ein Teil der Gesellschafter und Stimmrechtsvertreter zusammen und führen die Versammlung in herkömmlicher Art und Weise durch. Neu an dieser Art der Durchführung ist allerdings, dass weitere Gesell-

9 Vgl. hierzu *Marsch-Barner* in Noack/Spindler Unternehmensrecht S. 59

schafter, die nicht körperlich in der Versammlung anwesend sind, über eine Videokonferenzschaltung oder über das Internet mit dieser Präsenzversammlung verbunden werden und insofern nicht physisch real, sondern online an der Veranstaltung teilnehmen. Hierbei kann man auf zwei verschiedene Arten vorgehen. So kann die Gesellschaft zum einen neben der Zusammenkunft der Gesellschafter am eigentlichen Hauptversammlungsort weitere Gesellschafterzusammenkünfte als „Satellitenversammlungen"[10] einrichten. Dort können sich diejenigen Gesellschafter zusammenfinden, die nicht zu der eigentlichen Hauptversammlung kommen können oder wollen. Zum anderen kann jedem einzelnen Gesellschafter die individuelle Möglichkeit eingeräumt werden, sich von einem beliebigen PC mit Internetanschluss an die Übertragung anzuschließen und auf diese Weise die Versammlung zu verfolgen.

Eine Variante hiervon ist die Reduzierung der Anzahl der körperlich Anwesenden auf ein absolutes Minimum. Dabei kommen lediglich noch die für die jeweilige Gesellschaft erforderlichen Verwaltungsmitglieder wie Aufsichtsrat und Vorstand, ein Notar, die Stimmrechtsvertreter und zumindest ein einziger Gesellschafter zur Wahrung des Teilnahmerechtes der Gesellschafter an dem realen Ort körperlich zusammen. Alle anderen Gesellschafter werden nur über elektronische Kommunikationsmittel mit dieser „Rumpfversammlung" verbunden.[11]

Eine Voraussetzung für ein solches Vorgehen ist allerdings, dass die Zugangsberechtigung sämtlicher Teilnehmer hinreichend überprüft wird und nur die wirklich Teilnahmeberechtigten der Versammlung beiwohnen können. Genauso wie körperlich teilnehmende Gesellschafter ihre Zugangsberechtigung beispielsweise mit Eintrittskarten nachweisen, so muss auch der Online-Teilnehmer seine Legitimation erbringen. Anstelle einer Eintrittskarte muss man hier auf technische Identifikationsverfahren wie z.B. PIN- und TAN-Nummern, elektronische Signaturen oder biotechnische Verfahren zurückgreifen (siehe Teil 1 C II 2 g bb; Teil 1 C II 2 h). Nur diejenigen, die als legitimierte Teilnehmer identifiziert werden, dürfen somit die Versammlung „betreten".[12]

Die Versammlung wird in Ton und Bild übertragen, so dass die zugeschalteten Online-Teilnehmer die Möglichkeit haben, dem Verlauf der Versammlung zu folgen. Hierbei kann man ihnen auch die Möglichkeit einräumen, zwischen mehreren Bildeinstellungen zu wählen. Die Internetübertragung kann eine Einsichtnahme in das Teilnehmerverzeichnis und andere Unterlagen, die in einer

---

10 *Noack* in Noack/Spindler Unternehmensrecht S. 32; *Riegger/Mutter* ZIP 1998, 637 (640)

11 So *Claussen* AG 2001, 161 (166, 168)

12 *Riegger* ZHR 165 (2001) 204 (208); *Zuther* in Semler/Volhard Arbeitshandbuch I B 585ff mit Graphik/Screenshot

Präsenzversammlung ausliegen müssen, in verschiedenen eigens angelegten Dateien ermöglichen. Die verbundenen Teilnehmer selbst können umgekehrt Fragen und Redebeiträge durch eine Webcam oder Kameras mit Mikrophonen aufnehmen und diese über eine Videokonferenzschaltung oder das Internet an den Hauptversammlungsort übertragen, wo die Beiträge dann z.B. auf einer Großbildleinwand den dort Versammelten wiedergegeben wird. Hier ist es jedoch auch möglich, einen Meinungsaustausch per E-Mail an die Präsenzversammlung zu senden und den dort Anwesenden den Textbeitrag zugänglich zu machen.[13]

Die Beschlussfassung läuft so ab, dass die am Ort der Präsenzversammlung anwesenden Gesellschafter eine Abstimmung in herkömmlicher Weise durchführen. Für die online zugeschalteten Gesellschafter kommt die Idee eines Online-Votings in Betracht. Hierbei können diese Gesellschafter ihre Stimme über das Internet mit Hilfe eines Bildschirmformulars oder einer E-Mail an die Präsenzversammlung verschicken. Dort wird die Stimme dann ausgewertet und fließt mit in die Auszählung zur Ergebnisermittlung ein. Treffen sich mehrere Gesellschafter in Satellitenversammlungen, so kann die Stimmabgabe dort so erfolgen, dass an diesen Orten jeweils eine separate Abstimmung durchgeführt wird und die Ergebnisse an den Ort der eigentlichen Hauptversammlung weitergeleitet werden, wo sie zu einem Gesamtergebnis zusammengefasst werden.[14]

II. Online-Versammlung

Diese Variante vollzieht sich auf einer vollkommen neuartigen Basis. Hierbei findet nämlich keine Präsenzversammlung im herkömmlichen Sinne mehr statt. Es treffen sich keine Gesellschafter, Verwaltungsmitglieder, Notar oder Stimmrechtsvertreter mehr an einem realen Ort, um eine Versammlung durchzuführen, die dann an andere Orte übertragen wird. Vielmehr handelt es sich hier um ein reines Treffen im virtuellen Raum (Cyberspace). In einem kleinen Teilgebiet des Gesellschaftsrechts, nämlich der Zusammenarbeit und der Entscheidungsfindung der Leitungs- und Überwachungsorgane Vorstand, Geschäftsführer und Aufsichtsrat wird die Einbeziehung moderner Kommunikationstechnik auch schon praktiziert. Ebenso hat sich hier eine Beschlussfassung auf der Grundlage moderner Telekommunikationsformen bereits etabliert.[15]

---

13 Vgl. *Zuther* in Semler/Volhard Arbeitshandbuch I B 585ff mit Graphik/Screenshot; *Riegger* ZHR 165 (2001), 204 (208f); *Claussen* AG 2001, 161 (166)

14 Vgl. hierzu *Noack* in Noack/Spindler Unternehmensrecht S. 32f

15 *Hirte* in FS Buxbaum 2000 S. 283 (286) mit dem Hinweis darauf, dass vor allem in multinationalen Konzernen eine andere Vorgehensweise kaum noch durchführbar er-

Diese Vorgehensweise bedeutet ein Loslösen von der Idee einer persönlichen und physischen Zusammenkunft der Anteilseigner.[16] Die Gesellschafter sind nur noch online verbunden. Redebeiträge und Fragen können mit den entsprechenden Antworten und Auskünften über Kameras aufgenommen werden und über das Internet den anderen Teilnehmern der Online-Versammlung übermittelt werden. Eine andere Möglichkeit besteht darin, Auskunftsbegehren und Auskunftserteilung sowie die Redebeiträge und die anschließenden Debatten über Chat oder E-Mails als Textaustausch durchzuführen. Hierzu können von der Gesellschaft untergliederte Diskussionsforen eingerichtet werden, in denen die Gesellschafter zu einzelnen Themen eine lebhafte Aussprache führen können. Des weiteren kann sie moderierte Mailinglisten oder Newsgroups erstellen, um den Informationsfluss und den Meinungsaustausch zwischen Gesellschaftern zu ermöglichen.

Die Stimmabgabe erfolgt per Online-Voting über einen einfachen Mausklick. Durch dieses System wird sowohl ein großer Zeitgewinn als auch eine hohe Kostenersparnis erzielt, da eine solche Teilnahme mit geringem technischen Aufwand von jedem PC mit Internetanschluss betrieben werden kann.

---

scheint; vgl. auch *Noack* ZGR 1998, 592 (595f) und Begründung RegE TransPuG http://www.bmj.bund.de/images/11313.pdf S. 43ff

16 *Noack* ZGR 1998, 592 (601); *Noack* BB 1998, 2533 (2535)

B. Vor- und Nachteile der Einbeziehung des Internet in eine Gesellschafterversammlung

I. Vorteile

1. Präsenzquote, einfache Möglichkeit der Teilnahme

Ein großer Vorteil, der sich mit dem Abhalten einer internetunterstützten und noch viel mehr mit der virtuellen Gesellschafterversammlung verbindet, ist, dass die kosten- und zeitaufwändige Anreise der Gesellschafter an den konkreten Versammlungsort entfällt, da alle Gesellschafter entweder an den näher gelegenen Satellitenversammlungen zusammenkommen oder sogar von ihrem Rechner zu Hause aus an der Versammlung teilnehmen können. Dies stellt vor allen Dingen für solche Gesellschafter eine begrüßenswerte Errungenschaft dar, die weit vom Versammlungsort weg wohnen, namentlich Aktionäre aus aller Welt bei einer international agierenden Publikums-AG. Die Einbeziehung elektronischer Medien kann so auch zur Lösung des seit langem bei der AG bemängelten Problems niedriger Präsenzquoten auf der Hauptversammlung beitragen. Die Zahl der Hauptversammlungsteilnehmer ist in den letzten Jahren durchweg erheblich zurückgegangen und lag bei nahezu der Hälfte der DAX-Unternehmen durchschnittlich unter 60%, bei manchen größeren Unternehmen wie Siemens, VW und manche Großbanken sogar nur zwischen 24% und 50%. Die Möglichkeit einer internetunterstützten, zeitsparenden Teilnahme, die mit wenig Aufwand verbunden ist, könnte nun viele Aktionäre, vor allem Kleinaktionäre, zu einem Hauptversammlungsbesuch bewegen, was die Präsenzquoten auch wieder ansteigen lassen dürfte.[17]

Claussen sieht in der Entwicklung in den USA die These bestätigt, dass durch eine Einbindung elektronischer Medien die Präsenz in den Hauptversammlungen wieder gesteigert werden könnte. Dort sei nämlich mit der Nutzung des Internet seit 1996 ein Anstieg zu erkennen, wobei ca. 25 % der Stimmen

17 Vgl. *Riegger* ZHR 165 (2001) 204 (217); *Claussen* AG 2001, 161 (163); *Werner* in FS Fleck 1988 S. 401 (402); *Schneider/Burgard* FS Beusch 1993 S. 783 (786f); *Seeger* S. 42ff; *Schieber* in Zetzsche S. 213ff; Zahlen auch bei *Klawitter* in Noack/Spindler Unternehmensrecht S. 37; zweifelnd *Marsch-Barner* in Noack/Spindler Unternehmensrecht S. 66f, der darauf abstellt, dass die Hauptversammlung in heutiger Form nur deshalb so gut funktioniert, weil so wenige Aktionäre persönlich teilnehmen vgl. hierzu auch *Seibert* in Noack/Spindler Unternehmensrecht S. 259f

über E-Mail abgegeben werden.[18] Für eine wirksame Beschlussfassung sieht das Aktiengesetz (AktG)[19] zwar grundsätzlich keine Quoren vor, des weiteren wird die Mehrheit bei Beschlussfassungen grundsätzlich auch nach den abgegebenen Stimmen bzw. nach Kapitalmehrheiten bestimmt, so dass eine niedrige Präsenzquote insofern keine Auswirkungen hat, dennoch haben die Gesellschaften ein besonderes Interesse an einer hohen Präsenz in ihren Versammlungen. Eine hohe Präsenzzahl bietet zum einen Vorstand und Aufsichtsrat eine breite Legitimationsbasis für ihre Abstimmungsvorschläge und gewährleistet zum anderen, dass das relative Stimmgewicht der in der Hauptversammlung anwesenden bzw. vertretenen Aktionäre mit großen Anteilen nicht zu stark zunimmt. Eine hohe Präsenz in der Hauptversammlung hat insofern einen Verlust des Stimmengewichtes der einzelnen Aktie zur Folge. Stimmrechtspakete, mit denen vormals eine Hauptversammlungsmehrheit bzw. eine Sperrminorität erreicht wurden, können mit der erhöhten Präsenzquote einer internetunterstützten Gesellschafterversammlung an Bedeutung verlieren.

Im Gegenzug können Versammlungsbeschlüsse aber auch unberechenbarer werden und die Gefahr eines Zustandekommens von Zufallsmehrheiten wird größer. Stellenweise wird daher zur Vermeidung dieser Folgen das Vorschreiben von Quoren oder eine vorherige Anmeldung interessierter Aktionäre angeregt.[20]

Bei einer niedrigen Präsenz können im Extremfall auch Aktionäre mit kleinen Anteilen eine Sperrminorität von mehr als 25% der Stimmen erreichen und so wichtige Entscheidungen wesentlich beeinflussen.[21]

2. Kosten

Auch die Gesellschaft selbst kann mit der Einbeziehung elektronischer Kommunikationsmedien eine beachtliche Kostenersparnis erzielen. Die Kosten physisch realer Präsenzversammlungen, die durch das Anmieten von Räumlichkeiten und Einsetzen von Personal verursacht werden, stellen zumindest für kleinere Gesellschaften eine bedeutende Größe dar. Dazu kommen Kosten für die Beleuchtung

---

18 *Claussen* AG 2001, 161 (164); vgl. hierzu auch *Spindler/Hüther* RIW 2000, 329

19 AktG vom 06.09.1965 BGBl I S. 1089

20 Vgl. *Hirte* FS Buxbaum 2000 S. 283 (296); *Spindler*, ZGR 2000, 420 (443); *Riegger* ZHR 165 (2001), 204 (217); hierzu auch *Timm* in FS Marcus Lutter 2000 S. 157 (168f)

21 *Klawitter* in Noack/Spindler Unternehmensrecht S. 37 mit Bsp. der Investorengruppe Cobra bei der Hauptversammlung der Commerzbank AG im Jahre 2000; vgl. *Heise* in Noack/Spindler Unternehmensrecht S.51f, der auch auf eine Änderung der Aktionärsstruktur hinweist

und Beschallung der Räumlichkeiten, je nach Größe der Gesellschaft Personalkosten für große Stäbe zur Bearbeitung von Informationsbegehren, Prognoserechnungen, Probeläufe von Abstimmungen etc.. Eine Online-Versammlung könnte hier zu finanziell starken Erleichterung führen, so dass gelegentlich gar von einem Einsparpotential von ca. 30% geredet wird.[22]

3. *Investor Relation*

Die Bedeutung der Investor Relation ist heute bei der Zunahme der Internationalisierung der Kapitalmärkte immens groß, da die Unternehmen in einem weltweiten Konkurrenzkampf stehen. Im Zeitalter der Globalisierung und technischer Innovationen im Kommunikationsbereich rückt die Welt auch elektronisch näher zusammen, und so weisen insbesondere international agierende Publikumsaktiengesellschaften auch einen international gestreuten Kreis von Groß- und Kleinaktionären auf, für die es eine erhebliche Erleichterung der Ausübung ihrer Mitgliedschaftsrecht wäre, eine Hauptversammlung virtuell besuchen zu können. Hier ist es wichtig, mit dem Aktionär in Verbindung zu stehen. Die Aktiengesellschaft selbst kann hierdurch zum einen eine bessere Investor Relation betreiben und sich zum anderen selbst in gelungener Weise präsentieren.[23] Noch vor der eigentlichen Rechtsausübung in der Hauptversammlung bieten elektronische Medien gerade dem internationalen Anlegerkreis noch einen weiteren Vorteil bei der Einberufung. Hier kann die Einladung zur Hauptversammlung zusammen mit der Tagesordnung und den bekanntmachungsbedürftigen Mitteilungen schnell und kostengünstig mittels E-Mail oder der Veröffentlichung auf einer Internetseite allen Gesellschaftern übermittelt werden. Die bisherige Einberufungspraxis der Hauptversammlung einer AG, bei der ausländische Aktionäre zur Printausgabe des Bundesanzeiger greifen oder ihre Aktien durch ausländische Depotbanken verwahren müssen, ist da weit weniger effektiv, so dass die Bekanntmachungen und Mitteilungen nach §§ 123 ff AktG diese Aktionäre oftmals nicht dirket erreichen oder nicht weitergeleitet werden.[24] Außerdem liest wohl auch der deutsche Kleinaktionär eher seltener den Bundesanzeiger, so dass eine Bekanntmachung, die lediglich auf diesem Weg erfolgt, eine Vielzahl von Anteilseignern nicht erreicht.

---

22 *Claussen* AG 2001, 161 (163f)

23 *Zuther* in Semler/Volhard Arbeitshandbuch I B 575; *Noack* DB 1999, 1306; *Kölling* NZG 2000, 631 (634f); *Klawitter* in Noack/Spindler Unternehmensrecht S. 39

24 *Claussen* AG 2001, 161 (167); *Noack* ZGR 1998, 592 (596); *Zätzsch/Gröning* NZG 2000, 393 (397)

Die Hauptprobleme im Bereich der Investor Relation, die eine Verbesserung der Kommunikation zwischen der AG und ihrem Aktionär sucht, können jedoch zum einen darin gesehen werden, bei Inhaberaktien erst deren Eigentümer herauszufinden und dann eine positive Beziehung zu ihnen aufzubauen. Zum anderen liegen sie in der Frage, wie eine Behebung der Informationsasymmetrien zwischen Groß- und Kleinaktionären und zwischen institutionellen und privaten Anlegern erzielt werden kann. In beiden Fällen hilft das Internet weiter. Dadurch, dass die Namensaktie durch die jüngsten Gesetzesänderungen, wie das NaStraG,[25] wieder an Attraktivität zugenommen hat und sich infolgedessen viele Aktiengesellschaften mittlerweile zur Einführung der Namensaktie entschieden haben, wurde eine bessere Kontaktaufnahme auch auf elektronischem Wege zu dem Aktionär ermöglicht. Dem Anleger können insoweit durch das Internet mehr Unternehmensinformationen unmittelbar, schnell und kostengünstig vermittelt werden.[26] Die Idee der Abhaltung einer virtuellen Hauptversammlung ist in diesem Sinne nur ein weiteres Angebot der Gesellschaft an den Anleger, auf einfache Art intensiver mit der Gesellschaft in Kontakt zu treten.

4. Corporate-Governance-Argument

Unter Corporate Governance sind Grundsätze zur Unternehmensführung für die Praxis mit wissenschaftlicher Wegweisung und interne Instrumente zur Leitung und Kontrolle des Unternehmens, mithin die optimierten Wege einer Unternehmensführung, zu verstehen, bzw. vereinfacht gesprochen die rechtliche und tatsächliche Organisation der Leitungs- und Überwachungsstrukturen in großen Kapitalgesellschaften.[27] In diesem Zusammenhang bietet auch die virtuelle Hauptversammlung für eine Aktiengesellschaft Chancen zur innovativen Unternehmensführung.

Nach den OECD-Grundsätzen der Corporate Governance wird nämlich eine verlässliche Stimmrechtsausübung in der Hauptversammlung einer Aktiengesellschaft auch für internationale Anleger als äußerst bedeutsam eingeschätzt. Vor diesem Hintergrund wird die Stimmabgabe in einer Online-Hauptversammlung zusammen mit einer zeitgerechten Vollinformation der Aktionäre als eine her-

25 BGBl I 2001, S. 123, In Kraft getreten am 25.01.2001

26 Näher *Claussen* AG 2001, 161 (165); *Claussen/Bröcker* AG 2000, 481 (488); *Wymeersch* in FS Marcus Lutter 2000 S. 213 (223)

27 *Claussen* AG 2001, 161 (164); *Seibert* AG 1999, 337ff; *Hommelhoff* in FS Marcus Lutter 2000 S. 95 (105); *Claussen/Bröcker* AG 2000, 481ff; *Klawitter* in Noack/Spindler Unternehmensrecht S. 39; *Spindler* ZGR 2000, 420 (440ff); *Noack* in Zetzsche S. 13f

ausragende Möglichkeit für ein Unternehmen angesehen, diese Corporate-Governance-Grundsätze zu befolgen. Des weiteren ist auch ein sparsamer Umgang mit dem Geld der Gesellschaft Bestandteil der Corporate Governance. Eine kostengünstige Durchführung der Online-Hauptversammlung käme also auch insoweit diesen Grundsätzen näher.[28]

Hierzu ist auch zu zählen, dass Hochrechnungen zufolge im Jahre 2010 in der Hauptversammlungssaison ca. 40 Hauptversammlungen von Aktiengesellschaften an einem Tag abgehalten werden. Einem Aktionär, der an verschiedenen Gesellschaften Anteile hält, könnte in der Zukunft mit Hilfe einer Online-Hauptversammlung an mehreren Hauptversammlungen teilnehmen, die rund um den Globus verteilt an einem Tag stattfinden.[29]

5. „Filibuster"[30]

Ein weiterer Vorteil der Nutzung des Internet ist der, dass Gesellschafter, die ihre Rede- und Auskunftsrechte in übermäßiger Art und Weise ausüben und somit den Fluss einer Gesellschafterversammlung stören und sogar deren Rahmen sprengen können (sog. „Filibuster" oder „räuberische Aktionäre"), über das Internet transparent gemacht werden und sich somit einer breiteren Kritik gegenüber sehen, als dies in einer herkömmlichen Hauptversammlung der Fall ist.[31] Auch lassen sich gegenüber Online-Teilnehmern einer Gesellschafterversammlung, die den Maßgaben des Versammlungsleiters hinsichtlich der Leitung und Ordnung der Versammlung nicht folgen, leicht Ordnungsmaßnahmen durch eine zeitweise oder längerandauernde Sperre verfügen.

II. Nachteile

Vor dem traditionellen Bild einer Präsenzversammlung werden oftmals gewisse Bedenken gegenüber der Online-Gesellschafterversammlung zum Ausdruck gebracht.

---

28 Vgl. *Seibert* AG 1999, 337ff; *Claussen* AG 2001, 161 (164); *Claussen/Bröcker* AG 2000, 481 (487)

29 *Claussen* AG 2001, 161 (163)

30 Begriff vgl. auch schon BGHZ 44, 245 (251)

31 *Claussen* AG 2001, 161 (164) sieht in der Filibusterei auch ein Grund für geringe Präsenzquoten

1. Anstieg der Wortbeiträge

Kann man mit der Durchführung einer Online-Versammlung oder einer internetunterstützten Gesellschafterversammlung zwar einen Anstieg der Teilnehmerzahl erreichen, so wird dies im Gegenzug allerdings auch zwangsläufig einen Anstieg der Zahl der Wortbeiträge und Fragen hervorrufen, so dass die einem einzelnen Redner zu Verfügung zu stellende Zeit für seine Ausführungen wohl auf ein Minimum begrenzt werden muss, bzw. sogar die Versammlungsdauer verlängert werden müsste. Stellenweise wird für die Ausübung des Rede- und Fragerechts in einer Publikums-AG sogar ein Mindestbesitz an Aktien gefordert,[32] was allerdings gerade im Hinblick auf die elementare Bedeutung dieser Aktionärsrechte und vor dem Hintergrund des Gleichbehandlungsgrundsatzes mehr als fragwürdig zu bewerten ist.

In diesem Zusammenhang wird auch das Problem der missbräuchlichen Ausübung des Fragerechtes als bedenklich angesehen. So besteht die Gefahr, dass sich „Filibuster" die interaktiven Möglichkeiten zu Nutze machen und die Versammlung mit Fragen und Redebeiträgen über Internet geradezu überschwemmen wollen. Dies könnte bei jeder Versammlung zu einem unkalkulierbaren Anfechtungsrisiko wegen der Nichtbeantwortung von Fragen führen.[33] Durch eine rein virtuell abgehaltene Gesellschafterversammlung können so leicht querulatorische oder populistische Entwicklungen und ein noch weitergehendes Missbrauchen der Versammlung als Plattform für politische und weltanschauliche Meinungsäußerungen der Redner entstehen.[34] *Spindler* glaubt dies auch aus der „anarchistischen und kostenlosen Meinungsäußerung" mancher Newsgroups und Mailinglisten entnehmen zu können, deren Beiträge oft eine gewisse Qualität entbehren und bei denen unsinnige und wertlose Informationen verbreitet werden. Nach seiner Ansicht könne genau dies auch zu einer Kostenerhöhung führen. Zwar wird im Zusammenhang mit der virtuellen Hauptversammlung immer die Kostenersparnis beim Gesellschafter im Vordergrund gesehen, allerdings müssen nach Auffassung *Spindlers* zu den Kosten nicht nur Porto-, Reise- oder Organisationskosten gerechnet werden, sondern auch die Kosten und die Zeit für das Evaluieren von Informationen bzgl. ihrer Güte und Qualität.[35]

---

32 *Riegger* ZHR 165 (2001), 204 (217)

33 *Than* in FS Peltzer 2001 S. 577 (596); *Heise* in Noack/Spindler Unternehmensrecht S. 55f; *Fleischhauer* ZIP 2001, 1133 (1135)

34 *Riegger* ZHR 165 (2001), 204 (217); *Heise* in Noack/Spindler Unternehmensrecht S. 55f; *Seibert* BB 1998, 2536 (2537)

35 *Spindler* ZGR 2000, 420 (442)

Obwohl durch die Grundsätze der Corporate Governance eine stärkere Einbindung der Aktionäre begrüßt wird, so fragt *Noack* doch, ob denn alles was technisch möglich ist, auch wünschenswert ist und in die Praxis umgesetzt werden soll, da insbesondere durch eine solch starke Partizipation der Aktionäre, wie sie durch eine virtuelle Hauptversammlung ermöglicht würde, eventuell die querulatorischen Überfrachtungen der Hauptversammlungen überhand nehmen könnten, „wenn aus jedem Winkel des globalen Dorfes Einwürfe kommen".[36]

Vor dem Hintergrund einer möglichen Gefahr dieser Entwicklungen muss eben durch die Praxis der Versammlungsleitung ein Weg gefunden werden, solchem Missbrauch entgegenzutreten. Dem Versammlungsleiter stehen insoweit genügend Instrumente der Verfahrensleitung und Ordnungsmaßnahmen zur Verfügung, die er nur konsequent zu handhaben braucht, um eine Überflutung der Gesellschafterversammlung mit Wortbeiträgen zu begegnen.

2. Kommunikation zwischen den Teilnehmern / Das Erleben der Versammlung

Darüber hinaus wird an der Vision einer virtuellen Hauptversion bemängelt, dass die persönliche interaktive Kommunikation zwischen Aktionären untereinander und Aktionären mit Verwaltungsmitgliedern verloren ginge, so dass das „Erlebnis Hauptversammlung" als solches nicht mehr stattfinde.[37] Die virtuelle Teilnahme an einer Hauptversammlung könne unstrittig nicht das Erlebnis und den Eindruck der „Festzelt-Athmosphäre" einer realen Hauptversammlung mit ihrer „frischen Debatte" vermitteln. Dadurch werde dem Aktionär die Möglichkeit genommen, im kommunikativen Prozess Abstimmungsergebnisse zu beeinflussen.[38]

Selbstredend kann im virtuellen Raum die Athmosphäre einer persönlichen Zusammenkunft nie erzeugt werden, handelt es sich ja auch um ein ganz anderes, eben virtuelles Medium. Allein bedeutend dürfte aber doch sein, ob das Medium Internet mit seinen Möglichkeiten eine ausreichende Plattform bietet, um Rede-, Auskunfts- und Stimmrechte wirksam wahrnehmen zu können. Gerade hier kann man aber den Teilnehmer mit Kommunikationsforen während der

36 *Noack* BB 1998, 2533 (2535)

37 *Hirte* in FS Buxbaum 2000 S. 283 (290); *Riegger* ZHR 165 (2001), 204 (217); *Claussen* AG 2001, 161 (163); *Spindler* ZGR 2000, 420 (436,441); hierzu auch *Hommelhoff* in FS Marcus Lutter 2000 S. 95 (99)

38 *Hirte* in FS Buxbaum 2000, S. 283(290); *Spindler* ZGR 2000, 420 (436); *Günter Müller* in Büllesbach/Heymann Informationsrecht 2000 S. 265 (278f); *Riegger/Mutter* ZIP 1998, 637 (639f); ebenso für die herkömmliche Videokonferenz *Geiger* ZRP 1998, 365f

Hauptversammlung und sogar schon vorher eine ausreichende Plattform bieten. Dadurch wird der Vorwurf entkräftet, dass bei einer virtuellen Gesellschafterversammlung die „frische Debatte eines Präsenzparlamentes“ verloren ginge. Eine Debatte kann problemlos und durchaus heftig per Textaustausch durch in Themengebiete untergliederte Chats oder Mailinglisten betrieben werden, in denen entweder alle Aktionäre sich aktiv beteiligen oder einfach nur die schriftliche Debatte passiv verfolgen.[39] In solchen Foren können Aktionäre sogar ein Abstimmungsverhalten besprechen. Auch können über „Netmeeting“ mit Bild und Ton mehrere Personen an einer Konferenz teilnehmen, bei der mit Sprache, Text, Grafik und Video kommuniziert werden kann, was allerdings nur für eine begrenzte Anzahl von Teilnehmern praktisch möglich ist.[40]

In direktem Zusammenhang hiermit ist auch zu sehen, dass ein Teilnehmer einer virtuellen Gesellschafterversammlung nicht in genau der Weise auf Redebeiträge und Informationsbegehren anderer Gesellschafter reagieren kann, wie dies in der herkömmlichen Präsenzversammlung noch möglich ist. Solche Versammlungen entwickeln nach Ansicht *Spindlers* aus der unmittelbaren Reaktion des Publikums auf Redebeiträge oder Auskünfte des Vorstandes eine gewisse Eigendynamik, die sich auf andere Gesellschafter und deren Wortbeiträge übertragen kann und nur in der Menge erfahrbar sei. Dies sei jedoch mit heutiger Technik kaum virtuell vermittelbar. Richtig daran ist, dass der via Internet zugeschaltete Gesellschafter zwar alle relevanten harten Informationen bekommt, er die Versammlung mit den Eindrücken des realen Zusammenseins aber nicht so wie ein präsenter Aktionär erlebt, der die typischen Umstände einer Versammlung wie z.B. Gestik und Rhetorik der Redner sowie Reaktionen und Unmutsäußerungen des Publikums anders wahrnimmt.[41] Man sollte dieses Phänomen der mehrseitigen Kommunikation einer Versammlung aber nicht zu stark bewerten. So wird es bei den meisten Hauptversammlungen größerer Gesellschaften kaum zu spontanen Wendungen der Mehrheitsmeinung kommen, und ein „Umkippen“ stabiler Koalitionen kann vielleicht bei kleineren Gesellschaften und Familiengesellschaften beobachtet werden. Doch auch hier ist es fraglich, ob all diese Bestandteile einer Präsenzversammlung durch eine internetunterstützte bzw. durch eine virtuelle Gesellschafterversammlung unbedingt umgesetzt werden müssen. Da es sich um eine andere Art der Zusammenkunft handelt, die sich eben virtuell und nicht körperlich vollzieht, darf man auch nicht voraussetzen, dass alle Eigenschaften der einen Kommunikationsform auch bei der anderen Kommunika-

39 *Noack* ZGR 1998, 592 (601); *Wymeersch* in FS Marcus Lutter 2000 S. 213 (227)
40 *Noack* ZGR 1998, 592 (601)
41 *Spindler* ZGR 2000, 420 (437,441); vgl. *Hirte* in FS Buxbaum 2000 S. 283 (289f); *Riegger/Mutter* ZIP 1998, 637 (638ff)

tionsform in der gleichen Weise auftreten. Von Bedeutung ist hierbei lediglich, dass eine wirksame Ausübung der Rede-, Auskunfts- und Stimmrechte gewährleistet bleibt.

3. Veranstaltungsdauer

Wird es bei der Abhaltung von reinen Präsenzveranstaltungen immer später und rückt die Mitternachtsstunde immer näher, so kann dies, Erfahrungen zu Folge, zu einer Beschleunigung des Entscheidungsprozesses führen. Rein virtuell abgehaltene Hauptversammlungen, deren Teilnehmer am häuslichen PC sitzen und die nach der Versammlung nicht mehr längere Strecken bis nach Hause zurücklegen müssen, haben da jedoch ganz andere Möglichkeiten und können einer längeren Debatte gelassen entgegensehen. Dies schürt die Gefahr, dass Online-Versammlungen sich zu „Dauerveranstaltungen" entwickeln.[42] Wenn man die Hauptversammlung nicht auf einen Tag beschränken will und so eine Diskussion über mehrere Tage zulassen möchte, so kann dies zu einer Zerredung von Problemen führen, durch die die Teilnehmer wieder abgeschreckt werden können und das eigentliche Ziel einer Steigerung der Präsenz wieder verloren gehen könnte.

4. Technische Voraussetzungen

Es wird stellenweise die Meinung vertreten, eine Einbeziehung elektronischer Kommunikationsmedien in Gesellschafterversammlungen sei zwar bei kleineren Zusammenkünften möglich, die heutige Technik sei allerdings für einen Einsatz bei Publikumsgesellschaften noch nicht genügend ausgereift.[43] Dies ist allerdings ein rein technisches Problem, das im Laufe der Zeit schnell gelöst werden kann. In Anbetracht der schnellen Entwicklung gerade im Bereich der Elektronik und der elektronischen Kommunikation kann in kurzer Zeit eine höhere Übertragungsrate mit besserer Bild- und Tonqualität erzielt werden. Falls es aus heutiger Sicht noch technische Bedenken gibt, so können diese morgen schon überholt sein.

---

42 *Spindler* ZGR 2000, 420 (441)

43 *Noack* BB 1998, 2533 (2535); *Günter Müller* in Büllesbach/Heymann Informationsrecht 2000 S. 265 (278f)

C. Technik

Die erste Variante der Übertragung einer Präsenzversammlung kann mit unterschiedlichen Medien in die Tat umgesetzt werden. Zu einer Übertragung der Veranstaltung kann zum einen die schon seit längerer Zeit bekannte und in vielen Ländern, wie z.B. Frankreich, USA und Deutschland bewährte Technik der Videokonferenz herangezogen werden. Zum anderen kann die Übertragung mit moderner Internettechnologie erfolgen. Für eine Online-Versammlung oder „virtuelle Hauptversammlung" ist dagegen ausschließlich die Übertragung mit der interaktiven Teilnahme über das Internet denkbar.

Im Folgenden werden nun zu diesen Technologien und deren Einsatz einige Wesensmerkmale aufgezeigt.

I. Zur Videokonferenz

Die Videokonferenzschaltung ist eine schon längere Zeit bestehende Möglichkeit, elektronisch über beliebige Entfernungen hinweg audiovisuellen Kontakt mit anderen Teilnehmern aufzunehmen und mit diesen zu kommunizieren. Durch die sog. Multi-Point-Fähigkeit der meisten Videokonferenzsysteme können sich auch mehrere Teilnehmer von unterschiedlichen Orten aus im Wege simultaner Kommunikation an der Videokonferenz beteiligen. Hierbei können auch unterschiedliche Daten, wie Textdokumente oder Graphiken durch eine Einblendung übermittelt werden.[44]

Es gibt unterschiedliche Videokonferenzsysteme in verschiedenen Preis- und Qualitätsklassen. Im wesentlichen kann man die auf dem Markt angebotenen Systeme in zwei Arten einteilen: die Konferenzraumlösungen und die Arbeitsplatzlösungen.

Bei Konferenzraumlösungen, die mit klassischen Konferenzsituationen vergleichbar sind, werden die Teilnehmer der Videokonferenz mit einer Kamera aufgenommen und in der Regel auf einer Großbildleinwand eingeblendet. Die Multi-Point-Fähigkeit dieser Systeme zeichnet sich durch eine hohen Übertra-

---

44 *Hohenegg/Tauschek* BB 1997, 1541; *Groebel* in Büllesbach/Heymann Informationsrecht 2000 S. 285 (294)

gungsqualität der Bild- und Tondaten aus. Die Teilnehmer können sich somit gleichzeitig hören und sehen und simultan miteinander kommunizieren.

Bei den Arbeitsplatzlösungen bzw. Desktop-Videokonferenzen wird ein PC oder eine Workstation mit einer ISDN-Karte an das digitale Telefonnetz angeschlossen. Eine kleine Kamera wird direkt auf dem Bildschirm montiert und mit dem Rechner durch eine Steckkarte verbunden. Diese Systeme arbeiten im sogenannten Point-to-Point Bereich. Die jeweiligen Gesprächsteilnehmer werden so auf dem Bildschirm des anderen eingeblendet. Durch gemeinsame Nutzung von Anwendungsprogrammen können bei dieser Vorgehensweise im Gegensatz zu den Konferenzraumsystemen zusätzlich zu der Bildübertragung auch Dokumente ausgetauscht werden („Application Sharing").[45]

Als sehr geeignet gelten Videokonferenzsysteme bei einer Gruppe von ca. 20 Personen. Die Videokonferenzteilnehmer sitzen en bloc vor einem Monitor und können die Versammlung verfolgen. Auf dem jeweiligen Monitor ist ein „Schnorchel", eine sprecherbezogene Kamera, installiert und es stehen ein oder mehrere Mikrophone zur Verfügung. Meldet sich ein Videokonferenzteilnehmer zu Wort, so zoomt die Kamera ihn heran, so dass er in Grossaufnahme erfasst wird. Der Monitor weist einen geteilten Bildschirm auf, der bis zu 6 verschiedene Bilder anzeigen kann. So können also 6 Videokonferenzstützpunkte gleichzeitig eingesehen bzw. der jeweils sprechende Teilnehmer in Großaufnahme dargestellt werden.

Problematisch sind jedoch die riesigen Datenmengen, die bei der digitalen Übertragung von Bild und Ton und vor allem der Übertragung farbiger Videosequenzen auftreten, wodurch hohe Rechenleistungen der Prozessoren, ausreichende Speichermedien und eine große Übertragungskapazität der benutzten Leitungen erforderlich sind. Dort stehen jedoch bei den Arbeitsplatzlösungen regelmäßig nur zwei ISDN-Kanäle mit einer Übertragungskapazität von insgesamt 128 Kilobit pro Sekunde zur Verfügung, wohingegen bei der Übertragung von Livevideos oftmals mehr als 200 000 Kilobit Dateien pro Sekunde verarbeitet werden müssen. Das DFS-Netz der Telekom (Deutsches Fernmelde- und Satelliten-Netz) ist hier leistungsfähiger als eine zweikanalige ISDN-Leitung aber auch kostspieliger. Daher schaltet man vor allem bei den Konferenzraumlösungen mehrere ISDN-Kanäle zusammen („Channel Building"). Hier ist ein Verbund von bis zu 16 ISDN-Kanälen möglich, und man erreicht so eine höhere Übertragungsbandbreite, im Höchstfalle eine Übertragungskapazität von 2000 Kilobit pro Sekunde.[46]

---

45 *Hohenegg/Tauschek* BB 1997, 1541; vgl. *Ebbing* CR 1996, 271 (273)
46 *Hohenegg/Tauschek* BB 1997, 1541

Zumeist wird bei einer Videokonferenzschaltung mit sechs ISDN-Leitungen gearbeitet. Von diesen sechs ISDN-Leitungen werden fünf zur Bildübertragung und eine zur Tonübertragung genutzt, und so erreicht man mit ISDN eine relativ hohe und gleichbleibende Bildqualität.

Eine solche Übertragung ist jedoch nur bei einer entsprechenden Datenkompression möglich, die die zu übertragende Datenmenge stark reduziert, da ansonsten die zur Verfügung stehenden Leitungen für eine Übertragung farbiger Videosequenzen in Echtzeit nicht ausreichen. Dennoch kann es zu Überlastungen des Netzes und damit zu Störungen der Übertragungsvorgänge kommen, was sich in Bild- und Tonverzerrungen, Zeitlupeneffekte bei der Bildwiedergabe und Unschärfe der übertragenen Bilder ausdrückt.[47]

Heute ist die Technik der Videokonferenzsysteme weitgehend ausgereift.[48] Seit Januar 1998 wurden sogar im Rahmen eines Modellversuches beim FG Karlsruhe alle das Finanzamt Heidelberg betreffenden Gerichtsverfahren mit Hilfe einer Videokonferenzschaltung durchgeführt. Dazu sind Videoanlagen beim FG Karlsruhe, im Finanzamt Heidelberg und bei der Steuerberaterkammer Nordbaden in Heidelberg eingerichtet worden. Die Erörterungstermine mit einer Dauer bis zu anderthalb Stunden und die mündlichen Verhandlung von 20 bis 30 Minuten wurden jeweils vollständig übertragen. Die mit Dokumentenkameras ausgestatteten Videoanlagen ermöglichten auch eine Übermittlung von Aktenauszügen, wobei die Qualität jedoch vor allem wegen eines etwas „ruckeligen" Bildes und den Leseschwierigkeiten bei kleineren Schriften und Ziffern als unbefriedigend bezeichnet wurde. Dies ist jedoch durch technische Verbesserungen zu beheben.[49]

Videokonferenzanlagen sind problemlos ohne fremde Hilfe zu bedienen und weitgehend wartungsfrei. Das FG Karlsruhe wies im Zusammenhang mit dem Modellversuch allerdings darauf hin, dass bei der Videokonferenz die Wahrnehmung der Körpersprache begrenzt und der unmittelbare Eindruck der Kommunikationspartner vermindert sei.[50]

Befürworter der Videokonferenzsysteme halten diese technische Vorgehensweise gegenüber einer internetgestützten Konferenz für vorteilhafter. In der Tat bietet eine Videokonferenz mit 6 ISDN-Kanälen eine hohe Bild- und Tonqualität, wohingegen die Übertragungsrate via Internet oftmals geringer ist und dadurch ein Bildaufbau stark verzögert werden kann. Dies führt zu langsamem

47 *Hohenegg/Tauschek* BB 1997, 1541 (1542)

48 *Hohenegg/Tauschek* BB 1997, 1541 (1542)

49 Hierzu und zu den Erfahrungen dieses Modellversuches: *Geiger* ZRP 1998, 365ff; zu einem ähnlichen Vorgehen und dem Einsatz des Internet in US-amerikanischen Gerichten vgl. *Mohr* http://www.jurpc.de/aufsatz/20010130.htm

50 Näher *Geiger* ZRP 1998, 365

Bildaufbau, einem „Stocken“ oder „Ruckeln“ des Bildes, das die Interaktivität sehr behindert. Außerdem bietet eine Videokonferenzschaltung auf herkömmlichem Wege im Gegensatz zu einer Internetübertragung absolute Übertragungssicherheit.

Dennoch tritt das Internet immer mehr in den Vordergrund und wird die herkömmliche Videokonferenzschaltung zukünftig wohl verdrängen. Eine verbesserte Übertragungstechnik, die ein schnelles Übermitteln der Daten besorgt, garantiert einen schnellen Bildaufbau und ein störungsfreies Verfolgen der Bildsequenzen. Moderne Sicherheitskonzepte können auch im Internet eine größtmögliche Datensicherheit verschaffen (siehe II).

II. Zum Internet

1. Entstehung und Verbreitung des Internet

a) Überblick über die Entwicklung des Internet

Die Ursprünge des Internet gehen auf militärische Forschungsprojekte der US-Regierung in den 60er Jahren des letzten Jahrhunderts zurück. Mit der Gründung von ARPA (Advanced Research Projects Agency) sollten neue innovative Technologien entwickelt werden, um Methoden der zuverlässigen Datenübertragung zu erforschen und Möglichkeiten zu finden, militärische Daten selbst vor einem atomaren Angriff des Gegners sicher zu schützen. Das US-Verteidigungsministerium verfolgte ein Konzept für ein militärisches Kommando- und Überwachungsnetzwerk mit einer dezentralen Kommunikationstechnologie. So sollte ein elektronisches Datennetz konstruiert werden, das gleiche Daten auf mehreren, weit entfernten Rechnern ablegt. Alle Rechner sollten über mehrere Wege miteinander kommunizieren können und sich bei Datenänderungen gegenseitig in kürzester Zeit den aktuellen Datenstand zusenden. Dadurch würde ein Funktionieren des Netzwerkes auch für den Fall gewährleistet werden, bei dem ein einzelner Rechner oder eine bestimmte Leitung bzw. große Teile der Infrastruktur nach einem eventuellen Atomschlag zerstört würden.[51]

Dieses Netz wurde im Jahre 1969 unter dem Namen ARPA-Net in Betrieb genommen und konnte mit den verschiedensten Arten von Computern und Software arbeiten. In den frühen 70er Jahren erkannte dann auch die Wissenschaft den Wert solcher Rechnernetzwerke nicht nur für militärische Zwecke sondern auch für den akademischen Betrieb, und so wurde das ARPA-Net im-

51 *Von Bukowski* BuW 2001, 288; *Sandig* in Thießen S. 27 (28f); *Cordes* S. 13

mer mehr für diesen Bereich erschlossen. Die Wissenschaftler sahen jedoch weniger ihren Nutzen im Synchronisieren gleicher Daten auf mehreren Rechnern, sondern vielmehr in der Kommunikation und in der Möglichkeit, Daten von einem anderen Rechner abzurufen, um so das Arbeiten an gemeinsamen Projekten und den wissenschaftlichen Informationsaustausch erheblich zu vereinfachen. Dem stand wegen der offenen Architektur des ARPA-Net nichts im Wege und so konnten Wissenschaftler Forschungsergebnisse anderer Institute über das ARPA-Net abrufen oder anderen angeschlossenen Instituten eigene Daten zur Verfügung stellen.[52]

1970 schlossen sich mehrere Universitäten an das ARPA-Net an, und im Folgenden wuchs die Anzahl der angeschlossenen Rechner immer weiter, wobei es sich um sehr unterschiedliche Rechnertypen mit nicht kompatiblen Betriebssystemen und unterschiedlichem Netzzugang handelte. Ende der 70er Jahre wurde das erste funktionsfähige Testnetz in Betrieb genommen, wozu die vier bis dahin bestehenden Netze miteinander verbunden wurden. Um die bestehenden Unterschiede zwischen den Netzen jedoch überwinden zu können, musste ein neues Datenübertragungsprotokoll entwickelt werden, das nicht an bestimmte Computersysteme, Übertragungswege oder Übertragungsgeschwindigkeiten gebunden sein sollte, und mit dieser Vorgabe wurde schließlich das „Transmission Control/Internet Protocol“ (TCP/IP-Protokoll) erstellt. Dies brachte den entscheidenden Fortschritt, dass die einzelnen Teilnetze über ein paketorientiertes Kommunikationsprotokoll, dem TCP/IP, miteinander verbunden wurden und so liefen Datenübertragungen im ARPA-Net nach Einführung von TCP/IP nach einem einheitlichen und standardisierten Schema ab.[53]

Vordem war es bei der Datenübertragung erforderlich, dass während der gesamten Kommunikationsdauer, ähnlich einem Telefonat, eine durchgehende physikalische Verbindung aller Beteiligten vorliegen musste. Wurde diese Verbindung kurzzeitig unterbrochen, konnte kein Informationsaustausch mehr stattfinden. Durch das TCP/IP wurden jedoch dann die zu sendenden Daten in kleine Pakete zerlegt, mit einer fortlaufenden Nummer, Absender und Empfänger versehen und danach einzeln von einem Verbindungsknoten zu einem anderen und dann Richtung Zieladresse weitergeleitet. Somit ist es nun nicht mehr erforderlich, dass eine permanente physikalische Verbindung besteht. Die Pakete nehmen einzeln ihren Weg in Richtung Empfänger und können sogar über unterschiedliche Verbindungsknoten und in keiner festgelegten Reihenfolge zum Empfänger transportiert werden. Wenn ein Teil des Netzwerkes ausfällt, werden

52 *Von Bukowski* BuW 2001, 288; *Ellmaier* S. 4

53 *Sandig* in Thießen S. 27 (29); *von Bukowski* BuW 2001, 288; *Schuster/Färber/Eberl* S. 2

die Daten problemlos auf einen anderen Weg umgeleitet. Der Empfänger setzt dann die Nachricht anhand der vom Sender vergebenen Nummern wieder in der richtigen Reihenfolge zusammen.[54]

Zu Beginn der 80er Jahre wurde der militärische Teil des ARPA-Net in das neue militärische Datennetz, das MILNET ausgelagert und vom ARPA-Net abgekoppelt. Das ARPA-Net selbst wurde dem wissenschaftlichen Betrieb überlassen.[55] 1986 errichtete die amerikanische National Science Foundation (NSF) ein Leitungs- Verbundsystem, das alle bedeutenden wissenschaftlichen Rechenzentren der USA miteinander verband und durch das der Datentransfer erleichtert wurde. Einzelne Rechner oder kleinere Rechnernetze konnten sich mit einem Rechenzentrum verbinden und darüber in andere Netze gelangen. So entstand buchstäblich ein Netz der Netze, das bald die Bezeichnung Internet fand, wodurch Ende der 80er Jahre der Name ARPA-Net verdrängt wurde. Das Leitungs-Verbundsystem, über das die kleineren Einzelnetze zu einem Gesamtnetz wurden, erhielt die Bezeichnung Backbone (Rückgrat).[56] Im weiteren Verlauf schlossen sich dann immer mehr wissenschaftliche und staatliche Einrichtungen auf der ganzen Welt an das Internet an und es entwickelten sich die Internetdienste wie Telnet, FTP, E-Mail oder News und Gopher.[57]

Auch in Europa waren zeitlich ähnliche Entwicklungen zu beobachten. Hier wurde im Laufe der Zeit ein europäisches Datennetz mit dem ursprünglichen Namen EuropaNET, das multiprotokollfähig war und auch TCP/IP unterstützte, gegründet. Verschiedene nationale wissenschaftliche Netzwerke, etwa das Deutsche Forschungsnetz (DFN), wurden daran angeschlossen. Seit 1992 gibt es auch in Europa ein Leitungs-Verbundsystem mit dem Namen Ebone (Europäischer Internet-Backbone) und eine transatlantische Leitung sorgt für die Anbindung Europas an die Backbones in den USA.[58]

Man kann hieran ganz deutlich erkennen, dass das, was wir heute unter dem Namen Internet verstehen, nicht ein einziges homogenes Netz ist, sondern ein Verbund aus vielen kleinen, territorial oder organisatorisch begrenzten Netzen, die eine Anbindung an die Backbones und damit an das Gesamtnetz aufweisen.[59]

Der wirkliche „Internet-Boom" entstand aber erst durch das ab 1990 am Genfer CERN (Centre Européen de Recherches Nucléaires) zur Verbesserung des Informationsaustausches zwischen Wissenschaftlern entwickelten und seit 1993 populäre und einfach zu bedienenden Hypertextsystem des WWW, dessen Er-

---

54 *Sandig* in Thießen S. 27 (29); *Ellmaier* S. 4; *Schuster/Färber/Eberl* S. 1f
55 *Ellmaier* S. 4; *von Bukowski* BuW 2001, 288
56 *Von Bukowski* BuW 2001, 288 (289); *Schuster/Färber/Eberl* S. 2f
57 *Ellmaier* S. 4
58 *Von Bukowski* BuW 2001, 288 (289); *Schuster/Färber/Eberl* S. 3
59 *Von Bukowski* BuW 2001, 288 (289); *Schuster/Färber/Eberl* S. 3

folg mittlerweile schon sinnbildlich für das Internet steht. Markierte Elemente dienen in Hypertextsystemen als Sprungbrett zu weiteren Hypertextseiten. Das vom WWW verwendete Protokoll trägt den Namen HTTP und liegt über dem TCP/IP. Dabei werden einzelne Seiten, deren genaue Bestimmung über ihre URL (Uniform Resource Locator) gewährleistet wird, transportiert.[60] Der entscheidende Vorteil des WWW liegt also darin, dass es den Zugriff auf die wichtigsten bestehenden Internet-Dienste in einem Client-Programm bündelt und um die Multimedia- und Hypertext-Fähigkeit erweitert.[61]

Mit dem WWW hat sich das Internet sehr stark gewandelt und wurde für Unternehmen und Privatpersonen relevant und anwendbar. 1995 privatisierte die US-Regierung das Internet und so wurde es ab diesem Zeitpunkt für kommerzielle Zwecke freigegeben. Durch die immer einfacher zu bedienenende Internettechnologie nehmen heute vor allem kommerzielle Anwendungen einen immer größer werdenden Stellenwert ein.[62]

b) Zahlen zur Entwicklung des Internet

Das Wachstum im Internetbereich zeigt eine beispiellose Dynamik auf. Publizierte Datenmengen sowie die Zahl der Nutzer steigen „exponentiell". Aus vorliegenden Daten über den Anstieg des Internetwachstums neigen einige Experten dazu, schon relativ bald die gesamte Welt als vernetzt anzusehen. Jedoch ist bei einer solchen Betrachtung nicht außer acht zu lassen, dass diese Entwicklungsdaten nur für hochindustrialisierte Länder gelten.[63]

Es fällt jedoch erhebungstechnisch bedingt sehr schwer, exakte Aussagen zu der Anzahl von Personen und Organisationen zu machen, die mit dem Internet prinzipiell erreicht werden können, da die Art der Internetnutzung sehr unterschiedlich ist und oftmals viele Menschen einen einzigen Internetanschluss verwenden. Entsprechend groß ist auch die Bandbreite der Schätzungen.[64] Einiger-

---

60 *Von Bukowski* BuW 2001, 288 (289); *Ellmaier* S. 5; *Sandig* in Thießen S. 27 (29f)
61 *Larisch* S. 327; *Cordes* S. 23f
62 *Ellmaier* S. 4/5
63 *Stephan* in Stephan Events und E-Commerce S. 31; vgl. hierzu *Negroponte* in Jochum Elektronik und Urkunde S. 13 (15)
64 Nach *Ellmaier* S. 2f waren im Dezember 1990 29 230 Hosts europaweit an das Internet angeschlossen, im Juni 2000 dagegen 11 391 324; nach *Stephan* Events und E-Commerce S. 31 gab es im Februar 2000 weltweit 300 Millionen und in Deutschland 12 Millionen Internetuser; näher hierzu *Stephan* a.a.O. und *Jo Groebel* in Büllesbach/Heymann: Informationsrecht 2000 S. 285(286f)

maßen genau lässt sich jedoch das Wachstum der Neuanmeldungen darstellen.[65] Die bezeichnete Stelle geht für Februar 2002 von weltweit 544,2 Millionen Internetteilnehmern, davon 171,3 Millionen in Europa und 30,2 Millionen in Deutschland aus. Wenige Monate später war schon eine gewaltige Steigerung zu erkennen. So wird hier für September 2002 schon von einer Anzahl von 605,6 Millionen weltweiten Internetnutzern gesprochen, wovon 190,9 Millionen sich in Europa und wiederum 32,1 Millionen in Deutschland verteilen. Ein Ende des Wachstums ist nicht direkt abzusehen.[66] Sicher ist jedenfalls, dass das Internet das Medium mit dem schnellsten Wachstum in der Geschichte darstellt. Während das Radio erst nach 38 Jahren und das Fernsehen nach 13 Jahren die Zahl von 50 Millionen Nutzern erreichten, gelang dies dem Internet schon nach nur 5 Jahren.[67]

Seit ungefähr 40 Jahren vollzieht sich die Entwicklung der Hardware nach dem sogenannten *Moore`schen Gesetz*, nach dem auch weiterhin alle 18 Monate mit einer Verdoppelung der Leistungsfähigkeit von Chips bei Halbierung der Kosten zu rechnen ist, d.h. das Preis-Leistungsverhältnis verdoppelt sich etwa alle 18 Monate oder verhundertfacht sich jedes Jahrzehnt. Ferner rechnet man für die nächsten Jahre weiter mit etwa einer Vervierfachung der Bandbreite in der Telekommunikation alle 2 Jahre bei gleichzeitig sinkenden Kosten.[68] In den letzten Jahren erfolgte diese Verdoppelung aber nicht erst nach 18 Monaten, sondern schon nach etwa 14 Monaten. Nach Ansicht von Experten wird sich dieses Wachstum noch bis 2035 fortsetzen lassen.[69] Eine zweite Beobachtung, das sog. *„Gilders Gesetz"* besagt, dass sich die Netzbandbreite, also die Menge an Informationen, die über die Netze übertragen werden kann, alle 12 Monate verdreifacht. Das heißt, dass die Übertragungskapazität etwa um das Siebenfache schneller wächst als die ohnehin schon atemberaubende Geschwindigkeit der Informationsverarbeitung.[70]

---

65 Vgl. die Schätzungen bei http://www.nua.ie/surveys/how_many_online/index.html (letztmalig 25.11.2002) mit detaillierter Aufgliederung und Aufzeigen der jeweiligen Entwicklung

66 Vgl. hierzu *Günter Müller* in Büllesbach/Heymann Informationsrecht 2000, S. 265 (270); *Larisch* S. 366; Zahlen zum Umsatz per E-Commerce mit Graphiken bei *Stephan* Events und E-Commerce S. 34

67 Näher hierzu *Picot* in Büllesbach/Heymann Informationsrecht 2000 S. 15f

68 *Picot* in Büllesbach/Heymann Informationsrecht 2000 S. 15 (17

69 *Schönberger* in Jochum: Elektronik und Urkunde S. 45f; *Günter Müller* in Büllesbach/Heymann: Informationsrecht 2000 S. 265 (271f)

70 *Mayer-Schönberger* in Jochum Elektronik und Urkunde S. 45 (46)

2. *Funktionsweise des Internet*

a) Client-Server-Technologie

Grundsätzlich funktioniert das Internet mit der Client-Server-Technik. Ein Server stellt Daten zur Verfügung und ein Client ruft diese Daten ab. Der Anwender startet nun über seinen WWW-Browser, also den WWW-Client, eine Anfrage an den jeweiligen Server auf einem entfernten Hostrechner, der eine entsprechende aktivierte Server-Software unterhalten muss und online ist. Dieser wertet die Anfrage aus und übersendet automatisch die gewünschten Daten. Die Kommunikation zwischen Clients und Servern wird von entsprechenden Protokollen wie etwa dem HTTP-Protokoll im WWW koordiniert.[71]

In den Fällen des Client-Push fordert der Client nicht Daten vom Server an, der sie dann übersendet, sondern schickt Daten an einen Server. Dies kommt z.B. bei einem Hochladen einer Datei auf den Server-Rechner per FTP, beim Versenden einer E-Mail oder beim Ausfüllen und Abschicken eines Formulars im WWW vor. Bei einem Server-Push wird nun der Server zuerst aktiv und schickt Daten ohne Anforderung an den Client. Durch neue Push-Technologien sollen solche Ausnahmefälle normalisiert und soll es einem Client ermöglicht werden, ohne eigenes Anfordern regelmäßig Daten zu empfangen, wodurch z.B. Nachrichtendienste erleichtert werden.[72]

b) Applets und Servlets

Komplexe Internettechnologien ermöglichen Hintergrundanwendungen, ohne dass es der Benutzer merkt. So können auf der Seite der Clients mit Java oder ActiveX kleine, von jedem Browser unabhängig von der Systemplattform ausführbare, Programme (sog. Applets) gesteuert werden.[73] Im Gegenzug unterstützen auf Serverseite die Servlets die individuellen Protokolle. Servlets sind protokoll- und plattformunabhängige serverseitige Komponenten, die in Java geschrieben sind und dynamisch alle Server erweitern, auf denen Java-Programme laufen. Mit ihnen können grundsätzlich alle Aufgaben bearbeitet werden, die auf dem Abfrage-Antwort-Prinzip beruhen. Dadurch, dass sie sich eignen, mehrere Anfragen gleichzeitig zu bearbeiten, eröffnet sich auch die Möglichkeit der Syn-

---

71 *Sandig* in Thießen S. 27 (29f); *von Bukowski* BuW 2001, 288 (290); *Ellmaier* S. 21; *Schuster/Färber/Eberl* S. 3

72 *Von Bukowski* BuW 2001, 288 (290); *Schuster/Färber/Eberl* S. 3

73 *Larisch* S. 324

chronisation von Anfragen, was das Durchführen eines Online-Conferencing gestattet.[74]

c) Routing und Gateways

Wenn eine Datenübertragung nicht innerhalb des eigenen Subnetzes, sondern an eine Netzwerknummer aus einem anderen Netz erfolgen soll, muss eine Verbindung zu diesem anderen Netz aufgebaut werden. Zu diesem Zweck regeln Gateways den Verkehr zwischen den Netzen, sorgen für die Überleitung der Daten in die einzelnen Netze und suchen für den Fall, dass die übliche Route nicht funktioniert, nach einer Alternativ-Route. Dieses Weiterleiten der Daten zwischen Sub-Netzen bezeichnet man als Routing. Durch diese Software-Gateways wird somit der Zugriff auf fast alle erdenklichen Internetdienste ermöglicht. Dadurch wird das WWW zum „weltweiten Netz".[75]

Die Daten werden im Internet jedoch nicht auf vorgeschriebenen Wegen übertragen, sondern von einem Rechner zum nächsten weitergeleitet. Bei einem Teilausfall des Internet erfolgt eine Umleitung über andere Wege. Das TCP/IP teilt beim Absenden einer Nachricht deren Daten in kleinere Pakete auf und verschickt diese auf verschiedenen Routen über das Internet zum Zielcomputer, der die Daten dann wieder zusammensetzt und nicht vollständig angekommene Daten automatisch erneut vom Absender anfordert. Bei einem Datentransfer im Internet ist somit vorher nicht klar, welchen Weg die Daten nehmen. Dadurch dass die Daten in Pakete gepackt und einzeln verschickt werden, ist es sogar möglich, dass einzelne Pakete einer einzigen Sendung völlig unterschiedliche Wege nehmen können, was dem Empfänger jedoch verborgen bleibt.[76]

d) Video on demand

Im Internet kann man mittels unterschiedlicher Programme (z.B. „real player") Videodateien einfach herunterladen und abspielen. Sogar Internet-Live-Übertragungen sind mit Internet-Streaming technisch möglich, wie z.B. schon unter http://www.n-tv.de zu sehen ist, wobei ein solches Vorgehen jedoch immer noch im Hinblick auf die knappen Datendurchsatzraten unter eingeschränkter Ton- und Bildqualität leidet, so dass diese Übertragungen sich schwierig gestal-

74 Eingehender *Ellmaier* S. 61f

75 *Larisch* S. 325; *von Bukowski* BuW 2001, 288 (291f)

76 *Von Bukowski* BuW 2001, 288 (292); *Ellmaier* S. 21

ten. Es ist jedoch lediglich eine Frage der Zeit, wann die Übertragungstechniken und technische Weiterentwicklungen zu Datendurchsatzraten führen werden, die einen Abruf qualitativ hochwertiger audiovisueller Sendungen mittels Internet ermöglichen. Setzt man diese entsprechenden Übertragungskapazitäten voraus, so bestehen keine größeren Probleme, qualitativ hochwertige Sendungen für den individuellen Abruf anzubieten. Dies stellt sogar lediglich den logisch nächsten Schritt dar.[77]

e) Das Struktur- und Adressensystem des Internet

Jeder über das Internet erreichbare Rechner verfügt über eine eigene weltweit eindeutige Adresse, wobei es zwei verschiedene Arten von Internetadressen gibt: Numerische Adressen (IP-Adressen) und alphanumerische Adressen (Domain-Namen).

aa) Internet-Protocol-Adresse (IP-Adressierung)

Die IP-Adresse ist eine numerische Adresse, die aus einem vierstelligen, durch vier Punkte getrennten Zahlencode im Bereich zwischen 0 und 255 besteht (z.B. 124.33.196.81, 149.174.211.5 oder 137.208.99.1) Ähnlich dem Aufbau einer Telefonnummer im weltweiten Telefonnetz (Landeskennzahl, Ortskennzahl, Teilnehmerrufnummer und manchmal einer Durchwahlnummer) ist auch die IP-Adresse aufgebaut in Netzwerknummer, den ersten Teil der Adresse, und eine Hostnummer im zweiten Teil.[78] In Anbetracht der immer noch starken Ausbreitung des Internet wird es jedoch angezweifelt, ob dieses Adressierungs-Schema den Anforderungen der Zukunft noch gerecht wird.[79]

bb) Domain-Name-Service (DNS)

Die Zahlenhäufungen der IP-Adressieren sind im Umgang allerdings sehr schwierig zu handhaben. Daher wurden die numerischen IP-Adressen für den Endanwender in anschauliche Namensadressen, die alphanumerischen Domainnamen, übersetzt. Die Adressen des Domain-Name-Systems (DNS) werden aus

---

77 *Schmitt* in Thießen S. 222 (235)

78 Hierzu näher mit Tabellen und Beispielen zur Verdeutlichung des Aufbaus, zu den Hierarchieabstufungen und der Unterscheidung zwischen sog. Klasse-A- Klasse-B- und Klasse-C-Netzen und deren Verteilung *von Bukowski* BuW 2001, 288 (290f); *Erd* S. 13

79 Zu den Ideen einer Neustrukturierung *von Bukowski* BuW, 2001, 288 (290)

Gründen der Eindeutigkeit der Adressen auch hier nur einmalig unter einer Top-Level-Domain vergeben und bieten so eine effektive und einfachere Orientierung im Internet, unterliegen aber auch einer ähnlichen Hierarchie wie die IP-Adressen.[80] Die DNS-Adresse nennt sich URL (Universal Resource Locator) und sieht folgendermaßen aus: http://www.jura.uni-sb.de.

Domainnamen gliedern sich auf in Top-Level-Domains, die als generische (.com, .gov, .edu etc) und geographische Domains (.de, .us, etc) vorkommen, Second-Level-Domains und Sub-Domains. Die einzelnen Teile solcher Namensadressen sind wie bei IP-Adressen durch Punkte voneinander getrennt.[81]

Die höchste Hierarchiestufe des internationalen DNS stellt hierbei die Top-Level-Domain dar, die immer rechts vom eigentlichen Domainnamen steht und die Domainbezeichnung abschließt. Sie zeigen in der Form der generischen Domains, welcher Gruppe von Internetnutzern der Adressinhaber zuzuordnen ist bzw. bei geographischen Domains, welches Land den Domainnamen vergeben hat.[82]

Die zweite Ebene in der Hierarchie der Domainnamen ist die Ebene der Second-Level-Domains. Dieser Teil steht links von der Top-Level-Domain und bildet den eigentlichen Namensbestandteil. Sofern dieser Name noch nicht vergeben ist, kann er frei gewählt werden. Hier ist eine weitere Untergliederung in Subdomains möglich.[83]

---

80 Vgl. *Ellmaier* S. 21ff; *Erd* S. 13; *von Bukowski* BuW 2001, 288 (290); *Hey* BuW, 2000, 969 (970)

81 *Von Bukowski* BuW, 2001, 288 (290); *Cordes* S. 14

82 Beispiele für generische Domains, die den übergeordneten Bereich darstellen, dem die Domain zugeordnet ist: .com für kommerziell orientierte Namensinhaber, .edu für amerikanische Universitäten und Bildungseinrichtungen, .gov für amerikanische staatliche Einrichtungen und Behörden, .int für Internationale Organisationen, .net für Allgmeinen Netzwerke und internationale Systemverwaltung, .mil für amerikanische Militäreinrichtungen, .org für andere Organisationen. Geographische Top-Level-Domains, wie z.B. .de für Deutschland, uk. Für Groß-Britannien, .at für Österreich, .ch für die Schweiz, it. Für Italien oder fr. für Frankreich werden von den jeweiligen Vergabestellen wie der DENIC in Deutschland nach den internationalen Ländercodes gemäß ISO 3166 country code vergeben und zeigen nur an, in welchem Land die Domain registriert wurde, nicht aber, wo sich der Träger der Domain befindet. vgl. hierzu näher *von Bukowski* BuW 2001, 288 (291), *Ellmaier* S. 22f; *Erd* S. 14; *Hey* BuW 2000, 969 (970)

83 Hierzu *Erd* S. 14; zur Vergabe, Registrierung und zur Unzulässigkeit von Domains, deren Geltungsdauer, Kosten einer Domain und den markenrechtlichen Problemen wie auch Domaingrabbing vgl. *Hey* BuW 2000, 969 (970ff)

f) Kommunikationsanschluss

Bezüglich des Kommunikationsanschlusses kann man zwischen verschiedenen analogen und digitalen Möglichkeiten wählen.

aa) Analoges Telefonnetz

Über das analoge Fernsprechnetz werden Sprache und Daten analog übertragen. Die Töne werden hierbei in elektrische Schwingungen umgewandelt und über die Leitung gesandt. Auf der Empfängerseite werden sie dann wiederum umgewandelt und als akustische Signale ausgegeben. Bei dieser Vorgehensweise ist grundsätzlich eine Übertragung von maximal 28 800 Bits/s möglich.[84]

bb) ISDN (Integrated Services Digital Network)

Mit ISDN ist es möglich, Signale für Sprache, Texte, Bilder und Daten über dieselbe Leitung zu übermitteln. Bei einem ISDN-Basisanschluss stehen zwei Nutzkanäle mit je 64 000 Bits/s und ein Steuerkanal mit 16 000 Bits/s zur Verfügung. 64 000 Bit/s entsprechen einer übertragenen Datenmenge von 28,8 MB pro Stunde. ISDN bietet die Möglichkeit, mehrere Dienste gleichzeitig zu nutzen. So kann während eines Telefongespräches gleichzeitig durch den Einsatz von Personal Computern eine Internetverbindung aufgebaut werden. Im Gegensatz zum herkömmlichen analogen Telefonnetz werden mit ISDN die Signale in digitaler Form und dadurch in einer besseren Übertragungsqualität mit geringerer Fehlerquote übertragen. Durch die vielerorts vollzogene Umrüstung der analogen Verbindungstechnik des herkömmlichen Fernsprechnetzes in den Vermittlungsstellen auf digitale Technik, erscheint das ISDN-Netz für den Benutzer wie das herkömmliche Fernsprechnetz.[85]

cc) ADSL (Asymmetric Digital Subscriber Line) – DSL

Im Normalfall sind Datenleitungen symmetrisch angelegt und sind daher in beide Richtungen gleich schnell. Die Anfang der Neunziger Jahre in den USA entwickelte ADSL-Technologie, die heute z.B. von der Telekom als „T-DSL“ betrieben wird, verändert nun allerdings diese Symmetrie und dimensioniert die Bandbreite des Datenstroms aus dem Internet zum User ca. 10 bis 12 mal größer als die Gegenrichtung. Beim Aufrufen einer Internetseite schickt der Anwender

---

84 *Ellmaier* S. 29
85 Vgl. *Ellmaier* S. 29f

ein kleines Datenpaket (Get-Befehl) an den Server, der daraufhin die angeforderte Webseite in einem größeren Datenpaket an den Client zurücksendet. ADSL / DSL eignet sich somit ideal für alle Vorgänge, die eine größere Datenmenge von einem Server zum Client übertragen als umgekehrt. So werden Download-Geschwindigkeiten von bis zu 768 kbit/s und 64 kbit/s beim Upload erreicht, wobei hier auch je nach Anbieter unterschiedliche Kombinations- und Weiterentwicklungsmöglichkeiten bestehen, die Downloads mit zweifacher DSL-Geschwindigkeit sogar bis zu 1536 kbit/s ermöglichen. Auch bei dieser Technik können dazu noch mehrere Internet- oder Telefondienste gleichzeitig über eine Leitung genutzt werden, was durch die hohe Download-Übertragungsrate ein optimales Arbeiten mit umfangreichen Multimedia-Anwendungen zulässt.[86]

dd) Breitband-Netz der Kabel-TV-Anbieter

Des weiteren gibt es die Möglichkeit, über ein Kabelmodem durch Kabel-TV-Steckdose einen Internetzugang aufzubauen. Hierbei wird mit Glasfasertechnologie ein Breitband-Netz betrieben und so wird durch Retourwegverstärker im Fernsehkabelnetz ein Datenaustausch in beiden Richtungen möglich. Diese Methode besticht durch ihre hohe Übertragungsgeschwindigkeit und der Ersparnis der Telefonkosten. Für professionelle Geschäftslösungen ist deshalb diese Anschlussmöglichkeit sicher interessant.[87]

ee) Standleitungen

Standleitungen sind dauernd über Router mit dem Internetzugangsanbieter verbunden und erlauben es somit, jederzeit direkt die verfügbaren Internetdienste zu nutzen bzw. auf einen so an das Internet angeschlossenen Rechner von außen zuzugreifen. Sie bieten hohe Transferraten und ermöglichen es, ein örtliches Netzwerk (LAN) an das Internet anzuschließen, so dass auch sie für größere Unternehmen interessant sind.[88]

g) Zur Sicherheit im Netz

Eine Datenübertragung im Internet ist dadurch, dass sich der Datentransfer über eine Vielzahl von unterschiedlichen Betreibern unterhaltenen Stationen voll-

86 Hierzu http://www.telekom.de/t-dsl (letztmalig abgerufen 25.11.2002); *Ellmaier* S. 30f; Erfahrungen hierzu bei *Schmitt* in Thießen S. 222 (235)

87 *Ellmaier* S. 13; *Larisch* S. 349

88 Näher *Ellmaier* S. 31f

zieht, immer mit gewissen Sicherheitsproblemen verbunden. Immer wieder wird versucht, in fremde Netzwerke einzudringen oder durch Virenangriffe Computersysteme lahm zu legen. Das Risiko, dass die Daten in die Hände Dritter gelangen könnten, ist für den Anwender kaum kalkulierbar. Besonders risikoreich ist das Beziehen von E-Mails mit Internetprotokollen wie POP3. Im Internet verschickte Nachrichten laufen an zahlreichen Knotenpunkten vorbei und jeder, der Zugang zu diesen Knotenpunkten hat, wie beispielsweise der Systemverwalter oder aber auch ein geschickter Hacker, kann problemlos die Nachrichten mitlesen oder gar verändern bzw. umleiten. Da POP Passwörter als solche gekennzeichnet im Klartext überträgt, können diese auch relativ einfach aufgespürt werden.[89] Größte Sicherheitsrisiken für Rechner eines Anwenders bestehen in verschiedenen typischen Angriffsarten: Durch Zugriffe aus dem Internet auf Dienste, die über die Modem- oder ISDN-Verbindung erreichbar sind, durch Einsatz aktiver Komponenten auf Web-Seiten (ActiveX-Elemente usw.) und durch Abhören von E-Mails.[90] Darüber hinaus kann ein Ausspionieren von Daten und sicherheitsrelevanten Informationen auch über Computerviren geschehen, die beim Starten eines bestimmten Programms aktiviert werden und alle Eingaben über die Tastatur aufzeichnen und selbständig an einen bestimmten Rechner im Netz weiterleiten.[91] Auch elektronische Dokumente können im Gegensatz zu Papierurkunden ohne Spuren zu hinterlassen manipuliert werden, so dass sich Dritte mit geringem Aufwand als Aussteller einer Willenserklärung ausgeben bzw. eine bestehende Willenserklärung ändern können.[92]

aa) Sicherheitsmethoden

Um einen höchstmöglichen Schutz für die Informationsgewinnung und -verbreitung sowie die Kommunikation im Internet zu ermöglichen, werden verschiedene Sicherheitssysteme entwickelt und ständig modernisiert. Dies fordert natürlich auch immer aufs Neue die Gegenspieler heraus, die diese Systeme direkt wieder „knacken“ möchten. Jedes Sicherheitskonzept besteht aus Hardware und Software und jede Hard- und Software kann Fehler enthalten, die von Hakkern gesucht werden. Eine vollständige Sicherheit wird so wohl nie ganz garantiert werden können, wie die Einbrüche zeigen, die sogar in Datennetze des

---

89 Vgl. *Kuner* NJW-CoR 1995, 413; *Schuster/Färber/Eberl* S.4; hierzu und zu weiteren Sicherheitsproblemen, wie z.B. dem „Spoofing“, bei dem ein Angreifer seine IP-Adresse oder Domainnamen verfälscht und sich für den Server ausgibt, den der Client angewählt hat *Larisch* S. 341

90 *Larisch* S. 342

91 *Schuster/Färber/Eberl* S. 4

92 *Roßnagel* BB 2000 H 10, die erste Seite

Software-Weltmarktführers Microsoft geglückt sind.[93] So besteht ein ständiger Wettlauf der Entwickler von Sicherheitsstandards mit ihren Herausforderern.

Eine etwas einfachere Möglichkeit, Webseiten mit einem gewissen Schutz zu versehen liegt darin, mit Javascript einen einfachen Passwortschutz zu erstellen. Dadurch kann man den Benutzerkreis einer Internetseite einschränken und diese nur für bestimmte Personen zugänglich machen.[94]

aaa) Firewall-Strategien

Für Unternehmen, die das Internet in ihre unternehmensinterne Datenverarbeitung eingebunden haben, liegen große Sicherheitsrisiken genau in der direkten Schnittstelle vom Internet zum unternehmensinternen Netzwerk. Bei unzureichendem Schutz dieser Stelle wird ein externer Datenzugriff möglich. Um dieses Problem zu lösen bedient man sich heute sogenannter Firewalls. Der Firewall stellt die Verbindung zwischen Internet und unternehmensinternem Intranet dar, filtert und protokolliert den ganzen Datenverkehr zwischen den beiden Systemen. Je nach Ausgestaltung des Firewall wird somit ein höchstmöglicher Schutz gegen Eingriffe von außerhalb aufgebaut, doch garantiert auch dies keinen umfassenden Schutz, wie Einbrüche in Computersysteme führender Softwarehersteller und sogar des amerikanischen Verteidigungsministeriums zeigen.[95]

bb) Transaktionssicherheit / Kryptographie[96]

Unter Kryptographie ist die Verschlüsselung von Daten zu verstehen. Um ein Abhören oder Entschlüsseln einer Nachricht zu verhindern, wird deren Klartext nach bestimmten Methoden in eine scheinbar sinnlose Zeichenfolge umgewandelt. Nach deren Entschlüsselung kann der Empfänger die Nachricht wieder verstehen. Diese Codierung erfolgt mit Hilfe mathematischer Funktionen (sog. Algorithmen), die für die Verschlüsselung und die Entschlüsselung verwendet werden und zur Erhöhung der Sicherheit durch einen Schlüssel verändert werden. Da bei einem ausreichend hartnäckigen Versuch allerdings jeder Code zu entschlüsseln ist, kann unter dem Begriff der „Sicherheit“ hier keine absolute, sondern nur eine zeitlich begrenzte Sicherheit verstanden werden. Diese Sicherheit ist an den Stand der jeweils aktuellen Technik angelehnt und somit an die mit einem bestimmten Preis gekoppelte Rechnerleistung und die vorhandenen

93 Vgl. hierzu den Bericht von *Diederichs* in Saarbrücker Zeitung 30.10.2000 S. 3
94 *Ellmaier* S. 49
95 *Ellmaier* S. 198; vgl. zu den Firewallsystemen, ihrer Funktion und Wirksamkeit näher *Groeneveld/Wächter* CR 1996, 390ff (392)
96 Zur Geschichte der Kryptographie vgl. *Menzel* Elektronische Signaturen S. 21f

mathematischen Algorithmen der Kryptoanalyse gebunden. Der Grad der Sicherheit einer Verschlüsselungsmethode drückt sich demnach darin aus, welchen Aufwand ein Angreifer ausüben muss, um eine Nachricht entschlüsseln zu können und bemisst sich darin, ob dieser Aufwand zum Nutzen des Angriffs noch in einem annehmbaren Verhältnis steht. Ist der Aufwand zum Nutzen unverhältnismäßig hoch, so ist die Verschlüsselungsmethode „sicher".[97] Grundsätzlich unterscheidet man zwischen symmetrischen und asymmetrischen Verfahren der Verschlüsselung.[98]

aaa) Symmetrische Kryptographie

Die symmetrische Kryptographie ist die herkömmliche und auch ältere Form der Verschlüsselungstechnik.

Der Ausgangstext einer zu verschlüsselnden Nachricht wird unter Einsatz eines Algorithmus und eines Schlüssels in einen chiffrierten Text umgewandelt, wobei der Schlüssel als ein vom Inhalt des Ausgangstextes unabhängiger Wert den Verschlüsselungsalgorithmus steuert. Bei symmetrischen Verschlüsselungsverfahren verwenden nun beide Kommunikationspartner den gleichen Schlüssel einmal zum Codieren und einmal zum Decodieren.[99]

Ein Beispiel für einen einfachen Verschlüsselungsalgorithmus ist das Ersetzen der Buchstaben eines Textes durch andere Buchstaben des Alphabets. Aus der Anweisung zum Verschlüsseln „Ersetze jeden Buchstaben durch den im Alphabet unmittelbar nachfolgenden" kann sofort die Entschlüsselungsanweisung „Ersetze jeden Buchstaben des verschlüsselten Textes durch den im Alphabet unmittelbar vorangehenden Buchstaben" gewonnen werden.[100]

Dadurch, dass bei der symmetrischen Kryptographie derselbe geheime Schlüssel zur Chiffrierung und Dechiffrierung verwendet wird, entstehen aber auch systemimmanente Nachteile:

So hat diese Vorgehensweise nämlich zwingend zur Folge, dass jeder Dritte, der Kenntnis von dem Schlüssel erlangt, nunmehr die verschlüsselten Informationen entschlüsseln kann. Somit gewährt dieses Verschlüsselungssystem nur solange Schutz, wie der Schlüssel geheimgehalten werden kann. Allerdings ist es unumgänglich, vor dem Datentransfer mit dem Kommunikationspartner einen gemeinsamen Schlüssel zu vereinbaren, und so muss der Absender dem Empfänger des Dokumentes seinen Schlüssel bereits preisgeben. Der Schlüsselaus-

97 *Schuster/Färber/Eberl* S. 9f
98 Beispiele hierzu bei *Kuner* NJW-CoR 1995, 413f; *Ellmaier* S. 196
99 Eingehender *Menzel* Elektronische Signaturen S. 25f; *Kuner* NJW-CoR 1995, 413f
100 Beispiel bei *Hohenegg/Tauschek* BB 1997, 1541(1544); anspruchsvolleres Beispiel bei *Kuner* NJW-CR 1995, 413

tausch muss daher auch möglichst über andere Kommunikationswege als die vorgenommen werden, die für die spätere Übermittlung der verschlüsselten Nachrichten vorgesehen sind, da ein Abhören des Schlüsselaustausches durch Dritte die Verschlüsselung sinnlos machen würde. Man müsste zum Schlüsselaustausch also andere Medien als das Internet wählen. Im Geschäftsverkehr müssen jedoch ständig wechselnde Partner Informationen austauschen. Jedem dieser Partner nun den Schlüssel offen zu legen, würde ein kaum noch zu überschauendes Sicherheitsrisiko bedeuten. Die Geheimhaltung des übermittelten Dokumenteninhalts wäre nicht mehr gewährleistet, so dass der Absender eines elektronischen Dokumentes gezwungen wäre, die von ihm benutzten Schlüssel fortlaufend zu ändern, was jedoch vollkommen unpraktikabel ist.[101]

Des weiteren braucht bei der Verwendung symmetrischer Kryptographieverfahren jeder an der Kommunikation Beteiligte einen eigenen, proprietären Schlüssel, um sich mit anderen unabhängig und verschlüsselt zu verständigen. Würde jeder den gleichen Schlüssel verwenden, wäre eine Verschlüsselung sinnlos. Bei zunehmender Anzahl der Kommunikationspartner und somit zunehmender Zahl der benötigten Schlüssel stößt die Schlüsselverwaltung allerdings faktisch schnell an ihre Leistungsgrenzen.[102]

Ein weiterer Nachteil ist darin zu sehen, dass die symmetrische Kryptographie keine weiteren Funktionen außer der reinen Verschlüsselung aufweist und so z.B. elektronische Signaturen mit ihr nicht durchgeführt werden können.[103]

Darüber hinaus besteht dadurch, dass beiden Kommunikationspartnern der geheime Schlüssel bekannt ist, bei der Verwendung symmetrischer Kryptographie nie die Gewissheit, ob nicht der jeweils andere den Schlüssel weitergibt und dadurch alle weiteren mit diesem Schlüssel codierten Kommunikationen „unsicher" macht, wohingegen bei der asymmetrischen Kryptographie jeder einzelne alleine über seinen privaten Schlüssel verfügt.[104]

bbb) Asymmetrische Kryptographie

Das markanteste Charakteristikum, durch das sich die asymmetrischen Verschlüsselungsverfahren auszeichnen, sind die Schlüsselpaare: Jeder Kommunikationsteilnehmer verfügt bei dieser Verschlüsselungstechnik über zwei einander zugeordnete Schlüssel. Einer der Schlüssel wird veröffentlicht (öffentlicher Schlüssel; public key), der andere Schlüssel (geheimer Schlüssel; private key)

---

101 *Hohenegg/Tauschek* BB 1997, 1541(1544); *Menzel* Elektronische Signaturen S. 26, 30; *Kuner* NJW-CoR 1995, 413

102 Näher *Menzel* Elektronische Signaturen S 26, 30

103 *Menzel* Elektronische Signaturen S. 30

104 *Menzel* Elektronische Signaturen S. 30

bleibt nur dem Schlüsselinhaber bekannt, und nur er darf auf diesen Schlüssel die Zugriffsmöglichkeit haben. Dieser Schlüssel wird z.B. auf einer individuellen Chipkarte gespeichert. Der eine Schlüssel wird nun verwendet, um eine Nachricht an eine Person zu verschlüsseln, der korrespondierende zweite Schlüssel dient zur Dechiffrierung der verschlüsselten Nachricht. Der Absender und der Empfänger der verschlüsselten Nachricht verwenden demnach unterschiedliche Schlüssel, die allerdings zusammengehören. Hierbei ist es rechnerisch nicht möglich, nur auf Grundlage des kryptographischen Algorithmus und des Codierungsschlüssels den Decodierungsschlüssel zu bestimmen. Meistens kann bei dieser Technik jeder der beiden Schlüssel zur Verschlüsselung verwendet werden und mit dem jeweils anderen Schlüssel Entschlüsselung vorgenommen werden.[105]

Ein großer Vorteil dieser Public-Key-Verfahren ist, dass man den notwendigen public key auch über einen unsicheren Weg wie z.B. das Internet austauschen kann. Zudem erlaubt diese Technologie das Erstellen einer elektronischen Signatur, die nur von dem Berechtigten erstellt werden kann und so als Beweis der Originalität eines elektronischen Dokumentes dient. Mit Hilfe der Public-Key-Kryptographie können somit alle Anforderungen der Transaktionssicherheit erfüllt werden.[106]

ccc) Näher zur elektronischen Signatur[107]

Die elektronische Signatur garantiert nun unter Verwendung eines asymmetrischen Verschlüsselungsverfahrens bestmöglich Authentizität und Vertraulichkeit. Der Inhalt eines Textes geht in reduzierter Form in die „Unterschrift" ein. Man kann demnach bei einer späteren Überprüfung leicht erkennen, ob der Text wirklich von dem angegebenen Verfasser stammt und ob er nach der Unterzeichnung nachträglich verändert wurde.

aaaa) Authentizität

Bei der Übermittlung von Nachrichten ist es bedeutend, sicherzustellen, dass eine Nachricht vom Aussteller selbst verfasst wurde. Diese Authentizität wird von Public-Key-Verfahren auf folgende Weise gewährleistet:

---

105 *Menzel* Elektronische Signaturen S. 31; *Kuner* NJW-CoR 1995, 413f; *Ellmaier* S. 197; vgl. hierzu auch *Hohenegg/Tauschek* BB 1997, 1541(1544); *Vellen* K&R 2001, 244 (246f)

106 Näher *Ellmaier* S. 196; *Schuster/Färber/Eberl* S. 11f

107 Verschiedene Standards und Programme zur Erzeugung digitaler Signaturen wie bspw. PGP, PEM sind eingehender dargestellt bei *Menzel* Elektronische Signaturen S. 54ff

Jedes Schlüsselpaar ist eindeutig nur einer Person zugeordnet. Der Verfasser einer Nachricht verschlüsselt diese vor dem Abschicken mit seinem private key, den nur er kennt. Der Empfänger, der mit der Nachricht einen Vermerk auf den Absender und den Namen von dessen Schlüsselpaar erhält, bezieht von einer Datenbank daraufhin den dort gespeicherten public key des Absenders und kann hiermit die Nachricht dechiffrieren. Nur wenn der public key dann zu dem einzigartigen private key passt, kann eine Entschlüsselung mit sinnvollem Ergebnis erfolgen, und der Empfänger hat die Gewissheit, dass die Nachricht wirklich von der Person stammt, die die Verfügungsberechtigung für den korrespondierenden Schlüssel besitzt und mithin authentisch ist.[108]

Eine Zertifizierungsstelle vergibt das Schlüsselzertifikat, das die Identität der jeweiligen Person unmittelbar mit dem public key verknüpft. Dies wird dann in einem allgemein zugänglichen Verzeichnis veröffentlicht. Durch dieses Zertifikat wird also die Zuordnung eines public keys zu einer bestimmten Person getroffen. Dieses Zertifikat gewährleistet, dass der Urheber eines digital signierten Dokumentes auch derjenige ist, für den er sich ausgibt.[109]

Damit ist aber auch klar, dass bei diesem Vorgehen lediglich die Authentizität gewährleistet wird. Da jedermann in dem öffentlichen Verzeichnis den public key beziehen kann, kann auch jeder diese lediglich mit dem private key des Empfängers versehene Nachricht entschlüsseln. Eine solche Codierung bezweckt also keine Vertraulichkeit der Nachricht.[110]

bbbb) Vertraulichkeit

Um Vertraulichkeit beim Versenden von E-Mails zu erreichen ist der umgekehrte Weg zu beschreiten. Der Verfasser verschlüsselt die Nachricht vor dem Absenden mit dem public key des Empfängers, den er von eine öffentlichen Datenbank beziehen kann. Nach dem Verschlüsseln kann kein Dritter von dem verschlüsselten Text auf den Klartext schließen. Nur der Empfänger der Nachricht kann mit seinem nur ihm bekannten private key die Dechiffrierung des Textes vornehmen, wodurch gewährleistet wird, dass nur der gewünschte Empfänger die Nachricht lesen kann.[111]

108 *Menzel* Elektronische Signaturen S. 32, 48; *Schuster/Färber/Eberl* S. 13
109 *Vellen* K&R 2001, 242 (247)
110 Vgl. *Schuster/Färber/Eberl* S. 13
111 *Menzel* Elektronische Signaturen S. 32; *Schuster/Färber/Eberl* S. 13

cccc) Authentizität und Vertraulichkeit

Will der Absender nunmehr bei der Verschlüsselung der Nachricht beide Ziele erreichen, so muss er die beiden Schritte einfach hintereinander anwenden und so nach der Verschlüsselung des Ausgangstextes mit seinem private key diesen verschlüsselten Text noch einmal mit dem public key des Empfängers chiffrieren. Der Empfänger entschlüsselt die Nachricht dann zuerst mit seinem geheimen private key und überprüft danach die Authentizität des Absenders mit dessen public key. Vertraulichkeit und Authentizität sind gewährleistet.[112]

Wie schon angesprochen, erwächst allerdings, sobald ein Sicherheitssystem aufgebaut worden ist, auch immer gleich wieder das Bestreben findiger Hacker, dieses System so schnell wie möglich zu „knacken". Theoretisch kann auch jeder Schlüssel beliebiger Länge irgendwann herausgefunden werden.[113] Man sieht einen Schlüssel allerdings dann als berechnungssicher an, wenn zum einen die Kosten für das „Knacken" des Codes erheblich höher sind als der Nutzen, der durch die Kenntnis des Schlüssels erlangt wird und wenn zum anderen die zum „Knacken" des Codes benötigte Zeit die Dauer der Brauchbarkeit der Information übersteigt. Man ist heute der Ansicht, dass Schlüssel mit einer Länge von mindestens 300 Stellen einen genügend großen Spielraum haben, um gegen Angriffe mit leistungsfähigen Computern gesichert zu sein.[114]

dddd) Kombiniertes Verfahren / Hash-Codes

Eine asymmetrische Ver- und Entschlüsselung benötigt allerdings einen wesentlich höheren Rechenaufwand als symmetrische Kryptographieverfahren mit ihren relativ geringen Rechenleistungen. Um die Vorteile beider Systeme zu erreichen, kombiniert die Praxis daher die Verfahrensweisen. Gerade beim Versenden von Textnachrichten werden allerdings enorme Datenmengen übertragen. Wollte man hier eine Verschlüsselung durch die normale Anwendung asymmetrischer und symmetrischer Kryptographieverfahren ohne eine Komprimierung betreiben, so wären solch hohe Rechenleistungen erforderlich, die eine Datenübertragung wesentlich verlangsamen würden. Daher wird in der Praxis nicht

---

112 *Schuster/Färber/Eberl* S. 13; *Menzel* Elektronische Signaturen S. 33ff mit eingehender Darstellung der verschiedenen Verfahren asymmetrischer Kryptographie

113 Zur Schlüssellänge und deren Bedeutung für eine sichere Kommunikation und die daraus resultierende Sicherheit und zum Knacken der Schlüssel eingehend *Menzel* Elektronische Signaturen S. 37ff

114 *Menzel* Elektronische Signaturen S. 39f, dort auch zur Brute Force Attacke auf DES-Schlüssel mit Tabelle zu den Kosten von Schlüsselsuchmaschinen und deren erwartete Suchzeiten

der ganze Text asymmetrisch verschlüsselt, sondern mit der Bildung eines sehr kleinen Hashwertes noch ein Zwischenschritt zur Verfahrensbeschleunigung eingefügt. Der Verschlüsselungsalgorithmus wird dann nur noch auf diesen Hashwert angewendet.[115] Durch eine Hashfunktion wird also aus einer Nachricht ein eindeutiger Wert erzeugt, der Hashwert, aus dem jedoch die Nachricht nicht wieder ermittelt werden kann.[116]

Auch im Bereich der WWW-Dienste, bei denen im Vergleich zu normalem E-Mail-Verkehr wesentlich mehr Daten übertragen werden, kann zur Verschlüsselung ein solches Verfahren gewählt werden. Würde man hier den gesamten Datenstrom, mit asymmetrischen Algorithmen verschlüsseln wollen, so würden die beteiligten Rechner schnell an die Leistungsgrenze stoßen. Daher wird nun von dem Browser beim Aufbau einer neuen Verbindung jeweils ein neuer session key als einem zufällig generierten Schlüssel für ein symmetrisches Verschlüsselungsverfahren produziert, der mit dem public key des Servers der sicheren Webseite verschlüsselt und an diesen übermittelt wird. Dieser Server kann dann mit dem nur ihm bekannten korrespondierenden private key und dem vorgeschlagenen session key die Daten lesen. Dadurch muss nur die geringe Datenmenge des session keys rechenintensiv asymmetrisch verschlüsselt werden. Der eigentliche Datenstrom wird lediglich symmetrisch verschlüsselt, unter Verwendung des vorher vereinbarten und asymmetrisch verschlüsselt übersendeten session keys. Auf diese Weise kann man im Internet ohne vorherige Vereinbarung eines Schlüssels über einen anderen Weg chiffrierte Daten austauschen, und so verbindet diese Möglichkeit die Vorteile asymmetrischer Kryptographie mit der Geschwindigkeit der symmetrischen Verschlüsselungstechniken.[117]

eeee) Der Ablauf einer elektronischen Signatur im einzelnen:

Der Anwender erhält von einer Zertifizierungsstelle eine Chipkarte mit dem geheimen Signaturschlüssel. Um diese Karte einsetzen zu können, benötigt der Anwender einen PC mit Chipkartenlesegerät. Soll nun ein Dokument elektronisch signiert werden, so führt der Anwender die Chipkarte in das Lesegerät ein und gibt seine PIN-Nummer ein. Daraufhin bildet eine Hashfunktion zum Zweck der Komprimierung der zu verschlüsselnden Datenmenge von der zu verschikkenden Datei einen mathematischen Algorithmus, den Hashwert. Hierbei wird ein komprimiertes Profil als ein individuelles Merkmal des Dokumentes erstellt,

---

115 *Schuster/Färber/Eberl* S. 12f; *Menzel* Elektronische Signaturen S. 41; *Vellen* K&R 2001, 242 (247)

116 *Schuster/Färber/Eberl* S. 14

117 *Menzel* Elektronische Signaturen S.41f

das auch „Faltung", „finger print" oder „Prüfsumme" genannt wird. Eine sichere Hashfunktion kann auf eine Datei beliebiger Länge angewandt werden, erzeugt aber immer eine Ausgabe fixer Länge. Wichtig ist, dass es unmöglich ist, zum einen für einen erzeugten Hashwert einen anderen Ausgangstext als den gehashten zu finden, und zum andern muss es unmöglich sein, rechnerisch ein Paar von Ausgangsdateien zu erstellen, die denselben Hashwert erzeugen. Solange der Inhalt des Dokuments nicht verändert wird, führt der Hashcode immer zu dem selben Ergebnis. Der Hashwert wird dann mit dem auf der Chipkarte gespeicherten private key des Absenders codiert, der nur ihm selbst bekannt ist. Das Ergebnis dieser Vorgänge ist die untrennbar mit dem elektronischen Dokument verbundene „elektronische Signatur" als ein für den Menschen nicht mehr lesbarer bzw. verständlicher Datensatz. Die elektronische Signatur wird somit auf der Basis eines kryptographischen Verfahrens durch die Verbindung des Hashcodes und des private key des Unterzeichners gebildet und dem zu signierenden Dokument angefügt. Diese Rechenvorgänge finden auf der Chipkarte statt. Auf diese Weise bleibt der private key stets auf der Chipkarte des Anwenders und kann auch nicht über das Netz ermittelt werden. Der Ersteller des Dokuments versendet dann den verschlüsselten Hashwert zusammen mit der vollständigen und unverschlüsselten Originaldatei, die die Willenserklärung enthält, an den Empfänger. Um Vertraulichkeit zu erreichen, kann die Kombination vorher noch mit dem public key des Empfängers verschlüsselt werden.

Der Empfänger der Nachricht prüft die Unversehrtheit des Dokuments in der Weise, dass er den vom Absender vollzogenen Vorgang unter Nutzung von dessen public key wiederholt und anschließend die errechneten Werte vergleicht. Mit dem public key des Absenders entschlüsselt er nun den Hashwert. Von der mitgeschickten unverschlüsselten Datei erstellt der Empfänger dann unter Einsatz derselben Hashfunktion, wie sie der Absender verwendet hat ebenfalls den Hashwert. Der Empfänger vergleicht den von ihm erstellten Wert mit dem vom Empfänger übermittelten und nun entschlüsselten Hashwert. Bildlich gesprochen überprüft er hierbei zwei „Fingerabdrücke" miteinander. Nur dann, wenn beide Werte identisch sind, liegt eine gültige elektronische Signatur vor, und es steht fest, dass die Datei während der Übermittlung weder im Klartext noch in der codierten Form verändert wurde und in dieser Form vom Absender bzw. von dem Inhaber desjenigen private key erzeugt wurden, der dem vom Empfänger zur Decodierung benutzten public key zugeordnet ist.[118]

118 Hierzu *Erd* S. 57; *Vellen* K&R 2001, 242 (247f); *Menzel* Elektronische Signaturen S. 42f, 47f; *Oberndörfer* NJW-CoR, 2000, 228; *Hohenegg/Tauschek* BB 1997, 1541 (1544f); *Geis* NJW 1997, 3000(3001); *Schuster/Färber/Eberl* S. 14f; *Kuner* NJW-CoR 1995, 413f; *Schicker* http://www.jurpc.de/aufsatz/20010139.htm Abs. 14ff

In der Praxis merkt der Anwender bei der Verwendung moderner Mailprogrammen jedoch nichts mehr von diesem komplexen Prozess. Die Daten für private und public key werden auf der Chipkarte für den Verwender der elektronischen Signatur gespeichert. Mit dieser Chipkarte bildet der Anwender die elektronische Signatur, die dann bei entsprechender Rechnereinstellung gemeinsam mit dem Dokument übermittelt wird. Die Software des Empfängers verifiziert die eingegangenen elektronischen Signaturen automatisch. Mit zwei Mausklicks ist also die Signatursoftware aktiviert und die elektronische Signatur ausgeführt bzw. überprüft.[119]

Die elektronische Signatur erzeugt somit also keine elektronische Abbildung einer handschriftlichen Unterschrift und stellt mithin auch keine Unterschrift dar. Die elektronische Signatur beruht vielmehr auf der Verschlüsselung der elektronisch erstellten und zu übermittelnden Dokumente und stellt somit lediglich eine elektronische Kennzeichnung von Dokumenten dar. Am treffendsten lässt sie sich wohl mit einem elektronischen „Siegel" vergleichen, welches einem Datensatz (Willenserklärung) beigefügt wird, um dessen Authentizität (Herkunft/Absender) und Integrität (Vollständigkeit und Unverfälschtheit) zu gewährleisten.[120]

Einer pauschalen rechtlichen Gleichstellung von elektronischer Signatur und handschriftlicher Unterschrift stehen auch unterschiedliche Merkmale bzw. die verschiedene Art des Zustandekommens entgegen. Bei digital unterzeichneten Dokumenten ist anders als bei traditionell unterzeichneten Dokumenten eine Unterscheidung zwischen Original und Kopie nicht ohne weiteres möglich, da Originale hier beliebig oft hergestellt werden können. Des weiteren hat jede natürliche Person nur eine eigenhändige Unterschrift, eine elektronische Signatur aber kann wegen der spezifischen Art der Generierung jedes Mal anders aussehen. Von Bedeutung ist daher nicht etwa eine ganz bestimmte charakteristische Signatur, sondern der Besitz an einer bestimmten Signaturerstellungseinheit, mit der die Sicherheit generiert werden kann, wobei eine Person auch mehrere solcher Einheiten besitzen kann. Allerdings weisen elektronische Signaturen im Gegensatz zu eigenhändigen Unterschriften ein höheres Maß an Fälschungssicherheit auf.[121]

---

119 *Erd* S. 57; hierzu und zu verschiedenen Hash-Funktionen und deren Verbreitung *Menzel* Elektronische Signaturen: S. 42f 47f

120 *Oberndörfer* NJW-COR 2000, 228; *Hohenegg/Tauschek* BB 1997, 1541(1544); *Deutsch* JurPC Web-DoK 188/2000 Abs. 53 http://www.jurpc.de/aufsatz/20000188.htm

121 *Schlechter* in Schweighofer/Menzel E-Commerce S. 39f

ffff) Die elektronische Signatur nach dem SigG und dem BGB

Das Signaturgesetz (SigG)[122] und die nach § 24 SigG vorgesehene Signaturverordnung[123] schaffen die organisatorisch-technischen Rahmenbedingungen für elektronische Signaturen (§ 1 I SigG) im deutschen Recht, wobei die Anwendung anderer Verfahren für elektronische Signaturen ausdrücklich nach § 1 II SigG freigestellt bleibt. Die elektronische Signatur des Signaturgesetzes ist ein Verfahren, das sich der Verwendung asymmetrischer Kryptographien bedient. In § 2 SigG wird das System der private keys und public keys unter Verwaltung einer Zertifizierungsstelle unter den Abstufungen der elektronische Signatur, der fortgeschrittenen elektronischen Signatur und der qualifizierten elektronischen Signatur definiert. Eine internationale Anerkennung der elektronischen Signatur ist gewährleistet, so dass elektronische Signaturen der Mitgliedsstaaten der Europäischen Union oder Vertragsstaaten des Europäischen Wirtschaftsraumes gleichwertige Signaturen nach deutschem Recht sind, wenn sie gleichwertige Sicherheit aufweisen. (§ 23 I SigG).[124]

Nach Art. 5 I der Richtlinie 1999/93/EG des Europäischen Parlamentes und des Rates erfüllen fortgeschrittene elektronische Signaturen, die auf einem qualifizierten Zertifikat beruhen und die von einer Signaturerstellungseinheit erstellt werden und somit bestimmten Mindestanforderungen genügen, die rechtliche Voraussetzung einer eigenhändigen handschriftlichen Unterschrift.[125]

Auf diese Art kann gem. §§ 126 III, 126a BGB die elektronische Form grundsätzlich auch die Schriftform ersetzen.

Die Textform nach § 126b BGB fordert hingegen lediglich, dass eine Erklärung in einer Urkunde oder auf eine andere zur dauerhaften Wiedergabe in Schriftzeichen geeigneten Weise abgegeben wird. Hierbei muss die Person des Erklärenden genannt und der Abschluss der Erklärung durch eine Nachbildung der Namensunterschrift erkennbar gemacht werden. Ausreichend hierfür ist auch eine an einem Computer verfasste und per E-Mail übersandte Erklärung. Der Empfänger muss die Erklärung aber auf seinem Bildschirm lesen können.[126]

---

122 Vom 16.11.2001 BGBl I S. 3074

123 Vom 22.07.1997 BGBl I 1872

124 Vgl. hierzu *Vellen* K&R 2001, 242 (246f); *Geis* NJW 1997, 3000(3001f); *Erd* S. 59; *Menzel* Elektronische Signaturen S. 50; *Schicker* http://www.jurpc.de/aufsatz/20010139.htm Abs. 39ff; näher zur Signaturverordnung *Rossnagel* BB 2002, 261; vgl. hierzu auch *Heinrichs* in Palandt § 126a Rn 3ff

125 *Schlechter* in Schweighofer/Menzel E-Commerce S. 34 (40); *Liebig/Philipp* in Schweighofer/Menzel: E-Commerce S. 51f; zu den Beweisregeln und zur Beweiskraft *Deutsch* JurPC Web-Dok 188/2000 Abs. 52, 54f http://www.jurpc.de/aufsatz/20000188.htm

126 Näher *Heinrichs* in Palandt § 126b Rn 1ff

h) Identifikation / Verifikation der Identität

Die geheimen Schlüssel werden maschinenlesbar gespeichert, zumeist auf Festplatte oder Diskette und auch auf Plastikkarten mit einem Mikrochip, sog. Smartcards, mit denen der Algorithmus ausgeführt werden kann. Die Verbindung zum Netzwerk erfolgt über Kontakte an der Oberfläche der Karte. Um den Zugriff Unberechtigter auf den gespeicherten Schlüssel zu verhindern, muss vor der Ingebrauchnahme jedoch eine positive Verifikation der Identität erfolgen.[127]

Die Identitätsüberprüfung einer Person, als einem elementaren Bestandteil moderner Sicherheitskonzepte für IT-Systeme, wird mit dem Verfahren der Verifikation der Identität vorgenommen. Hierzu halten die Systeme ausgewählte Referenzmuster von möglichen Anwendern bereit. Bei der Verifikation der Identität wird nun das von dem Anwender aktuell eingegebene Muster mit nur einem gespeicherten Referenzmuster verglichen. Bei einer Identifikation wird hingegen das eingegebene Muster nicht nur mit dem jeweiligen Referenzmuster, sondern mit allen Referenzmustern verglichen und das passende ausgewählt.[128]

Es gibt verschiedene Arten der Verifikation der Identität:

aa) Verifikation der Identität durch Besitz und Wissen

Die Verifikation durch Besitz stellt das ältere Verfahren dar. Heute werden hierzu vor allem Schlüssel, Pässe, Erkennungsmarken oder Smartcards verwendet. Zu der Verifikation durch Wissen gehören z.B. Geheimcodes. Heute zählen im elektronischen Betrieb die Benutzerkennungen und Passwörter, vor allem auch die Verfahren mit PIN und TAN dazu.[129]

bb) Verifikation der Identität durch persönliche Eigenschaften / Biometrie

Unter die Verifikation anhand persönlicher Eigenschaften fallen beispielsweise die Verifikation durch die Stimme des Gesprächspartners beim Telefonieren oder das Erkennen der Gesichtsform und die Überprüfung der Übereinstimmung mit Fotos auf amtlichen Lichtbildausweisen. Auch die Verifikation durch Überprüfen von Fingerabdrücken gehört hierzu. Heute gibt es auch Verfahren, sog. biometrische Verfahren, die durch die Verwendung geeigneter Lesegeräte für

---

127 *Menzel* Elektronische Signaturen S. 57f

128 *Menzel* Elektronische Signaturen S. 58

129 Hierzu, und zu den Nachteilen dieser Vorgehensweise näher *Menzel* Elektronische Signaturen S. 58f; zu Anforderungen an die Verwahrung von PIN-Nummern vgl. BGH ZIP 2000, A 91

Computer eine automatische Verifikation durch persönliche Eigenschaften ermöglichen.[130]

Grundlage der biometrischen Verfahren sind Merkmale, die bei jedem Menschen verschieden sind. Diese Merkmale beschreiben zweifelsfrei nur eine einzige bestimmte Person. Es gibt hierbei zwei Arten. Zum einen die statischen Verfahren zur Messung einer anatomischen Eigenschaft, wie z.B. Messung des Fingerabdrucks, der Handgeometrie oder des Augenhintergrundes. Zum anderen gibt es die dynamischen Verfahren, die eine bestimmte Handlung einer Person als Grundlage haben, z.B. die Dynamik der handschriftlichen Unterschrift, Sprecherverifikation oder die Messung des individuellen Verhaltens beim Tippen an einer Tastatur. Bei dynamischen Verfahren können kurzfristige, physisch und psychisch bedingte Schwankungen auftreten, so dass oftmals eine Anpassung des Referenzdatensatzes erforderlich ist.[131]

Das individuelle Merkmal der zugriffsberechtigten Person wird eingescannt und in einer Datenbank als Referenzdatensatz mit den erteilten Zugriffsberechtigungen abrufbereit gespeichert. Bei der Identitätsfeststellung werden nun die biometrischen Merkmale des jeweiligen Zugreifenden erneut von einem Sensor erfasst und die aktuell eingegebenen Daten mit den gespeicherten Referenzdaten verglichen. Erreicht die Übereinstimmung der Datensätze einen bestimmten Wert, erkennt das System den Anwender als die richtige Person an und gewährt den Zugang.[132]

Wählt man beispielsweise die Messung des Fingerabdruckes als einem statischen Verfahren zur biometrischen Verifikation, so werden hierbei die bei jedem Menschen unterschiedlichen Bögen und Schleifen an den Fingerkuppen untersucht. Die Fingerkuppen werden auf eine Glasplatte gelegt, und ein sich darunter befindender Scanner erstellt dann eine Image-Datei. Moderne Sensoren können das Linienmuster auch direkt erkennen. Die Überprüfung des Fingerabdrucks kann direkt auf der Smartcard durchgeführt werden, ohne extra Referenzdaten

130 Näher *Menzel* Elektronische Signaturen S. 59f

131 *Menzel* Elektronische Signaturen S. 60; *Wohlwend* S. 67f

132 Biometrische Verifikationsverfahren müssen einige technische Voraussetzungen erfüllen. Die Toleranz beim Vergleichen zwischen den Daten bei der Verifizierung und dem Referenzdatensatz muss so gewählt sein, dass die Fehlerquote beim Abweisen von Berechtigen durch Falscherkennung (False Reject Rate) nicht zu hoch ist, gleichzeitig aber die Rate der Zulassung von Unberechtigten (False Accept Rate) ebenso nicht zu hoch steigt. Im britischen Bankwesen wird eine False Accept Rate von 1 zu 100 000 akzeptiert. Vgl. hierzu den Bericht unter http://www.cordis.lu/infosec/src/stud5fr.htm; näher *Menzel* Elektronische Signaturen S. 60

außerhalb der Karte speichern zu müssen. Dieses Verfahren birgt die geringste Fehlerquote.[133]

Ein Vorteil der Heranziehung biometrischer Daten als Referenzmuster ist, dass der Anwender die Referenzmuster nicht weitergeben kann, wohingegen bei Passwörtern oder PIN-Codes üblicherweise lediglich eine vertragliche Verpflichtung des Anwenders besteht, sein Passwort keinem Dritten mitzuteilen. Biometrische Verfahren zur Verifikation der Identität sind daher wohl derzeit die einzigen Methoden, die ein Vortäuschen einer falschen Identität bzw. das Weitergeben oder Ausspionieren von Passwörtern mit an Sicherheit grenzender Wahrscheinlichkeit ausschliessen und somit zuverlässig gewährleisten, dass nur der Verfügungsberechtigte selbst Zugriff erlangt.[134] Dennoch sind diese Verfahren noch nicht so weit verbreitet, dass man sie als Mittel der Zugangsbeschränkung zu einer Gesellschafterversammlung oder Hauptversammlung allgemein voraussetzen könnte. Hier werden also in den nächsten Jahren noch die Verifikationsmöglichkeiten der Smartcards oder PIN Nummern Verwendung finden.

i) Technische Störung / Verbindungsunterbrechung

Beim Aufbau oder dem Aufrechterhalten einer Internetverbindung können aber auch Störungen der technischen Kommunikation auftreten. Tritt eine solche Störung vor der Hauptversammlung auf, so dass der Aktionär dem Stimmrechtsvertreter keine Online-Vollmacht oder Online-Weisung erteilen kann, so ist dies vorerst unerheblich, da er die Vollmachts- bzw. Weisungserteilung auch in herkömmlicher Weise nachholen kann. Eine Störung der Kommunikation kann aber auch im Verlauf der Gesellschafterversammlung auftreten. So kann es passieren, dass der Gesellschafter, der die Präsenzversammlung zeitgleich online verfolgt und noch während der Versammlung Vollmacht und Weisung seinem in der Präsenzversammlung anwesenden Stimmrechtsvertreter zukommen lassen will, daran gehindert wird, weil die Online-Verbindung getrennt wird oder gar nicht erst zustande kommt. Eine technische Störung kann auch zur Folge haben, dass Redebeiträge oder Auskunftsbegehren der Teilnehmer der Präsenzversammlung so fehlerhaft an die „Online-Teilnehmer" übermittelt werden, dass diese die Reden, Fragen oder auch Antworten nur verstümmelt erhalten und somit eine Weisung an ihren Stimmrechtsbevollmächtigten erteilen, die sie bei vollständiger Übermittlung vielleicht sogar in entgegengesetztem Sinn erteilt hätten. Im Gegenzug

133 *Menzel* Elektronische Signaturen S. 61f mit näheren Ausführungen zu weiteren Arten biometrischer Verfahren

134 *Menzel* Elektronische Signaturen S. 58ff

kann aber auch die Erteilung der Weisung durch den Aktionär nicht oder nur verstümmelt bei dem Stimmrechtsvertreter ankommen, so dass dieser das Stimmrecht des Aktionärs letztendlich nicht oder entgegen dem eigentlichen Willen des Vertretenen ausübt.[135]

Diese Fälle sind vergleichbar mit dem Sachverhalt, dass der Gesellschafter infolge einer Verkehrsstörung auf seiner Anreisestrecke nicht zum Ort der Versammlung hätte kommen können. In diesem Zusammenhang ändert sich auch an der bisherigen Verteilung des Risikos nichts. Den Gesellschaften kann nicht die Verantwortung für technische Einrichtungen wie etwa das Internet aufgebürdet werden, wenn sie die Funktionsfähigkeit nicht beeinflussen können. Dieses Risiko, über die Benutzung öffentlicher und nicht von der Gesellschaft kontrollierter Datenwege an der Gesellschafterversammlung teilzunehmen, ist dem betreffenden Gesellschafter zuzuschreiben.[136] Wenn er die Vorteile einer „Online-Teilnahme“ an einer Versammlung über das Internet in Anspruch nehmen will, muss er auch zwangsläufig deren systembedingte Nachteile und somit die technischen Risiken dieses Mediums tragen. Diese Risikoabgrenzung wird auch in § 135 VI AktG deutlich, indem dort klargestellt wird, dass die Wirksamkeit einer Stimmabgabe eines Kreditinstituts nicht durch einen Verstoß gegen Regelungen zur Ausübung des Depotstimmrechtes beeinträchtigt wird.[137]

Die Gesellschaft hat lediglich die Verpflichtung, für die Einsatzfähigkeit und die ausreichende Kapazität der von ihr selbst zur Verfügung zu stellenden Technik zu sorgen. Dazu gehören das Funktionieren der in den Räumlichkeiten der Gesellschaft bereitgestellten Geräte und des eigenen E-Mail-Servers, eine ausreichende Kapazität an Telefon- oder Datenleitungen und eine hinreichende Leistung des für die Hauptversammlung eingerichteten Rechenzentrums. Die Gesellschaft muss insofern gewährleisten, dass jeder Gesellschafter, der die Versammlung online besuchen will, auch Zugang erhält. Sie muss hierbei allerdings nicht die ganze Verbindung vom Wohnort des Gesellschafters bis hin zur Gesellschafterversammlung sicherstellen.[138]

Die Verpflichtung zur Gewährleistung der Funktionstüchtigkeit trifft sie um so mehr, wenn sie eigene Stimmrechtsvertreter einsetzt und sie ihren Gesellschaftern anbietet, ihre Rechte auf diese Art mit den von der Gesellschaft direkt

---

135 *Riegger* ZHR 165 (2001) 204 (214); *Piko/Preissler* in Zetzsche S. 292ff

136 *Noack* in Noack/Spindler Unternehmensrecht S. 27; *Fleischhauer* ZIP 2001, 1133 (1137); zu Zugangsstörung und der Verteilung des Verlust- und Verzögerungsrisikos beim Versenden von E-Mails vgl. *Ultsch* NJW 1997. 3007 (3008f)

137 *Riegger* ZHR 165 (2001) 204 (215); vgl. *Noack* in Noack/Spindler Unternehmensrecht S. 26

138 *Fleischhauer* ZIP 2001, 1133 (1137)

zur Verfügung gestellten Informationen und Mitteilungen ausüben zu lassen (hierzu Teil 2 D III. 3. e ee bbb).[139]

Allerdings sind hierbei die Ansprüche im Innenverhältnis von Gesellschafter und Gesellschaft bzw. Vertreter vor Ort zu beachten. Da zumeist neben dem Vollmachtsverhältnis zwischen dem Aktionär und der Gesellschaft bzw. deren eigens eingesetzten Stimmrechtsvertretern noch ein Auftragsvertrag mit dem Ziel zustande kommt, die Stimmrechtsvertretung ordnungsgemäß für den Aktionär abzuwickeln, ist die Gesellschaft bzw. der Stimmrechtsvertreter hierdurch verpflichtet, die erforderlichen und üblichen technischen Voraussetzungen zu regeln, die eine störungsfreie Verbindung und somit die ordnungsgemäße Stimmabgabe garantieren. Die Gesellschaft, die den Gesellschaftern eine Online-Mitwirkung anbietet, muss ihrerseits damit auch das Erforderliche und Zumutbare tun, dass diese Variante der Mitwirkung auch ordnungsgemäß funktioniert. Im Gegenzug ist sie aber nicht für alle erdenklichen Störungsfälle verantwortlich, die beispielsweise durch kriminelle Hackerangriffe hervorgerufen werden. Kommt die Gesellschaft ihren Pflichten nicht nach, so steht dem Aktionär ein Anspruch auf Schadensersatz gegen die Gesellschaft wegen mangelhafter Auftragsdurchführung zu. Die Gesellschaft steht insoweit auch in der Pflicht, wenn der Auftragsvertrag nicht mit ihr selbst sondern zwischen Aktionär und dem von der Gesellschaft eingerichteten Stimmrechtsvertreter zustande kommt.[140]

Im übrigen muss sich der Gesellschafter, der aufgrund einer technischen Störung seine Rechte nicht oder nicht in den Maßen ausüben kann, wie er es wünscht, an den jeweiligen Provider wenden. Wenn dieser eine technische Störung schuldhaft verursacht hat und der Teilnehmer aufgrund dessen keine Online-Verbindung zu der Gesellschafterversammlung erhalten hatte, so ist auch unter Bezugnahme auf festgelegte Leistungsprogramme und Regelungen zur Gewährleistung und Haftung der jeweiligen AGB der Providerverträge zu überprüfen, inwiefern sich hier Ansprüche des Gesellschafters ergeben können, was allerdings nicht Gegenstand der Arbeit ist.[141]

---

139 *Noack* in Noack/Spindler Unternehmensrecht S. 27

140 Vgl. zu dem Ganzen *Noack* in Noack/Spindler S. 27f; auch *Habersack* ZHR 165 (2001), 172 (191f)

141 Hierzu eingehend *Spindler* in Büllesbach/Heymann Informationsrecht 2000 S. 153/154f, 193ff

Teil 2 Die Aktiengesellschaft

A. Vorbemerkungen, Grundsätze und Einordnung der Aktiengesellschaft

I. Wesen der Aktiengesellschaft

Die Aktiengesellschaft zählt gesellschaftsrechtlich zu den Körperschaften und ist ihrem Wesen nach ein Verein, so dass auch zumindest subsidiär die Vereinsrechtsbestimmungen des BGB[142] auf sie anwendbar sind.[143] Als juristische Person (§ 1 I 1 AktG vgl. §§ 21, 22 BGB) ist sie selbst allein die Trägerin der Rechte und Pflichten der Gesellschaft und ist rechtsfähig, parteifähig, geschäftsfähig und prozessfähig.[144]

Obwohl die Aktiengesellschaft selbst als juristische Person Eigentümerin des Gesellschaftsvermögens im rechtlichen Sinne ist, wird oftmals auch von den Aktionären als den „wirtschaftlichen Eigentümern" gesprochen, die als Anteilseigner das Kapital der Gesellschaft aufbringen.[145] Aus dieser Position des „wirtschaftlichen Eigentümers" leite sich dann auch die Rechtfertigung der Aktionärsrechte und -ansprüche ab.[146]

Stellenweise wird die Organisationsform der Aktiengesellschaft in verschiedene Typen mit bis zu sieben Untergliederungen aufgeteilt.[147] Trotz des gesetzlich möglichen Extremfalls einer „Ein-Mann-AG" (§ 2 AktG)[148] ist die Aktiengesellschaft vom gesetzlichen Leitbild her jedoch als eine Publikumsgesellschaft angelegt und zielt somit auf einen breiten Anlegerkreis hin, für den ihr rechtlicher Rahmen auch die besten Voraussetzungen bietet. Die Beschaffung größerer Kapitalmengen mit langfristiger Bindung wird durch einen großen Kreis von Anlegern ermöglicht. Daher wird die Aktiengesellschaft auch stellenweise als „Kapitalsammelbecken" bezeichnet.[149] Als Ausnahme hierzu ist die Erschei-

---

142 BGB vom 18.08.1896 RGBl. S. 195

143 *Henn* Hdb Rn 14; *Kraft* in Köln Komm § 1 Rn 4, 6, 7; *Hüffer* § 1 Rn 2f; *Doralt* in MüKo AktG § 1 Rn 12, 14

144 *Hüffer* § 1 Rn 4,7; *Doralt* in MüKo AktG § 1 Rn 24f; *Kraft* in Köln Komm § 1 Rn 7, 37; *Henn* AG 1985, 240 (241); *Henn* Hdb Rn 14 ff, 19

145 *Kübler* GesR S. 177; *Henn* AG 1985, 240 (241); *Henn* Hdb Rn 26

146 *Henn* BB 1982, 1185

147 *Hoffmann-Becking* Mü Hdb § 2 Rn 7 ff

148 Vgl. hierzu auch *Heider* in MüKo AktG § 2 Rn 6; *Kraft* in Köln Komm § 1 Rn 64; *Hüffer* § 2 Rn 1 ff; *Henn* Hdb Rn 20

149 *Hüther* AG 2001, 68; *Hoffmann-Becking* Mü Hdb § 2 Rn 4; *Grunewald* S. 227 Rn 6; vgl. auch *Semler* in MüKo AktG Einl. Rn 8ff

nungsform der „Kleinen AG“ zu nennen, die sich mit besonderen Ausgestaltungen eher als die geeignete Gesellschaftsform für einen kleineren und überschaubaren Aktionärskreis anbietet.[150]

II. Aktie und Aktienarten

Der Begriff der Aktie beinhaltet drei Bedeutungen:

Die Mitgliedschaft des Aktionärs, das die Mitgliedschaft verbriefende Wertpapier und die jeweilige Beteiligungsquote. Die Aktie verkörpert somit die Mitgliedschaft an der Gesellschaft und ist als Inbegriff sämtlicher Rechte und Pflichten zu verstehen, die einem Aktionär infolge seiner Beteiligung an der Gesellschaft zustehen.[151] Das „Grundrecht“ der Aktionäre ist das allgemeine Mitgliedschaftsrecht, das herkömmlicherweise in Vermögens- und Herrschaftsrechte unterteilt wird, wobei darüber hinaus auch Sonderrechte bestehen können.[152]

Bei den Aktienarten gilt es nun zu unterscheiden:

Nach § 12 I 1, II AktG gewährt jede Aktie das Stimmrecht. Im Gegensatz hierzu gibt es Aktien, die als Vorzugsaktien ein Vorrecht bei der Verteilung des Gewinns oder des Abwicklungserlöses einräumen. Hier kann jedoch im Gegenzug das Stimmrecht ausgeschlossen werden.[153]

Von Bedeutung ist noch eine weitere Art der Untergliederung:

So müssen Aktien nach § 10 I AktG auf den Namen (Namensaktie)[154] oder auf den Inhaber (Inhaberaktie) lauten. Hierbei steht es den Gesellschaften grundsätzlich frei, welche Form sie wählen. Inhaber- und Namensaktien sind Wertpapiere im weiten Sinne.[155]

Bislang war in Deutschland die Ausgabe von Inhaberaktien der Regelfall. Ein direkter Kontakt zwischen der Gesellschaft und ihren Aktionären ist hier allerdings nur schwer möglich, da die Aktieninhaber der Gesellschaft nicht be-

---

150 Hierzu näher *Semler* in MüKo AktG Einl. Rn 68

151 *Doralt* in MüKo AktG § 1 Rn 89; *Kraft* in Köln Komm § 1 Rn 31; *Hüffer* § 1 Rn 13

152 Eine genauere Darstellung der Rechte und Pflichten eines Aktionärs findet sich u.a. bei *Henn* AG 1985, 240 (241) und *Henn* Hdb Rn 21ff, *Heider* in MüKo AktG § 11 Rn 4 ff

153 *Henn* Handbuch Rn 38; *Heider* in MüKo AktG § 12 Rn 29

154 Zum NaStraG und seinen Änderungen vgl. *Seibert* ZIP 2001, 53; *Hüther* AG 2001, 68; *Goedecke/Heuser* BB 2001, 369; *Habersack* ZHR 165 (2001), 172; *Riegger* ZHR 165 (2001), 204; *Kölling* NZG 2000, 631; *Spindler* ZGR 2000, 420; *Büllesbach/Klawitter/Miedbrodt* CR 2000, 565; zum Referentenentwurf *Noack* ZIP 1999, 1993

155 *Henn* Hdb Rn 31; vertiefend hierzu und auch zur Übertragung der beiden Aktienarten *Kölling* NZG 2000, 631 (632)

kannt sind und zudem der ständige Wechsel der Zusammensetzung des Aktionärskreises aufgrund der freien Übertragbarkeit der Aktien einen Überblick erschwert. Viele große Publikumsgesellschaften stellen aber derzeit auf die Namensaktie um bzw. haben dies schon getan.[156] Das NaStraG[157] vollzog dann auch eine rechtliche Gleichstellung zwischen Inhaberaktie und der Namensaktie.[158] Die Gründe für die Umstellung auf Namensaktien sind vielfältiger Natur. Im Vordergrund steht die „investor relation" als das Bekenntnis zur Pflege der Verbindung zwischen Gesellschaft und Mitglied. Ziel ist es also, mittels der Namensaktie einen direkten Kontakt mit allen Aktionären zu pflegen und deren Interessen besser kennen zu lernen, da die Namensaktie einen direkten Weg zum Aktionär ohne den Umweg über Depotbanken eröffnet.[159] Diese Zielsetzung verbunden mit dem Wechsel zur Namensaktie fördert auch nicht zuletzt die Nutzung elektronischer Medien und den Ausbau dieser Kommunikationsform im Unternehmen, da die Kenntnis der Identität des Aktionärs sowie seiner Kommunikationsadressen für eine internetgestützte Hauptversammlung oder deren Vorbereitung erforderlich ist (siehe Teil 1 B I 3).[160] Ein weiterer Grund für die Umstellung auf Namensaktien ist der zunehmende Druck, dem große Aktiengesellschaften ausgesetzt sind, Kapital auch auf solchen ausländischen Märkten aufzunehmen, deren Zugang die Emission von Namensaktien voraussetzt. An erster Stelle ist hierbei der US-amerikanische Kapitalmarkt zu nennen, auf dem die Namensaktie die gebräuchliche Form des Aktienanteils darstellt.[161]

Mit dem KonTraG[162] ist den Aktiengesellschaften die Möglichkeit eingeräumt worden, durch eine entsprechende Satzung den Verbriefungsanspruch des Aktionärs ganz auszuschließen (§ 10 V AktG). Es verbleibt dann lediglich eine

---

156 Vgl. hierzu *Goedsche* S. 26 und die Nachweise bei *Kölling* NZG 2000, 631 Fn.1 (634); *Preissler* WM 2001, 113 Fn. 1; *Habersack* ZHR 165 (2001), 172 (175); näher zu dieser Entwicklung *Happ* in FS Bezzenberger 2000 S. 111ff; *Noack* in FS Bezzenberger 2000 S. 291, (299ff); *Noack* ZIP 1999, 1993 (1994); *Noack* DB 1999, 1306; *Bachmann* WM 1999, 2100 (2101); *Diekmann* BB 1999,1985; in diesem Zeitraum sind beispielsweise zu nennen Daimler-Chrysler, Deutsche Bank, Dresdner Bank, Deutsche Telekom, Epcos, Siemens, Lufthansa, Aventis, Celanese, Allianz u.a.; zu den Besonderheiten beim VW-Gesetz vgl. *Semler* in MüKo AktG Einl. Rn 211ff

157 BGBl I 2001, S. 123, In Kraft getreten am 25.01.2001

158 *Siems* NZG 2000, 626 (630); *Spindler* ZGR 2000, 420 (422)

159 *Noack* DB 1999, 1306; *Kölling* NZG 2000, 631 (634 f)

160 *Spindler* ZGR 2000, 420 (422)

161 *Spindler* ZGR 2000, 420 (422); *Bachmann* WM 1999, 2100 (2101); hierzu auch *Preissler* WM 2001, 113

162 27.04.1998 BGBl I S. 786 vom 30.04.1998

Globalurkunde, die i.d.R. bei der Deutschen Börse Clearing AG hinterlegt ist.[163] Eine Globalaktie stellt aber lediglich die Zusammenfassung mehrerer Aktien in einer einheitlichen Aktienurkunde dar, so dass sich nichts an der Struktur der Einzelaktie ändert.[164]

III. Praktische Bedeutung der Aktiengesellschaft

Seit Mitte der achtziger Jahre ist die Zahl der in der Bundesrepublik eingetragenen Aktiengesellschaften langsam angestiegen. Die Gesamtzahl ist dennoch relativ gering. 1994 waren von ca. 3500 Aktiengesellschaften etwa 670 an der Börse notiert, deren Grundkapital sich jedoch auf ca. 200 Mrd. DM belief.[165] 1998 wurde bei 5468 absolut gezählten Aktiengesellschaften ein Nominalkapital von 238,6 Mrd. festgestellt.[166] 1999 waren schon 7375 Aktiengesellschaften und davon 933 börsennotierte in Deutschland registriert.[167] Das statistische Bundesamt zeigt in der Umsatzsteuerstatistik für 1999 insgesamt allein 3951 umsatzsteuerpflichtige Aktiengesellschaften auf, darunter 444 Aktiengesellschaften mit einem Gesamtumsatz von 1,507 111 Billionen DM, während im selben Zeitraum insgesamt 438 085 GmbH festgestellt wurden, die aber zusammen einen Umsatz von 2,484 790 Billionen DM aufwiesen.[168] Die Verbreiterung der Eigenkapitalbasis hat in der heutigen Zeit der Internationalisierung und Globalisierung der

---

163 Näher hierzu auch *Seibert* DB 1999, 267ff : Ein diesbezüglicher Beschluss der Gesellschaft ist mit satzungsändernder Mehrheit möglich und bedarf nicht der Zustimmung jedes betroffenen Aktionärs. In Wissenschaft und Praxis wurde diese Gesetzesänderung mit fast einhelliger Zustimmung begrüßt. Heute bilden Totalausschlüsse den klaren Trend, wobei der Verbriefungsausschluss meist nur für die Zukunft beschlossen wird und Aktionäre, die effektive Stücke besitzen, ihre Altaktien behalten können. Insbesondere ist bei Börsenneulingen bei der Börseneinführung durchweg ein völliger Verbriefungsausschluss anzutreffen. Dieser Weg zur „Dematerialisierung" der Aktie ist in der Sache ein sehr bedeutsamer Vorgang. Dennoch bleibt wertpapierrechtlich formal alles wie vorher, weil an der Globalurkunde festgehalten wird.; näher zur Verbriefung vgl. auch Kölling NZG 2000, 631 (633f); *Heider* in MüKo AktG § 10 Rn 6 ff, Rn 55ff; *Hüffer* § 10 Rn 2, 10ff, 28

164 *Henn* Hdb Rn 28; *Kölling* NZG 2000, 631 (634)

165 Vgl. *Grunewald* 3. Auflage S. 227 Rn 6; *Hoffmann-Becking* Mü Hdb § 2 Rn 1; *Baums/Vogel/Tacheva* ZIP 2000, 1649; *Semler* in MüKo Einl. Rn 15; vgl. hierzu aber auch *Henn* Hdb Rn 7 und Anhanganlage 35f

166 *Hansen* AG 1999, R 67

167 *Baums/Vogel/Tacheva* ZIP 2000, 1649 mit Bezug auf DAI Factbook 1998 und 1999; vgl. auch *Than* in FS Peltzer 2001, S. 577 (578); vgl. aber Angaben bei *Henn* Hdb Anhanganlage 35f

168 Angaben des Statistischen Bundesamtes auf Anfrage vom 11.06.2001

Märkte eine hohe Bedeutung. Um auf dem Weltmarkt bei den ständigen Fusionen und Übernahmen bestehen zu können, sind erhebliche finanzielle Mittel erforderlich. Über die Börse kann in Deutschland jedoch eine Eigenkapitalzuführung nur mit den Rechtsformen der AG bzw. KGaA erfolgen.[169] Obwohl die Zahl der GmbH im Verhältnis zu den Aktiengesellschaften wesentlich größer ist, zeigt ein Vergleich des Grundkapitals und des Umsatzes, dass die Aktiengesellschaft mehr Kapital bündelt und somit die typische Rechtsform der Großunterunternehmen bleibt.[170]

IV. Satzung

1. Rechtsnatur der Satzung

Die Satzung kann definiert werden als die Summe jener rechtsgeschäftlich aufgestellten Normen, welche in Ergänzung oder Abänderung des Gesetzes die körperschaftlichen Rechtsverhältnisse der Gesellschaft regeln und damit diese Gesellschaft gegenüber den übrigen Gesellschaften individualisieren.[171]

Gierke ordnete die Satzung noch als einen sozialrechtlichen Konstitutivakt ein, der mangels eines Vorbildes im Individualrecht nicht „unter den Begriff irgend eines Rechtsgeschäftes gebracht werden darf." Insbesondere sei der „schöpferische Gesamtakt, der eine gewillkürte Körperschaft ins Leben ruft, kein Vertrag.[172]

Heute scheint jedoch unumstritten, dass die Satzung zumindest in ihrer Erstfassung ein von den Gründern geschlossener Vertrag ist, dem alle Gründungsaktionäre zustimmen müssen (Vertragstheorie). Die fertige Satzung wird von der h.M. dann mit der „Normentheorie" wie ein Gesetz behandelt.[173]

Der Vertrag besteht aus Vereinbarungen der Gründer über die Errichtung der Gesellschaft und die sich daraus ergebenden Rechte und Pflichten. Sobald die Gesellschaft nun ins Leben tritt, verliert die Satzung den Vertragscharakter und wird kraft Korporationsrecht zur Verfassung. Der Satzungsinhalt löst sich von der Persönlichkeit der Mitglieder und vom Vertragswillen der Gründer, so dass die Regelungen auch gegenüber neuen Aktionären Geltung erlangen. Die Sat-

169 *Kölling* NZG 2000, 631 (632)

170 *Hoffmann-Becking* Mü Hdb AktG § 2 Rn 3; vgl. *Henn* Hdb Rn 7; AG 1993 R 65; *Hansen* GmbHR 1993, 146 ff

171 *Würdinger* S. 39; *Henn* BB 1982, 1185 (1191)

172 *Gierke* S.485ff

173 *Reuter* in MüKo BGB § 25 Rn 13ff; vgl. *Henn* Hdb Rn 88; *Pentz* in MüKo AktG § 23 Rn 10

zung erlangt ein unabhängiges rechtliches Eigenleben, wird zur körperschaftlichen Verfassung und objektiviert fortan das rechtliche Wollen der juristischen Person. Der Satzung kommt somit die Funktion objektiven Rechtes zu, und so haben die Regelungen auch gegenüber späteren Aktionären Geltung.[174]

Hinsichtlich der Rechtsnatur der Satzung ergibt sich daher, dass sie weder ein rein schuldrechtlicher Vertrag noch ein sozialrechtlicher Konstitutivakt ist. Vielmehr ist sie ein Vertrag sui generis, der sowohl subjektive Rechte und Pflichten der Gründer regelt als auch objektive Normen aufstellt und am besten als Schuld- und Organisationsvertrag zu sehen ist.[175]

2. Satzungsstrenge / Satzungsautonomie

Das Aktienrecht ist mit seinen Bestimmungen weitgehend zwingendes Recht. Dadurch wird ein hohes Maß an Schutz für den Anleger erreicht. Nur indem den Regeln des AktG Folge geleistet wird, wird ein Vertrauen in die Kapitalanlage in Aktien aufgebaut und so die Bereitschaft zu einer Geldanlage in Aktien gesteigert.[176]

So schränkt der Grundsatz der Satzungsstrenge des § 23 V AktG, auch vor dem Hintergrund der historischen Entwicklung des deutschen Aktienrechts, die Satzungsautonomie zum Schutz von Gläubigern und künftigen Aktionären stark ein.[177] Allerdings ist dieses Institut auch nicht gänzlich unumstritten, und einige Autoren setzen sich für eine Aufhebung oder Lockerung des bestehenden Grundsatzes ein.[178] Dies ist auch vor dem Hintergrund zu sehen, dass zwingende Regelungen im Gesellschaftsrecht keineswegs selbstverständlich sind, wie ein Vergleich mit dem amerikanischen Gesellschaftsrecht zeigt, in dem eher eine weitgehende Flexibilität herrscht.[179] Auch ist im deutschen Recht der Personengesellschaften und der GmbH (siehe Teil 3 A III) eher die Vorstellung verfestigt, dass grundsätzlich dispositives Recht effizienter ist, da es den Parteien am ehesten eine flexible Umsetzung ihrer individuellen Interessen ermöglicht und somit

---

174 *Hüffer* § 23 Rn 7; BGHZ 21, 370, 374f; RGZ 165, 140, 143; *Pentz* in MüKo AktG § 23 Rn 37; *Müller* AG 1965, 135f; *Wiesner* Mü Hdb § 6 Rn 1 ff; zur GmbH *Baumbach/Hueck/Hueck-Fastrich* § 2 Rn 3

175 *Hüffer* § 23 Rn 7; *Pentz* in MüKo AktG § 23 Rn 38; *Kraft* in Köln Komm § 23 Rn 16

176 *Grunewald* S. 229 Rn 15; *Spindler* AG 1998, 53 (58)

177 Vgl. *Kleindiek* Bericht über Diskussion ZGR 1994, 465

178 Vgl. *Hüffer* § 23 Rn 34; *Mertens* ZGR 1994, 426; vgl. *Claussen* in Dörner/Menold/Pfitzer 297, 314

179 Vgl. hierzu *Spindler* AG 1998, 53 (57f)

deren Interessen am meisten gerecht wird. Zwingendes Recht muss sich dagegen notwendigerweise von den einzelnen Interessen abstrahieren.[180] So tritt auch *Mertens* für mehr Organisationsautonomie in Aktiengesellschaften ein und bezeichnet § 23 V AktG sogar als „die eiserne Klammer, die der Gesetzgeber um die Aktiengesellschaft gelegt hat" und als „Zangen- und Würgegriff".[181] Er will auch feststellen, dass sich in der Praxis eine Bestrebung zeigt, sich der Satzungsstrenge des § 23 V AktG zu entziehen, indem bei kleineren Aktiengesellschaften ähnlich wie bei der GmbH mehr mit schuldrechtlichen Vereinbarungen und bei Großunternehmen mit konzernorganisatorischen Abreden, Leistungskonzepten oder Geschäftsordnungen gearbeitet wird.[182] Auf der anderen Seite müsste bei einer flexibleren Ausgestaltung des Aktienrechts mit einer Gewährleistung größerer Gestaltungsfreiheiten auch im Gegenzug das Kapitalmarktschutzrecht entsprechend ausgebaut werden.[183]

Trotz des im Aktienrecht herrschenden Grundsatzes der Satzungsstrenge gibt es auch einige dispositive gesetzliche Regeln. Die „Satzungsautonomie" gibt einer Aktiengesellschaft nämlich grundsätzlich die Möglichkeit, durch die Erstellung einer Satzung interne Verhältnisse und Beziehungen im Rahmen des Gesetzes eigenverantwortlich zu regeln und so gewisse Grundbestimmungen für die individuellen Bedürfnisse der Gesellschaft festzulegen. Diese in der Satzung getroffenen individuellen Bestimmungen sind aber an den Vorgaben des § 23 V AktG zu messen.[184] Satzungsregelungen, die ein Gesetz ergänzen, das einen entsprechenden Regelungsinhalt nicht enthält oder die eine gesetzliche Regelung ihrem Sinn nach weiterführen, die es also im Grundsatz erhalten, sind hiernach im Aktienrecht nur zulässig, wenn die gesetzlichen Bestimmungen nicht abschließend sind. Eine Abweichung, die dann vorliegt, wenn eine gesetzliche Regelung durch eine andere ersetzt wird, kann nur getroffen werden, wenn sie ausdrücklich vom Gesetz zugelassen ist, wobei „Gesetz" i.S.d. § 23 V AktG nur das AktG ist.[185] Gesetzliche Bestimmungen, die die Organisation der Aktiengesellschaft bzw. den Zuständigkeitsbereich der Organe mit deren innerer Organisation und Zusammensetzung betreffen sowie Verfahrensvorschriften, etwa für Sat-

---

180 *Spindler* AG 1998, 53 (58); vgl. *Mertens* AG 81, 1 (2 f); hierzu auch *Kötz* in FS Mestmäcker 1996 S. 1037 (1039ff)

181 *Mertens* ZGR 1994, 426 (427,433)

182 *Mertens* ZGR 1994, 426 (433); hierzu auch BGH NJW 87, 890 „Dinkelacker"; OLG Stuttgart JZ 1987, 570

183 *Kleindiek* Bericht über Diskussion ZGR 94, 465

184 *Pentz* MüKo AktG § 23 Rn 148ff; *Bröcker/Schouler* in Zetzsche S. 79

185 *Grunewald* S. 229 Rn 15f; *Pentz* in MüKo AktG § 23 Rn 148ff; *Wiesner* Mü Hdb § 6 Rn 6, 8; *Hüffer* § 23 Rn 34, 35, 37; *Martin Luther* in FS Hengeler 1972 S.167 (175ff)

zungsänderungen, gehören jedenfalls zum zwingenden Recht.[186] Diese Satzungsstrenge macht es ausgesprochen schwierig, wenn nicht gar unmöglich, gesetzlich bestehende Regelungen bzgl. der Hauptversammlung und der Rechtsausübung in ihr durch die Satzung all zu starken Änderungen zu unterziehen, die von der gesetzlichen Ausgestaltung zu weit abweichen.

3. Satzungsergänzende schuldrechtliche Nebenabreden

Als schuldrechtliche Nebenabreden der Gesellschafter bezeichnet man auf die Gesellschaft bezogene Absprachen bei der Gründung oder im Anschluss an diese zwischen sämtlichen oder einem Teil der Gesellschafter, die außerhalb des Gesellschaftsvertrags oder der Satzung abgeschlossen werden. Dadurch, dass sie nicht in die Satzung aufgenommen werden, bilden diese Absprachen den Gegenstand einer selbständigen, ihrerseits nicht formbedürftigen schuldrechtlichen Vereinbarung zwischen den Beteiligten. Solche Abreden sind bei allen Gesellschaftsformen und Strukturtypen verbreitet und bilden schuldrechtliche Verträge oder auch gesellschaftsrechtliche Regelungen i.S.d. §§ 705 ff BGB.[187]

4. Satzungsdurchbrechungen

Bei einer Satzungsdurchbrechung handelt es sich um einen inhaltlich zur Satzung im Widerspruch stehenden Gesellschafterbeschluss, mit dem ganz bewusst für eine konkrete Einzelsituation von einer Bestimmung des Gesellschaftsvertrags abgewichen wird, ohne hierbei allerdings die Satzung selbst zu ändern und ohne ihre Geltung für die Zukunft aufheben zu wollen.[188] Es wird somit vorübergehend das Rangverhältnis zwischen Satzung und gewöhnlichem Gesellschafterbeschluss umgekehrt und damit dem rangniedrigeren, an sich satzungswidrigen Beschluss uneingeschränkt Geltung verschafft.[189] Die Zulässigkeit eines solchen Vorgehens ist umstritten und so werden an die Wirksamkeit einer

---

186 *Grunewald* S. 231 Rn 15; vgl. *Timm* DB 1980, 1201 (1204); *Winter* ZHR 1990, 259 (262); *Hüffer* § 23 Rn 36; *Wiesner* Mü Hdb § 6 Rn 7

187 *Hoffmann-Becking* ZGR 1994, 442; *Henn* Hdb Rn 144; *Habersack* ZGR 1994, 254 (257); *Ulmer* NJW 87, 1849 (1850); BGH NJW 87, 890 „Dinkelacker"

188 Vgl. *Priester* ZHR 151 (1987), 40; *Baumbach/Hueck/Zöllner* § 53 Rn 23ff; *Lutter/Hommelhoff* § 53 Rn 23; vgl. hierzu auch BGHZ 123, 15ff; *Rowedder/Zimmermann* § 53 Rn 34

189 *Hoffmann-Becking* ZGR 1994 442 (444ff); *Habersack* ZGR 1994, 354 (356); *Priester* ZHR 151 (1987), 40

Satzungsdurchbrechung verschiedene Erfordernisse gestellt. Mit der h.M. sind zustandsbegründende Satzungsdurchbrechungen als unzulässig zu betrachten, punktuelle Satzungsdurchbrechungen, die lediglich einmalige Regelungen treffen, hingegen als zulässig.[190]

V. Gleichbehandlungsgebot

Ein herausragender Grundsatz des Aktienrechtes ist das im Gesellschaftsrecht verbreitete und im AktG festgeschriebene Gebot der Gleichbehandlung. Das AktG 1965 ging noch unausgesprochen von aktienrechtlicher Gleichbehandlung und von der Treue- und Loyalitätspflicht aus, wie es auch schon vom Reichsgericht in RGZ 146, 76 gesehen wurde und seit langem in Schrifttum und Rechtsprechung, unabhängig von ausdrücklichen gesetzlichen Definitionen, anerkannt ist.

Erst nach der europarechtlichen Forderung des Art. 42 der 2. EG-Richtlinie nach einer Ergänzung des AktG wurde mit der Novelle von 1978 das aktienrechtliche Gleichbehandlungsgebot in § 53a AktG normiert, wobei dieser seinem Inhalt nach nichts neues vorschreibt und damit keinen konstitutiven sondern nur deklaratorischen Charakter hat.[191]

Der Gleichbehandlungsgrundsatz bildet somit als Anhaltspunkt aller gegenseitigen Rechte und Pflichten zwischen der Gesellschaft und dem Aktionär den Auslegungs- und Begrenzungsmaßstab und kann auch selbst Grundlage für Beziehungen sein, die gesetzlich nicht konkret geregelt sind. Nach diesem Maßstab hat sich die Gesellschaft bei der Gestaltung und Abwicklung aller ihrer gesellschaftsrechtlichen Beziehungen zu ihren Aktionären zu richten.[192]

Demnach ist die Aktiengesellschaft dazu verpflichtet, die einzelnen Aktionäre ungeachtet der Höhe ihrer Beteiligung den konkreten Umständen gemäß im Hinblick auf die mitgliedschaftlichen Beziehungen unter dem Vorbehalt gesetzlicher, satzungsmäßiger und sachlich begründeter Differenzierung gleich zu be-

---

190 Vgl. hierzu *Habersack* ZGR 1994, 354,356; *Priester* ZHR 151 (1987), 40 (47ff) *Hoffman-Becking* ZGR 1994, 442 (444ff)

191 *Henn* Hdb Rn 21; BGHZ 33, 175ff; *Claussen* AG 1991, 10 (15); *K. Schmidt* S. 468ff, 806ff; *W. Lutter/Zöllner* in Köln Komm § 53a Rn 3; *Eckardt* in Geßler/Hefermehl § 11 Rn 5f, § 53a Rn 2; LG Köln AG 1981 81f; *Henn* AG 1985 240 (241f); *Hüffer* § 53a Rn 1

192 *Henn* Hdb Rn 42; BGH AG 1997, 414; *Claussen* AG 1991, 10 (15); *Henn* AG 1985, 240(242f)

handeln. Dies bedeutet ein Verbot willkürlicher Differenzierung.[193] Jedoch bedeutet Gleichheit nie unterschiedslose, willkürliche und absolute Gleichheit, also keine bedingungslose Gleichmacherei, sondern nur eine den Umständen und Gegebenheiten entsprechende, also eine Gleichheit unter gleichen Voraussetzungen.[194] Aus dem Wesen der Aktiengesellschaft ergibt sich im Gegensatz zum Vereinsrecht des BGB, dass die hier geforderte Gleichbehandlung keine nach Köpfen sondern nach Kapitalanteilen ist.[195] Die konkreten Umstände sind ausschlaggebend und so ist unter dem Ausdruck „gleiche Voraussetzungen" auch nicht die quantitative Komponente, also die Höhe des Aktienbesitzes gemeint. Der Grundsatz ist demnach qualitativ zu verstehen. So stellt eine unterschiedliche Behandlung von Aktionären, die sich ausschließlich aus der Höhe des Aktienbesitzes ergibt (quantitativer Unterschied) und aus der Struktur der Aktiengesellschaft entsprechend gerechtfertigt ist, keinen Verstoß gegen das Gleichbehandlungsgebot dar. Es darf sich nur nicht um qualitative Unterschiede handeln, denen die Äquivalenz fehlt.[196]

Die Aktiengesellschaft basiert generell auf einer streng arithmetischen Aufteilung des Grundkapitals in Einzelrechte. Die Höhe der Beteiligung darf sich also nur in einer streng arithmetischen Vervielfältigung der aus der Einzelaktie fließenden Rechte auswirken, es sei denn das Gesetz oder eine sachlich begründete Satzungsregelung stellen die Äquivalenz her. Die ungleiche Aktionärsbehandlung als Folge ungleichen quantitativen Aktienbesitzes stellt also richtigerweise nicht eine Abweichung vom Prinzip der Gleichbehandlung unter dem Aspekt fehlender „gleicher Voraussetzungen" dar, sondern bestätigt vielmehr dessen Prinzip.[197]

Für Hauptrechte wie Stimmrecht, Bezugsrechte oder das Recht auf Dividende, liegt also der Gleichbehandlungsmaßstab in dem Maß der Beteiligung am Grundkapital.[198] Bei Hilfsrechten wie das Recht auf Teilnahme an der Hauptversammlung, das Rederecht und das Auskunftsrecht gebietet der Gleichbehand-

193 BGH AG 1997, 414; *Claussen* AG 1991,10, 15; *Henn* AG 1985, 240 (242f); *Hüffer* § 53a Rn 4f 10; *K. Schmidt* S. 806f; BGHZ 120, 141; BGHZ, 33,175; *Henn* Hdb Rn 42;

194 *Henn* AG 1985, 240 (242); *K. Schmidt* S. 806f; vgl. auch die verfassungsrechtlichen Vorgaben in BVerfGE 3, 213 (240); 5, 85 (205); 6, 273 (280); 10, 59(73); 43, 213 (225); 44, 70

195 *Henn* Hdb Rn 21; BGHZ 33, 175 ff

196 *Henn* AG 1985, 240 (242); *Hefermehl/Bungeroth* in Geßler/Hefermehl § 53 a Rn 17 ff

197 *Henn* AG 1985, 240 (243); *Hefermehl/Bungeroth* in Geßler/Hefermehl § 53 a Rn 8,9

198 *Hüffer* § 53a Rn 6; vgl. auch BGHZ 70, 117 (121)

lungsgrundsatz im Gegensatz hierzu allerdings eine Gleichbehandlung nach Köpfen.[199]

Aufgrund seines zwingenden Charakters kann das Gleichbehandlungsgebot auch nicht in der Satzung abbedungen werden bzw. durch einen pauschalen Verzicht des Aktionärs aufgegeben werden.[200]

Der Gleichbehandlungsgrundsatz wird durch die Treuepflicht des Aktionärs ergänzt.[201]

---

199 *Hüffer* § 53a Rn 7

200 *Henn* AG 1985, 240 (243); *Hüffer* § 53a Rn 5f

201 *Baumbach/Hueck/Hueck-Fastrich* § 13 Rn 22, 24ff; BGHZ 65, 16 (18f) „ITT"; eingehend *Rowedder/Pentz* § 13 Rn 38ff; eingehend *Vorwerk/Wimmers* GmbHR 1998, 717ff; *Hachenburg/Raiser* § 14 Rn 52

B. Hauptversammlung

I. Hauptversammlung als Zuständigkeitsforum

Gem. § 118 I AktG üben die Aktionäre in ihr ihre Mitgliedschaftsrechte „in den Angelegenheiten der Gesellschaft" aus. Sie können dies persönlich tun oder ihre Interessen durch einen Vertreter wahren lassen.[202] Die Hauptversammlung ist damit das eigentliche Zuständigkeitsforum der Aktionäre und die Interessenwahrung innerhalb der Hauptversammlung kann daher als das Zentralstück aktionärsrechtlicher Rechtsausübung angesehen werden, weshalb die Hauptversammlung oftmals auch als „Sitz der Aktionärsdemokratie" bezeichnet wird.[203]

II. Gesetzliche Zuständigkeiten der Hauptversammlung

Bei den Kompetenzen der Hauptversammlung selbst gilt das Enumerationsprinzip. So ist die Hauptversammlung lediglich für die ihr gesetzlich oder soweit möglich durch die Satzung ausdrücklich zugewiesenen Fällen zuständig, wobei die wichtigsten Kompetenzen in § 119 I AktG normiert sind.[204] Grundsätzlich ist zwar auch die Möglichkeit eröffnet, im Wege einer Satzungsbestimmung der Hauptversammlung weitere Zuständigkeiten einzuräumen, jedoch nur dann, wenn keine anderweitigen zwingenden gesetzlichen Kompetenzen eingeschränkt werden. Daher wird in der Praxis von dieser Möglichkeit eher selten Gebrauch gemacht. Lediglich besondere Gremien wie Beiräte oder Aktionärsausschüsse werden auf diese Weise eingerichtet, denen jedoch keine Kompetenzen anderer Organe zugewiesen werden dürfen.[205] Weitere Zuständigkeiten sind in verschiedenen Bestimmungen des AktG aufgezählt.[206]

In Geschäftsführungsangelegenheiten hat allerdings grundsätzlich gem. § 76 AktG allein der Vorstand die Beschlussfassungskompetenz. Bei der Verweige-

---

202 *Huber* ZIP 1995, 1740; *Henn* BB 1982, 1185; *Henn* BB 1982 1185 Fn. 6

203 Vgl. *K.Schmidt* GesR S 844; *Huber* ZIP 1995, 1740; *Henn* BB 1982, 1185 (1186)

204 *Gessler* in FS Stimpel 1985 S. 771ff; vgl. *Semler* Mü Hdb AktG § 34 Rn 9 ff; *Eckardt* in Geßler/Hefermehl § 119 Rn 7ff

205 *Semler* Mü Hdb AktG § 34 Rn 33; *Hüffer* § 119 Rn 10

206 Genauere Darstellung siehe *Semler* Mü Hdb AktG § 34 Rn 9 ff; *Gessler* in FS Stimpel 1985 S. 771 ff; *Zöllner* in Köln Komm § 119 Rn 1 ff

rung einer Zustimmung des Aufsichtsrates oder bei einer erwünschten Entscheidung der Aktionäre kann aber die Hauptversammlung nach § 111 IV 3 bzw. § 119 II AktG angerufen werden. In diesem Fall ist der Vorstand gem. § 83 II AktG auch an die dann von den Gesellschaftern getroffene Entscheidung gebunden.[207]

Vielfach umstritten ist, ob über die gesetzlich normierten Zuständigkeiten auch noch ungeschriebene Kompetenzen der Hauptversammlung bestehen. In der Literatur wurde nämlich die Auffassung entwickelt, dass das Gesetz bzgl. den Zuständigkeiten der Hauptversammlung eine Regelungslücke aufweise. Der Hauptversammlung stehe über die gesetzlichen Zuständigkeiten hinaus eine ungeschriebene Kompetenz für bestimmte Grundlagenentscheidungen zu, so dass auch in solchen Fällen von der Hauptversammlung über Geschäftsführungsmaßnahmen beschlossen werden dürfe.[208]

Der BGH hat im „Holzmüllerurteil" entschieden, dass eine solche Kompetenz gegeben sein kann, wenn tief in die Mitgliedschaftsrechte der Aktionäre eingegriffen werde. Es handelte sich bei diesem Fall um eine Maßnahme, von der der Vorstand nach Auffassung des BGH "vernünftigerweise nicht annehmen (konnte), er dürfe sie in ausschließlich eigener Verantwortung treffen", ohne die Hauptversammlung zu beteiligen. Bei so schwerwiegenden Maßnahmen reduziert sich das grundsätzlich nach § 119 II AktG bestehende Vorlageermessen des Vorstandes, ob er die Entscheidung der Hauptversammlung nach § 119 II AktG herbeiführen soll, auf Null, und so wandelt sich das Recht des Vorstandes, nach seinem Ermessen gem. § 119 II AktG eine Entscheidung der Hauptversammlung einzuholen, in eine diesbezügliche Verpflichtung um.[209] Der Vorstand darf daher in solchen Fällen die fragliche Maßnahme gar nicht durchführen, ohne dass ihr die Hauptversammlung zugestimmt hat.[210]

Die Literatur äußerte sich vielfach kritisch zu diesem Urteil. So fehle es an einer überzeugenden Begründung dafür, dass § 119 II AktG entgegen seiner eindeutigen Fassung auch nur ausnahmsweise eine Anrufungspflicht beinhalte. Auch sei es äußerst fraglich, ob es angesichts der Fassung des § 119 II AktG überhaupt ungeschriebene Hauptversammlungszuständigkeiten geben kann oder ob diese nicht vielmehr durch § 119 I AktG ausgeschlossen sind.[211] Dennoch

---

207 *Semler* Mü Hdb AktG § 34 Rn 14f; *Grunewald* S. 264 Rn 100; BGHZ 83, 122 (131) „Holzmüller"; aktuell zu Holzmüller auch *Horbach* BB 2001, 893

208 *Semler* Mü Hdb AktG § 34 Rn 34; *Grunewald* S. 264 Rn 103

209 BGHZ 83, 122, (131,140); vgl. hierzu *Grunewald* S. 264 Rn 103; *Hüffer* § 119 Rn 18; *Horbach* BB 2001, 893 (894); *Semler* Mü Hdb AktG § 34 Rn 35

210 *Groß* AG 1996, 111 (112); BGHZ 83, 122 (132); *Semler* Mü Hdb AktG § 34 Rn 17

211 Vgl. hierzu *Semler* Mü Hdb AktG § 34 Rn 39; *Gessler* in FS Stimpel 1985 S. 771 (772, 776, 779)

scheint es heute im Grunde akzeptiert und von der Unternehmenspraxis auch angenommen worden zu sein, dass eine solche ungeschriebene Kompetenz wirklich besteht.[212] Die Pflicht zur Vorlage entsteht aber erst bei der Durchführung der Maßnahme, so dass aus § 119 II AktG keine Pflicht zur Einschaltung der Hauptversammlung bereits im Vorbereitungsstadium folgt, aber auch kein Verbot besteht, die Hauptversammlung bereits im Vorbereitungsstadium der Maßnahme einzuschalten.[213]

Die Vorschriften, die die Zuständigkeit der Hauptversammlung regeln, sind zwingend. Damit steht auch § 23 V AktG einer satzungsmäßigen Erweiterung der Mitgliedschaftsrechte der Aktionäre soweit entgegen, dass es außerhalb dieser Hauptversammlung nur beschränkte Möglichkeiten einer Rechtsausübung gibt.[214]

Die Hauptversammlung tritt in den gesetzlich vorgesehenen Fällen als eine ordentliche[215] oder außerordentliche Hauptversammlung zusammen. Die ordentliche Hauptversammlung ist die einmal pro Geschäftsjahr stattfindende Hauptversammlung mit den in den §§ 173, 175, 120, 234 II, 318 AktG, 318 HGB vorgesehenen Aufgaben.[216] Sie weist oftmals eine sich wiederholende Tagesordnung[217] auf und beschäftigt sich wesentlich mit der Entgegennahme des festgestellten Jahresabschlusses und des Lageberichtes, der Verwendung des Bilanzgewinns, der Entlastung von Vorstand und Aufsichtsrat sowie der Wahl des Abschlussprüfers. Gegebenenfalls werden auch andere Punkte wie z.B. Kapitalmaßnahmen oder die Wahl von Aufsichtsratsmitgliedern abgehandelt.[218] Außer diesem wohl wichtigsten Fall der ordentlichen Hauptversammlung gibt es noch einige weitere gesetzliche Fälle in denen eine Hauptversammlung einzuberufen ist, und es besteht die Möglichkeit, innerhalb der engen Grenzen des § 23 V AktG durch die Satzung Einberufungsgründe zu normieren.[219] Die außerordentliche Hauptversammlung wird ausschließlich zu anderen Zwecken als die einer ordentlichen einberufen.[220]

---

212 *Lutter* in FS Fleck 1988 S. 169; *Hüffer* § 119 Rn 18; vgl. *Groß* AG 96 111 Fn 4; *Semler* Mü Hdb AktG § 24 Rn 39

213 *Groß* AG 1996, 111 (113,114)

214 *Semler* Mü Hdb AktG § 34 Rn 1; kritisch *Mertens* ZGR 94, 426

215 Dieser Begriff wird gesetzlich in der Überschrift zum 3. Abschnitt 3. Unterabschnitt vor 3 § 175 AktG verwendet; vgl. hierzu auch *Huber* ZIP 95, 1740 Fn. 4

216 *Semler* Mü Hdb § 34 Rn 45 ff § 35 Rn 1; *Huber* ZIP 95, 1740; *Hüffer* § 175 Rn 1; *K. Schmidt* GesR S. 844 ff

217 Eingehend zu Funktion der Tagesordnung *Henn* Hdb Rn 784ff

218 Vgl. auch *Huber* ZIP 1995, 1740

219 Näher *Semler* Mü Hdb AktG § 35 Rn 1,2

220 *Henn* Hdb Rn 751; näher hierzu auch *Semler* Mü Hdb AktG § 34 Rn 45 ff

In dem Ausnahmefall der §§ 121 I, 111 III AktG ist auch eine Einberufung der Hauptversammlung geboten, wenn es das „Wohl der Gesellschaft erfordert". Da dies jedoch ein recht weiter Begriff ist, muss hierbei eine Gesamtbetrachtung der näheren Umstände erfolgen, um dann nach pflichtgemäßem Ermessen die Erforderlichkeit der Einberufung beurteilen zu können. Diese ist regelmäßig dann zu bejahen, wenn Maßnahmen anstehen, die nur von der Hauptversammlung getroffen werden können oder deren Zustimmung bedürfen.[221]

Umstritten ist, ob eine Hauptversammlung zu bloß informierenden Zwecken, also ohne das Ziel einer Beschlussfassung, einberufen werden kann. Nach einer Ansicht wird die Meinungsbildung der Aktionäre und die Stimmrechtsausübung für so wesentlich eingeschätzt, dass eine Hauptversammlung nicht als Forum für die bloße Diskussion von Fragen dienen soll.[222] Nur ausnahmsweise könne nach dieser Ansicht eine Hauptversammlung zu bloßen Informationszwecken einberufen werden, wobei diese Ausnahmen mit Vorgaben des AktG begründet werden. Das Wohl der Gesellschaft allein soll aber nicht genügen.[223] Mit der wohl h.M. ist Vorstand und Aufsichtsrat hingegen mit einem gewissen Beurteilungsspielraum das Recht zuzugestehen, eine Hauptversammlung auch nur zur Information und Diskussion über Maßnahmen oder Projekte ohne Beschlussfassung einzuberufen. Insbesondere die Generalklausel des „Wohls der Gesellschaft" ist so schon als Rechtfertigung einer Einberufung ausreichend.[224] Eine geplant beschlusslose Hauptversammlung ist hiernach nicht nur zulässig, sondern sie wird auch vom Gesetzgeber für besondere Sachverhalte vorgeschrieben.[225]

221 Näher mit Bsp. *Semler* Mü Hdb AktG § 35 Rn 3; *Zöllner* in Köln Komm § 121 Rn 13; *Henn* Hdb Rn 754

222 *Hüffer* 119 Rn 2; *Zöllner* in Köln Komm § 121 Rn 16

223 *Huber* ZIP 1995, 1740; *Hüffer* 119 Rn 4; *Zöllner* in Köln Komm § 121 Rn 16

224 *Huber* ZIP 1995, 1740; *Semler* Mü Hdb AktG § 35 Rn 4; *Henn* Hdb Rn 750,754

225 *Huber* ZIP 1995, 1740 (1744) und davor mit Hinweisen auf die „kleine AG"

C. Einberufung der Hauptversammlung

I. Einberufungszuständigkeit

1. Vorstand

Grundsätzlich steht dem Vorstand als Organ im Ganzen und nicht den einzelnen Vorstandsmitgliedern nach § 121 II 1 AktG die Einberufungsbefugnis zu. Der hierfür notwendige Einberufungsbeschluss kann mit einfacher Mehrheit gefasst werden, wobei durch die Satzung hierfür eine Erleichterung, nicht aber eine Erschwerung getroffen werden kann.[226]

2. Aufsichtsrat

Dem Aufsichtsrat steht die Befugnis bzw. die Verpflichtung zur Einberufung einer Hauptversammlung zu, wenn es das Wohl der Gesellschaft erfordert (§ 111 III AktG).[227]

3. Dritte

Dritten steht nur ausnahmsweise eine Einberufungskompetenz zu. Eine solche Kompetenz besteht nur bei einer gesetzlichen Regelung wie z.B. für Abwickler über § 268 II AktG oder aufgrund einer satzungsmäßigen Ausgestaltung (§ 121 II 3 AktG).[228]

4. Einberufung auf Verlangen der Aktionäre

Eine qualifizierte Minderheit (Quorum), die mindestens 5% des Grundkapitales hält bzw. eine durch die Satzung bestimmte geringere Minderheit (§ 122 I 2

226 *Eckardt* in Geßler/Hefermehl § 121 Rn 15, 21; *Zöllner* in Köln Komm § 121, Rn 17; *Hüffer* § 121 Rn 6; *Henn* Hdb Rn 756
227 Vgl. *Hüffer* § 121 Rn 6; *Henn* Hdb Rn 757; *Huber* ZIP 1995, 1740 (1743)
228 Hierzu *Hüffer* § 121 Rn 8

AktG), kann die Einberufung der Hauptversammlung verlangen. Voraussetzung hierfür ist, dass die Aktionäre seit mindestens drei Monaten Inhaber der Aktien sind (§§ 122 I 3 i.V.m. 147 I 2, 3 AktG). Das Quorum muss allerdings nur bis zur Einberufung, nicht jedoch bis zum Zusammentreten der Hauptversammlung bestehen bleiben.[229]

Das Einberufungsverlangen ist an den Vorstand bzw. an den Notvorstand zu richten (§§ 122 I, 85 AktG).[230] In ihm muss der „Zweck und die Gründe" der Einberufung enthalten sein und somit die gewünschte Tagesordnung der Hauptversammlung und der Grund dafür dargelegt werden, warum die Beschlussfassung nicht bis zur nächsten ordentlichen Hauptversammlung zurückgestellt werden kann.[231] Außer bei einer beabsichtigten Satzungsänderung (§ 124 II 2 AktG) ist es allerdings nicht notwendig, den Wortlaut vorgeschlagener Formulierungen von Beschlussanträgen vorzunehmen.[232]

Die Minderheit kann das Verlangen auf Einberufung einer Hauptversammlung mit den einer ordentlichen Hauptversammlung zugewiesenen Tagesordnungspunkten erst dann stellen, wenn der Vorstand seiner Einberufungspflicht nicht einen Monat vor dem Zeitpunkt nachgekommen ist, zu dem die ordentliche Hauptversammlung nach Gesetz oder Satzung spätestens abzuhalten gewesen wäre. Das Verlangen kann auch dann gestellt werden, wenn der Vorstand seiner Verpflichtung zur unverzüglichen Einberufung der Hauptversammlung nach Eingang des Berichtes des Aufsichtsrates nicht entspricht (vgl. §§ 175 I, 171 II AktG).[233]

Der Vorstand hat einem ordentlichen Einberufungsverlangen unverzüglich nachzukommen. Tut er dies nicht, so ist die Minderheit selbst befugt, aufgrund gerichtlicher Ermächtigung (§ 122 III AktG) die Hauptversammlung einzuberufen.[234]

Für das Einberufungsverlangen der Minderheit ist gem. § 122 I 1 AktG die Schriftform erforderlich. So muss es also auch durch alle zur Erreichung des

---

229 Hierzu *Hüffer* § 122 Rn 3f; *Zöllner* in Köln Komm § 122 Rn 2, 16; *Semler* Mü Hdb AktG § 35 Rn 12f; *Eckardt* in Geßler Hefermehl § 122 Rn 7ff, 19

230 *Hüffer* § 122 Rn 5; *Semler* Mü Hdb AktG § 35 Rn 14; *Eckardt* in Geßler/Hefermehl § 122 Rn 21; *Zöllner* in Köln Komm § 122 Rn 13, 15

231 *Hüffer* § 122 Rn 4

232 *Semler* Mü Hdb AktG § 35 Rn 15; *Eckardt* in Geßler/Hefermehl § 122 Rn 24f ; *Zöllner* in Köln Komm §122 Rn 15

233 *Zöllner* in Köln Komm § 122 Rn 3; *Eckardt* in Geßler/Hefermehl § 122 Rn 7

234 Näher hierzu *Semler* Mü Hdb AktG § 35 Rn 18 ff

Quorums erforderlichen Aktionäre oder ihre Bevollmächtigten unterzeichnet werden (§ 126 BGB).[235]

Das NaStraG hat an diesem Erfordernis nichts geändert, so dass der gesetzliche Regelfall auch weiterhin noch die Schriftform vorsieht. Durch eine Neufassung des § 122 I 2 AktG ist es der Gesellschaft jetzt aber freigestellt, durch eine Satzungsbestimmung das Recht, die Einberufung zu verlangen, an eine andere Form zu knüpfen. Somit steht das Schriftformerfordernis zur Disposition der Satzung. Wählt die Gesellschaft die Textform, so kann sie hiermit den Einsatz elektronischer Kommunikationsmittel zulassen, und das Verlangen auf Einberufung einer Hauptversammlung kann mittels E-Mail vorgenommen werden. Bei entsprechender satzungsmäßiger Regelung können opponierende Aktionäre sich also auch in einem Internet-Forum sammeln und ihre Stimmen bündeln. Dadurch wird es vor allem auch dem Kleinaktionär erleichtert, von seinen Rechten Gebrauch zu machen.[236]

a) Exkurs: Elektronische Willenserklärungen

Eine mittels E-Mail versandte Erklärung stellt eine verkörperte Willenserklärung dar, auf die regelmäßig die Grundsätze der verkörperten Willenserklärungen unter Abwesenden anzuwenden sind, so dass die mit der E-Mail versendete Willenserklärung mit Abgabe und Zugang wirksam wird.[237]

Die Abgabe einer E-Mail ist als ein willentliches und zielorientiertes Inverkehrbringen dann zustande gekommen, wenn der Absender den letzten von ihm auszuführenden Mitwirkungsakt durchgeführt hat, wenn er also durch Betätigen der Returntaste oder durch einen Mausklick den Sendebefehl willentlich erteilt hat.[238]

Zugegangen ist eine E-Mail als verkörperte Willenserklärung unter Abwesenden dann, wenn sie in den Machtbereich des Empfängers gelangt ist und mit dessen Kenntnisnahme gerechnet werden darf. Die Willenserklärung ist jedenfalls dann in den Machtbereich des Adressaten gelangt, wenn sie in eine Vorrichtung eingeht, die typischerweise für den Empfang von Willenserklärungen

---

235 *Semler* Mü Hdb AktG § 35 Rn 14; *Eckardt* in Geßler/Hefermehl § 122 Rn 21; *Zöllner* in Köln Komm § 122 Rn 13, 15; *Hüffer* § 122 Rn 4; *Barz* in Großkomm § 122 Anm. 4

236 *Habersack* ZHR 165 (2001), 172 (178); vgl. Begr. RegE BT-Drucks 535/00 S. 62 f unter Hinweis auf *Noack* ZGR 1998, 592 (615)

237 *Cordes* S.100ff ; *Ernst* BB 1997, 1057; *Ultsch* NJW 1997, 3007

238 Eingehender *Cordes* S. 103f; *von Herget/Reimer* DStR 1996, 1288 (1291); *Ultsch* NJW 1997, 3007

vorgesehen ist. Bei einem Modemzugang eines Privatmannes, der seine Mail-Box nur für den gesellschaftlich-sozialen Bereich und nicht für den Geschäftsverkehr nutzt, wird die Mail-Box nicht als eine Empfangsvorrichtung für rechtlich relevante Willenserklärungen gewidmet. Dieser Privatmann hat infolgedessen nicht die Verpflichtung, die Mail-Box regelmäßig auf eingehende Nachrichten zu untersuchen. Die Willenserklärung wird demnach nicht mit Erreichen der Mail-Box wirksam, vielmehr ist der Zugang der Willenserklärung erst mit dem unmittelbaren Zugriff des Empfängers auf das elektronische Postfach anzunehmen. Ist das elektronische Postfach jedoch von Geschäftsleuten oder Betrieben als eine Empfangseinrichtung durch Auftreten mit der E-Mail-Adresse im Geschäftsverkehr angegeben worden und wird die Mail-Box dadurch als Empfangsvorrichtung gewidmet, so ist die Nachricht schon mit Ablegen der E-Mail in das Postfach in den Machtbereich des Empfängers gelangt. Gleiches gilt, wenn der Empfänger mit einem Direktanschluss arbeitet. Die Erklärung geht demnach in dem Zeitpunkt zu, in dem unter gewöhnlichen Umständen mit der Kenntniserlangung zu rechnen ist. Ein Geschäftsmann bzw. geschäftliche E-Mail-Nutzer haben insoweit die Pflicht, während der gesamten Geschäftszeit das elektronische Postfach zu überwachen. Gelangt eine E-Mail allerdings zur „Unzeit“ in den Machtbereich des Empfängers, so tritt der Zugang erst am nächsten Tag ein.[239]

Bei einer Online-Kommunikation, wie sie vor allem in Internetchats durchgeführt werden kann, handelt es sich hingegen nicht um einen E-Mail-Verkehr. Hier sind die jeweiligen Kommunikationspartner über ihre Computer und Datennetze unmittelbar miteinander verbunden. Trotz einer räumlichen Trennung der Kommunikationspartner erscheint bei dieser direkten Datenübertragung der Text der per Mausklick abgesandte Willenserklärungen im Moment der Abgabe unmittelbar auf dem Bildschirm des Empfängers und geht ihm in diesem Moment auch direkt zu. Es liegt also eine Kommunikation unter Anwesenden vor, die analog § 147 I 2 BGB zu behandeln ist.[240]

---

239 *Ultsch* NJW 1997, 3007f; eingehender *Cordes* S. 104ff; *Ernst* BB 1997, 1057; *von Herget/Reimer* DStR 1996, 1288 (1291)

240 *Cordes* S. 102; *von Herget/Reimer* DStR 1996, 1288 (1291); *Heun* CR 1994, 595 (597f)

II. Bekanntmachungen bzgl. der Einberufung

1. Einberufung

Die Einberufung der Hauptversammlung ist laut § 121 III AktG in den Gesellschaftsblättern bekanntzumachen.

Mit der Einberufung ist nach § 124 I AktG auch die Tagesordnung, also die Gesamtheit der Gegenstände, über die die Hauptversammlung verhandeln soll und deren Reihenfolge, bekannt zu machen. Auch die Gegenstände, die keiner Sachentscheidung bedürfen und so von der Hauptversammlung ohne Beschlussfassung zu behandeln sind, sind in die Tagesordnung mit aufzunehmen.[241]

Die einzelnen Tagesordnungspunkte müssen bei der Bekanntmachung schon so genau konkretisiert werden, dass die Aktionäre erkennen können, worüber verhandelt und beschlossen werden soll.[242] Es muss ihnen somit die Gelegenheit gegeben werden, die erforderlichen Vorbereitungen für die Hauptversammlung zu treffen, so dass sie insbesondere auch entscheiden können, ob sie wegen der Wichtigkeit der Tagesordnung persönlich an der Versammlung teilnehmen oder sich vertreten lassen wollen. Die Aktionäre sollen so vor überraschenden Entwicklungen geschützt werden.[243]

Die Tagesordnung wird vom Einberufenden aufgestellt, auch dann, wenn die Einberufung gem. § 122 I AktG auf Verlangen einer Minderheit vollzogen wird. Wird die Hauptversammlung allerdings aufgrund gerichtlicher Ermächtigung durch die Aktionäre einberufen (§ 122 III AktG), so stellen diese die Tagesordnung auf.[244]

Einzelne Aktionäre können nach § 122 II AktG auch die Aufnahme von Gegenständen in die Tagesordnung und deren Bekanntmachung verlangen, wenn sie zusammen mindestens 5% des Grundkapitals halten oder wenn ihre Anteile zusammen mindestens einen anteiligen Betrag von 500 000 Euro erreichen. Jedoch kann dieses Verlangen nur bzgl. solcher Gegenstände gestellt werden, zu denen ein Beschluss zu fassen ist.[245] Ist das Verlangen erst nach der Einberufung

---

241 *Semler* Mü Hdb AktG § 35 Rn 38; *Zöllner* in Köln Komm § 124 Rn 6; *Eckardt* in Geßler/Hefermehl § 124 Rn 8; zu den Informationspflichten, die zur Vorbereitung der Hauptversammlung bei Grundlagenbeschlüssen zu beachten sind vgl. eingehend *Lutter* in FS Fleck 1988 S. 169 (176) mit Entgegnungen von *Groß* AG 1994, 111ff; zu beschlusslosen Hauptversammlungen vgl. *Huber* ZIP 1995, 1740

242 *Groß* AG 1994, 111 (113)

243 *Werner* in FS Fleck 1988 S. 401 (403) ; *Semler* Mü Hdb § 35 Rn 43; Begr. RegE bei *Kropf* AktG 1965 S. 173

244 *Semler* Mü Hdb AktG § 35 Rn 38; *Eckardt* in Geßler/Hefermehl § 124 Rn 11,33

245 *Semler* Mü Hdb AktG § 35 Rn 39; *Hüffer* § 122 Rn 9

gestellt worden, so darf die Hauptversammlung nur über die Punkte der Tagesordnung beschließen, die innerhalb von 10 Tagen nach der Einberufung bekannt gemacht worden sind (§ 124 I 2 AktG).[246]

Da die Bekanntmachung von Einberufung und Tagesordnung gem. §§ 123 III, 124 I 1 AktG in den Gesellschaftsblättern zu erfolgen hat, ist nach § 25 S. 1 AktG jedenfalls ein Veröffentlichen im Bundesanzeiger erforderlich. Der durch das NaStraG geänderte § 25 S. 2 AktG eröffnet jedoch die Möglichkeit, durch eine entsprechende Satzungsänderung eine Bekanntmachung auch in anderen Blättern[247] und nun ausdrücklich auch mit elektronischen Informationsmedien vorzunehmen. Dadurch wurde zwar keine materielle Rechtsänderung vorgenommen, jedoch stellt es eine „Anerkennung" oder „Beförderung" elektronischer Medien dar.[248]

Eine Bekanntmachung der Tagesordnung per E-Mail ist insofern also bei entsprechender satzungsmäßiger Ausgestaltung zulässig. Dies änderte allerdings nichts an der auch weiterhin notwendigen Bekanntmachung in der durch § 25 S. 1 AktG vorgeschriebenen Form durch den Bundesanzeiger, da die Bekanntmachung per E-Mail bzw. über die Homepage der Gesellschaft oder eine nur den Aktionären zugänglichen Investor-Relations-Seite laut § 25 S. 2 AktG nur als zusätzlicher Weg neben und nicht anstelle der Bekanntmachung in den Gesellschaftsblättern bzw. dem Bundesanzeiger existiert.[249] So kann neben die „Bundesanzeigerpublizität" noch die „Publizität durch weitere elektronische Medien" treten.[250]

Hierzu wurde schon stellenweise eine elektronische Bekanntmachung auf einer zentralen Homepage des Bundesanzeigers als Publikationsart angeregt.[251] Genau diese Möglichkeit wurde nunmehr mit dem Transparenz- und Publizitäts-

---

246 *Semler* Mü Hdb AktG § 35 Rn 40, 42; *Eckardt* in Geßler/Hefermehl § 124 Rn 13, 20, 23, *Hüffer* § 122 Rn 9

247 In diesem Zusammenhang haben bestimmte von den Börsen vorgeschriebene Bekanntmachungen in den Börsenblättern jedoch keine gesellschaftsrechtliche Bedeutung vgl. *Hüffer* § 121 Rn 9; *Than* in FS Peltzer 2001 S. 577 (580); *Semler* in Mü Hdb AktG § 35 Rn 25; *Eckardt* in Geßler/Hefermehl § 121 Rn 28

248 *Claussen* AG 2001, 161 (167); *Than* in FS Peltzer 2001 S. 577 (589)

249 *Riegger* ZHR 165 (2001), 204 (206); *Claussen* AG 2001, 161 (167); *Than* in FS Peltzer 2001 S. 577 (589); *Noack* DB 2002, 662; *Siems* NZG 2000, 626 (627f); Hier bleibt das NaStraG auch gegenüber dem Diskussionsentwurf eines Übernahmegesetzes zurück, da in diesem ein Ersetzen der Veröffentlichung im Börsenpflichtblatt durch eine Veröffentlichung im Internet vorgesehen ist. Vgl. hierzu auch *Riegger* ZHR 165 (2001), 204 (206)

250 *Claussen* AG 2001, 161 (167); vgl. hierzu *Hüffer* § 25 Rn 3

251 *Zätzsch/Gröning* NZG 2000, 393 (397); *Noack* ZGR 1998, 592 (597); zu dieser Möglichkeit und einer zukünftigen Entwicklung *Noack* DB 2002, 620; *Seibert* ZIP 2001, 2192; vgl. http://www.ebundesanzeiger.de zuletzt geladen am 28.11.2002

gesetz (TransPuG)[252] geschaffen. Der Gesetzgeber hat erkannt, dass eine Bekanntmachung in Papierform heute nicht mehr zeitgemäß ist und dass sich solche Bekanntmachungen, wie sie der Bundesanzeiger im Bereich der Handelsgesellschaften tätigt, hervorragend für eine elektronische Veröffentlichung durch ein Einstellen der Informationen auf eine Webseite eignen. Das Zugänglichmachen der Informationen durch ein Einstellen auf eine Homepage ermöglicht einen leichten Zugang für große Interessentenkreise und bietet vor allem auch ausländischen Aktionären einen besseren Zugang zu den Informationen. Der Regierungsentwurf zum TransPuG schlägt hier auch einen Informationsdienst vor, der Abonnenten alle oder bestimmte Bekanntmachungen automatisch elektronisch zuschickt. Außerdem soll ein solcher Dienst insbesondere für ausländische Aktionäre mit einer automatischen Übersetzung verfügbar sein.[253]

Mit Art. 1 Nr. 1 TransPuG wird § 25 S. 1 AktG somit derart geändert, dass eine Bekanntmachung in einem „elektronischen Bundesanzeiger" möglich wird.[254]

Um zu vermeiden, dass Interessenten sowohl die schriftliche als auch die elektronische Form des Bundesanzeigers nach Informationen durchsuchen müssen, sollte mit dieser Änderung die Veröffentlichung der Unternehmensmitteilungen ganz auf die elektronische Form umgestellt werden. Auf lange Zeit hin gesehen, wird eventuell nur noch die elektronische Form des Bundesanzeigers bestehen bleiben. Eine elektronische Veröffentlichung ist allerdings nur dann ausreichend, wenn sie bei dem einheitlichen Veröffentlichungsinstitut des Bundesanzeigers vorgenommen wird, das diese Informationen gebündelt den Interessenten zur Verfügung stellt. Das Bekanntmachungsorgan Bundesanzeiger sorgt dann dafür, dass die Sicherheit für die Ordnungsmäßigkeit der veröffentlichten Daten gewährleistet und nachträgliche Manipulationen ausgeschlossen bleiben. Eine darüber hinausgehende Veröffentlichung auf Webseiten anderer privater Diensteanbieter oder auf der gesellschaftseigenen Homepage ist zwar möglich und zulässig, genügt aber nicht den gesetzlichen Bekanntmachungsvorschriften. Die Gesellschaft kann dies demnach formlos tun oder den Weg über § 25 S. 2 AktG gehen und die betreffende Webseite als ein „weiteres Gesellschaftsblatt" definieren.[255]

Laut § 5 TransPuG trat diese Neuregelung am 01.01.2003 in Kraft.[256]

252 Vom 19.07.2002 BGBl I, 2681; Wirkung ab 01.01.2003

253 Begründung RegE-TransPuG http://www.bmj.bund.de/images/11313.pdf S. 22f

254 Vgl. http://www.ebundesanzeiger.de

255 Begründung RegE-TransPuG http://www.bmj.bund.de/images/11313.pdf S. 23f

256 Vgl. zu dem Ganzen Begründung RegE-TransPuG http://www.bmj.bund.de/images/11313.pdf; näher hierzu auch Noack DB 2002, 620f

Sind die Aktionäre der Gesellschaft namentlich bekannt, so kann gem. § 121 IV AktG auf eine öffentliche Einberufung der Hauptversammlung in den Gesellschaftsblättern verzichtet werden. „Bekannt" sind der Gesellschaft in erster Linie die Aktionäre, die Namensaktien halten.[257] Laut § 67 II AktG gilt hierbei der Gesellschaft gegenüber nur derjenige als Aktionär, der auch im Aktienregister eingetragen ist, so dass es auf die materielle Rechtsinhaberschaft nicht ankommt.[258] Den Aktiengesellschaften ist mit § 121 IV AktG die Möglichkeit eröffnet, die Einberufung der ihr namentlich bekannten Aktionäre durch eingeschriebenen Brief vorzunehmen, wobei dann der Tag der Absendung als Tag der Bekanntmachung gilt. Zusammen mit der Einberufung ist die Tagesordnung mit zu übersenden. Bekanntmachung der Tagesordnung und Einberufung haben so grundsätzlich mit Ausnahme der Fälle nach § 124 I 2 AktG in einem räumlichen und zeitlichen Zusammenhang zu stehen.[259] Die Bekanntheit aller Aktionäre ist somit materielle Voraussetzung für die Ladung nach § 121 IV AktG. Falls auch nur hinsichtlich eines einzigen Aktionärs Zweifel bestehen, muss die Bekanntmachung in der herkömmlichen Weise durch öffentliche Bekanntmachung vollzogen werden.[260]

Das NaStraG erleichtert den Gesellschaften die Kommunikation mit ihren Aktionären erheblich durch die Beseitigung gewisser Schriftformerfordernisse. Wie gezeigt, wurde in § 25 S. 2 AktG die Möglichkeit einer zusätzlichen Bekanntmachung mittels elektronischer Informationsmedien geschaffen. Auch das TransPuG eröffnet durch die Änderung des § 25 S. 1 AktG die Bekanntmachung der Einberufung durch Einstellen in den elektronischen Bundesanzeiger. Diese Erleichterungen reichen allerdings nicht aus für eine ausschließliche Einberu-

---

257 Stellenweise wird hierzu die Frage erörtert, inwiefern es entscheidend ist, ob die Namensaktien an der Börse zugelassen und dort auch gehandelt werden. Dennoch darf die Gesellschaft auch dann nur die Aktionäre einladen, die im Aktienregister eingetragen sind, wie ja auch nur diese das Stimmrecht und alle sonstigen Mitgliedschaftsrechte ausüben können. Andernfalls würden Eingeladene und Stimmberechtigte auseinanderfallen, was aber nicht sein darf. Die Zulassung der Namensaktien an der Börse kann für die Anwendbarkeit des § 121 IV AktG keine Rolle spielen, da die AG nach §§ 67ff AktG ihre Aktionäre bestimmen kann. Vgl. hierzu *Lutter* AG 1994, 429 (437f); *Than* in FS Peltzer 2001 S. 577 (580) beschreibt hierzu die Möglichkeit, in der Praxis einen „Stop-Tag" für die letztmalige Umschreibung vor der Hauptversammlung zu bestimmen. Vgl. auch *Hüffer* § 121 Rn 11b

258 *Semler* Mü Hdb § 35 Rn 26; vgl. *Hüffer* § 121 Rn 11b

259 Vgl. auch *Noack* DB 1999, 1306 (1309); *Than* in FS Peltzer 2001 S. 577 (580); *Hüffer* § 121 Rn 11a f; *Semler* Mü Hdb § 35 Rn 42; *Eckardt* in Geßler/Hefermehl § 124 Rn 20, 23

260 *Lutter* AG 1994, 429 (437); *Planck* GmbHR 1994, 501 (503); *Than* in FS Peltzer 2001 S. 577 (580)

fung der Hauptversammlung per E-Mail. Der Wortlaut des § 121 IV AktG formuliert hier das Erfordernis des „eingeschriebenen Briefes".

Mit Art. 27 Nr. 2 des am 01.08.2001 in Kraft getretenen „Gesetz zur Anpassung der Formvorschriften des Privatrechtes an den modernen Rechtsverkehr" (FormVorSchrAnpG)[261] wurde § 121 IV 1 AktG allerdings dahingehend geändert, dass die Notwendigkeit des eingeschriebenen Briefes nur insoweit besteht, wenn die Satzung nichts anderes bestimmt. Existiert nunmehr eine entsprechende Bestimmung in der Satzung, so kann eine Gesellschaft die ihr namentlich bekannten Aktionäre i.S.d. § 121 IV AktG auch direkt und persönlich mit einer E-Mail zu der Hauptversammlung einladen.[262] Zu einer solchen Vorgehensweise muss der Aktionär jedoch sein Einverständnis vorher erteilt haben. Ein solches Einverständnis kann aber auch schon darin gesehen werden, dass er seine E-Mail-Adresse im Aktienregister eintragen lässt.[263]

Bleibt eine Aktiengesellschaft bei der Einrichtung von Inhaberaktien und stellt nicht auf Namensaktien um, so hat auch sie grundsätzlich die Möglichkeit, i.S.d. § 121 IV 1 AktG eine Einladung durch eingeschriebenen Brief bzw. bei entsprechender Satzungsausgestaltung auch per E-Mail vorzunehmen, wenn ihr all ihre Aktionäre „namentlich bekannt" sind. § 121 IV 1 AktG trifft hier insoweit keine Unterscheidung zwischen Namens- und Inhaberaktien.[264] Hier kommt es aber ganz entscheidend auf die „Verlässlichkeit der Geschlossenheit des Aktionärskreises" an, wie er dem Vorstand bekannt ist. Es besteht bei Inhaberaktien allerdings immerhin die Möglichkeit, dass sie ohne Wissen des Vorstandes übertragen worden sind, so dass in den wenigsten Fällen dem Vorstand einer Aktiengesellschaft mit Inhaberaktien der Aktionärskreis auch noch nach Jahren bekannt sein wird. Daher wird es hier wohl in der Praxis auch bei der herkömmlichen Art der Einberufung nach § 121 III AktG, i.d.R. über den (elektronischen) Bundesanzeiger, und der Mitteilung der Informationen an die Aktionäre über die depotführenden Kreditinstitute (§§ 125 I , 128 I AktG) bleiben, da sonst kein sicherer Weg zur Verfügung steht, alle Anteilseigner direkt zu erreichen.[265] Daneben kann aber nach einem entsprechenden Satzungsbeschluss auf neue Technologien gesetzt werden. So kann als „anderes Blatt" eine feste Internetseite eingerichtet werden, auf der aktionärsrelevante Informationen in verschiedenen Sprachen abrufbar sind. Um die Kommunikation zwischen Gesellschaft und Aktionär

261 BGBl I 2001, 1542; vom 13.07.2001
262 Vgl. hierzu *Riegger* ZHR 165 (2001), 204 (206)
263 Vgl. *Sasse* S. 77f
264 *Than* in FS Peltzer 2001 S. 577 (580)
265 *Noack* DB 2002, 620 (622)

zu steigern, bleibt es aber dennoch wünschenswert, den bekannten Aktionären durch eine E-Mail die Einladung zukommen zu lassen.[266]

Anzumerken ist noch, dass bei der Durchführung einer Vollversammlung nach § 121 VI AktG von der Einhaltung der Bekanntmachungsvorschriften abgesehen werden kann. Für diesen Fall wäre dann also auch eine mit elektronischen Medien vorgenommene Einberufung ohne entsprechende Satzungsgrundlage gültig gewesen, soweit keiner der Aktionäre Einwendungen erhebt.[267] Dennoch ist es im Vorfeld der Versammlung ja nicht mit hundertprozentiger Sicherheit feststellbar, dass auch wirklich alle Aktionäre zu der Versammlung erscheinen. Daher kann man vorher nicht wissen, ob eine Vollversammlung zusammentritt und dann auch diese Erleichterungen bzgl. der Einberufungs- und Mitteilungspflichten eingreifen. Daher wird man auch die Einberufung einer Hauptversammlung, bei der ein Zusammentreffen aller Aktionäre mit einer gewissen Berechtigung erwartet werden darf, unter Beachtung der Vorschriften bzgl. Einberufung und Mitteilung vornehmen müssen.

2. Mitteilungen

a) Mitteilungen der Gesellschaft

Nach § 125 I AktG hat die Gesellschaft die Einberufung der Hauptversammlung, die Bekanntmachung der Tagesordnung und etwaige Anträge und Wahlvorschläge von Aktionären samt Begründung und Stellungnahme der Verwaltung den Kreditinstituten und Aktionärsvereinigungen, die auf der letzten Hauptversammlung Stimmrechte in Vollmacht ausgeübt oder um Mitteilung gebeten haben bzw. Finanzdienstleistungsinstituten nach § 125 V AktG, mitzuteilen.[268] Bei börsennotierten Aktiengesellschaften treten weitere Mitteilungen nach § 125 I 3 AktG hinzu.

Dieselbe Mitteilungen sind nach § 125 II Nr. 1, 3 AktG solchen Aktionären zu machen, die ihre Aktien bei der Gesellschaft hinterlegt haben oder die am

---

266 *Claussen* AG 2001, 161(167); *Bachmann* WM 1999, 2100 (2101); *Than* in FS Peltzer 2001 S. 577 (581); *Claussen* in Dörner/Menold/Pfitzer S. 297, 314ff

267 *Claussen* AG 2001, 161 (167)

268 Näher zu Grundsätzen für das Verhalten des Vorstandes bei Mitteilungen über die Einberufung Bachmann WM 1999, 2100 (2103ff); *Semler* Mü Hdb § 35 Rn 58;vgl. zu den beabsichtigten Änderungen der Bekanntmachung von Gegenanträgen und Wahlvorschlägen, wonach Anknüpfungspunkte und Bekanntmachungsweisen bzgl. Gegenanträgen und Wahlvorschlägen und die Frist für deren Einreichung geändert werden sollen vgl. *Noack* DB 2002, 620 (622)

Stichtag bzw. spätestens zwei Wochen vor dem Tag der Hauptversammlung als Aktionäre im Aktienregister der Gesellschaft eingetragen sind. Des weiteren sind diese Mitteilungen den Aufsichtsratsmitgliedern nach § 125 III AktG und gem. § 125 II Nr. 2 AktG denjenigen Aktionären zu machen, die sie verlangen. Darüber hinaus können unter Beachtung der gesetzlichen Frist die Anträge von Aktionären, Gegenanträge mit ihrer Begründung und Wahlvorschläge von Aktionären nach §§ 126, 127 AktG Gegenstand dieser Mitteilungen sein.[269]

Namensaktionären werden diese in § 125 I AktG aufgeführten Mitteilungen direkt von der Gesellschaft gemacht (§ 125 II Nr. 3 AktG). Aktionären, die Inhaberaktien halten, werden die Informationen gem. §§ 125 I, 128 I AktG über die depotführenden Kreditinstitute weitergeleitet, die die Inhaberaktien treuhänderisch verwahren oder die an der Stelle der Aktionäre im Aktienregister eingetragen sind. Damit wurde auch das Problem der „Doppelmitteilungen" und der damit verbundenen Kosten gelöst.[270] Die „Weiterleitungskette" endet jedoch an der deutschen Grenze. Ausländische Kreditinstitute sind durch das deutsche Aktiengesetz nämlich nicht dazu verpflichtet, die Informationen an die Inhaberaktionäre weiterzuleiten.[271]

Mit Inkrafttreten des TransPuG am 01.01.2003 wurde eine Neuregelung der Ankündigung von Gegenanträgen vorgenommen. Gem. Art. 1 Nr. 12 TransPuG ist § 125 I 1 AktG derart geändert worden, dass die etwaigen Anträge und Wahlvorschläge mit Begründungen der Aktionäre einschließlich einer etwaigen Stellungnahme der Verwaltung allen Mitaktionären nicht mehr nach § 125 I AktG in gedruckter Form mitgeteilt werden müssen. Diese Form der Weiterleitung war für die Gesellschaften äußerst kostspielig und fehleranfällig. Zudem war es für die Aktionäre wenig komfortabel, täglich den Bundesanzeiger zu lesen, um eine Frist nicht zu verpassen.[272]

Durch die Neuregelung werden Anknüpfungspunkt und Bekanntmachungsweise der Gegenanträge (§ 126 II AktG) und Wahlvorschläge zur Wahl von Aufsichtsratsmitgliedern und Abschlussprüfern (§ 127 AktG) geändert. Zukünf-

---

269 Vgl. hierzu *Hüffer* § 126 Rn 2; *Lehmann* in FS Quack 1991 S. 287; *Semler* Mü Hdb § 35 Rn 60ff, 72

270 *Noack* DB 2002, 620 (622); *Habersack* ZHR 165 (2001), 172 (175); *Than* in FS Peltzer 2001 S. 577 (590); *Siems* NZG 2000, 626 (630); *Noack* ZIP 1999, 1993 (1999); *Seibert* ZIP 2001, 53 (54f); *Goedecke/Heuser* BB 2001, 369 (371); zum Problem der Doppelmitteilungen vgl. *Bachmann* WM 1999, 2100 (2101f); *Kölling* NZG 2000, 631 (637); *Diekmann* BB 1999, 1985 (1988f); *Noack* DB 1999, 1306 (1308); Verordnung des BMJ vom 18.06.1968 BGBl I 720 geändert 17.11.1987 BGBl I 2386

271 *Noack* DB 2002, 620 (622)

272 Vgl. noch zum Regierungsentwurf Begründung RegE-TransPuG http://www.bmj.bund.de/images/11313.pdf S. 47; *Noack* DB 2002, 620 (622)

tig ist auch hier, wie bereits durch das NaStraG für § 125 II 1 AktG vollzogen, ein körperliches „Übersenden“ der Mitteilungen nicht mehr erforderlich. In § 125 II 1 AktG in der Form des NaStraG wurde nämlich die Formulierung des „Mitteilung ... machen“ gewählt. Das TransPuG will nun die betreffenden Mitteilungen des neuen § 126 I AktG den in § 125 I bis III AktG genannten Berechtigten ebenso lediglich „zugänglich ... machen“. Daher ist es auch möglich, auf eine aktive Informationszufügung der Aktiengesellschaft an die Aktionäre zu verzichten und vielmehr auf eine Bedienung aktiver Kommunikationsspeicher zurückzugreifen. Zulässigerweise können demnach Mitteilungen, die Einladung, Tagesordnung, die Gegenanträge oder andere Informationen einfach auf einer Internetseite zum Download für Aktionäre bereitgestellt werden.[273]

Zudem ist nun auch eine aktive Online-Übersendung oder das Verwenden von Mailinglisten oder Push-Technologien zulässig. Voraussetzung dafür ist allerdings, dass der Aktionär Namensaktien hält, der Gesellschaft seine E-Mail Adresse angegeben hat und somit sein Einverständnis erteilt hat, auf diese Weise benachrichtigt zu werden.[274]

In § 126 I AktG wird laut Art. 1 Nr. 13 TransPuG nunmehr ab dem 01.01.2003 auch die Frist für die Stellung von Gegenanträgen geändert. Musste der Aktionär vorher die Anträge binnen einer Woche nach Einberufung der Hauptversammlung stellen, so genügt es mit der Neuregelung, wenn er der Gesellschaft bis spätestens zwei Wochen vor dem Tag der Hauptversammlung den Gegenantrag übersandt hat. Dieser Antrag muss jedoch an eine bestimmte, den Aktionären in der Einberufung der Hauptversammlung mitgeteilte Adresse der Gesellschaft übersandt werden, wobei hierunter nicht nur die postalische Hausanschrift oder ein Postfach der Gesellschaft zu verstehen ist. Vielmehr kann die Adresse auch eine Fax-Nummer oder eine E-Mailadresse sein, wobei dann die Legitimation des absendenden Aktionärs zu überprüfen ist.[275]

---

273 Begründung RegE-TransPuG http://www.bmj.bund.de/images/11313.pdf S. 47; *Noack* DB 2002, 620 (622); *Claussen* AG 2001, 161 (167); *Seibert* ZIP 2001, 53 (54); *Than* in FS Peltzer 2001 S. 577 (590); vgl. BT Drucks 14/4051 S 12; *Spindler* ZGR 2000, 429; vgl. noch zum alten Recht *Sasse* S. 98ff

274 *Goedecke/Heuser* BB 2001, 369 (371); *Claussen* AG 2001, 161 (168); *Habersack* ZHR 165 (2001), 172 (175); *Than* in FS Peltzer 2001 S. 577 (590); *Zätzsch/Gröning* NZG 2000, 393 (397); *Marsch-Barner* in Noack/Spindler Unternehmensrecht S. 62f

275 Vgl. hierzu zum Referentenentwurf Begründung RegE-TransPuG http://www.bmj.bund.de/images/11313.pdf S. 47f

b) Mitteilungen der Kreditinstitute und Aktionärsvereinigungen

Wenn Kreditinstitute oder Aktionärsvereinigungen Stimmrechte für Aktionäre ausüben wollen, müssen sie zusammen mit der Übersendung der Mitteilungen auch grundsätzlich Vorschläge zur Ausübung des Stimmrechts unterbreiten und Weisungen für die Ausübung des Stimmrechts erbitten (§ 128 II 1, 2 AktG). Hierbei ist allerdings zu beachten, dass bei einer Ausübung des Stimmrechtes von einer großen Anzahl von Depotkunden ein standardisiertes Verfahren zur Einholung von Weisungen unumgänglich und eine individuelle Betreuung des Einzelnen mit der Ausführung seiner individuell gestalteten Weisungen kaum möglich ist.[276]

Das Kreditinstitut musste früher nach § 128 II 4 AktG a.F. dem Aktionär zusammen mit der Bitte um Erteilungen von Weisungen seine Abstimmungsvorschläge schriftlich übermitteln und diesen ein Formblatt beifügen, anhand dessen der Aktionär seine Weisungen zur Stimmrechtsausübung wiederum schriftlich erteilen musste.[277] Das Kreditinstitut muss auch zukünftig den Aktionären mit der Bitte um Weisungen Abstimmungsvorschläge unterbreiten. Es muss sie auch darauf hinweisen, dass es das Stimmrecht entsprechend den eigenen Vorschlägen ausübt, wenn der Aktionär nicht rechtzeitig andere Weisungen erteilt (§§ 128 II 1, 2, 128 I AktG).[278] Allerdings wurde das Schriftformerfordernis für die Bevollmächtigung und die Weisungserteilung nach § 128 AktG a.F. und das Erfordernis der eigenhändigen Unterschrift als nicht mehr zeitgemäß eingeschätzt und durch Art. 1 Nr. 14a NaStraG aufgehoben. § 128 II 5 AktG n.F. vereinfacht nunmehr dem Aktionär die Weisungserteilung zu den einzelnen Tagesordnungspunkten. Hiernach können neuartige Informationstechnologien eingesetzt werden. § 128 II 5 AktG eröffnet ausdrücklich die Möglichkeit, an Stelle des bisher vorgesehenen Formblattes ein „Bildschirmformular“ zur Erteilung der Weisungen zu benutzen.[279]

---

276 Vgl. *Than* in FS Peltzer 2001 S.577 (587f)

277 Üblicherweise handelte es sich dabei um ein vom Bundesverband des privaten Bankgewerbes schon 1965 entworfenes Formblatt, veröffentlicht in WM 1965, 1090; Abdruck auch bei *Kümpel* BUB 8/300; das BMJ hat von der Ermächtigung nach § 128 VI Nr. 1 AktG a.F., durch eine Verordnung ein Formblatt vorzuschreiben kein Gebrauch gemacht vgl. auch *Semler* Mü Hdb § 35 Rn 82; *Hüffer* § 128 Rn 10; *Than* in FS Peltzer S. 577 (592f); *Goedecke/Heuser* BB 2001, 369 (371)

278 *Than* in FS Peltzer S. 577 (592f); *Goedecke/Heuser* BB 2001, 369 (371), *Noack* ZIP 2001, 57

279 Begründung RegE BT-Drucks 14/4051 S. 13f zu § 128; vgl. hierzu auch *Habersack* ZHR 165 (2001), 172 (175); *Than* in FS Peltzer S. 577 (592); *Hüffer* § 128 Rn 12; *Mimberg* ZGR 2003, 21 (40ff)

Verwahrt das Kreditinstitut allerdings für Aktionäre Namensaktien der Gesellschaft, für die es nicht im Aktienregister eingetragen ist, so gelten die Besonderheiten nach § 128 II 2 AktG. Hier hat das Kreditinstitut seine Abstimmungsvorschläge den betreffenden Aktionären lediglich „zugänglich zu machen" und nur dann „mitzuteilen", wenn es von den Vorschlägen der Verwaltung abweichen will. Dann aber muss es die Aktionäre über dieses Verfahren jährlich informieren. Will es von den Vorschlägen der Verwaltung nicht abweichen, so genügt es, den eingetragenen Namensaktionären die Abstimmungsvorschläge auf elektronischem Wege oder durch Veröffentlichung auf der Homepage des Kreditinstitutes zugänglich zu machen.[280]

Zusammen mit der Übermittlung von Vorschlägen zur Stimmrechtsausübung und der Bitte um Weisungserteilung ist eine Mitteilung über personelle Verflechtung zu machen, um so den Aktionär auf die Möglichkeit der Interessenkollision hinzuweisen (§ 128 II 6 AktG).[281]

Bei den Vorschlägen zur Ausübung des Stimmrechts müssen sich die Kreditinstitute und Aktionärsvereinigungen „vom Interesse des Aktionärs leiten lassen". So soll ausgeschlossen werden, dass durch den Abstimmungsvorschlag nur eigene Interessen des Kreditinstitutes verfolgt werden (§ 125 II AktG). Dies besagt aber lediglich, dass eine angemessene Berücksichtigung der verschiedenen typischen Aktionärsinteressen zu erfolgen hat und keineswegs etwa eine Analyse der spezifischen Interessenlage jedes Depotinhabers. Bestand und dauerhafte Rentabilität des Unternehmens und der Anlage des Aktionärs haben im Vordergrund zu stehen.[282]

3. Hinterlegung / Anmeldung

Die Satzung kann mit entsprechenden Bestimmungen zur Erleichterung der Vorbereitung einer Hauptversammlung sowohl die Teilnahme an der Hauptversammlung als auch die Ausübung des Stimmrechts von der Anmeldung des Aktionärs zur Hauptversammlung bzw. einer Hinterlegung der Aktien bis zu einem bestimmten Zeitpunkt vor der Hauptversammlung bei der Gesellschaft selbst oder einer von ihr bestimmten Stelle, zumeist einer Bank, einem Notar oder einer Wertpapiersammelbank abhängig machen (§ 123 II 1 AktG).[283] Oftmals

280 So *Than* in FS Peltzer S. 577 (592f)
281 Vgl. *Semler* Mü Hdb § 35 Rn 80
282 *Semler* Mü Hdb § 35 Rn 81; *Hüffer* § 128 Rn 9
283 Näher hierzu *Semler* in Mü Hdb AktG § 36 Rn 8; *Zetzsche* in Zetzsche S. 49ff; *Bärwaldt* in Semler/Volhard Arbeitshandbuch Rn I C 22 ff, Rn I C 32; *Hüffer* § 123 Rn 11; § 1 III DepotG; *Baumbach/Hopt* HGB DepotG 1 Rn 6

wird für Inhaberaktien die Hinterlegung und für Namensaktien die Anmeldung bei der Gesellschaft vorgesehen. Die Hinterlegung ist bei Inhaberaktien auch fast unumgänglich, da ansonsten eine sinnvolle Vorbereitung der Hauptversammlung einer Publikumsgesellschaft fast unmöglich wäre. Bei Namensaktien, deren Inhaber im Aktienregister eingetragen sind, ist sie hingegen nicht erforderlich. Dennoch wird sie aber auch hier als hilfreich und sinnvoll angesehen.[284]

Im Falle der Hinterlegung erteilt die jeweilige Hinterlegungsstelle eine Bescheinigung, die nach gängiger Praxis zumeist zur Legitimation des Aktionärs als Einlasskarte für die Hauptversammlung vorgesehen ist und dort in eine Stimmkarte umgetauscht wird.[285] Hinterlegung und Anmeldung zeigen der Gesellschaft die Anzahl der zu der Hauptversammlung erscheinenden Aktionären und das von ihnen vertretene Kapital an. Dies beschleunigt den Nachweis der Aktionärseigenschaft in der Hauptversammlung und erleichtert die Vorbereitung von Teilnehmerverzeichnissen, bei traditionellen Hauptversammlungen auch das Beschaffen der Räumlichkeiten.[286]

Da die Anmeldung nach § 123 II AktG grundsätzlich keiner besonderen Form unterliegt, kann sie auch auf elektronischem Weg vorgenommen werden.[287]

4. Fristen

Die Bekanntmachung der Einberufung hat mindestens einen Monat vor dem Tag der Versammlung zu erfolgen (§ 123 I AktG). Daran wurde auch durch das NaStraG nichts geändert. Die Satzung kann eine längere, jedoch keine kürzere Einberufungsfrist vorsehen.[288]

284 Näher hierzu *Noack* DB 1999, 1306 (1309); *Than* in FS Peltzer 2001 S. 577 (582f)

285 *Semler* in Mü Hdb § 36 Rn 9; näher *Bärwaldt* in Semler/Volhard Arbeitshandbuch Rn I C 24ff; *Zöllner* in Köln Komm § 123 Rn 27; *Henn* Hdb Rn 760

286 *Semler* in Mü Hdb AktG § 36 Rn 9 ; Näher *Bärwaldt* in Semler/Volhard Arbeitshandbuch Rn I C 24ff S. 254f; *Zöllner* in Köln Komm § 123 Rn 27

287 Vgl. hierzu *Sasse* S. 100f

288 Vgl. auch *Claussen* AG 2001, 161 (167)

5. *Zeit und Ort der Hauptversammlung*

a) *Zeit*

Bei der Einberufung ist auch die Zeit der Hauptversammlung, also deren Datum und Uhrzeit sowie der Ort der Hauptversammlung anzugeben (§ 121 III 2 AktG).

Wenn die Satzung hierzu keine besonderen Bestimmungen trifft, werden Tag und Uhrzeit des Beginns der Hauptversammlung durch den Einberufenden nach dessen Ermessen bestimmt. Jedoch muss er sie so wählen, dass die Teilnahme den Aktionären zumutbar bleibt. So darf die Hauptversammlung nicht auf einen Sonntag oder gesetzlichen Feiertag gelegt werden, falls nicht sämtliche Aktionäre zustimmen. Als zulässig wird hingegen die Abhaltung an einem Samstag angesehen.[289]

Soll sich die Hauptversammlung über mehrere Tage erstrecken, muss in der Einladung darauf hingewiesen werden.[290] Problematisch ist in diesem Zusammenhang wohl auch, wie das Überschreiten der Mitternachtsstunde rechtlich zu bewerten ist, wenn die Hauptversammlung nur für einen Tag einberufen wurde. Dieses Problem wird in der Literatur kontrovers diskutiert.

Bei manchen Hauptversammlungen wurden im Hinblick auf die nahende Mitternachtsstunde Ordnungsmaßnahmen ausgesprochen und es wurde versucht, dies mit dem Hinweis zu rechtfertigen, wegen der in der Einladung angegebenen „Zeit" der Hauptversammlung müsse zur Vermeidung von Rechtsmängeln der letzte Beschluss noch vor Mitternacht gefasst sein. Tatsächlich sind Beschlüsse, die erst nach Ablauf des Versammlungstages gefasst worden sind, auch schon wegen nicht ordnungsgemäßer Einladung angegriffen worden.[291]

Bei diesem Problem sind zwei wichtige Positionen gegeneinander abzuwägen. So muss das elementare Individualrechtsgut des Rede- und Fragerechts der Aktionäre beachtet werden, das von Rechtsprechung und Schrifttum als unentziehbares und selbstverständliches Aktionärsrecht und somit als ein Rechtsinstitut anerkannt wird.[292] Dem steht aber das Recht auf Rücksichtnahme und Beachtung der jeder Rechtsausübung innewohnenden Grenzen entgegen, die bei manchen Redebeiträgen, die nur der Selbstdarstellung dienen sollen, überschritten werden. Hier ist der Hauptversammlungsleiter dafür verantwortlich, dass die

---

289 *Hüffer* § 121 Rn 17; *Semler* Mü Hdb § 35 Rn 30; *Eckardt* in Geßler/Hefermehl § 121 Rn 45 ff; *Zöllner* in Köln Komm § 121 Rn 38; a.A.: *Henn* Hdb Rn 775

290 *Semler* Mü Hdb AktG § 35 Rn 30; *Hüffer* 121 Rn 17

291 vgl. dazu *Happ/Freitag* AG 1998, 493

292 *Happ/Freitag* AG 1998, 493: BGHZ 44, 245 ff

Tagesordnungspunkte innerhalb der Grenzen des für alle Hauptversammlungsteilnehmer Zumutbaren erledigt werden (siehe Teil 2 D II 2).[293]

In den Gesetzesmaterialien ist zu dem Begriff der „Zeit“ i.S.v. § 121 II 2 AktG keine Aussage getroffen worden.[294] So wird in ihm stellenweise auch nur der Beginn der Versammlung nach Tag und Stunde aber nicht die tatsächliche Dauer der Versammlung gesehen, wobei dies schon aus der einfachen Wortinterpretation zu ersehen sei. Zeit könne hiernach nicht allgemein als Vergangenheit, Gegenwart und Zukunft, sondern nur als Zeitpunkt angesehen werden.[295]

Das LG Stuttgart hat allerdings Ordnungsmaßnahmen mit der Begründung als rechtmäßig angesehen, der Versammlungsleiter hätte darauf achten müssen, dass noch an dem Tage, für den die Hauptversammlung einberufen war, alle Tagesordnungspunkte erledigt werden müssen. Die Fortsetzung der Hauptversammlung am folgenden Tage sei „schon aus Rechtsgründen“ mangels ausdrücklichen Hinweises in der Einladung nicht zulässig. Hierbei sei auch zu beachten, dass einzelne Aktionäre sich nicht auf eine Erstreckung der Hauptversammlung über Mitternacht hinaus hätten einrichten können.[296] Gerade vor dem Hintergrund der Rücksichtnahme auf die Belange anderer Aktionäre sehen einige Autoren die Lösung in einer zeitlichen Begrenzung der Hauptversammlung, wobei hier oftmals eine quantitative Begrenzung auf etwa auf 10 Stunden vorgeschlagen wird.[297] Andere Autoren lassen jedenfalls Ausnahmen zu einem Verbot des Überschreitens der Mitternachtsstunde zu oder bezeichnen eine Fortsetzung der Versammlung über Mitternacht hinaus zumindest als „gefährlich“.[298]

Der überwiegende Teil der Literatur folgt aber wohl streng der Auffassung, eine Hauptversammlung müsse spätestens zur Mitternachtsstunde des Tages, auf den sie einberufen wurde, beendet sein. Ohne eine Einberufung, die sich auf mehrere Tage bezieht, ist hiernach die Fortsetzung der Hauptversammlung am darauffolgenden Tag unzulässig.[299] Begründet wird diese Ansicht im Allgemei-

---

293 *Happ/Freitag* AG 1998, 493 (494)

294 *Kropff* S. 169; *Schlegelberger/Quassowski* § 105 AktG 1937 Rn 13; vgl. *Happ/Freitag* AG 1998, 493 (495)

295 *Happ/Freitag* AG 1998, 493 495; *Eckardt* in Geßler/Hefermehl § 121 Rn 45

296 Vgl. LG Stuttgart ZIP 1994, 950 (952); *Happ/Freitag* AG 1998, 493 (494)

297 *Max* AG 1991, 77 (90); *Quack* AG 1985, 145 (145f); *Hüffer* § 121 Rn 17; *Semler* Mü Hdb AktG § 36 Rn 25; *Siepelt* AG 1995, 254 (256); *Schaaf* ZIP 1997, 1324 (1326); *Henn* Hdb Rn 776

298 *Happ/Freitag* AG 1998 , 493 (494); *Stülzle/Walgenbach* ZHR 155 (1991), 516 (541); *Martens* Leitfaden für die HV einer AG S. 33

299 *Happ/Freitag* AG 1998, 493 (494); *Max* AG 1991, 77 (90); *Schaaf* ZIP 1997, 1324 (1326); *von Hülsen* in Semler/Volhard Arbeitshandbuch Rn I D 81; *Hennerkes/Kögel* DB 1999, 81 (84); *Henn* Hdb Rn 775f; *Zöllner* in Köln Komm § 121 Rn 38; *Hüffer* § 121 Rn 17

nen mit Zumutbarkeitsgesichtspunkten. Da sich die zeitliche Begrenzung der Hauptversammlung auch als eine zwingende Folge aus § 121 III AktG ergebe, könne gegen einen Verstoß hiergegen Nichtigkeitsklage nach § 241 Nr. 1 AktG erhoben werden.[300]

Vor diesem problematischen Hintergrund versuchen Versammlungsleiter oftmals, bei sich abzeichnenden zeitlichen Engpässen durch Ordnungsmaßnahmen darauf hinzuwirken, die letzten Beschlussfassungen noch bis 24.00 Uhr zu erledigen, was zu einem gewissen „Chaos vor Mitternacht" führen kann.[301]

Trotz der unterschiedlichen Sichtweisen ist der Beginn der Hauptversammlung nach allen Ansichten grundsätzlich so einzurichten, dass den Aktionären das Erscheinen zu der in der Einladung angegebenen Uhrzeit nicht unzumutbar erschwert wird und dass vor dem Hintergrund der anstehenden Tagesordnung die vorhersehbaren Diskussionen so geführt werden können, dass ein „vernünftiger Aktionär" dem Lauf der Verhandlung noch folgen kann.[302] So muss der Versammlungsleiter frühzeitig zu erkennen geben, wann er die ihm zur Verfügung stehenden Ordnungsmaßnahmen regelnd anwenden und dafür sorgen will, dass die Beschlüsse noch von einer aufnahmefähigen Versammlung in ausreichender Präsenz gefasst werden. Hierbei ist auf den Gleichbehandlungsgrundsatz zu achten.[303] Dort, wo mit hoher Sicherheit mit einer extrem langen Dauer der Hauptversammlung gerechnet werden muss, kann eventuell eine Einberufung der Hauptversammlung auf zwei hintereinander folgende Tage gelegt werden, was wegen der dadurch aufgeworfenen Probleme allerdings möglichst zu vermeiden ist.[304]

Bejaht man die Zulässigkeit einer Überschreitung der Mitternachtsstunde, so ist dennoch der Zeitpunkt fraglich, zu dem eine Fortführung der Hauptversammlung das Maß des unter Berücksichtigung aller Umstände Erträglichen überschreiten würde. Hier ist nun nach der Zumutbarkeit abzugrenzen. Es kann geboten sein, die Versammlung weit vor oder nach Mitternacht zu beenden. Dies ist dann vom Versammlungsleiter zu entscheiden, dem insoweit ein weiter Ermessensspielraum zusteht.[305]

Die Frage nach der Zulässigkeit der Überschreitung der Mitternachtsstunde mag heute vor dem Hintergrund der traditionellen Präsenzhauptversammlungen

---

300 *Max* AG 1991,77 (90)

301 *Happ/Freitag* AG 1998, 493 (494); zu den Kosten der Hauptversammlung einer Publikumsgesellschaft auch *Werner* in FS Fleck 1988, 401 (402)

302 BGHZ 36, 121, 104f; *Happ/Freitag* AG 1998, 493 (496); *Henn* Hdb Rn 775

303 *Happ/Freitag* AG 1998, 493 (496); BGHZ 44, 245 (252); *Quack* FS Brandner 1996 S. 113 (118)

304 *Happ/Freitag* AG 1998, 493 (496)

305 *Happ/Freitag* AG 1998, 493 (497)

von der h.M. noch ablehnend beantwortet werden. Wenn in der Zukunft der Weg zu einer virtuellen Hauptversammlung jedoch frei ist und eine solche Veranstaltung abgehalten wird, wird man sich erneut Gedanken darüber machen müssen. Dann nämlich werden die Aktionäre nicht mehr so weite Anreise- oder Abreisewege in Kauf nehmen müssen, um einer Hauptversammlung beiwohnen zu können, sondern sich nach Bedarf von zu Hause aus ein- und ausloggen können. Daher können auch noch wichtige Themen nach Mitternacht besprochen und beschlossen werden, wenn man den Aktionären im Anschluss nicht mehr eine zeitaufwändige Heimfahrt zumuten will. Auch die Tatsache, dass sich bei einer Online-Hauptversammlung womöglich mehrere Teilnehmer zu Wort melden und von ihrem Rede- und Fragerecht Gebrauch machen werden, wird eine solche Veranstaltung etwas in die Länge ziehen. Die genauen Modalitäten, wie ein Ausufern hier zu bekämpfen ist bzw. wann eine solche Veranstaltung ihr Ende finden soll, müssen von einem Versammlungsleiter dann bedacht werden.

b) Ort

Der „Ort der Hauptversammlung" bestimmt sich in erster Linie nach der Satzung (§ 121 V AktG). Hier können ein oder mehrere Orte vorgesehen und allgemeine Kriterien für die Wahl des Ortes aufgestellt werden.[306] Allerdings kann dies nicht so geschehen, dass dem Einberufenden die freie Wahl des Versammlungsortes überlassen wird oder dass die Hauptversammlung ermächtigt wird, ihren nächsten Versammlungsort frei zu bestimmen. Eine Satzungsbestimmung, die die Hauptversammlung ermächtigt, den Ort für die Durchführung der nächsten Versammlung mit der „erforderlichen" Mehrheit zu bestimmen bzw. die dem Vorstand oder Aufsichtsrat ein Recht zur Bestimmung des Versammlungsortes nach seinem Ermessen einräumt, verstößt gegen Inhalt und Schutzzweck des § 121 IV AktG und kann nach § 243 I AktG angefochten werden.[307]

Grundsätzlich soll die Hauptversammlung am Sitz der Gesellschaft stattfinden, wenn die Satzung keine andere Bestimmung trifft (§ 121 V 1, § 5 AktG).[308] Es kann auch der Sitz einer deutschen Börse, an der die Aktien der Gesellschaft

306 *Semler* Mü Hdb AktG Rn 31; Zöllner in Köln Komm § 121 Rn 34; *Henn* Hdb Rn 768, 771

307 *Semler* Mü Hdb AktG Rn 31; BGH DB 94, 31 Leitsatz, 32; *Eckardt* in Geßler/Hefermehl § 121 Rn 40; *Hüffer* 121 Rn 13, 17; BGH WIB 94 159; LG Berlin DJ 1938 234,235

308 Begründung zum Gesetz über AG und KGaA 30.01.1937 Deutscher Reichsanzeiger und Preußischer Staatsanzeiger 1937 Nr. 28 S. 3

zum amtlichen Handel (§§ 36 ff BörsG) zugelassen sind[309], gewählt werden (§ 121 V 2 AktG). Ein anderer Ort als der regelmäßig zu wählende Sitz der Gesellschaft bzw. gegebenenfalls der Sitz einer deutschen Börse kann nur dann bestimmt werden, wenn erhebliche Gründe für eine Abweichung von der Regel sprechen.[310] Ziel dieser Regelung war es von Anfang an, zum Schutz der Beteiligten, namentlich der Minderheitsaktionäre, eine willkürliche Auswahl des Versammlungsortes zu verhindern.[311] Nach heute wohl überwiegender Ansicht wird dieser Schutzzweck dann nicht gefährdet, wenn die Satzung einen anderen als den gesetzlich bestimmten Versammlungsort festlegt, mehrere Orte aufführt, unter denen das Einberufungsorgan auswählen kann oder wenn für die Auswahl des Versammlungsortes lediglich eine regional begrenzte geographische Vorgabe gemacht werde.[312]

Dieser Grundsatz bietet den Aktionären ein weit höheres Maß an Rechtssicherheit als das dann der Fall ist, wenn die Ortsbestimmung lediglich von einem (wenn auch mit qualifizierter Mehrheit zu fassenden) Hauptversammlungsbeschluss abhängig gemacht wird.[313]

Bei einer Online-Hauptversammlung ist wohl auch fraglich, wo der „Ort" der Hauptversammlung liegt. Das „cyberspace" selbst wird diesem Kriterium wohl kaum entsprechen. In der Tat ist das Tatbestandsmerkmal des Ortes auch der Punkt, an dem die Zulässigkeit einer Online-Hauptversammlung mit am heftigsten umstritten ist (siehe Teil 2 E I).

6. Absetzung der Hauptversammlung

Eine bereits einberufene Hauptversammlung kann jederzeit wieder abgesetzt werden. Die Absetzung, auch als Widerruf der Einberufung bezeichnet, kann nur durch den Einberufenden erfolgen.[314] Hierfür ist nicht das Einhalten der für die Einberufung erforderlichen Form notwendig, die Absetzung muss jedoch ausreichend bekannt gemacht werden. Hier ist eine Veröffentlichung im Bundesanzei-

---

309 Eine Zulassung zum geregelten Markt (71 ff BörsG) oder zum Freiverkehr (78 BörsG) genügt hierfür hingegen nicht. Vgl. Hüffer § 121 Rn 12

310 *Semler* Mü Hdb AktG § 35 Rn 37

311 Vgl. LG Berlin DJ 1938, 234f ; *Eckardt* in Geßler/Hefermehl § 121 Rn 39f

312 *Hüffer* § 121 Rn 13; *Zöllner* in Köln Komm § 121 Rn 34ff; *Eckardt* in Geßler/Hefermehl § 121Rn 40; BGH DB 1994, 31f

313 BGH DB 1994, 31 (32)

314 *Hüffer* § 121 Rn 18; RGZ 166, 129 (133)

ger, in den Gesellschaftsblättern und auf der Homepage der Gesellschaft oder das Verschicken von E-Mails an die bekannten Aktionäre denkbar.[315]

Die Abberufung kann etwa dann angezeigt sein, wenn sich unheilbare Einberufungsmängel gezeigt haben.[316]

III. Zwischenergebnis zu C.

Die Untersuchung hat aufgezeigt, dass bei der Einberufung der Hauptversammlung einer Aktiengesellschaft neue Technologien ohne weiteres zur Anwendung kommen können. Vor allem durch die Gesetzesänderungen, die durch das NaStraG und das TransPuG vorgenommen wurden, hat sich das Aktienrecht der Einbeziehung elektronischer Kommunikationsmedien geöffnet. Besonders deutlich wird dies in der Möglichkeit der Veröffentlichung der Einberufung der Hauptversammlung auf der Homepage eines elektronischen Bundesanzeigers und den Einberufungsmöglichkeiten per E-Mail in den Fällen des § 121 IV AktG. Des weiteren besteht nun auch die Möglichkeit, die Mitteilungen der §§ 125 ff AktG mit moderner Informationstechnologie den jeweiligen Adressaten zugänglich zu machen, so dass eine aktive Mitteilung in Papierform hier entfallen kann. Ausdrücklich ermöglicht das Gesetz durch § 128 II 5 Akt neben der Erteilung von Weisungen auf herkömmlichen schriftlichen Formblättern nun auch das Verwenden von Bildschirmformularen. Hierdurch wird die Aktiengesellschaft in vielfacher Weise in die Lage gesetzt, schon im Vorfeld der Hauptversammlung elektronische Kommunikationstechniken zum Einsatz zu bringen.

315 Vgl. *Hüffer* § 121 Rn 18; *Henn* Hdb Rn 760

316 *Semler* Mü Hdb AktG § 35 Rn 88

D. Durchführung der Hauptversammlung einer Aktiengesellschaft

Obwohl eine Vielzahl von Normen des Aktiengesetzes sich mit der Abwicklung einer Hauptversammlung beschäftigen, besteht doch keine zusammenhängende Regelung des Ablaufes einer Hauptversammlung im Ganzen.

I. Recht zur Teilnahme / Teilnehmer

1. Inhalt des Teilnahmerechtes

Das Teilnahmerecht vermittelt seinem Träger das Recht auf Anwesenheit in der Hauptversammlung. Es beinhaltet weiterhin das Recht, sich zu den Tagesordnungspunkten zu äußern (Rederecht) und nach überwiegender Auffassung auch das Recht, Anträge zu stellen, nicht jedoch generell Stimmrecht und Auskunftsrecht.[317]

Problematisch ist aber gerade auch im Hinblick auf eine internetunterstützte Hauptversammlung, dass das Teilnahmerecht als ein Anwesenheitsrecht verstanden wird und nach bisheriger Sichtweise und dem allgemeinen Sprachgebrauch die körperliche Präsenz des Berechtigten fordert, so dass in diesem Punkt die Abhaltung von internetgestützen Hauptversammlungen und insbesondere die Durchführung rein virtueller Hauptversammlungen kontrovers diskutiert wird (siehe Teil 3 E I).

Grundsätzlich ist das Teilnahmerecht als ein grundlegendes Mitgliedschaftsrecht in seinem Kern unentziehbar, so dass es nicht möglich ist, die Teilnahme der Aktionäre zu beschränken oder ganz auszuschließen.[318] Es unterliegt aber generell, wie auch das Rede- und Auskunftsrecht, den Schranken des Verbotes des Rechtsmissbrauchs.[319] Die Satzung kann jedoch zur Teilnahme an der

---

317 *Bärwaldt* in Semler/Volhard Arbeitshandbuch Rn I C 4, I C 9; *Volhard* in Semler/Volhard Arbeitshandbuch HV Rn I F 1; *Quack* in FS Brandner S. 113; *Hüffer* § 118 Rn 9; *Henn* Hdb Rn 705

318 *Hüffer* § 118 Rn 13; vgl. BGH WM 1989, 63 (64f); *Bärwaldt* in Semler/Volhard Arbeitshandbuch Rn I C 22; *Semler* in Mü Hdb AktG § 36 Rn 7; *Quack* in FS Brandner S. 113

319 *Henn* Hdb Rn 705

Hauptversammlung eine Anmeldung des Aktionärs bzw. eine Hinterlegung der Aktien vorschreiben (siehe Teil 2 C II 3).

2. Teilnehmer der Hauptversammlung

a) Aktionär

Das Teilnahmerecht des Aktionärs entsteht als eines seiner grundlegenden mitgliedschaftlichen Verwaltungsrechte mit Erwerb der Aktionärseigenschaft, so dass es grundsätzlich allen Aktionären der Aktiengesellschaft und somit auch den Inhabern stimmrechtsloser Aktien oder solcher Aktien zusteht, die wegen nicht geleisteter Einlage kein Stimmrecht verleihen (§ 134 II AktG)[320], es sei denn, dass die Aktionärsrechte überhaupt nicht (§ 71b AktG) oder vorübergehend (§§ 20 VII, 21 IV AktG) nicht bestehen.[321] Schon der Besitz einer einzigen Aktie vermittelt dem Inhaber das Recht zur Teilnahme und die damit verbundene Aktionärsrechte.[322]

b) Vorstand, Stellvertreter, Aufsichtsrat, Abschlussprüfer

Gemäß § 118 II AktG sollen die Mitglieder des Vorstandes und des Aufsichtsrates sowie nach § 94 AktG die stellvertretenden Vorstandsmitglieder an der Hauptversammlung teilnehmen. Auch den Abschlussprüfern der Aktiengesellschaft steht das Recht zu, an allen Hauptversammlungen während der Dauer ihrer Bestellung teilzunehmen.[323] Die h.M. leitet aus dem Teilnahmerecht der Verwaltungsmitglieder, jedoch nicht dem der Abschlussprüfer, auch das Rederecht und das Recht zur Antragsstellung ab.[324] Obwohl § 118 II AktG als eine „Sollvorschrift" ausgestaltet ist, besteht für die Verwaltungsmitglieder doch nach einhelliger Ansicht eine echte Teilnahmepflicht, da der Vorstand ohne Anwesenheit seiner Mitglieder die ihm in der Hauptversammlung obliegenden Pflich-

320 *Hüffer* § 118 Rn 12; *Semler* in Mü Hdb AktG § 36 Rn 7; *Bärwaldt* in Semler/Volhard Arbeitshandbuch Rn I C 10ff S. 248ff

321 *Bärwaldt* in Semler/Volhard Arbeitshandbuch Rn I C 10

322 *Max* AG 1991, 77

323 *Bärwaldt* in Semler/Volhard Arbeitshandbuch Rn I C 41ff; *Hüffer* § 118 Rn 10f

324 *Semler* in Mü Hdb AktG § 36 Rn 5,6 ; *Bärwaldt* in Semler/Volhard Arbeitshandbuch Rn I C 38ff; *Hüffer* § 118 Rn 9f; *Zöllner* in Köln Komm § 118 Rn 8; *Eckardt* in Geßler/Hefermehl § 118 Rn 31

ten nicht ordnungsgemäß erfüllen kann.[325] Da bei größeren Gesellschaften Vorstand und Aufsichtsrat oftmals international besetzt sind, ist die Möglichkeit einer internetgestützten Hauptversammlung gerade auch für Verwaltungsmitglieder sehr interessant.[326] Nach dem durch das TransPuG geänderten und am 01.01.2003 in Kraft tretenden § 118 II 2 AktG kann die Satzung bestimmte Fälle vorsehen, in denen die Aufsichtsratsmitglieder von der Pflicht zu einer persönlichen Teilnahme an einer Hauptversammlung freigestellt werden und über Ton und Bild der Versammlung zugeschaltet werden, wobei diese beiden Elemente der Übertragung kumulativ gegeben sein müssen.[327]

c) Aktionärsvertreter

Die Ausübung der Aktionärsrechte setzt nicht zwingend voraus, dass der Aktionär selbst an der Hauptversammlung teilnehmen muss. Da das Teilnahmerecht kein höchstpersönliches Recht ist, kann es auch durch den Vertreter des Aktionärs ausgeübt werden. Eine Vertretung kommt entweder durch rechtsgeschäftliche Bevollmächtigung oder gesetzliche Vertretung in Frage.

aa) Kraft Bevollmächtigung § 134 III AktG

Der Aktionär kann im Rahmen der rechtsgeschäftlichen Vertretung grundsätzlich jede beliebige natürliche oder juristische Person als Bevollmächtigten zur Ausübung des Teilnahmerechtes auswählen.[328] Die Erteilung der Stimmrechtsvollmacht umfasst die Möglichkeit der Vertretung bei der Ausübung des Teilnahme-, Rede- und Fragerechts sowie der Antragstellung. Stehen mehreren Berechtigten die Rechte an einer Aktie zu, so können sie diese gem. § 69 I AktG nur von einem gemeinschaftlichen Vertreter ausüben lassen.[329] Ein Aktionär kann auch mehrere Bevollmächtigte bestimmen, doch muss von mehreren Ein-

---

325 *Rodewig/Schlitt* in Semler/Volhard Arbeitshandbuch Rn I E 19; *Hüffer* § 118 Rn10; *Semler* in Mü Hdb AktG § 36 Rn 5; *Bärwaldt* in Semler/Volhard Arbeitshandbuch Rn I C 59ff ; *Riegger* ZHR 165 (2001), 204 (215)

326 *Riegger* ZHR 165 (2001), 204 (215)

327 Hierzu näher Begründung RegE-TransPuG http://www.bmj.bund.de/images/11313.pdf S. 43ff; a.A.: *Noack* DB 2002, 620 (623) nicht kumulativ

328 *Noack* ZIP 2001, 57; *Henn* Hdb Rn 715; *Noack* in Noack/Spindler Unternehmensrecht S. 21

329 *Hüffer* § 69 Rn 4, § 118 Rn 14; *Semler* in Mü Hdb AktG § 36 Rn 10; *Bärwaldt* in Semler/Volhard Arbeitshandbuch I C 19ff

zelvertretern grundsätzlich lediglich einer zur Hauptversammlung zugelassen werden.[330]

Grundsätzlich bestimmt der Aktionär, wer ihn vertritt, doch können durch die Satzung für die Zulassung eines Vertreters bestimmte Voraussetzungen aufgestellt werden, ohne allerdings die Vertretung insgesamt unangemessen zu erschweren.[331]

bb) Gesetzliche Vertreter

Aktionäre, die minderjährig oder sonst in ihrer Geschäftsfähigkeit beschränkt sind, und juristische Personen können in der Hauptversammlung durch ihre gesetzlichen Vertreter vertreten werden, und so sind als gesetzliche Vertreter z.B. Eltern (§ 1629 I 2 BGB), Vormund (§ 1793 BGB) und Pfleger eines Aktionärs (§§ 1909ff BGB) teilnahmeberechtigt.[332] Für den gesetzlichen Regelfall, dass ein minderjähriger Aktionär durch seine Eltern vertreten wird, steht beiden das Recht auf Zutritt zu der Hauptversammlung, zur Wortmeldung und zum Auskunftsverlangen zu. Da die Stimmabgabe aber eine Willenserklärung darstellt, die wie in sonstigen Fällen gemeinschaftlicher Vertretung nur einheitlich abgegeben werden kann, können beide Elternteile das Stimmrecht in der Hauptversammlung nur gemeinschaftlich ausüben.[333]

cc) Vertreter kraft Ermächtigung / Legitimationszession

Die Wahrnehmung von Aktionärsrechten in einer Hauptversammlung aufgrund Ermächtigung (Legitimationszession) ist rechtstechnisch von der Vertretung zu unterscheiden. Der Ermächtigte („Legitimationsaktionär“) übt hierbei, anders als ein Vertreter, ein fremdes Stimmrecht im eigenen Namen aus. In der praktischen Auswirkung sind beide Rechtsinstitute jedoch weitgehend gleichbedeutend. Die grundsätzliche Zulässigkeit einer Ermächtigung zur Wahrnehmung von Aktionärsrechten ergibt sich mittelbar aus § 129 III AktG, doch kann die Satzung Legitimationsübertragungen untersagen.[334]

---

330 *Hüffer* § 134 Rn 27

331 *Bärwaldt* in Semler/Volhard Arbeitshandbuch Rn I C 19ff; *Semler* in Mü Hdb AktG § 36 Rn 13f; *Hüffer* § 134 Rn 25

332 *Bärwaldt* in Semler/Volhard Arbeitshandbuch Rn I C 18; *Hüffer* § 134 Rn 29

333 *Zöllner* in Köln Komm § 134 Rn 80; hierzu und zu dem Vorgehen bei dem Antragsrecht vgl. *Semler* in Mü Hdb AktG § 36 Rn 15f; *Hüffer* § 134 Rn 27, 29f

334 *Semler* in Mü Hdb AktG § 36 Rn 19; *Hüffer* § 129 Rn 12 ; *Zöllner* in Köln Komm § 134 Rn 98ff

d) Dritte

Weitere Dritte haben grundsätzlich kein Recht auf Teilnahme an der Hauptversammlung. Insbesondere ist die Hauptversammlung keine presseöffentliche Veranstaltung (siehe auch Teil 2 D II 3). Dennoch steht Notaren und Vertretern der Aufsichtsbehörden ein Recht auf Anwesenheit zu und weiteren Personen, insbesondere Medienvertretern[335], kann dies durch die Satzung oder einen Gesellschafterbeschluss gestattet werden.[336]

3. Legitimation der Teilnehmer

Vor Beginn der Hauptversammlung haben die einzelnen Teilnehmer ihre Legitimation gegenüber dem Versammlungsleiter nachzuweisen.[337] Die Aktionärseigenschaft von Namensaktionären ist insofern leicht über die Eintragung im Aktienregister überprüfbar (§ 67 II AktG). Bei Inhaberaktien kann der Nachweis durch Vorlage der Aktienurkunde erbracht werden. Ansonsten legitimiert die üblicherweise nach Hinterlegung der Aktien (§ 123 III AKTG) erteilte Hinterlegungsbescheinigung als Einlasskarte auch ohne ausdrückliche Festlegung in der Satzung den Aktionär zum Betreten der Hauptversammlung (siehe Teil 2 C II 3), so dass von einer weiteren Legitimationsprüfung abgesehen werden kann.[338]

Bei Nichtaktionären, zu denen auch die gesetzlichen und rechtsgeschäftlichen Vertreter gehören, kann eine weitere Überprüfung wie bspw. die Erbringung des Nachweises ihrer Vertreterstellung erforderlich sein.[339] Für rechtsge-

---

335 A.A. *Henn* Hdb Rn 808, der Presse, Rundfunk und TV zumindest bei Hauptversammlung von im öffentlichen Interesse stehenden Publikumsgesellschaften ein Recht zur Teilnahme zuspricht und der Gesellschaft lediglich die Möglichkeit der äußeren Gestaltung dieses Teilnahmerechtes gewährt

336 Vgl. *Hüffer* § 118 Rn 16; vgl. *Semler* Mü Hdb AktG § 36 Rn 23 und eingehend *Bärwaldt* in Semler/Volhard Arbeitshandbuch Rn I C 50 ff; zu Teilnahmerecht bei Treuhand, Pfandrecht, Nießbrauch vgl. *Hüffer* § 118 Rn 15; *Semler* Mü Hdb § 36 Rn 21; *Bassenge* Palandt § 903 Rn 33ff; *Beuthien* ZGR 1974, 26ff; *Eckard* in Geßler/Hefermehl § 129 Rn 31

337 Hierzu *Bärwaldt* in Semler/Volhard Arbeitshandbuch Rn I C 74ff; *Hüffer* § 118 Rn 16

338 *Bärwaldt* in Semler/Volhard Arbeitshandbuch HV Rn I C 75f; *Hüffer* § 123 Rn 5; *Eckardt* in Geßler/Hefermehl § 123 Rn 38; Falls keine Aktienurkunden ausgegeben werden, kann die Satzung bestimmen, wie die Aktieneigenschaft nachzuweisen ist, z.B. durch Nachweis des Erwerbs eigener in Form öffentlich beglaubigter Abtretungsurkunden hierzu *Semler* in Mü Hdb AktG § 36 Rn 32

339 *Bärwaldt* in Semler/Volhard Arbeitshandbuch Rn I C 78f S. 268; *Semler* in Mü Hdb AktG § 36 Rn 33

schäftlich Bevollmächtigte sah die Regelung des § 134 III 3 AktG a.F. den Nachweis durch die Vorlage einer schriftlichen Vollmacht bei der Gesellschaft vor. Dies ist mit Art. 1 Nr. 13b NaStraG entfallen, so dass die hierdurch bewusst entstandene lückenhafte Regelung durch ergänzende Satzungsbestimmungen (§ 23 V 2 AktG) geschlossen werden kann.[340]

4. Teilnehmerverzeichnis und Präsenzliste

Gemäß § 129 I 2 AktG ist bei allen Hauptversammlungen, auch bei beschlusslosen, oder Universalversammlungen, so bald wie möglich ein Verzeichnis der persönlich erschienenen oder vertretenen Aktionäre und der Vertreter der Aktionäre zu erstellen. Lediglich bei einer Ein-Mann-Gesellschaft ist die Protokollierung der Beschlüsse gem. § 130 AktG ausreichend, da die Dokumentation hier kaum einen vernünftigen Zweck erfüllen könnte.[341]

Dadurch, dass die teilnehmenden Personen in das Verzeichnis aufgenommen und die Zu- und Abgänge der Hauptversammlung, also die Teilnehmer, die erst nachträglich erscheinen oder die Hauptversammlung vorzeitig verlassen, unter genauer Angabe der Uhrzeit festgehalten werden müssen, ermöglicht es das Teilnehmerverzeichnis, genau festzustellen, wie viele und welche Teilnehmer bei den jeweiligen Beschlussfassungen anwesend waren. Es stellt somit eine wichtige Grundlage für die Feststellung der Beschlussfähigkeit, die Stimmenauszählung und Feststellung der erforderlichen Mehrheiten dar.[342]

Das Aktiengesetz trifft keine ausdrückliche Aussage darüber, wer das Teilnehmerverzeichnis zu erstellen und zu führen hat. Nach eine Mindermeinung ist hierzu die Gesellschaft selbst verpflichtet, für die ihr Vorstand handelt.[343] Nach wohl h.M. ist der Hauptversammlungsleiter für die Aufstellung des Teilnehmerverzeichnisses zuständig.[344]

---

340 Begründung RegE BT-DrucksS 14/4051 S. 15; *Hüffer* § 134 Rn 24

341 *Rodewig/Schlitt* in Semler/Volhard Arbeitshandbuch Rn I E 17; *Hüffer* § 129 Rn 5; Zu den zwingenden Angaben des Teilnehmerverzeichnisses ausführlich *Semler* in Mü Hdb § 36 Rn 25 und *von Hülsen* in Semler/Volhard Arbeitshandbuch Rn I D 34; *Obermüller/Werner/Winden* S. 41

342 *Von Hülsen* in Semler/Volhard Arbeitshandbuch Rn I D 26, I D 44ff; *Hüffer* § 129 Rn 1, 10; *Semler* in Mü Hdb AktG § 36 Rn 30; a.A.: *Eckardt* in Geßler/Hefermehl § 129 Rn 17

343 Vgl. *Zöllner* in Köln Komm § 129 Rn 22; vgl. hierzu auch *Rodewig/Schlitt* in Semler/Volhard Arbeitshandbuch Rn I E 17; vgl. Begründung RegE BT-DrucksS 14/4051 S. 15

344 *Hüffer* § 129 Rn 6f; näher *von Hülsen* in Semler/Volhard Arbeitshandbuch Rn I D 29f; *Henseler* BB 62, 1023, 1024; *Eckard* in Geßler/Hefermehl § 129 Rn 10

Das Teilnehmerverzeichnis muss gem. § 129 IV 1 AktG noch vor der ersten Abstimmung erstellt sein und ist im Gegensatz zum früheren Recht, wonach es zur Einsicht auszulegen war, nunmehr nach den Änderungen des NaStraG allen Teilnehmern noch vor der ersten Abstimmung und während der gesamten Hauptversammlung „zugänglich zu machen", worauf der Versammlungsleiter die Teilnehmer auch hinzuweisen hat.[345] Das Recht zur Einsichtnahme steht allen Teilnehmern der Versammlung, nicht jedoch den Gästen und vor allem Pressevertretern zu.[346]

Durch die Neuregelung des „Zugänglichmachens" ist auch die Verpflichtung der Erstellung des Teilnehmerverzeichnis in Papierform entfallen und es ist nunmehr möglich, das Teilnehmerverzeichnisses in Form einer elektronischen Datenbank zu führen, die die Ergebnisse zur Einsichtnahme auf Bildschirmen sichtbar darstellen kann.[347] Diese Bildschirme können bei einer Präsenzversammlung im Hauptversammlungssaal aufgestellt und legitimierten Teilnehmern zur Verfügung gestellt werden.[348] Bei einem solchen Vorgehen ist allerdings streng darauf zu achten, dass die zur Verfügung gestellten Bildschirme und deren Benutzungsmöglichkeiten derart organisiert sind, dass das Beziehen der Informationen aus dem zugänglich gemachten Teilnehmerverzeichnis den Teilnehmern ohne großen Zeitaufwand und Schwierigkeiten möglich sein muss.[349]

Das bisherige Erfordernis der Unterzeichnung des Teilnehmerverzeichnisses durch den Versammlungsleiter ist mit Art. I Nr. 11d NaStraG ganz entfallen und anstelle des Rechts auf Einsicht beim Handelsregister hat jeder Aktionär nunmehr nach § 129 IV 2 AktG ein Einsichtsrecht in das Teilnehmerverzeichnis gegenüber der Gesellschaft für die Dauer von zwei Jahren nach der Hauptversammlung.[350]

Diese gesetzlichen Veränderungen, die eine Miteinbeziehung elektronischer Medien schon heute ausdrücklich ermöglichen und sogar fördern, wurden gelegentlich schon als erster kleiner Schritt in Richtung einer virtueller Hauptversammlung gedeutet.[351]

---

345 *Von Hülsen* in Semler/Volhard Arbeitshandbuch Rn I D 38, 40; *Rodewig/Schlitt* in Semler/Volhard Arbeitshandbuch Rn I E 18; *Hüffer* § 129 Rn 9, 13

346 *Hüffer* § 129 Rn 13

347 Begründung RegE BT-DrucksS 14/4051 S. 15 zu § 129; *Hüffer* § 129 Rn 13

348 *Than* in FS Peltzer 2001 S. 577 (593); *Goedecke/Heuser* BB 2001, 369 (372); *Hüffer* § 129 Rn 13

349 Vgl. *Hüffer* § 129 Rn 13; noch zum alten Recht: *von Hülsen* in Semler/Volhard Arbeitshandbuch Rn I D 41

350 Begründung RegE BT-DrucksS 14/4051 S. 14f; *Hüffer* § 129 Rn 14; *Than* in FS Peltzer 2001 S. 577 (593); *Spindler* ZGR 2000, 420 (432f)

351 *Spindler* ZGR 2000, 420 (432)

Zwar wird durch § 129 I 2 AktG die Aufstellung des Teilnehmerverzeichnisses „in der Hauptversammlung“, also bei wörtlicher Auslegung erst nach deren Eröffnung verlangt, dennoch wird oftmals das Teilnehmerverzeichnis von Hauptversammlungen schon mit der Eingangskontrolle aufgestellt, also zeitlich und räumlich vor der Hauptversammlung und ihrem Tagungsort. Da andernfalls die Versammlung selbst unnötigerweise überladen würde, wird ein solches Vorgehen auch nicht beanstandet.[352] Wichtig hierbei ist allerdings, dass die Präzisierung des § 129 IV 1 AktG beachtet wird, wonach das Teilnehmerverzeichnis allen Teilnehmern in jedem Fall vor der ersten Abstimmung zugänglich gemacht wird, spätestens dann also fertiggestellt sein muss.[353]

Das Aufstellen von Multimediaterminals schon am Eingang der Hauptversammlung kann die Durchführung der Hauptversammlung ebenfalls erheblich unterstützen. Um die Präsenz besser zu erfassen, kann den Teilnehmern der Versammlung mit der Einladung eine Kennnummer oder ein digitaler Ausweis zur Identifizierung an diesen Terminals zugeteilt werden. Nach erfolgreicher Identifizierung erfolgt die Zugangsberechtigung zu der Hauptversammlung und den im Rechner gespeicherten Dateien. Gleichzeitig wird die Zahl der anwesenden Teilnehmer genau erfasst und werden die Zu- und Abgänge vervollständigt, so dass die Präsenz der Hauptversammlung zu jedem Zeitpunkt exakt bestimmbar ist und die Ermittlung von erforderlichen Stimmenmehrheiten problemlos erfolgen kann.[354]

5. Zwischenergebnis:

Nach den Änderungen des NaStraG ist es heute möglich, moderne Technologie im Anfangsstadium der Hauptversammlung zum Einsatz zu bringen. So kann die Erstellung des Teilnehmerverzeichnisses heute elektronisch vorgenommen werden. Dies ist sogar durch den jeweiligen Teilnehmer selbst möglich. Der zur Teilnahme an der Hauptversammlung berechtigte Aktionär oder sein Vertreter kann sich hierbei anhand der ihm zugewiesenen Aktionärsnummer oder anderer Legitimationssysteme an Terminals, die direkt am Eingang zur Hauptversammlung aufgestellt sind, den Zugang zu der Versammlung verschaffen und sich bei Verlassen der Versammlung auf die gleiche elektronische Art abmelden. Dies gewährleistet eine allzeit korrekte Feststellung der Präsenz. An anderen Bild-

352 *Hüffer* § 129 Rn 9; *Zöllner* in Köln Komm § 129 Rn 17ff; vgl. *Semler* in Mü Hdb § 36 Rn 27

353 *Hüffer* § 129 Rn 9

354 *Zuther* in Semler/Volhard Arbeitshandbuch Rn I B 585ff mit Graphik/Screenshot

schirmen, die in den Räumlichkeiten der Hauptversammlung bereit gestellt werden, wird den Aktionären das Teilnehmerverzeichnis zur Einsichtnahme zugänglich gemacht. Für die Idee des virtuellen Besuchs einer Hauptversammlung über Internet kann in diesem Zusammenhang ebenso eine Zugangskontrolle mit Legitimationsprüfung anhand von PIN-Nummern oder elektronischer Signaturen in Betracht kommen. Das elektronisch geführte Teilnehmerverzeichnis kann hierbei auf eine nur den Aktionären zugängliche Internetseite zur Einsicht freigegeben werden.

II. Leitung der Hauptversammlung

1. Hauptversammlungsleiter

Außer bei einer Ein-Personen-AG, bei der die Bestellung eines Hauptversammlungsvorsitzenden entbehrlich ist,[355] benötigt die Hauptversammlung einer AG einen Versammlungsleiter.[356]

Das AktG enthält jedoch keine umfassenden Bestimmungen darüber, wer die Hauptversammlung leitet und über Art und Umfang der Aufgaben, die dem Vorsitzenden der Hauptversammlung zustehen. Außerdem regelt es auch nicht, wie ein Versammlungsleiter zu bestellen ist. Es gibt aber Bestimmungen, die zumindest seine Existenz gesetzlich anführen. So ist z.B. laut § 130 II AktG in der Niederschrift die Feststellung des Vorsitzenden über die Beschlussfassung anzugeben.[357]

Grundsätzlich kann jedermann, außer Mitgliedern des Vorstandes und der beurkundende Notar, zum Vorsitzenden einer Hauptversammlung bestellt werden[358], wobei regelmäßig in der Satzung oder der Geschäftsordnung Bestimmungen darüber getroffen werden, wer den Vorsitz in der Hauptversammlung zu führen hat. Oftmals wird die Funktion des Vorsitzenden der Hauptversammlung insbesondere bei größeren Publikumsgesellschaften dem Aufsichtsratsvorsitzenden zugewiesen.[359] Ist keine diesbezügliche Regelung getroffen worden oder tritt

355 *Semler* in Mü Hdb AktG § 36 Rn 37

356 Vgl. hierzu *Stützle/Walgenbach* ZGR 155 (1991), 516 (519)

357 Vgl. *Henn* Hdb Rn 799, 802; *Semler* in Mü Hdb AktG § 36 Rn 35; *von Hülsen* in Semler/Volhard Arbeitshandbuch Rn I D 1 ff; Hüffer § 129 Rn 18; *Eckardt* in Geßler/Hefermehl Vorb. § 118 Rn 33, 35

358 *Hüffer* § 129 Rn 18; *Eckardt* in Geßler/Hefermehl Vorb. § 118 Rn 34; *Zöllner* in Köln Komm § 119 Rn 47

359 *Hoffmann-Becking* in Becksches Formularbuch Form. X 11 § 20; *Henn* Hdb Rn 799; In Gesellschaften, bei denen der Stellvertreter des Aufsichtsratsvorsitzenden

die berufene Person das Amt nicht an, wird der Vorsitzende durch die Hauptversammlung kraft deren Kompetenz zur Regelung eigener Angelegenheiten selbst gewählt.[360]

Das AktG regelt auch die Abberufung eines Versammlungsleiters nicht, doch hat die Hauptversammlung das Recht, den von ihr selbst bestellten wie den satzungsmäßig berufenen Vorsitzenden jederzeit aus wichtigem Grund abzuwählen.[361]

2. Aufgaben und Befugnisse des Hauptversammlungsleiters

Aufgabe des Vorsitzenden der Hauptversammlung ist es, die Ordnungsmäßigkeit der Einberufung und deren Bekanntmachungen zu prüfen, die Hauptversammlung zu eröffnen und dafür zu sorgen, dass die Tagesordnungspunkte sachgerecht und ohne Rechtsverstöße in angemessener Zeit abgewickelt werden.[362]

a) Eröffnung der Hauptversammlung

Erst nachdem der Versammlungsleiter die Ordnungsmäßigkeit der Einberufung und die Einhaltung der gesetzlichen Einberufungsvorschriften geprüft und festgestellt hat, dass keine Mängel vorliegen, die eine Nichtigkeit der Beschlüsse nach sich ziehen, darf er die Hauptversammlung eröffnen.[363] Bei Mängeln, die lediglich eine Anfechtbarkeit der Beschlüsse begründen können, muss der Versammlungsleiter nach pflichtgemäßen Ermessen entscheiden, ob er das Anfechtungsrisiko eingehen will.[364]

---

nach § 27 MitbestG von der Arbeitnehmerseite zu stellen ist, sieht die Satzung üblicherweise vor, dass diese Person, die der Arbeitnehmerseite zuzurechnen ist, nicht den Vorsitz in der Versammlung der Anteilseigner haben kann. Vgl. hierzu *Semler* in Mü Hdb § 36 Rn 36; *von Hülsen* in Semler/Volhard Arbeitshandbuch Rn I D 4; *Hüffer* § 129 Rn 18

360 AG Frankfurt a.M. WM 1988, 304; *Hüffer* § 129 Rn 18; *Semler* in Mü Hdb AktG § 36 Rn 36; *von Hülsen* in Semler/Volhard Arbeitshandbuch Rn I D 5, I D 7ff

361 Eingehender *von Hülsen* in Semler/Volhard Arbeitshandbuch Rn I D 12ff; *Semler* Mü Hdb AktG § 36 Rn 38

362 *Henn* Hdb Rn 802f, 805; *Hüffer* § 129 Rn 19; *Semler* in Mü Hdb § 36 Rn 2, 39; hierzu näher *von Hülsen* in Semler/Volhard Arbeitshandbuch Rn I D 16ff, I D 80; *Stülzle/Walgenbach* ZGR 155 (1991), 516 (519)

363 Näher *von Hülsen* in Semler/Volhard Arbeitshandbuch Rn I D 22ff

364 *Semler* in Mü Hdb AktG § 36 Rn 39

b) Verfahrensleitung

Die Grundsätze der Verfahrensleitung ergeben sich aus dem Zweck der Hauptversammlung. Der Versammlungsleiter hat als Inhaber der Leitungsbefugnis auf eine sachgemäße, rechtmäßige und zweckmäßige Durchführung der Hauptversammlung hinzuwirken und muss so den Willen der Versammlung ergründen und die entsprechende Beschlüsse zur Tagesordnung herbeiführen.[365] Unter einer sachgerechten Abwicklung ist vor allem zu verstehen, dass alle Tagesordnungspunkte hinreichend ausführlich in einem geordneten und zügigen Verfahren erörtert werden, die relevanten Fragen ausreichend beantwortet werden und dass die Durchführung der Beschlussfassung und Wahlen nebst Feststellung und Verkündung der Ergebnisse korrekt verläuft.[366]

Auch ohne diesbezügliche ausdrückliche gesetzliche Normierung, stehen dem Versammlungsleiter nach allgemeiner Auffassung aus eigenem Recht alle Befugnisse zu, die er zur Durchführung seiner Aufgaben und zur Herbeiführung eines ordnungsgemäßen Ablaufs der Hauptversammlung benötigt. Diese Rechte lassen sich grob in Leitungsbefugnisse zur Erledigung der Tagesordnung und Ordnungsbefugnisse zur Abwehr von Störungen untergliedern.[367]

Als „Herr des Verfahrens“[368] eröffnet und schließt der Hauptversammlungsleiter die Aussprache zu den Tagesordnungspunkten, fordert zur Stimmabgabe auf, sorgt dafür, dass die Aktionäre die ihnen zustehenden Rechte wahrnehmen können und verkündet das Abstimmungsergebnis. Er ist nicht an die Reihenfolge der Tagesordnungspunkte, der Wortmeldungen und die Reihenfolge der Abstimmungen gebunden, sondern kann diese als Ausfluss seiner Verfahrensherrschaft nach pflichtgemäßem Ermessen unter Beachtung der Grundsätze der Verhandlungsökonomie und der Gleichbehandlung der Aktionäre (siehe Teil 2 A V.) ändern und so die Diskussion strukturieren und Abstimmungspunkte zusammenfassen.[369]

---

365 *Von Hülsen* in Semler/Vohard Arbeitshandbuch Rn I D 49; *Semler* in Mü Hdb AktG § 36 Rn 39; BGHZ 44, 245 (248)

366 *Henn* Hdb Rn 805; *von Hülsen* in Semler/Volhard Arbeitshandbuch Rn I D 52; *Max* AG 1991,77 (90)

367 BGHZ 44, 245, 248; *Schaaf* ZIP 1997, 1324 (1325); *Martens* WM 1981, 1010; näher LG Stuttgart AG 1994, 425; *Hüffer* § 129 Rn 19

368 *Martens* WM 1981, 1010 (1012)

369 *Martens* WM 1981, 1010 (1012, 1015); *Stützle/Walgenbach* ZGR 155 (1991), 516 (527f); *Max* AG 1991, 77 (85); näher *von Hülsen* in Semler/Volhard Arbeitshandbuch Rn I D 52, 59f, 64ff; *Volhard* in Semler/Volhard Arbeitshandbuch Rn I F 7ff; *Max* AG 1991, 77 (85); *Hüffer* § 129 Rn 9; *Henn* Hdb Rn 818; zur Abwicklung der Tagesordnung, deren Reihenfolge, Wortmeldungen, Wiederaufnahme erledigter Tagesordnungspunkte, der Behandlung nicht angekündigter Angelegenheiten, Ver-

Inhaltlich hat der Versammlungsleiter bei der Wahrnehmung seiner Aufgaben die Grundsätze der Erforderlichkeit, Verhältnismäßigkeit und Gleichbehandlung zu wahren.[370] Zu einer verhältnismäßigen Ausübung der Leitungs- und Ordnungsbefugnisse gehört es somit, dass der Versammlungsleiter in die Teilnahme- und Stimmrechte betreffender Aktionäre möglichst schonend eingreift.[371]

Der Gleichbehandlungsgrundsatz gebietet eine grundsätzlich gleiche Behandlung der Aktionäre, insbesondere hinsichtlich Worterteilung, Redezeit oder Ordnungsmaßnahmen (siehe Teil 2 A V.). Vor dem Hintergrund einer verhältnismäßigen Rechtsausübung ist es dem Versammlungsleiter aber auch gestattet, den Gleichbehandlungsgrundsatz teilweise einzuschränken und auf das Stimmrechtspotential eines vortragenden Aktionärs bzw. dessen Vertreters angemessen Rücksicht zu nehmen, so dass einem maßgeblich beteiligten Aktionär bei einer beschränkten Redezeit dennoch etwas mehr Zeit eingeräumt wird als einem Aktionär, der lediglich über eine „Zwergbeteiligung" verfügt.[372]

c) Leitung / Ordnung der Hauptversammlung im einzelnen

Vor allem bei größeren Gesellschaften ist für eine Hauptversammlung mit zahlreichen Wortmeldungen zu rechnen. Trotz der Verpflichtung des Vorsitzenden, allen Aktionären Gelegenheit zur Wortmeldung zu geben und den Minderheitsaktionären hinreichend Gelegenheit zur Äußerung einzuräumen, muss die Hauptversammlung nach h.M. dennoch an dem Tag abgewickelt werden, für den sie einberufen worden ist und darf nicht über Mitternacht hinaus in den nächsten Tag hinein fortgesetzt werden, außer wenn etwas anderes in der Einladung angekündigt wurde (Teil 2 C II. 5.a). Gerade aber Hauptversammlungen größerer Gesellschaften wurden in den letzten Jahren von einigen Aktionären zusehends als Bühne mit großer Publizität zur Meinungsäußerung über die verschiedensten politischen und sozialen Themen benutzt und mit uferlosen oder unsachlichen

---

tagung und Absetzung von Tagesordnungspunkten und zur Unterbrechung näher *Semler* in Mü Hdb AktG § 36 Rn 43ff, *Stützle/Walgenbach* ZHR 155 (1991) 516 (536ff)

370 *Von Hülsen* in Semler/Volhard Arbeitshandbuch Rn I D 57; vgl. BGHZ 44, 245 (251ff); *Hüffer* § 129 Rn 23; *Zöllner* in Köln Komm § 119Rn 91; *Henn* Hdb Rn 805

371 *Hüffer* § 129 Rn 23

372 *Martens* WM 1981, 1010 (1017); vgl. hierzu *Semler* in Mü Hdb AktG § 36 Rn 41f; *von Hülsen* in Semler/Volhard Arbeitshandbuch Rn I D 57; *Zöllner* in Köln Komm § 119 Rn 91; *Henn* Hdb Rn 805

Ausführungen („Filibustering“) und Störungen belastet. Solchen Ausuferungen muss der Versammlungsleiter begegnen.[373] Um der Vorgabe gerecht zu werden, die Hauptversammlung zügig und dennoch sach- und rechtsgemäß in angemessener Zeit durchzuführen, stehen dem Versammlungsleiter daher verschiedene Maßnahmen zur Verfügung.

Darüber hinaus hat der Versammlungsleiter kraft seiner Ordnungsbefugnis, die sich aus der gesetzlichen Aufgabe ergibt, die Hauptversammlung ordentlich abzuwickeln, jede Störung zu unterbinden, die diesen ordnungsgemäßen Ablauf der Hauptversammlung beeinträchtigt.[374]

aa) Maßnahmen zur Leitung und Straffung der Hauptversammlung

aaa) Allgemeine Redezeitbeschränkung

Der Hauptversammlung steht das Recht auf eine hinreichende Erörterung der Beschlussgegenstände durch die Aktionäre zu. Daher ist eine Beschränkung der Redezeit an sich nicht gestattet, es sei denn bestimmte Umstände machen dies unumgänglich.[375]

Um eine zügige Erledigung aller Tagesordnungspunkte in einer angemessenen Zeit zu gewährleisten und das Rederecht aller Aktionäre nicht auszuhöhlen, kann der Versammlungsleiter vor Beginn der Aussprache ganz allgemein alle Teilnehmer darauf hinweisen, sich in ihren Wortbeiträgen kurz zu fassen und sich nur zu den Tagesordnungspunkten zu äußern. Eine generelle Redezeitbeschränkung zu Beginn der Versammlung kann er allerdings nur dann aussprechen, wenn bereits an den vorliegenden Wortmeldungen zu erkennen ist, dass die rechtlich zulässige Zeitdauer der Hauptversammlung von einem Tag überschritten wird, wobei auch immer eine gewisse Zeit für weitere Fragen und deren Beantwortung eingerechnet werden muss. Der Versammlungsleiter kann selbst während der Aussprache noch die allgemeine Redezeit für alle Sprecher in einer angemessenen und nicht zu knapp gehaltenen Weise beschränken, vor allem dann, wenn nach längerer Verhandlungsdauer die Anzahl der noch anstehenden Wortmeldungen eine zeitgerechte Abwicklung der Tagesordnung ernsthaft ge-

---

373 *Schaaf* ZIP 1997, 1324 (1325); *Semler* in Mü Hdb AktG § 36 Rn 39; ausführlich *Trouet*, NJW 1986, 1302ff; *Quack* in FS Brandner 1996 S. 113 (119); LG Frankfurt ZIP 1984, 321

374 *Martens* WM 1981, 1010; BGHZ 44, 245 (250f)

375 *Siepelt* AG 1995, 254 (256); *Hüffer* § 129 Rn 20; zu ihrer verfassungsrechtlichen Zulässigkeit BVerfG NJW 2000, 349 (351); *Henn* Hdb Rn 812

fährdet.[376] Aber auch nach einer Redezeitbeschränkung muss eine sachgemäße und erschöpfende Diskussion der Tagesordnungsgegenstände durch jeden interessierten Aktionär gewährleistet sein.[377] Für den Umfang einer Redezeitbeschränkung kommt es entschieden auf die Umstände des Einzelfalles an. In der Literatur werden hier auch verschiedene Grenzwerte genannt. Als unterste Grenze wird jedoch eine Beschränkung auf 5 Minuten angesehen.[378]

Redner, die von einer nachträglichen allgemeinen Redezeitbeschränkung betroffen sind, können keine Ansprüche aus dem Gleichbehandlungsgrundsatz geltend machen und auf Redner verweisen, die von dieser Beschränkung nicht erfasst wurden, da es für ein Befolgen des Gleichbehandlungsgrundsatzes nur beachtlich ist, dass ab dem Zeitpunkt der Beschränkung alle Redner gleich behandelt werden.[379]

Diese allgemeine Redezeitbegrenzung betrifft jedoch nicht das Fragerecht des Teilnehmers, so dass die beschränkte Redezeit eines Aktionärs nicht auf die für Fragen benötigte Zeit angerechnet werden darf.[380]

bbb) Schluss der Rednerliste

Um eine allzu ausufernde Diskussion zu vermeiden, die den Rahmen der Hauptversammlung zu sprengen droht, kann der Versammlungsleiter weiterhin den Schluss der Rednerliste anordnen. Es wird dann zu einem bestimmten Tagesordnungspunkt nur noch den bereits angemeldeten Rednern das Wort erteilt, weitere Wortmeldungen werden nicht mehr zugelassen.[381] Diese Maßnahmen kann der Versammlungsleiter auch dann treffen, wenn die Behandlung eines Tagesordnungspunktes argumentativ erschöpft ist und die noch auftretenden Redner sich

---

376 LG Stuttgart WM 1994, 1754; *Siepelt* AG 1995, 254 (256f); hierzu auch *Bärwaldt* in Semler/Volhard Arbeitshandbuch Rn I C 37; *Hüffer* § 129 Rn 20; *Quack* AG 1985, 145f

377 *Henn* Hdb Rn 812

378 *Von Hülsen* in Semler/Volhard Arbeitshandbuch Rn I D 103; *Max* AG 1991,77 (90); *Siepelt* AG 1995, 254 (257); vgl. *Henn* Hdb Rn 812; differenzierender *Hüffer* § 129 Rn 20

379 *Von Hülsen* in Semler/Volhard Arbeitshandbuch Rn I D 104f; vgl. hierzu OLG Stuttgart DB 1995, 568

380 BGHZ 44, 245 (252); OLG Stuttgart DB 1995, 568

381 *Max* AG 1991,77 (92); *Schaaf* ZIP 1997, 1324 (1327); *Siepelt* AG 1995, 254 (260); *Semler* in Mü Hdb § 36 Rn 48; *von Hülsen* in Semler/Volhard Arbeitshandbuch Rn I D 109; *Hüffer* § 129 Rn 21

in Wiederholungen ergehen.[382] Das Fragerecht der anderen Aktionäre wird aber auch hierdurch nicht betroffen.[383]

ccc) Schluss der Debatte

Ferner hat der Versammlungsleiter das Recht, als letztes Mittel den Schluss der Debatte anzuordnen und dadurch das Wort auch solchen Rednern nicht mehr zu erteilen, die sich bereits zu Wort gemeldet haben, doch scheint es empfehlenswert, den bevorstehenden Schluss mehrfach anzukündigen und sich vor solch einer Maßnahme, die die Rechte der Aktionäre doch stark beschneidet, der Zustimmung der Hauptversammlung zu versichern.[384]

bb) Ordnungsmaßnahmen gegen einzelne Teilnehmer

Jeder Teilnehmer einer Hauptversammlung ist verpflichtet, sich so zu verhalten, dass ein ungestörter Verlauf der Hauptversammlung möglich ist.[385] Dennoch kommen immer wieder Störungen unterschiedlicher Art auf Hauptversammlungen vor, denen der Versammlungsleiter aufgrund seiner Ordnungsbefugnis entgegentreten kann.

Diese Ordnungsbefugnis verleiht ihm das Recht, einzelne Störer abzumahnen, ihnen das Wort zu entziehen, sie des Saales zu verweisen bzw. gar entfernen zu lassen. Aber auch diese Ordnungsmaßnahmen müssen den Grundsätzen der Gleichbehandlung der Aktionäre und der Verhältnismäßigkeit genügen.[386]

Trotzdem sind die gesetzlichen Regelungen über das Auskunftsrecht zwingend, so dass weder durch die Satzung noch durch den Versammlungsleiter in dieses Recht eingegriffen werden darf. Daher hat ein genereller oder selbst der individuelle Eingriff in das Rederecht des Aktionärs durch den Versammlungsleiter in der Regel keine Auswirkung auf dessen Auskunftsrecht.[387]

---

382 *Von Hülsen* in Semler/Volhard Arbeitshandbuch I D 107ff mit Wortbeispiel

383 *Von Hülsen* in Semler/Volhard Arbeitshandbuch I D 109

384 *Max* AG 1991,77 (92); *Hüffer* § 129 Rn 21; *Schaaf* ZIP 1997, 1324 (1327); *Siepelt* AG 1995, 254 (260); *von Hülsen* in Semler/Volhard in Arbeitshandbuch Rn I D 113 ff mit Formulierungsbeispielen; kritisch *Quack* AG 1985, 145, 149

385 BGHZ 44, 245 (253)

386 *Max* AG 1991,77 (92f); *von Hülsen* in Semler/Volhard Arbeitshandbuch Rn I D 126ff; *Schaaf* ZIP 1997, 1324 (1327); *Martens* WM 1981, 1010 (1011); LG Stuttgart AG 1994, 425ff; *Siepelt* AG 1995, 254 (258)

387 Anders hingegen, wenn der Redner sich beleidigend gegenüber anderen Versammlungsteilnehmern geäußert hat vgl. *von Hülsen* in Semler/Volhard Arbeitshandbuch Rn I D 91, I D 106

aaa) Abmahnung

Bevor der Hauptversammlungsleiter einen einzelnen Aktionär mit schärferen Ordnungsmaßnahmen belangt, muss er ihm mindestens einmal mit dem mildesten Mittel, der Abmahnung, begegnen. Dabei muss der Versammlungsleiter den Grund für die Abmahnung mitteilen und erklären, dass sie zum Schutz der anderen Teilnehmer erfolgt.[388] Auf diese Weise wird der jeweilige Redner mit Nachdruck zu einem gerafften und sachbezogenen Vortrag aufgefordert. Dies kann auch dann geschehen, wenn keine generelle Begrenzung der Redezeit besteht.[389]

bbb) Individuelle Redezeitbeschränkung

Um Störungen des ordnungsgemäßen Ablaufes der Hauptversammlung zu begegnen, die nicht anders zu beheben sind, kann der Versammlungsleiter eine individuelle Redezeitbeschränkung gegenüber einem einzelnen Teilnehmer verhängen. Dies kann je nach dem Verhalten des betreffenden Aktionärs im Interesse der anderen Teilnehmer sogar nicht nur lediglich zulässig, sondern geradezu erforderlich sein, wenn er beleidigend oder unsachlich wird oder sich in langatmigen und wiederholenden Ausführungen verliert und so den ordnungsgemäßen Ablauf der Hauptversammlung zu sprengen droht.[390]

ccc) Wortentzug

Wenn ein Redner nicht vorangegangene allgemeine oder ihm eigens gegenüber verfügte Redezeitbegrenzungen einhält, seine Ausführungen offensichtlich falsche oder irreführende Angaben enthalten bzw. nicht im Zusammenhang mit der Tagesordnung stehen, er sich bewusst in ausufernden Reden verliert oder gar beleidigende Äußerungen tätigt, kann ihm der Versammlungsleiter das Wort ganz entziehen.[391] Um einem Redner das Wort entziehen zu können, muss dieser allerdings vorher auch tatsächlich von seinem Rederecht Gebrauch gemacht ha-

---

388 *Max* AG 1991, 77 (93); *Hüffer* § 129 Rn 23; *von Hülsen* in Semler/Volhard Arbeitshandbuch Rn I D 90; *Schaaf* ZIP 1997, 1324 (1327); LG Frankfurt ZIP 1984, 321, 324f

389 Vgl. *Quack* AG 1985, 145 (147f); *Semler* in Mü Hdb AktG § 36 Rn 49

390 BGHZ 44, 245 (252ff); eingehender *von Hülsen* in Semler/Volhard Arbeitshandbuch Rn I D 86ff; *Quack* AG 1985, 145 (147); *Schaaf* ZIP 1997, 1324 (1327); *Stützle/Walgenbach* ZGR 155 (1991), 516 (541f)

391 LG Frankfurt ZIP 1984, 321 (324); *Henn* Hdb Rn 813; *von Hülsen* in Semler/Volhard Arbeitshandbuch Rn I D 89; *Schaaf* ZIP 1997, 1324 (1328); *Siepelt* AG 1995, 254 (289); *Stülzle/Walgenbach* ZGR 1991 (155), 516 (541f)

ben. Ein Wortentzug kann nicht etwa im Sinne eines Nichterteilen des Wortes verstanden werden und damit begründet werden, dass ein Redner schon mehrmals gesprochen habe oder von ihm keine sachlichen Darlegungen zu erwarten seien.[392]

ddd) Saalverweis

Wenn alle anderen Ordnungsmittel versagt haben, kann der Versammlungsleiter als schärfstes Ordnungsmittel („ultima ratio") gegenüber einem einzelnen Aktionär dessen Verweisung aus dem Saal anordnen und diese notfalls auch zwangsweise durch Saalordner oder die Polizei durchsetzen. Der Saalverweis kann befristet oder auch unbefristet ausgesprochen werden und hat seinen Rechtsgrund in der allgemeinen Ordnungsgewalt des Vorsitzenden und nicht im Notwehrrecht,[393] so dass zu seiner Rechtmäßigkeit auch nicht die tatbestandsmäßigen Voraussetzungen für die Ausübung eines Notwehrrechtes vorliegen müssen, sondern der Saalverweis immer dann ausgesprochen werden darf, wenn eine geordnete Durchführung der Hauptversammlung ansonsten unmöglich wäre. Da das Stimmrecht allerdings von dieser Ordnungsmaßnahme nicht eingeschlossen ist, kann der Betroffene über einen Vertreter weiterhin von seinem Stimmrecht Gebrauch machen.[394]

3. Aufnahmen in Bild und Ton

Gerade im Hinblick auf eine internetgestützte Hauptversammlung, die die Wortbeiträge der Teilnehmer in Ton und Bild aufnimmt und sendet, ist natürlich auch der Frage nachzugehen, inwieweit solche Aufnahmen an sich zulässig sind.

Mit Art. 1 Nr. 11b TransPuG hat der Gesetzgeber eine Änderung des § 118 AktG beschlossen und mit Inkrafttreten am 01.01.2003 einen neuen Absatz 3 hinzugefügt. Hiernach kann die Satzung oder die Geschäftsordnung nach § 129 I AktG bestimmen, dass die Hauptversammlung in Ton und Bild übertragen werden darf.[395]

---

392 *Henn* Hdb Rn 813

393 BGHZ 44, 245 (251)

394 *Von Hülsen* in Semler/Volhard Arbeitshandbuch Rn I D 134ff; *Bärwaldt* in Semler/Volhard Arbeitshandbuch Rn I C 35f; *Schaaf* ZIP 1997, 1324 (1328); *Siepelt* AG 1995, 254 (259f); *Stützle/Walgenbach* ZHR 155 (1991), 516 (541f); zu den Grenzen *Henn* Hdb Rn 815

395 BGBL 2002 I S. 2681 (2682); vgl. hierzu auch *Noack* DB 2002, 620 (623f); Begründung RegE-TransPuG http://www.bmj.bund.de/images/11313.pdf S. 45ff

Es stellt sich bei Ton- oder Bildaufnahmen von Hauptversammlungen einer Aktiengesellschaft nämlich immer das grundsätzliche Problem, dass diese Zusammenkünfte keine öffentliche Veranstaltungen, sondern interne Veranstaltungen privater Organisationen sind, zu denen nur Berechtigte Zutritt haben, selbst dann, wenn die Hauptversammlungen vor allem größerer Publikumsgesellschaften infolge der Berichterstattung durch eingeladene Pressevertreter praktisch fast zu öffentlichen Veranstaltungen werden. Es gibt keine Öffentlichkeit der Hauptversammlung und daher ist die öffentliche Übertragung einer Hauptversammlung als einer privaten Veranstaltung sowie das Erstellen von Ton- und Fernsehaufnahmen auch grundsätzlich nicht zulässig.[396] In den letzten Jahren ist es allerdings schon zur gängigen Praxis geworden, in Firmen-TV, Spartenkanälen oder im Internet zumindest die Reden des Vorstandes zu übertragen. Hier sind der Gesellschaft nun mit der ausdrücklichen Regelung des neuen § 118 III AktG verschiedene Möglichkeiten an die Hand gegeben. Es bleibt der AG selbst die Entscheidung über die Form und den Grad der Öffentlichkeit überlassen.[397] Der neue § 118 III AktG bietet ihr die Möglichkeit, die vollständige Versammlung zu übertragen.

Durch diese Neuregelung wird nunmehr auch ein langjähriger Streit über die Beachtung des Persönlichkeitsrechtes bei der Aufzeichnung und Übertragung von Wortbeiträgen in Reden und Aussprachen beendet.

Unstrittig war hierbei jedenfalls, dass die einzelnen Teilnehmer der Hauptversammlung ohne weiteres keine heimlichen Aufzeichnungen und Mitschnitte der Hauptversammlung vornehmen durften. Zu solchen Aufnahmen war eine ausdrückliche Zustimmung erforderlich, wobei hierfür mehrheitlich die Zustimmung der anderen Verhandlungsteilnehmer gefordert wurde,[398] anderen Stimmen zufolge hingegen eine Zustimmung des Versammlungsleiters ausreichte.[399]

---

396 *Riegger* ZHR 165 (2001) 204 (210); *Hüffer* § 118 Rn 16; *Eckardt* in Geßler/Hefermehl § 118 Rn 42; *Noack* in Noack/Spindler Unternehmensrecht S. 15; *Bärwaldt* in Semler/Volhard Arbeitshandbuch Rn I C 1; hierzu auch *Däubler-Gmelin* in http://www.humboldt-forum-recht.de/1-2000 S. 3-1; differenzierend: *Riegger/Mutter* ZIP 1998, 637 (638)

397 Begründung RegE-TransPuG http://www.bmj.bund.de/images/11313.pdf S. 45f; *Noack* DB 2002, 620 (623); hierzu und zur Beachtung der Information von Börse und Börsenaufsichtsamt, wenn in Vorstandsreden kursrelevante Tatsachen mitgeteilt werden vgl. *Noack* in Noack/Spindler Unternehmensrecht S. 15f; *Schneider/Singhof* FS Kraft 1998 S. 585

398 Vgl. *Henn* Hdb Rn 810; *Zöllner* in Köln Komm § 119 Rn 81; *Obermüller/Werner/Winden* S. 155f

399 *Barz* in Großkomm § 119 Anm. 28; *Max* AG 1991, 77 (81) der beide Zustimmungen für erforderlich hält, ebenso *Semler* in Mü Hdb AktG § 36 Rn 50 und der BGH in BGHZ 127, 107 (116); vgl. *Habersack* ZHR 165 (2001), 172 (184)

In diesem Zusammenhang wurde ein solches Zustimmungserfordernis gerade in Bezug auf internetunterstützte Hauptversammlungen allerdings auch als bedenklich angesehen, da hierdurch eine Liveübertragung ohne Beschränkung des Teilnehmerkreises von vornherein unmöglich und bei eingeschränktem Teilnehmerkreis die Übertragung zumindest erschwert sei. Jeder über das Internet zugeschaltete Teilnehmer könne nämlich ohne weiteres Wortbeiträge auch ohne die Zustimmung der jeweiligen Beteiligten aufzeichnen. Bei einer entsprechenden Aufklärung des einzelnen Aktionärs, die ihm die Gefahr verdeutlicht, dass sein Beitrag von einem Dritten aufgenommen werden kann, hätte sich der Aktionär aber hierauf einstellen können, so dass die Übertragung wieder zulässig gewesen wäre.[400]

Im Gegensatz zu diesen heimlichen Aufnahmen durch Dritte wurden vor dem Hintergrund einer einschlägigen Entscheidung des BGH[401] offene Tonbandaufnahmen von Hauptversammlungen zumindest größerer Gesellschaften, die durch die Gesellschaft selbst vorgenommen und vorher vom Versammlungsleiter angekündigt wurden, weitgehend für zulässig angesehen.[402] Auch wenn eine Bildaufnahme im Vergleich zu einer Tonaufnahme stärkere Einwirkung auf das Persönlichkeitsrecht des Betroffenen ausübt, wurden die von Rechtsprechung und Literatur herausgearbeiteten Grundsätze zur Behandlung von Tonbandaufnahmen einer Hauptversammlung auch auf Film- und Fernsehaufnahmen und auch auf eine Übertragung im Internet, die in ihrer tatsächlichen Wirkung von einer herkömmlichen Rundfunkübertragung nicht zu unterscheiden ist, als übertragbar angesehen.[403]

Kontrovers wurde jedoch die Frage eines Widerspruchsrechtes der einzelnen Redner diskutiert. Die h.M. räumte hierbei zur Vermeidung eines unzulässigen Eingriffs in das Persönlichkeitsrecht[404] dem einzelnen Redner das Recht ein, der Aufnahme und auch der Übertragung seines Wortbeitrages widersprechen zu können.[405] Der Versammlungsleiter wurde als verpflichtet angesehen, die Aktionäre auch auf dieses Widerspruchsrecht hinzuweisen.[406]

---

400 *Spindler* ZGR 2000, 420 (434f)

401 BGHZ 127, 107ff „BMW“

402 Zu dem Streit, ob hierbei eine vorherige Ankündigung durch den Versammlungsleiter genügt (so die wohl h.M.) oder ob dem ein Beschluss der Hauptversammlung vorausgehen muss vgl. *Max* AG 1991, 77 (82), *Henn* Hdb Rn 810

403 Vgl. zum Ganzen *Henn* Hdb Rn 810; *Semler* in Mü Hdb AktG § 36 Rn 50; *Volhard* in Semler/Volhard Arbeitshandbuch Rn I H 93; *Riegger/Mutter* ZIP 1998, 637

404 Der BGH betont, dass das Grundrecht des Allgemeinen Persönlichkeitsrechtes hier auch von Privaten zu achten sei BGHZ 27, 284 (285)

405 BGHZ 127, 107 (109) „BMW“; *Semler* in Mü Hdb AktG § 36 Rn 50; *Than* in FS Peltzer 2001 S. 577 (588); *Rodewig/Schlitt* in Semler/Volhard Arbeitshandbuch Rn I E 100; *Max* AG 1991, 77 (81f); *Volhard* in Semler/Volhard Arbeitshandbuch Rn I

Trotz seines Widerspruchsrechts sollte es der Aktionär aber nach *Noack* und *Volhard* erdulden müssen, dass sein Bild und seine Stimme für den Moment elektronisch z.B. auf Bildschirme oder Großbildleinwände in Nebenräume, die zur Präsenzzone der Hauptversammlung gehören übertragen werden damit alle Aktionäre der Debatte auch folgen können und den Aufruf des Versammlungsleiters zur Abstimmung, die nur im Versammlungsraum stattfindet, auch vernehmen können.[407]

So wurde für die Existenz eines solchen Widerspruchsrechtes allgemein der Kreis der zugeschalteten Übertragungsempfänger als ein entscheidendes Kriterium angesehen. Bei einer Beschränkung des Zugangs zu einer Internet-Übertragung ausschließlich auf Aktionäre der Gesellschaft und deren Stellvertreter sei die Nichtöffentlichkeit der Hauptversammlung gewahrt und ein Widerspruchsrecht nach wohl h.M. dann nicht erforderlich, wenn auch ein heimlicher Mitschnitt des Redebeitrages durch andere Aktionäre ausgeschlossen ist.[408] Der Aktionär, der Kenntnis von der Aufnahme und Übertragung seiner Äußerung hatte, wusste, was er tat und musste sich eben darauf einrichten.[409] Sollte hingegen die Möglichkeit eines heimlichen Mitschnitts bestehen oder die Hauptversammlung auch für Nichtaktionäre geöffnet werden, wurde dem Redner vor dem Hintergrund der angesprochenen BGH-Entscheidung ein solches Widerspruchsrecht wiederum zugestanden.[410] *Spindler* sah es hingegen als fraglich an, dass das Widerspruchsrecht entfallen soll, wenn die Hauptversammlung lediglich den eigenen Aktionären in einer Internet-Übertragung zugänglich gemacht wird. Das Widerspruchsrecht verfolge den Zweck, heimliche oder unkontrollierbare Aufzeichnungen zu verhindern. Dabei sei es belanglos, ob der Teilnehmerkreis ge-

---

H 91; *Däubler-Gmelin* in http://www.humboldt-forum-recht.de/1-2000 S. 3-1; *Claussen* AG 2001, 161 (168); *Spindler* ZGR 2000, 420 (434); *Habersack* ZHR 165 (2001), 172 (184); *Henn* Hdb Rn 810; zu dem Widerspruchsrecht aufgrund Persönlichkeitsrecht und zu einem aktienrechtlichen Widerspruchsrecht *Marsch-Barner* in Noack/Spindler Unternehmensrecht S. 59f; a.A.: *Hasselbach/Schumacher* ZGR 2000, 258 (263) und *Zöllner* Köln Komm bei entsprechendem Hinweis des Versammlungsleiters auf die Aufnahme

406 *Than* in FS Peltzer 2001 S. 577 (588f); *Rodewig/Schlitt* in Semler/Volhard Arbeitshandbuch Rn I E 101; *Claussen* AG 2001, 161 (168); *Noack* BB 1998, 2533 (2534); *Marsch-Barner* in Noack/Spindler Unternehmensrecht S. 59

407 *Noack* BB 1998, 2533 (2534); *Volhard* in Semler/Volhard Arbeitshandbuch Rn I H 94

408 *Habersack* ZHR 165 (2001), 172 (184); *Spindler* ZGR 2000, 420 (434); *Hasselbach/Schumacher* ZGR 2000, 258, 263f; *Than* in FS Peltzer 2001 S. 577 (594f)

409 *Noack* in Noack/Spindler Unternehmensrecht S. 17f

410 *Habersack* ZHR 165 (2001), 172 (184); BGHZ 127, 107 (109); *Than* in FS Peltzer 2001 S. 577 (594); *Max* AG 1991, 77 (81); vgl. hierzu auch *Riegger* ZHR 165 (2001) 204 (210f)

schlossen oder offen ist, denn auch bei einer Internet-Übertragung, zu der ausschließlich Aktionäre Zugang haben, bestünde für den Redner keine Kontrollmöglichkeit darüber, wer seine Wortbeiträge aufzeichnet.[411]

Darüber hinaus maß man bei einer Interessenabwägung dem Interesse der Gesellschaft an der Information der Öffentlichkeit bzw. der Information der zugeschalteten Aktionäre sowie dem Informationsinteresse der Öffentlichkeit einen Vorrang gegenüber dem Schutz der Privatsphäre von Aktionären auf Hauptversammlungen bei.[412]

Der Gesetzgeber setzt diesem Streit nun mit dem neuen § 118 III AktG aber ein Ende. Die ausdrückliche Regelung der Zulässigkeit einer Internetübertragung wurde auch getroffen, um die Frage über das Widerspruchsrecht der Aktionäre zu entscheiden. In der Begründung des Regierungsentwurfes wird darauf abgestellt, dass für den Fall, dass ein Redner von seinem Widerspruchsrecht Gebrauch macht und somit eine Aufzeichnung und Übertragung seines Redebeitrages an zugeschaltete Aktionäre unterbleibt, die Gefahr bestünde, dass bei der nachfolgenden Abstimmung zugeschaltete Aktionäre nicht über denselben Informationsstand verfügen, wie die in der Präsenzversammlung physisch anwesenden Aktionäre. Darüber hinaus bestünde die Gefahr, dass zugeschaltete Aktionäre bei zu großen Unterbrechungen der Übertragung nicht länger vor einem leeren Bildschirm warten wollten und so die Übertragung verlassen würden.[413] Regelt die Gesellschaft demnach gem. dem neuen § 118 III AktG in ihrer Satzung die Übertragung der Hauptversammlung in Bild und Ton, so entfällt das Widerspruchsrecht. Aktionäre, die dennoch nicht wollen, dass ihr Beitrag aufgenommen und übertragen wird, können allerdings einen Vertreter beauftragen, für sie zu sprechen.[414]

In Anlehnung an die genannte BGH-Entscheidung steht jedem einzelnen an der Hauptversammlung teilnehmenden Aktionär zur Erleichterung einer angemessenen Geltendmachung seiner Aktionärsrechte aus der Treuepflicht der Aktiengesellschaft gegen Erstattung der Selbstkosten ein Anspruch gegen die Gesellschaft auf Erteilung eines Auszuges aus dem Hauptversammlungsprotokoll bzw. einer Kopie der Aufnahme bzgl. seiner eigenen Ausführungen, Fragen und der vom Vorstand hierzu erteilten Antworten und Stellungnahmen zu. Er hat jedoch keinen Anspruch auf die Aushändigung einer vollständigen Kopie der un-

411 Näher *Spindler* ZGR 2000, 420 (435)

412 *Spindler* ZGR 2000, 420 (435); vgl. *Noack* in Noack/Spindler Unternehmensrecht S. 17; *Semler* in Mü Hdb § 36 Rn 50; BGHZ 127, 107 (109) unter Berufung auf BGHZ 27, 284; vgl. hierzu *Zöllner* in Köln Komm § 119 Rn 80

413 Begründung RegE-TransPuG http://www.bmj.bund.de/images/11313.pdf S. 46; *Noack* DB 2002, 620 (623)

414 Begründung RegE-TransPuG http://www.bmj.bund.de/images/11313.pdf S. 46

gekürzten Aufnahme.[415] Umstritten ist allerdings, inwiefern solchen Aktionären ein Anspruch auf eine Kopie der Aufzeichnung zusteht, die lediglich Widerspruch zu Protokoll gegeben haben, aber keinen eigenen Redebeitrag geleistet haben.[416]

a) Zwischenergebnis zu 3.:

Grundsätzlich dürfen Mitschnitte der Hauptversammlung von den Gesellschaftern selbst nur dann vorgenommen werden, wenn eine Zustimmung des Versammlungsleiters bzw. der betroffenen Teilnehmer vorliegt. Bei über Internet ausgestrahlten Beiträgen ist eine Kontrolle über das Vorliegen einer solchen Zustimmung praktisch aber geradezu ausgeschlossen, da jeder zugeschaltete Dritte die Möglichkeit der Aufzeichnung hat. Nimmt die Gesellschaft die Aufnahmen der Hauptversammlung und der Redebeiträge selbst vor, waren die Versammlungsteilnehmer jedenfalls nach altem Recht zuvor von der Aufnahme und von einem individuellen Widerspruchsrecht in Kenntnis zu setzen. Findet eine Ausstrahlung der Beiträge über Internet statt, so empfiehlt es sich, den Teilnehmerkreis auf Aktionäre und deren Stellvertreter zu beschränken. Nach h.M. entfällt in solchen Fällen nämlich ein Widerspruchsrecht der einzelnen Redner. Mit dem durch das TransPuG neu gefassten § 118 III AktG wird eine Satzungsregelung nunmehr ausdrücklich für zulässig erachtet, die eine Übertragung der Hauptversammlung in Bild und Ton gestattet. Hiermit entfällt das vormals noch erforderliche individuelle Widerspruchsrecht des einzelnen Redners.

4. Durchführung der Niederschrift

Zur Dokumentation der Willensbildung und der ordnungsgemäßen Durchführung der Hauptversammlung ist im Interesse der Gesellschaft, ihrer Gläubiger und der Aktionäre[417] gem. § 130 I AktG jede Hauptversammlung, in der Be-

---

415 BGHZ 127, 107 (110ff; 118); *Semler* in Mü Hdb AktG § 36 Rn 50; *Rodewig/Schlitt* in Semler/Volhard Arbeitshandbuch Rn I E 101; eingehend *Max* AG 1991, 77 (83f); vgl. hierzu *Gehrlein* WM 1994, 2054; a.A.: *Hirte* EWiR 1995, 13 und *Zöllner* in Köln Komm § 119 Rn 63

416 Offen gelassen von BGHZ 127, 107ff; näher hierzu *Rodewig/Schlitt* in Semler/Volhard Arbeitshandbuch Rn I E 102 S. 365; vgl. hierzu auch *Max* AG 1991, 77 (84); *Leuering* ZIP 2000, 2053ff; *Gehrlein* WM 1994, 2054ff

417 Hierzu und zu einem öffentlichen Interesse *Eckardt* in Geßler/Hefermehl § 130 Rn 9; *Zöllner* Köln Komm § 130 Rn 2

schlüsse gefasst werden, durch eine über die Verhandlung aufgenommene Niederschrift zu protokollieren.[418]

Das bis zum 02.08.1994 existierende Erfordernis einer notariellen Aufnahme der Niederschrift besteht heute nur noch für an deutschen Börsen zum Handel zugelassene Gesellschaften[419] oder für Beschlüsse bei nichtbörsennotierten Gesellschaften, die nach dem Gesetz eine „Mehrheit von mindestens ¾ des bei der Abstimmung vertretenen Grundkapitals" bedürfen.[420] In allen anderen Fällen genügt hingegen das Erstellen privatschriftlicher Niederschriften mit Unterschrift des Aufsichtsratsvorsitzenden.[421]

Außer in den Fällen der Formerleichterungen des § 130 I 3 AktG kann die Niederschrift nur durch einen Notar aufgenommen werden bzw. bei im Ausland abgehaltenen Hauptversammlungen durch eine einem deutschen Notar gleichwertige ausländische Urkundsperson.[422] Der Notar ist allerdings nicht der Berater der Gesellschaft oder des Vorstandes und hat zur Erfüllung seiner Aufgaben lediglich eine Niederschrift über die Verhandlung der Hauptversammlung anzufertigen, nicht jedoch einen Sachverhalt aufzuklären oder den Willen der Teilnehmer zu erforschen und diese über die rechtliche Bedeutung ihres Auftretens zu belehren, wie es bei Beurkundung von Willenserklärungen zu erfolgen hat (vgl. § 17 BeurkG).[423] Nur der Versammlungsleiter ist für den ordnungsgemäßen Ablauf der Hauptversammlung verantwortlich. Dennoch muss der Notar als ein zur Unparteilichkeit verpflichteter Träger eines öffentlichen Amtes, der stets auch öffentliche Interessen wahrnimmt (§§ 1, 14 I BNotO),[424] auch auf einen gesetzmäßigen Ablauf der Hauptversammlung achten und so erwachsen ihm „gewisse Prüfungs-, Hinweis- und Einwirkungspflichten".[425]

---

418 *Henn* Hdb Rn 846; *Hüffer* § 130 Rn 2; zu den beurkundungsbedürftigen Beschlüssen im einzelnen *Volhard* in Semler/Volhard Arbeitshandbuch Rn I H 1ff; zu Sonderfällen wie der Hauptversammlung einer Ein-Personen-AG oder lediglich beschlusslosen Hauptversammlungen vgl. *Semler* in Mü Hdb § 40 Rn 10ff; *Fleischhauer* in Zetzsche S. 171

419 Amtlicher Handel § 36ff BörsG; geregelter Markt § 71 BörsG; Freiverkehr § 78 BörsG

420 Allgemeine Auffassung vgl. *Hüffer* § 130 Rn 14b

421 Näher *Volhard* in Semler/Volhard Arbeitshandbuch Rn I H 85ff; *Semler* in Mü Hdb AktG § 40 Rn 2; *Hüffer* § 130 Rn1

422 *Henn* Hdb Rn 769; *Semler* in Mü Hdb AktG § 40 Rn 5; *Hüffer* § 130 Rn 8; *Schervier* NJW 1992, 593; *Biehler* NJW 2000, 1243ff

423 *Huhn/von Schuckmann* § 37 Rn 12; *Henn* Hdb Rn 848, 854; *Semler* in Mü Hdb AktG § 40 Rn 6; *Eckardt* in Geßler/Hefermehl § 130 Rn 56

424 Vgl. hierzu *Frenz* in Eylmann/Vaasen § 1 BNotO Rn 18

425 Hierzu und zu der Frage, inwieweit ein Notar berechtigt oder gar verpflichtet ist, gefasste Beschlüsse wegen seiner Bedenken bzgl. ihrer formellen oder materiellen

a) Person des Notars – Ausschluss

Eine Beurkundung kann nicht einfach von jedem beliebigen Notar vorgenommen werden. Der Notar ist in der Ausübung seiner Tätigkeit an seinen Amtsbezirk gebunden und darf außerhalb dieses Bezirks Urkundstätigkeiten nur dann vornehmen, wenn Gefahr im Verzug ist oder die Aufsichtsbehörde es genehmigt hat (§ 11 BNotO).[426] Doch hat ein Verstoß gegen dieses Gebot keinen Einfluss auf die Wirksamkeit der Beurkundung. Ein deutscher Notar darf auch nicht im Ausland eine Urkundstätigkeit vornehmen. Urkunden, die er im Ausland errichtet, haben zwar privatrechtliche Wirksamkeit, doch sind sie nach allgemeiner Ansicht als notarielle Urkunden unwirksam.[427] Findet eine Übertragung der Hauptversammlung im Internet statt, so hat dies keine Auswirkung auf die Person des Notars. Die Versammlung zu beurkunden hat der Notar, der wie bisher aus seinem Amtsbezirk heraus zuständig ist.

Für eine komplett im Internet stattfindende Hauptversammlung kämen verschiedene Möglichkeiten in Frage. So könnte man den Ort, an dem der Server steht, als den entscheidenden Ort ansehen und den für diesen Amtsbezirk tätigen Notar als zuständig erklären. Andererseits könnte man aber auch den Ort, an dem der ausgewählte Notar selbst die Hauptversammlung verfolgt, als den entscheidenden Ort ansehen, an dem die Hauptversammlung abgehalten wird.

Bezüglich des Notars gibt es des weiteren noch Ausschlussgründe, die allerdings keinen Einfluss auf die Wirksamkeit einer dennoch vorgenommenen Protokollierung haben, sondern lediglich berufsrechtliche Folgen nach sich ziehen (§ 3 BeurkG).[428]

b) Inhalt der Niederschrift

Notarielle und privatschriftliche Niederschrift stimmen in ihren allgemeinen inhaltlichen Angaben größtenteils überein und müssen nach § 130 II AktG Ort und Tag der Verhandlung beinhalten, wobei die Angabe über Räumlichkeit und Uhr-

---

Rechtmäßigkeit nicht zu protokollieren *Volhard* in Semler/Volhard Arbeitshandbuch Rn I H 23ff, I H 28; Semler in Mü Hdb AktG § 40 Rn 6

426 *Frenz* in Eylmann/Vaasen BNotO § 11 Rn 3ff; näher *Volhard* in Semler/Volhard Arbeitshandbuch Rn I H 13f

427 *Huhn/von Schuckmann* § 2 Rn 31; vgl. *Volhard* in Semler/Volhard Arbeitshandbuch Rn I H 14; *Semler* in Mü Hdb AktG § 40 Rn 9

428 *Eylmann* in Eylmann/Vaasen BeurkG § 3 Rn 2; *Henn* Hdb Rn 851; *Volhard* in Semler/Volhard Arbeitshandbuch Rn I H 19; *Semler* in Mü Hdb AktG § 40 Rn 7f; *Hüffer* § 130 Rn 9

zeit zwar nicht vom Gesetz gefordert wird, dies aber dennoch üblicherweise praktiziert wird, um die Übereinstimmung der Abhaltung der Hauptversammlung mit der Einberufung festzuhalten. Des weiteren sind Art und Ergebnis der Abstimmung sowie die Feststellung über die Beschlussfassung und bei notarieller Niederschrift Name und Vorname des Notars festzuhalten. Ihr sind die nach § 130 III vorgeschriebenen Anlagen zuzufügen.[429]

Die Niederschrift ist als ein „Beschlussprotokoll" angelegt und ist nicht als ein „Wortprotokoll" oder eine genaue inhaltliche Zusammenfassung aller vorgetragenen Äußerungen zu verstehen. Sie muss daher zwingend alle von der Hauptversammlung gefassten Beschlüsse enthalten.[430] Der Antrag selbst, über den Beschluss gefasst worden ist, muss bei positiven Beschlüssen nicht in die Niederschrift aufgenommen werden. Bei negativen Beschlüssen ist dies aber doch erforderlich, um den Gegenstand der Abstimmung aus der Niederschrift heraus deutlich anzuzeigen.[431]

Die Niederschrift kann über den gesetzlich vorgeschrieben Mindestinhalt hinaus noch weitere fakultative Angaben enthalten. Der Notar bzw. der Protokollführer der privatschriftlichen Niederschrift kann hier nach pflichtgemäßem Ermessen alle weiteren Umstände festhalten, die er als bedeutend für die Beurteilung der Ordnungsmäßigkeit der Hauptversammlung erachtet.[432]

Gemäß § 130 III AktG n.F. ist das Teilnehmerverzeichnis aber nicht mehr der notariellen Niederschrift als Anlage hinzuzufügen. Daher muss in die notarielle Niederschrift die Präsenz aufgenommen werden, die zum Zeitpunkt der jeweiligen Abstimmungen vorlag, um das Abstimmungsergebnis insbesondere auch bei Anwendung des Subtraktionsverfahrens (siehe hierzu Teil 2 D III. 3. ff bbb bbbb) nachvollziehen zu können.[433]

---

429 *Huhn/von Schuckmann* § 37 Rn 8ff; näher *Volhard* in Semler/Volhard Arbeitshandbuch Rn I H 43ff, 63 ff; *Hüffer* § 130 Rn 24f; *Henn* Hdb Rn 852ff; *Eckhardt* in Geßler/Hefermehl § 130 Rn 24; *Zöllner* Köln Komm § 130 Rn 34; zu den einzelnen Inhaltspunkten *Semler* in Mü Hdb AktG § 36 Rn 11, 20, 50

430 *Hüffer* § 130 Rn 2; *Zöllner* in Köln Komm § 40 Rn 13; hierzu, zur Beurkundungspflicht bei fehlerhaften Beschlüssen und zu der Problematik, inwiefern ein Notar auch solche Beschlüsse zu beurkunden hat, die er für fehlerhaft hält vgl. *Semler* in Mü Hdb AktG § 49 Rn 13, 16

431 Näher *Semler* in Mü Hdb AktG § 40 Rn 15; vgl. hierzu *Zöllner* in Köln Komm § 130 Rn 38

432 *Henn* Hdb Rn 853; *Semler* Mü Hdb AktG § 40 Rn 23; *Hüffer* § 130 Rn 6; *Zöllner* Köln Komm § 130 Rn 45ff 49ff; eingehend *Volhard* in Semler/Volhard Arbeitshandbuch Rn I H 57

433 *Riegger* ZHR 165 (2001), 204 (216)

c) Verfahren

Beim Anfertigen der Niederschrift hat der Notar seine einschlägigen Wahrnehmungen zu beurkunden.[434] Es ist allerdings nicht zwingend erforderlich, die Niederschrift in der Hauptversammlung selbst fertig zu stellen, doch muss dies spätestens in direktem Anschluss daran erfolgen. Der Vorstand muss seiner Verpflichtung nach § 130 V AktG zur unverzüglichen Einreichung einer öffentlich beglaubigten Abschrift der Niederschrift und ihrer Anlagen bzw. bei nichtbörsennotierten Unternehmen der vom Aufsichtsrat unterzeichneten Abschrift des privatschriftlichen Protokolls beim Handelsregister nachkommen können.

Außer in den Fällen des § 130 I 3 AktG, der die Unterzeichnung durch den Vorsitzenden des Aufsichtsrates genügen lässt, muss die Niederschrift vom Notar unterzeichnet werden (§ 130 IV 1 AktG).[435]

aa) Tele-Hauptversammlung

Wird eine Hauptversammlung nun als eine Tele-Hauptversammlung abgehalten, so hat ein solches Vorgehen keine Auswirkungen auf die Niederschrift, deren Erstellung und Unterzeichnung. Gem. § 130 II AktG müssen in die Niederschrift zwar auch Angaben über die Art der Abstimmung aufgenommen werden, doch ist hierbei nur zu protokollieren, ob die Stimmabgabe durch den Aktionär selbst oder durch seinen ihn vertretenden und in der Hauptversammlung körperlich anwesenden Bevollmächtigten erfolgt, der auch im Rechtssinne Teilnehmer der Hauptversammlung ist.[436]

bb) Virtuelle Hauptversammlung

Das Erstellen der Niederschrift einer rein virtuellen Hauptversammlung ist ebenfalls problemlos möglich.[437] Der Notar beurkundet an dem Ort, an dem er die virtuelle Versammlung verfolgt, all die Wahrnehmungen, die er aus der virtuellen Versammlung gewinnt und verfasst hierzu ein Schriftstück in herkömmlicher Art und Weise, das er dann unterzeichnet. Alle erforderlichen Angaben können aber auch in einer virtuellen Niederschrift erfasst und protokolliert werden. Der zuständige Notar bzw. Aufsichtsratsvorsitzende kann die in der virtuellen

---

434 *Rowedder/Zimmermann* § 53 Rn 38; Ausführlicher hierzu mit einer Auflistung der Beurkundungsgegenstände vgl. *Baumbach/Hueck/Zöllner* § 53 Rn 38; vgl. auch *Lutter/Hommelhoff* § 53 Rn 16

435 Hierzu *Hüffer* § 130 Rn 26; vgl. *Huhn/von Schuckmann* § 37 Rn 11

436 *Riegger* ZHR 165 (2001), 204 (216)

437 A.A. *Sasse* S. 177f; vgl. hierzu *Fleischhauer* in Zetzsche S. 171ff, 174

Hauptversammlung eingeloggten Teilnehmer bzw. deren Vertreter in ihrer Anzahl und mit dem vertretenen Kapital festhalten und die Anträge mit den gefassten Beschlüsse in detaillierter Form protokollieren. Eine vollkommen elektronische Abhaltung gewährleistet hier eine schnelle Ermittlung der Teilnehmerzahl mit immer aktuellem Stand und trägt zu einer schnellen und korrekten Stimmauszählung bei, die direkt in die Niederschrift übernommen werden kann. Eventuelle Anhänge können im Dateiformat einer elektronischen Niederschrift beigefügt werden. Die handschriftliche Unterschrift des Notars bzw. Aufsichtsratsvorsitzenden kann gem. §§ 126 III, 126a BGB durch eine elektronische Signatur ersetzt werden.

5. Beendigung

Der Versammlungsleiter hat nach ordnungsgemäßer und erschöpfender Erledigung der Tagesordnungspunkte die Hauptversammlung zu schließen. Eine Wiedereröffnung der einmal geschlossenen Hauptversammlung ist nur unter engen Voraussetzungen möglich.[438]

6. Zusammenfassung zu II.:

Grundsätzlich kann jedermann, außer Mitgliedern des Vorstandes und beurkundende Notare, zum Vorsitzenden einer Hauptversammlung bestellt werden. Dessen Aufgabe ist es, die Ordnungsmäßigkeit der Einberufung und deren Bekanntmachungen zu prüfen, die Hauptversammlung zu eröffnen und dafür zu sorgen, dass die Tagesordnungspunkte sachgerecht und ohne Rechtsverstöße in angemessener Zeit abgewickelt werden. Hierbei übt er seine Leitungs- und Ordnungsbefugnisse aus. Ihm stehen insoweit alle Befugnisse zu, die er zur Durchführung seiner Aufgaben und so zur Herbeiführung eines ordnungsgemäßen Ablaufs der Hauptversammlung benötigt. Die Ausübung dieser Rechte ist ihm auch bei einer internetunterstützen oder gar rein virtuellen Hauptversammlung möglich. So kann er hier Redezeitbeschränkungen oder Ordnungsmaßnahmen gegen störende Teilnehmer mit einem einfachen Mausklick vollziehen. Hierbei hat er allerdings die Grundsätze der Verhältnismäßigkeit und Gleichbehandlung zu beachten.

Mit dem durch das TransPuG neu gefassten § 118 III AktG wird eine Satzungsregelung ausdrücklich für zulässig erachtet, die eine Übertragung der

---

438 Näher *von Hülsen* in Semler/Volhard Arbeitshandbuch Rn I D 266ff

Hauptversammlung in Bild und Ton gestattet. Hiermit entfällt auch das vormals noch erforderliche individuelle Widerspruchsrecht des einzelnen Redners.

Gem. § 130 I AktG ist jede Hauptversammlung, in der Beschlüsse gefasst werden, durch eine über die Verhandlung aufgenommene Niederschrift zu protokollieren. Außer in den Fällen der Formerleichterungen des § 130 I 3 AktG kann sie nur durch einen Notar aufgenommen werden. Beim Anfertigen der Niederschrift hat der Notar seine einschlägigen Wahrnehmungen zu beurkunden. Die Niederschrift ist jedoch als ein „Beschlussprotokoll" angelegt und ist nicht als ein „Wortprotokoll" oder eine genaue inhaltliche Zusammenfassung aller vorgetragenen Äußerungen zu verstehen. Soll eine Beurkundung bei einer internetunterstützen Hauptversammlung vorgenommen werden, hat der Notar zu protokollieren, ob eine Stimmabgabe durch einen Aktionär selbst oder durch seinen in der Hauptversammlung körperlich anwesenden Bevollmächtigten erfolgt. Auch hinsichtlich der Idee einer rein virtuellen Hauptversammlung ist eine Beurkundung möglich. Der Notar hat hierzu alle erforderlichen Angaben, die er aus der virtuellen Versammlung gewinnt, zu erfassen und zu beurkunden.

III. Einzelne Aktionärsrechte und ihre Ausübung

Im Weiteren sollen Rederecht, Auskunftsrecht und Stimmrecht Gegenstand der Untersuchung sein. Diese sind im Hinblick auf eine internetgestützte Durchführung der Hauptversammlung von Bedeutung.

1. Rederecht

Das Rederecht ist das Recht, sich zu den Tagesordnungspunkten und zur Geschäftsordnung zu äußern. Es rührt aus dem Teilnahmerecht und besteht losgelöst von Frage- und Stimmrecht, so dass auch Aktionäre es in der Hauptversammlung ausüben können, die nicht mitstimmen dürfen.[439]

Im Gegensatz zum Auskunfts- und Fragerecht müssen sich die Redebeiträge des Aktionärs nur im weiteren Sinne auf Angelegenheiten der Gesellschaft beziehen, aber nicht zwingend ausschließlich auf die Tagesordnung.[440] Das Rederecht des Aktionärs ist allerdings notwendigerweise derart beschränkt, dass der

439 Hierzu *Bärwaldt* in Semler/Volhard Arbeitshandbuch Rn I C 4, I C 9; *Siepelt* AG 1995, 254f; *Volhard* in Semler/Volhard Arbeitshandbuch Rn I F 1, I F 4; *Quack* AG 1985, 145

440 *Quack* in FS Brandner 113 (114f); vgl. *Volhard* in Semler/Volhard Arbeitshandbuch Rn I F 1ff

Aktionär hiervon wie auch von seinem Auskunftsrecht nur im Rahmen einer ordnungsgemäßen Abwicklung der Tagesordnung Gebrauch machen kann (siehe Teil 2 D II 2 c).

Über die Worterteilung und deren Reihenfolge entscheidet der Hauptversammlungsleiter, der insofern gerade nicht an die Reihenfolge der Wortmeldungen gebunden ist und eine Aussprache auch thematisch strukturieren und inhaltlich zusammengehörende Redebeiträge zu Blöcken zusammenlegen kann. Er bleibt aber auch hierbei der Unparteilichkeit verpflichtet und muss sich auch bei einer Worterteilung und deren Reihenfolge an den Gesichtspunkten des Gleichbehandlungsgrundsatzes und den Maßgaben sachdienlicher und verhandlungsökonomischer Gesichtspunkte orientieren, so dass bspw. unliebsame Redner nicht an den Schluss der Debatte verschoben werden dürfen oder so lange zurückgestellt werden dürfen bis eine berechtigte Redezeitbeschränkung angeordnet wurde (siehe Teil 2 D II 2 c).[441]

2. Information der Aktionäre / Auskunftsrechte

Zur sachgemäßen Ausübung seiner Aktionärsrechte steht es jedem Aktionär zu, Informationen über seine Gesellschaft zu beziehen. Solche Information werden ihm anhand des Jahresabschlusses, dem Lagebericht des Vorstands, dem Gewinnverwendungsvorschlag des Vorstandes und dem Bericht des Aufsichtsrates nach §§ 171, 175 II AktG vermittelt. Unabhängig von seiner Beteiligung an der Gesellschaft hat jeder Aktionär nach § 131 AktG dazu noch das Auskunftsrecht.[442]

a) Einsichtnahme in Unterlagen

Der Vorstand hat die vom Gesetz verlangten Berichte und Unterlagen über die Gegenstände der Tagesordnung gem. § 175 II 1 AktG in dem Geschäftsraum der Gesellschaft zur Einsicht der Aktionäre auszulegen und sie nach § 176 I 1 AktG der Hauptversammlung vorzulegen.[443]

Im Zuge der Corporate-Governance-Diskussion wird aktuell eine Verbesserung der gesellschaftsinternen Kommunikation zwischen Verwaltung und Aktio-

---

441 Näher *Volhard* in Semler/Volhard Arbeitshandbuch Rn I F 10

442 *Semler* in Mü Hdb AktG § 37 Rn 1; *Hüffer* § 131 Rn 3; BayObLG NJW, 1974, 2094; *Meilicke/Heidel* DStR 1992, 72 (73)

443 Vgl. hierzu *Zöllner* in Noack/Spindler Unternehmensrecht S. 88f

nären gefordert und hierzu auch eine Verbesserung des Informationsaustauschs außerhalb der Hauptversammlung einer Aktiengesellschaft angeregt. Den Aktionären könnten nämlich auch schon vor der eigentlichen Hauptversammlung die Unterlagen der Gesellschaft, wie Jahresabschlussbericht, der Lageberichte, Berichte des Aufsichtsrates und Gewinnverwendungsvorschläge, zur Information zugänglich gemacht werden. Hierzu bieten sich die neuen Medien geradezu an. Namentlich bekannten Aktionären können ohne großen Kostenaufwand per E-Mail im Sinne von „Rundschreiben“ oder „Aktionärsbriefen“ diese Berichte und neuste Informationen über ihre Gesellschaft zugesendet werden. Zu diesem Zweck können auch E-Mail-Listen oder Newsgroups erstellt werden, zu denen sich die interessierten Aktionäre anmelden können. Dadurch wird auch die Möglichkeit der direkten Kommunikation mit der Gesellschaft gefördert, da der Aktionär seine Fragen unmittelbar per E-Mail an die Gesellschaft richten kann und eine umgehende und kompetente Antwort bekommen kann. Eine solche E-Mail-Liste kann dann auch sogar in verschiedene Themen strukturiert und offengelegt werden, so dass es den Aktionären untereinander ermöglicht wird, via E-Mail über Angelegenheiten der Gesellschaft zu diskutieren. Dadurch kann der Gesellschaft das Interesse ihrer Aktionäre nähergebracht werden und den Aktionären wird es ermöglicht, Interessengruppen zu bilden.

Ergänzend oder alternativ hierzu kann die Gesellschaft die relevanten Informationen und auch die angesprochenen Berichte auf einer internen Homepage ihren Aktionären zur Einsicht anbieten. Zu dieser Homepage haben dann nur die Berechtigten erst nach einer entsprechenden Legitimierung über elektronische Signaturen oder Aktienkennnummern Zugang (hierzu Teil 1 C II 2 g bb; Teil 1 C II 2 h).[444] Auch hier kann dann dem Aktionärskreis ein Forum zur Diskussion über gesellschaftsrelevante Themen in Form von Chats oder Mailinglisten eröffnet werden.

Diese Einbeziehung technischer Möglichkeiten wird durch die durch das NaStraG herbeigeführten Änderungen im Bereich des mittlerweile elektronisch geführten Aktienregisters erleichtert, da Inhaber von Namensaktien einfach mit elektronische Medien erreichbar sind.[445] Ein solches freiwilliges, außerhalb der Hauptversammlung stehendes Auskunftsrecht kann durch die Satzung normiert werden.[446]

---

444 Ausführlich *Spindler* ZGR 2000 420ff (427f); vgl. zur Gesellschaftspublizität und -informationen hinsichtlich der ad-hoc Publizität *Wymeersch* in FS Marcus Lutter 2001, S. 213 (216ff)

445 Hierzu auch *Spindler* ZGR 2000 420 (423ff)

446 *Semler* in Mü Hdb AktG § 37 Rn 1; *Eckardt* in Geßler/Hefermehl § 131 Rn 15

b) Information in der Hauptversammlung/ Auskunftsrecht der Aktionäre

Ein weiterer und vielleicht auch der wichtigste Bestandteil des Rechts auf Informationsbeschaffung ist das jedem in der Hauptversammlung erschienenen oder vertretenen Aktionär nach § 131 AktG zustehende Individualrecht, in der Versammlung Auskünfte von der Gesellschaft verlangen zu können, selbst wenn er nur eine einzige Aktie hat. Dieses Auskunftsrecht ist kein Annex des Stimmrechtes, sondern gehört zusammen mit diesem zu den zentralen Mitverwaltungsrechten des Aktionärs in der Hauptversammlung.[447] Da das Auskunftsrecht auch nicht von dem Stimmrecht abhängig ist, sind auch Inhaber stimmrechtsloser Aktien und Aktionäre, die gem. § 136 AktG von der Stimmrechtsausübung ausgeschlossen sind, dann auskunftsberechtigt, wenn sie zur Teilnahme an der Hauptversammlung berechtigt sind. Im übrigen kann der Aktionär in der Hauptversammlung sein Auskunftsrecht entweder selbst oder auch durch seinen Vertreter wahrnehmen lassen, da es keinen höchstpersönlichen Rechtscharakter hat.[448] Aufgrund seines zwingenden Charakters kann das Auskunftsrecht weder durch die Hauptversammlung noch durch die Satzung eingeschränkt oder erweitert werden.[449]

Die dem Auskunftsrecht korrespondierende Auskunftspflicht obliegt der Gesellschaft, zu deren Erfüllung gem. § 131 I AktG der amtierende Vorstand als Gesamtorgan zuständig ist und die Auskunft durch die Vorstandsmitglieder gemeinschaftlich erteilt.[450] Diese sind nicht unbedingt zur persönlichen Beantwortung der gestellten Fragen verpflichtet, sondern können dies auch durch Mitarbeiter oder Sachverständige tun, wenn sie sich selbst wiederum deren Auskunft zu eigen machen und damit die Verantwortung für die Richtigkeit der Antwort übernehmen.[451]

---

447 *Volhard* in Semler/Volhard Arbeitshandbuch Rn I F 13; vgl. *Henn* BB 1982, 1185 (1188); *Martens* WM 1981, 1010 (1019ff); BayObLG NJW 1974, 2094; *Henn* Hdb Rn 871; *Meilicke/Heidel* DStR 1992, 72 (73)

448 *Semler* in Mü Hdb AktG § 37 Rn 2; *Volhard* in Semler/Volhard Arbeitshandbuch Rn I F 13; Hüffer § 131 Rn1, 4; *Meilicke/Heidel* DStR 1992,72 (73)

449 *Semler* in Mü Hdb AktG § 37 Rn 1,3; *Hüffer* §131 Rn 1f; *Zöllner* in Köln Komm § 131 Rn 5; vgl. *Eckardt* in Geßler/Hefermehl § 131 Rn 14ff, 18

450 *Rodewig/Schlitt* in Semler/Volhard Arbeitshandbuch Rn I E 73f; *Semler* in Mü Hdb AktG § 37 Rn 5f; *Than* in FS Peltzer 2001 S. 577 (583); *Hüffer* § 131 Rn 5; a.A.: *Meilicke/Heidel* DStR 1992, 72 (74) und *Henn* Hdb Rn 874: verpflichtet ist allein der Vorstand, auch wenn die Gesellschaft rechtlich Schuldnerin ist

451 *Rodewig/Schlitt* in Semler/Volhard Arbeitshandbuch Rn I E 84

aa) Gegenstand und Umfang des Auskunftsrechtes

Inhaltlich bezieht sich das Auskunftsrecht des Aktionärs auf alle Angelegenheiten der Gesellschaft mit ihren verbundenen Unternehmen. Es ist insoweit in seinem Umfang nicht beschränkt, doch muss die erwünschte Auskunft aus Sicht eines objektiv und vernünftig denkenden Aktionärs, der nur über die von der Gesellschaft veröffentlichten Informationen verfügt, zur sachgemäßen Beurteilung eines Gegenstandes der Tagesordnung erforderlich sein.[452] Das Motiv, weswegen der Aktionär seine Auskunft verlangt, ist hingegen für die Beurteilung der Erforderlichkeit irrelevant, so dass das Auskunftsverlangen auch nicht zwangsläufig begründet werden muss.[453]

bb) Ausübung des Auskunftsrechtes

Das Auskunftsrecht wird in der Hauptversammlung ausgeübt (vgl. § 118 I AktG), wobei ein vorheriges Ankündigen der Fragen grundsätzlich nicht erforderlich ist, dies aber doch dem Vorstand eine Beantwortung der Fragen erleichtert. Daher wird dem Aktionär stellenweise eine solche Ankündigung empfohlen, vor allem auch deshalb, weil der Vorstand zu einer Beantwortung nur insoweit angehalten ist, als sie ihm in der Hauptversammlung möglich ist. Er muss nämlich nicht jeden komplexen Sachverhalt bzw. jede Frage ohne vorherige Recherche beantworten können. Wird dem Vorstand so eine angemessene Möglichkeit zu einer Vorbereitung gegeben, so kann das jeweilige Auskunftsbegehren sich auch auf Gegenstände erstrecken, auf die der Vorstand nur unter Beiziehung von Unterlagen oder sachkundiger Mitarbeiter antworten kann, da das Auskunftsrecht sich nicht lediglich auf einfache und leicht zu beschaffende Auskünfte beschränkt.[454] Auch zur Beantwortung einer Frage, die erst in der Hauptversammlung gestellt und nicht vorher angekündigt wurde, steht dem Vorstand eine angemessene Zeit zur Informationsbeschaffung zur Verfügung. Er ist allerdings grundsätzlich verpflichtet, die erforderlichen Unterlagen und sachkundigen Mitarbeiter zur Informationsbeschaffung bereit zu halten.[455] Insofern muss sich der

---

452 Vgl. BGHZ 119, 1,19; BGHZ 107, 296 (307); LG Frankfurt WM 1994, 1929ff; *Henn* Hdb Rn 881ff; *Than* in FS Peltzer 2001 S. 577 (583); *Volhard* in Semler/Volhard Arbeitshandbuch Rn I F 21; *Semler* in Mü Hdb AktG § 37 Rn 7; vgl. *Trout* NJW 1986, 1302 (1303ff); eingehend *Hüffer* § 131 Rn 11, 12, 17ff

453 OLG Düsseldorf AG 1987, 21 (23); BayObLg AG 1996, 180f; *Hüffer* § 131 Rn 8; *Semler* in Mü Hdb AktG § 37 Rn 8, 23

454 *Semler* in Mü Hdb AktG § 37 Rn 22; BGHZ 32, 159 (165f); *Hüffer* § 131 Rn 9; RGZ 167, 151 (169)

455 *Rodewig/Schlitt* in Semler/Volhard Arbeitshandbuch Rn I E 86

Vorstand, um eine Beantwortung der aufgeworfenen Fragen ohne wesentliche Zeitverzögerung zu erreichen, ebenso auf solche Fragen zu Gegenständen der Tagesordnung einstellen, die ohne Vorbereitung nicht beantwortet werden könnten. Ihn trifft demnach eine Vorbereitungspflicht, so dass er die erforderlichen Informationen und Daten in der Hauptversammlung zur Verfügung haben muss. Oftmals erstellt der Vorstand im Vorfeld einer Hauptversammlung auch eine Liste möglicher Fragen mit Antworten und hält eine Sammlung von Fragen und Antworten von anderen Hauptversammlungen der vergangenen Jahre und auch Hauptversammlungen anderer Unternehmen des gleichen Industriezweiges bereit, um so besser auf Auskunftsbegehren in der Hauptversammlung vorbereitet zu sein.[456]

Damit das Auskunftsbegehren zur sachgemäßen Beurteilung eines Tagesordnungspunktes beitragen kann, muss es allerdings noch vor dessen Abschluss gestellt werden. Nur dann ist es zu dessen sachgemäßer Beurteilung erforderlich.[457]

Die Form des Auskunftsbegehrens ist nicht gesetzlich geregelt. In Hauptversammlungen der traditionellen Form ist eine mündliche Fragestellung gängige Praxis, allerdings ist auch ein schriftliches Auskunftsbegehren möglich. In einer Satzung, die die Schriftform vorschreibt, wird allerdings eine unzulässige Beschränkung des Auskunftsrechtes gesehen.[458] Insofern ist es zumindest denkbar, dass das Auskunftsrecht aufgrund nicht vorhandener Formvorschriften auch elektronisch von über das Internet zugeschalteten Aktionären ausgeübt werden könnte. Dies scheitert indes letztendlich an dem Erfordernis körperlicher Anwesenheit in der Hauptversammlung für eine Ausübung der versammlungsgebundenen Rechte, zu denen auch das Auskunftsrecht gehört. Zulässig ist aber, dass ein Aktionär seinem auf der Hauptversammlung physisch präsenten Vertreter auf elektronischem Wege sein Auskunftsbegehren mitteilt und dieser das in der Versammlung vorträgt (Siehe Teil 2 E und F).

Unerheblich ist, ob der Aktionär bis zur Auskunftserteilung an der Hauptversammlung teilnimmt oder sich vorher entfernt. Die von ihm gestellte Frage ist dennoch zu beantworten.[459]

---

456 *Hüffer* § 131 Rn 9; *Rodewig/Schlitt* in Semler/Volhard Arbeitshandbuch Rn I E 89f; *Volhard* in Semler/Volhard Arbeitshandbuch Rn I F 24ff; *Meilicke/Heidel* DStR 1992, 72 (74)

457 Eingehender hierzu mit Empfehlungen zur Vorgehensweise *Semler* in Mü Hdb § 37 Rn 24

458 *Semler* Mü Hdb § 37 AktG Rn 25; vgl. *Than* in FS Peltzer 2001 S. 577 (583); *Hüffer* § 131 Rn 1, 8; *Meilicke/Heidelt* DStR 1992, 72(75); a.A.: *Eckardt* in Geßler/Hefermehl § 131 Rn 26

459 *Semler* in Mü Hdb AktG § 37 Rn 26; *Hüffer* § 131 Rn 8

cc) Auskunftserteilung

Die Auskunft wird ausschließlich auf Verlangen des Aktionärs in der Hauptversammlung erteilt. Dazu besteht nicht das Erfordernis, jede Frage einzeln abzuhandeln, vielmehr können mehrere zu einem Komplex zusammengefasste Fragen in einer einheitlichen Stellungnahme beantwortet werden.[460]

Die erteilte Auskunft muss nach § 131 III AktG den Grundsätzen einer „gewissenhaften und getreuen Rechenschaft" entsprechen und klar und verständlich sein. Insbesondere darf der Vorstand vorsätzlich oder fahrlässig keine falschen oder irreführenden Auskünfte erteilen oder Auskünfte als unmöglich ablehnen, ohne vorher die zumutbaren Anstrengungen zur Informationsbeschaffung vorgenommen zu haben.[461]

dd) Auskunftsverweigerung

Der Vorstand darf trotz eines bestehenden Auskunftsanspruchs die Auskunft nur unter den in § 131 III 1 Nr. 1 bis 6 AktG aufgezählten Gründen, bei Vorliegen eines missbräuchlichen Auskunftsbegehrens oder dann, wenn die Auskunftserteilung in der Hauptversammlung unmöglich ist, verweigern. Er darf sie selbst dann verweigern, wenn die Auskunft für die sachgemäße Beurteilung eines Tagesordnungspunktes erforderlich ist.[462] Die Entscheidung, ob die Auskunft erteilt oder verweigert wird und auch welchen Umfang eine Auskunftserteilung hat, liegt allein beim Vorstand.[463] Maßgeblich für diese Entscheidung ist allerdings nicht dessen subjektive Einschätzung, sondern eine vernünftige und objektive kaufmännische Betrachtung.[464]

Um einer missbräuchlichen Ausübung des Auskunftsrechtes entgegenzutreten, braucht der Versammlungsleiter unverhältnismäßig umfangreiche Auskunftsbegehren nicht zur Beantwortung zuzulassen und kann so auch das Verlesen langatmiger und unzulässiger Fragenkataloge unterbinden, deren Beantwortung den Vorstand unverhältnismäßig einschränken würde. Solche Fragenkata-

---

460 *Rodewig/Schlitt* in Semler/Volhard Arbeitshandbuch HV Rn I E 86; *Stützle/Walgenbach* ZHR 1991 (155), 516 (527f); *Meilicke/Heidel* DStR 1992, 72 (74f); vgl. *Barz* in Großkomm § 131 Rn 23

461 Näher *Rodewig/Schlitt* in Semler/Volhard Arbeitshandbuch Rn I E 89f; *Volhard* in Semler/Volhard Arbeitshandbuch Rn I F 24ff

462 Näher hierzu *Henn* Hdb Rn 887ff; *Hüffer* § 131 Rn 32ff; *Semler* in Mü Hdb AktG § 37 Rn 29; *Than* in FS Peltzer 2001 S. 577 (583); zu einzelnen Auskunftsverweigerungsgründen auch *Volhard* in Semler/Volhard Arbeitshandbuch Rn I F 37 ff

463 Vgl. *Rodewig/Schlitt* in Semler/Volhard Arbeitshandbuch Rn I E 77; *Eckardt* in Geßler/Hefermehl § 131 Rn 75

464 *Hüffer* § 131 Rn 25

loge können an den Aktionär mit der Aufforderung zur Erstellung einer Auswahl an Fragen zur sachgemäßen Beurteilung des Tagesordnungspunktes zurückgereicht werden. Falls der Aktionär diesem Begehren nicht nachkommt, kann der gesamte Fragenkatalog zurückgewiesen werden.[465]

ee) Insidertatsachen

Ein Umstand, der gesondert zu überdenken ist, ist die Frage, inwieweit der Vorstand die Beantwortung von Auskunftsbegehren verweigern darf oder muss, die ein Bekanntwerden von Insidertatsachen i.S.d. § 13 I WpHG zur Folge hat. Gem. § 13 I Nr. 1 WpHG werden nämlich Mitglieder des Vorstandes als „Insider" i.S.d. Gesetzes angesehen. § 14 I Nr. 2 WpHG untersagt es aber, Insidertatsachen unbefugt mitzuteilen oder zugänglich zu machen. In der Regel wird dies bzgl. der Auskunftserteilung in einer Hauptversammlung jedoch verneint, da die Beantwortung einer Aktionärsfrage in der Hauptversammlung gesetzlich vorgeschrieben und gerade nicht „unbefugt" ist. Außerdem wäre eine solche Pflicht zur Geheimhaltung nicht mit dem Gesetzeszweck des WpHG vereinbar, durch das ja gerade die Transparenz über Vorgänge in börsennotierten Gesellschaften gesteigert werden soll.[466]

ff) Erweitertes Auskunftsrecht gem. § 131 IV AktG

Eigens geregelt ist das sog. Nachauskunftsrecht. Neben Erforderlichkeitserwägungen und losgelöst von einem Zusammenhang mit der Tagesordnung kann jeder Aktionär aus diesem Recht heraus in der Hauptversammlung die Erteilung solcher Auskünfte verlangen, die einem anderen Gesellschafter außerhalb der Hauptversammlung wegen dessen Eigenschaft als Aktionär erteilt worden sind, nicht aber solche Auskünfte, die dem Aktionär nicht wegen seiner Aktionärseigenschaft erteilt wurden. Die Auskünfte müssen in der Hauptversammlung auch dann erteilt werden, wenn sie zur sachgemäßen Beurteilung der Gegenstände der Tagesordnung nicht erforderlich sind.[467] Vor diesem Hintergrund wird dieses erweiterte Auskunftsrecht jedoch problematisch. Bietet die Gesellschaft ihren

465 Vgl. *Franken/Heinsius* in FS Budde 1995 S. 213 (222ff); *von Hülsen* in Semler/Volhard Arbeitshandbuch Rn I D 123f

466 Näher *Semler* in Mü Hdb AktG § 37 Rn 43; Zum Ganzen eingehend *Schneider/Singhof* in FS Kraft 1998 S. 585 (594ff); *Benner-Heinacher* DB 1995, 765f; a.A.: *Joussen* DB 1994, 2485ff

467 Näher *Volhard* in Semler/Volhard Arbeitshandbuch Rn I F 34ff; vgl. *Zöllner* in Köln Komm § 131 Rn 70; *Semler* in Mü Hdb AktG § 37 Rn 17, 19; *Than* in FS Peltzer 2001 S. 577 (583); *Hüffer* § 131 Rn 2

Aktionären zur Verbesserung der Investor Relation an, per E-Mail, in Diskussionsforen oder in Internet-Chats vor oder während der Hauptversammlung Fragen an die Gesellschaft zu richten, die sie dann wiederum auch direkt per E-Mail oder durch Einstellen auf eine Internetsite beantwortet,[468] so dürfen diese Antworten nicht als „außerhalb der Hauptversammlung erteilte Auskünfte" qualifiziert werden. Ansonsten müssten diese Auskünfte dann wiederum allen anderen Aktionären in der (nächsten) Hauptversammlung ebenso erteilt werden. Dies könnte eine nicht mehr zu bewältigende Flut von zu beantwortenden Fragen auslösen.[469] Ließe man sie aber trotzdem als Fragen zu, so könnten die Antworten in der Präsenzversammlung als Text ausgelegt bzw. über ausreichend zur Verfügung gestellte Online-Terminals den Teilnehmern online zur Verfügung gestellt werden.[470]

gg) Zwischenergebnis zu 2.:

Eine Einbeziehung elektronischer Medien, insbesondere des Internet, zur Information der Aktionäre ist in bestimmter Form heute schon möglich und auch im Sinne einer verbesserten Kommunikation der Gesellschaft mit ihren Aktionären wünschenswert. Dem Aktionär können insoweit vor und auch während der Hauptversammlung wichtige Informationen über die Gesellschaft auf einer eigens erstellten Homepage zugänglich gemacht werden, die nur nach einer Legitimationsprüfung erreicht werden kann. Darüber hinaus kann es dem Aktionär ermöglicht werden, vor der Hauptversammlung per E-Mail Fragen an die Gesellschaft zu stellen, die auf dem selben Weg beantwortet werden können. Zulässig ist auch eine Einrichtung eines Online-Forums, in dem Aktionäre via Internet miteinander kommunizieren. Zwar ist es weiterhin denkbar, dass das dem einzelnen Aktionär zustehende Auskunftsrecht durch moderne Kommunikationstechniken in Form von E-Mails, Chatsystemen, Mailinglisten oder gar durch Worteinspielung in der Hauptversammlung selbst ausgeübt wird, doch scheitert ein solches Vorgehen allerdings an dem Erfordernis der Versammlungsgebundenheit der Rechtsausübung. Will man moderne Kommunikationsmedien zur Ausübung des Auskunftsrechtes in der Hauptversammlung heute schon einsetzen, so bleibt lediglich der Weg, über Internet einem in der Hauptversammlung körperlich anwesenden Vertreter die Fragen zu übersenden, der diese dann in der Hauptversammlung für den Aktionär vorträgt.

---

468 Vgl. hierzu *Marsch-Barner* in Noack/Spindler Unternehmensrecht S. 65; *Baums* Gutachten 63. DJT 2000 I F 195

469 Vgl. *Heise* in Noack/Spindler Unternehmensrecht S. 55

470 Vgl. *Marsch-Barner* in Noack/Spindler Unternehmensrecht S 68f

3. *Stimmrecht*

a) Inhalt

Das Stimmrecht ist das außer bei der Vorzugsaktie ohne Stimmrecht (§ 12 I AktG) mit jeder Aktie verbundene mitgliedschaftliche Recht, am Zustandekommen von Hauptversammlungsbeschlüssen durch Stimmabgabe mitzuwirken und diese im Rahmen der durch die eigene Stimmkraft bestimmten Möglichkeiten mitzugestalten.[471] Es entsteht grundsätzlich[472] gem. § 134 II 1 AktG mit vollständiger Leistung der Einlage und richtet sich in seiner Stimmkraft nach den Aktiennennbeträgen bzw. bei Stückaktien nach deren Zahl (§ 134 I AktG).[473]

Das Stimmrecht selbst kann weder losgelöst von der Aktie geschaffen, noch übertragen werden, es "haftet" sozusagen an der Aktie.[474] Es ist ein unverzichtbares und unentziehbares Recht, das dem Inhaber der Aktie zusteht und dessen Ausübung auch nicht erschwert bzw. an andere Bedingungen als die Hinterlegungs- und Anmeldeerfordernisse des § 123 II bis IV AktG geknüpft werden kann.[475]

b) Erweiterung und Beschränkung des Stimmrechtes

Grundsätzlich gewährt jede Aktie nach § 12 I 1 AktG gleiches Stimmrecht.[476]

aa) Mehrstimmrecht

Ein Mehrstimmrecht weist einem Aktionär ein höheres Stimmrecht als das der Kapitalbeteiligung entsprechende zu. Dem Aktieninhaber wird dadurch eine Einflussmöglichkeit vermittelt, die seiner Kapital- und Risikobeteiligung nicht entspricht. In dem Erwachsen eines solch enormen Machtpotentials wird jedoch ein

---

471 *Hüffer* § 133 Rn 16; *Behrens* in FS 100 Jahre S. 539; *Baumbach/Hueck/Zöllner* § 47 Rn 23; *Ingerl* in Mü Hdb GmbH § 38 Rn 1; *Hachenburg/Hüffer* § 47 Rn 40

472 Hierzu und zu den in engem Rahmen zulässigen satzungsmäßigen Abweichungen vgl. *Jacob* in Semler/Volhard Arbeitshandbuch Rn I F 72; *Semler* in Mü Hdb § 38 Rn 3f

473 *Henn* Hdb Rn 708; *Jacob* in Semler/Volhard Arbeitshandbuch Rn I F 71ff; *Hüffer* § 12 Rn 2, § 134 Rn 21

474 BGH NJW 1987, 780; *Hüffer* § 133 Rn 17; *K. Schmidt* § 19 III

475 *Hüffer* §12 Rn 2f; *Zöllner* in Köln Komm § 134 Rn 5; hierzu und zu dem Meinungsstand bei Übertragung der Aktie an einen Treuhänder und zur Handhabung bei Pfandrechten vgl. näher *Semler* in Mü Hdb § 38 Rn 1f, § 36 Rn 19

476 *Hüffer* § 12 Rn 1

Widerspruch zu dem Prinzip der Gleichheit von Kapital- und Stimmenanteil gesehen, so dass Mehrstimmrechte als rechtspolitisch fragwürdig eingestuft werden.[477] Seit Inkrafttreten des KonTraG am 01.05.1998 ist eine Neueinführung von Mehrstimmrechten nicht mehr zulässig (§ 12 II AktG) und noch bestehende Mehrstimmrechte erlöschen am 01.06.2003, sofern nicht ein Weitergelten durch die Hauptversammlung der jeweiligen Gesellschaft beschlossen wird.[478]

bb) Höchststimmrecht

Bei nichtbörsennotierten Gesellschaften kann gem. § 134 I 2 AktG durch die Satzung das Stimmrecht eines Aktionärs ungeachtet einer eventuellen höheren Kapitalbeteiligung auf eine bestimmte Anzahl Stimmen durch ein sog. Höchststimmrecht begrenzt werden.[479]

Seit der Einführung des KonTraG besteht jedoch für börsennotierte Gesellschaften keine Möglichkeit mehr, neue Höchststimmrechte festzusetzen.[480]

cc) Vorzugsaktien ohne Stimmrecht

Das Stimmrecht kann durch Vorzugsaktien ohne Stimmrecht ausgeschlossen werden (§ 139 I AktG), die jedoch nur bis zur Hälfte des Grundkapitals ausgegeben werden dürfen (§ 139 II AktG). Der Vorzug dieser Aktien besteht darin, dass vom Bilanzgewinn die in der Satzung normierte Dividende an die Vorzugsaktionäre vorab zu zahlen ist. Der übrige Bilanzgewinn darf erst danach an die Stammaktionäre ausgeschüttet werden („Vorabdividende").[481]

Da das Stimmrecht aber vom Recht zur Teilnahme an der Hauptversammlung streng zu trennen ist, kann auch für Vorzugsaktien lediglich das Stimmrecht und nicht die sonstigen Aktionärsrechte wie das Recht zur Teilnahme an einer Hauptversammlung oder das Auskunftsrecht ausgeschlossen werden.[482]

---

477 *Hüffer* § 12 Rn 8ff; eingehender *Hering/Olbrich* Die Wpg 2001, 809ff

478 Referentenentwurf KonTraG ZIP 1996 S. 2129 (2130); *Henn* Hdb Rn 706; *Hering/Olbrich* Wpg 2001, 809ff; *Jacob* in Semler/Volhard Arbeitshandbuch Rn I F 76; *Hüffer* § 12 Rn 10

479 *Hüffer* § 134 Rn 6; *Semler* in Mü Hdb § 38 Rn 8f; näher *Baums* AG 1990, 221 (222ff); *Adams* AG 1990, 63ff

480 Vgl. Referentenentwurf KonTraG ZIP 1996, 2129 (2135); *Henn* Hdb Rn 706

481 Näher *Jacob* in Semler/Volhard Arbeitshandbuch Rn I F 92ff; *Hüffer* § 139 Rn 5ff; *Henn* Hdb Rn 742

482 *Hüffer* § 139 Rn 13; vgl. OLG Frankfurt AG 88, 304 (306); *Jacob* in Semler/Volhard Arbeitshandbuch Rn I F 71; *Semler* in Mü Hdb AktG § 38 Rn 1, 24; vgl. zum Auskunftsrecht *Meilicke/Heidel* DStR 1992, 72

c) Stimmrechtsausschluss / Ruhen des Stimmrechts

Grundsätzlich dürfen alle Aktionäre auch dann an Abstimmungen teilnehmen, wenn sie ein besonderes eigenes Interesse an dem Ergebnis der Beschlussfassung haben[483] und können auch, anders als bei § 47 IV GmbHG[484], an Abstimmungen über Geschäfte teilnehmen, an denen sie selbst beteiligt sind. Es ist einem Aktionär bzw. seinem Bevollmächtigten, Legitimationsaktionären oder einem solchen Teilnehmer, der für Rechnung Dritter Aktien hält, lediglich verwehrt, sich mit seiner Stimmabgabe Sondervorteile zum Schaden der Gesellschaft zu verschaffen, ohne dass anderen Aktionären ein Ausgleich gewährt wird. § 136 I AktG normiert für drei abschließend genannte Fälle einen Stimmrechtsausschluss.[485]

Gemäß §§ 71b, 71d S. 2, 4 AktG ruht das Stimmrecht aus eigenen Aktien einer Gesellschaft und aus solchen Aktien, die einem von der Gesellschaft abhängigen oder in ihrem Mehrheitsbesitz stehenden Unternehmen gehören. Das Stimmrecht für Aktien, die ein Dritter für Rechnung der Gesellschaft oder eines von ihr abhängigen bzw. im Mehrheitsbesitz stehenden Unternehmens hält, ruht ebenso.[486]

Der durch einen Stimmrechtsausschluss betroffene Aktionär kann sich nicht an Abstimmungen beteiligen und seine Aktien werden bei der Berechnung von Stimmen- und Kapitalmehrheit nicht mitgerechnet. Eine dennoch erfolgte Stimmabgabe ist nichtig und darf keine Berücksichtigung finden.[487] Wird die Stimme fälschlicherweise doch mitgezählt, so ist der Beschluss zwar zustande gekommen, ist aber anfechtbar, wenn die verbotswidrig abgegebenen Stimmen für das Abstimmungsergebnis kausal waren.[488]

d) Stimmbindungsverträge

Stimmbindungsverträge sind rechtsgeschäftlich eingegangene Verpflichtungen eines Aktionärs, in denen er Mitaktionären oder Dritten gegenüber versichert,

---

483 *Jacob* in Semler/Volhard Arbeitshandbuch Rn I F 102; für die GmbH BGHZ 97, 28 (33)

484 GmbHG vom 20.04.1892 in der Fassung der Bekanntmachung vom 20.05.1898 RGBl. S. 846

485 Näher *Semler* in Mü Hdb AktG § 38 Rn 27ff; *Jacob* in Semler/Volhard Arbeitshandbuch Rn I F 102ff; *Hüffer* § 136 Rn 1, 17; *Henn* Hdb Rn 723

486 Hierzu *Jacob* in Semler/Volhard Arbeitshandbuch Rn I F 111; *Semler* in Mü Hdb AktG § 38 Rn 35

487 *Hüffer* § 136 Rn 24; *Jacob* in Semler/Volhard Arbeitshandbuch Rn I F 109

488 *Semler* in Mü Hdb AktG § 38 Rn 37; vgl. *Eckardt* in Geßler/Hefermel § 136 Rn 47; *Zöllner* Köln Komm § 136 Rn 57

sein Stimmrecht generell oder in einer konkreten Abstimmung nicht frei, sondern in einer bestimmten Weise auszuüben. Stimmbindungen sind somit obligatorisch wirkende Beschränkungen der Stimmrechtsausübung, deren konkrete Ausgestaltung bereits im Vertrag selbst enthalten sein kann oder sich erst aus einer späteren bestimmten Weisung ergibt.[489] Stimmrechtsbindungen stellen i.d.R. Gesellschaftsverträge i.S.v. §§ 705 ff BGB dar und bedürfen somit grundsätzlich keiner besonderen Form.[490] Sie können daher auch auf elektronischem Wege geschlossen werden.

Beteiligen sich mehrere Gesellschafter an solchen Bindungen, so spricht man auch von einem Stimmrechtskonsortium oder einem Stimmenpool. Diese Konsortial- oder Pool-Verträge kommen oftmals bei Familiengesellschaften vor.[491] Ihr Inhalt wird zumeist durch Mehrheitsentscheidung der Pool-Mitglieder festgelegt. Den einzelnen Aktionären kann im Gegenzug zu dem durch die Stimmbindung erlangten verstärkten Einfluss auf die Gesellschaft zugleich eine Steigerung ihrer Treuepflicht auferlegt werden.[492] Problematisch an solchen Stimmbindungsverträgen ist, dass eine umfassende und über eine längere Zeit andauernde vereinbarte Stimmbindung es mit sich bringt, dass die Willensbildung der Gesellschafter nicht in der Versammlung der Gesellschaft, sondern in einem durch den Stimmenpool gebildeten „Vorhof" vollzogen wird und die sich in der Versammlung ergebende einheitliche Stimmabgabe nur noch den Charakter eines formalen Vollzugs der vorgelagerten Willensbildung besitzt.[493] Oftmals werden so Dauerregelungen getroffen, die das gesamte Geschehen in der Gesellschaft steuern sollen und bei denen es sich auch nicht um minder wichtige Nebenabreden, sondern eher um die alles entscheidenden Hauptabreden handelt. Damit bezweckt man in erster Linie die Vermeidung der Publizität des Handelsregisters.[494]

489 *Baumann/Reiß* ZGR 1989, 157 (183ff); *Odersky* in FS Lutter 2000 S. 557; *Jacob* in Semler/Volhard Arbeitshandbuch Rn I F 113f; vgl. hierzu auch die Umfrage bei *Zutt* ZHR 155 (1991), 213

490 BGH NJW 1987,890 (891); *Odersky* in FS Lutter 2000 S. 557 (560)

491 Hierzu *Zöllner* in ZHR 155 (1991), 168; eingehend *Odersky* in FS Marcus Lutter 2000 S. 557ff; *H.P. Westermann* in FS Bezzenberger 2000 S. 449ff; *Hoffmann-Becking* ZGR 1994, 442 (443); *Baumbach/Hueck/Zöllner* § 47 Rn 77; *Hachenburg/Hüffer* § 47 Rn 65; *Rowedder/Koppensteiner* § 47 Rn 28

492 BGH NJW 1995, 1739 (Girmes) Leitsatz 2/3; näher *Semler* in Mü Hdb AktG § 38 Rn 41

493 *Hoffmann-Becking* ZGR 94, 442 (443); BGH NJW 1987, 890 „Dinkelacker"; *Zöllner* ZHR 155 (1991), 168ff

494 *Hoffmann-Becking* ZGR 1994, 442 (444ff)

Dennoch ist die Zulässigkeit solcher Stimmbindungsverträgen zugunsten von Mitgesellschaftern und auch gegenüber Dritten grundsätzlich anerkannt,[495] doch unterliegen auch sie generell den allgemeinen Schranken und sind insbesondere bei Verstoß gegen die guten Sitten oder das Knebelungsverbot nichtig.[496] Darüber hinaus darf ein Stimmbindungsvertrag aus allgemeinen gesellschaftsrechtlichen und insbesondere aktienrechtlichen Gesichtspunkten nicht zu Stimmabgaben verpflichten, die gegen das Gesellschaftsinteresse verstoßen.[497]

e) Beschlussfassung

aa) Beschluss / Abstimmung

Der Begriff des Hauptversammlungsbeschlusses wird durch das AktG nicht näher definiert. Über § 133 I AktG i.V.m. §§ 118 I, 119 AktG wird aber vorausgesetzt, dass die Aktionäre ihr Stimmrecht durch Beschlussfassung in der Hauptversammlung ausüben. Die Aktionäre stimmen hierbei über einen vorher in der Tagesordnung angekündigten und zur Abstimmung gestellten Beschlussantrag ab, der positiv oder negativ formuliert sein kann. Sie stimmen hierbei dem Antrag zu, lehnen ihn ab oder enthalten sich der Stimme. Die endgültige Annahme oder Ablehnung des Antrages wird als eine Form rechtsverbindlicher kollektiver Willensbildung aus den Einzelwillen mehrerer „Beschluss" genannt.[498]

---

495 BGHZ 48, 163 (167); BGH NJW 1995, 1739 (1741); *Odersky* in FS Lutter 2000 S. 557 (559f); *Baumann/Reiß* ZGR 1989, 157 (184); *Rowedder/Koppensteiner* § 47 Rn 29; *Mayer* GmbHR 1990, 61ff; *Behrens* in FS 100 Jahre S. 539 (551); *Jacob* in Semler/Volhard Arbeitshandbuch Rn I F 115 bejaht sie unter Aktionären, verneint aber eine dauerhafte Stimmrechtsbindung an gesellschaftsfremde Dritte; zum Dauerschuldverhältnischarakter bei längerfristigen Stimmbindungsverträgen, und ihrer Beendigung vgl. *Semler* in Mü Hdb AktG § 38 Rn 43; a.A. *Ingerl* in Mü Hdb GmbH § 38 Rn 52ff für eine grundsätzlichen Unzulässigkeit von Drittbindungen; so auch *Hachenburg/Hüffer* § 47 Rn 73; eingehend zur Sittenwidrigkeit des Stimmenkaufs vgl. § 405 II Nr. 6/7 AktG und *Ingerl* in Mü Hdb GmbH § 38 Rn 56

496 *Zöllner* Köln Komm § 136 Rn 90; *Eckardt* in Geßler/Hefermehl § 136 Rn 62

497 *Henn* Hdb Rn 723; näher hierzu und zu verschiedenen gesetzlichen Einzelbestimmungen, die den zulässigen Inhalt von Stimmbindungsverträgen einschränken, wie z.B. der Stimmenkauf vgl. *Hüffer* § 133 Rn 25ff, 28; *Semler* in Mü Hdb § 38 Rn 44f

498 *Zöllner* in FS Lutter 2000 S. 821; *Volhard* in Semler/Volhard Arbeitshandbuch HV Rn I G 3; *Hüffer* § 133 Rn 3f, 18; vgl. zur GmbH: *Baumbach/Hueck/Zöllner* § 47 Rn 2; *Rowedder/Koppensteiner* § 47 Rn 5; *Ingerl* in Mü Hdb GmbH § 36 Rn 4; *Fischer* in Becksches Hdb GmbH § 4 Rn 6, 58; zum negativen Beschluss BGHZ 97, 28 (30), BGHZ 88, 320 (328)

Wurde der Beschluss von der früheren Rechtsprechung noch als ein „Sozialakt der körperlichen Willensbildung durch Mehrheitsentscheid bezeichnet,[499] so sieht ihn die moderne Rechtslehre als Rechtsgeschäft eigener Art an, das auf den Stimmabgaben der Mitglieder beruht und auf kollektive, rechtsverbindliche Willensbildung gerichtet ist.[500] Der Beschluss stellt zwar ein Rechtsgeschäft dar, ist aber kein Vertrag, da er im Gegensatz zu den auf allseitiger Willensübereinstimmung beruhenden Verträgen auch solchen Gesellschaftern gegenüber Wirksamkeit entfaltet, die nicht mit abgestimmt haben oder in der Abstimmung gem. dem Mehrheitsprinzip unterlegen sind.[501] Dadurch dass der Beschluss ein Rechtsgeschäft darstellt, ergibt sich auch, dass die allgemeinen Regeln des BGB grundsätzlich anwendbar sind, wobei allerdings erhebliche Einschränkungen bzgl. der Mangelhaftigkeit von Gesellschafterbeschlüssen in Hinblick auf das Aktienrecht zu beachten sind.[502]

bb) Beschlussfähigkeit

Das Aktiengesetz selbst enthält grundsätzlich keine Regelung über die Beschlussfähigkeit. Die Hauptversammlung ist damit ohne diesbezügliche und anderslautende Festlegungen in der Satzung stets dann beschlussfähig, wenn auch nur eine Aktie mit lediglich einer Stimme vertreten ist.[503]

cc) Zur Stimmabgabe

Das Gesetz enthält keine Vorgaben über die Form der Stimmabgabe. Vielmehr richtet sich die Art und Weise der Abstimmung gem. § 134 IV AktG vorrangig nach der Satzung bzw. nach einer Festlegung in der Geschäftsordnung (§ 129 I AktG). Legt weder die Satzung noch die Geschäftsordnung eine entsprechende

---

499 Statt vieler BGHZ 52, 316 (318)

500 *Rowedder/Koppensteiner* § 47 Rn 3; vgl. *K. Schmidt* § 15 I 2a; *Fischer* in Beck-sches Hdb GmbH § 4 Rn 1; *Baumbach/Hueck/Zöllner* § 47 Rn 3; *Hachenburg/Hüffer* § 47 Rn 3; OLG Brandenburg GmbHR 1997, 750

501 *Hüffer* § 133 Rn 3f; *Hachenburg/Hüffer* § 47 Rn 3; *Ingerl* in Mü Hdb GmbH § 36 Rn 5; *Volhard* in Semler/Volhard Arbeitshandbuch Rn I G 3 ; zum Rechtscharakter des Beschlusses ausführlich *Zöllner* in FS Marcus Lutter 2000 S. 821ff

502 *K. Schmidt* Gesellschaftsrecht § 15 I 2a; *Baumbach/Hueck/Zöllner* § 47 Rn 3; a.A.: *Rowedder/Koppensteiner* § 47 Rn 4

503 *Henn* Hdb Rn 737; *Volhard* in Semler/Volhard Arbeitshandbuch Rn I G 1; Hüffer § 133 Rn 8

Regelungen fest, so bestimmt mangels anderweitiger Festlegung durch die Hauptversammlung der Versammlungsleiter die Form der Stimmabgabe.[504]

Grundsätzlich kann eine Abstimmung auf verschiedene Weise durchgeführt werden. Möglich ist eine verkörperte Stimmabgabe (bspw. durch schriftliche Stimmabgabe oder der Abgabe von Stimmkarten) oder eine unverkörperte Stimmabgabe (bspw. durch Handaufheben, Aufstehen oder Zuruf), die jeweils auch offen oder verdeckt praktiziert werden kann. Die gewählte Abstimmungsart muss nur die Ermittlung eines zuverlässigen Abstimmungsergebnisses gewährleisten, so dass bei größeren Präsenzversammlungen im herkömmlichen Sinn die unverkörperte Stimmabgaben durch Aufstehen oder Handzeichen problematisch ist und hier wohl kaum ohne verkörperte Stimmabgabe, zumeist durch Stimmkarten, gearbeitet werden kann.[505] Ein Anspruch des Aktionärs auf eine geheime Abstimmung besteht nicht.[506]

Bei einer internetgestützen Abstimmung ändert sich nichts an diesen Möglichkeiten, wenn ein online zugeschalteter Aktionär seinem vor Ort anwesenden Stimmrechtsvertreter die Weisungen erteilt und dieser in herkömmlicher Weise das Stimmrecht ausübt. Will man jedoch eine Abstimmung über Online-Voting durchführen, so scheidet die Möglichkeit einer unverkörperten Abstimmung aus. Hier sind dann elektronische Erklärungen, wie das Ausfüllen von Bildschirmformularen oder Stimmabgaben über E-Mail als verkörperte Willenserklärungen auch als eine verkörperte Stimmabgabe zu verstehen (siehe hierzu Teil 2 C I 4 a).

aaa) Wirksamkeit der Stimmabgabe

Als Willenserklärung wird die Stimmabgabe weitgehend nach den allgemeinen Regeln der Rechtsgeschäftslehre behandelt, so dass die §§ 104ff, 119ff und 130 BGB Anwendung finden.[507] So wird die Stimmabgabe gem. § 130 I BGB mit ihrem Zugang beim Leiter der Hauptversammlung wirksam, dann also, wenn der Aktionär seine Stimme gegenüber dem Versammlungsleiter abgegeben hat und sie diesem auch zugegangen ist.[508] Bei verkörperter Stimmabgabe, wie auch z.B. einer E-Mail (siehe hierzu Teil 2 C I 4 a) ist dies dann der Fall, wenn die Stimme

---

504 *Martens* WM 1981, 1010 (1014); *Richter* in Semler/Volhard Arbeitshandbuch Rn I D 141; *Semler* in Mü Hdb AktG § 39 Rn 16; *Hüffer* § 133 Rn 22;

505 *Henn* Hdb Rn 826 mit einem Abdruck von Stimmkarten in der Anhanganlage 23; *Semler* in Mü Hdb § 39 Rn 17

506 *Richter* in Semler/Volhard Arbeitshandbuch Rn I D 145

507 *Hüffer* § 133 Rn 18; BGHZ 14, 264 (267) für die GmbH; *Zöllner* Köln Komm § 133 Rn 25

508 *Hüffer* § 133 Rn 18f; *Semler* in Mü Hdb § 39 Rn 18

in den Machtbereich des Versammlungsleiters gelangt ist, z.B. durch Übergabe der Stimmkarte an einen Stimmzähler oder Eintreffen auf dem Stimmrechtsserver. Bei nichtverkörperter Stimmabgabe kommt es auf eine Verlautbarung in der durch die Satzung oder den Versammlungsleiter vorgeschriebenen Form an. Mit Zugang der Stimme beim Versammlungsleiter tritt Bindungswirkung ein. Die Stimme kann dann nur noch aus wichtigem Grund widerrufen werden; Willensmängel können durch Anfechtung geltend gemacht werden.[509]

Eine mangelhafte Stimmabgabe hat die Fehlerhaftigkeit des gefassten Beschlusses zur Folge, wenn die fehlerhaft abgegebene Stimme das Ergebnis entscheidend beeinflusst hat.[510]

bbb) Einheitliche Stimmabgabe

Eine uneinheitliche Stimmabgabe liegt dann vor, wenn ein Aktionär über mehrere Stimmen verfügt und teils mit Ja, teils mit Nein abstimmt. Nach allgemeiner Auffassung ist der Aktionär nicht gezwungen, seine Stimmen für alle Aktien einheitlich abzugeben.[511] Diese Ansicht stützt sich gerade auch auf die Praxis bei Stimmrechtsvertretern, die als Bevollmächtigte mehrerer Aktionäre auftreten und somit unterschiedlichen Weisungen der Vollmachtgeber unterliegen können. Es wird daher keine Veranlassung gesehen, einem Aktionär, der aus mehreren eigenen Aktien Stimmen geltend macht, eine uneinheitliche Stimmabgabe zu verwehren.[512] Verfügt der Aktionär jedoch nur über eine Aktie und kann er hieraus mehrere Stimmen ausüben, so ist ihm allerdings eine uneinheitliche Stimmabgabe verwehrt.[513]

dd) Ausübung des Stimmrechtes durch den Aktionär

Der vom Gesetz vorgesehene Normalfall ist die persönliche Ausübung des Stimmrechts durch den einzelnen Aktionär selbst, der hierzu in einer Präsenzversammlung anwesend ist und seine Stimme dort abgibt. Gerade angesichts einer

---

509 *Richter* in Semler/Volhard Arbeitshandbuch Rn I D 146; *Messer* in FS Fleck 1988 S. 221 (227); *Semler* in Mü Hdb AktG § 39 Rn 18; *Hüffer* § 133 Rn 19; zur Zugangsproblematik bei elektronischen Erklärungen siehe oben

510 *Semler* in Mü Hdb AktG § 39 Rn 15

511 *Semler* in Mü Hdb AktG § 39 Rn 19; *Hüffer* § 133 Rn 20f; *Zöllner* in Köln Komm § 133 Rn 49f; zum Ganzen eingehend *Armbrüster* in FS Bezzenberger 2000 S. 3ff

512 Näher hierzu *Semler* in Mü Hdb Aktg § 39 Rn 19; a.A. *Hüffer* § 133 Rn 20f, der bei Stimmrechtsvertreter keine uneinheitliche Stimmabgabe sieht, sondern die Verpflichtung zum Befolgen von Weisungen unterschiedlicher Auftraggeber

513 *Zöllner* in Köln Komm § 133 Rn 49f

Online-Hauptversammlung oder einer internetunterstützten Präsenzversammlung könnte diese Stimmabgabe des nicht körperlich anwesenden Aktionärs nach einer entsprechenden Identifizierung über eine Online-Verbindung durchgeführt werden. Dies ist auch technisch ohne weiteres über Bildschirmformulare oder E-Mails realisierbar, da es sich bei der Stimmabgabe grundsätzlich nur um Ja-Nein-Alternativen handelt und auch ein Computer zur Entgegennahme und Auswertung solcher Massenerklärungen bestens geeignet ist.[514] Die Stimmabgabe wird dann als verkörperte Willenserklärung mit Eingang auf dem Stimmrechtsserver wirksam (siehe hierzu Teil 2 C I 4 a).

Anders als bei der GmbH (siehe Teil 3 D III 3 h) ist bei der AG nach geltendem Recht allerdings eine Beschlussfassung in einem Verfahren ohne Gesellschaftersammlung selbst dann ausgeschlossen, wenn alle Aktionäre damit einverstanden wären und die Abhaltung einer Vollversammlung als unnötig erachten würden.[515] Das AktG sieht insofern eine Zusammenkunft der Aktionäre zwingend vor und bindet durch das Erfordernis der Ausübung der Aktionärsrechte in der Hauptversammlung nach § 118 I AktG auch das Stimmrecht als ein versammlungsgebundenes Recht an die Präsenz in der Hauptversammlung, so dass es entweder von dem Aktionär selbst oder einem vor Ort körperlich anwesenden Vertreter ausgeübt werden muss. De lege lata muss der abstimmende Aktionär also persönlich an der Hauptversammlung teilnehmen und somit in der Hauptversammlung zumindest zum Zeitpunkt der Abstimmung präsent sein.[516]

Auch nach den durch das NaStraG bewirkten Änderungen wird weiterhin überwiegend an diesem sich aus § 118 I AktG ergebenden Grundsatz der Versammlungsgebundenheit der mitgliedschaftlichen Teilhaberechte und somit an dem Erfordernis einer physischen Präsenz bei der Rechtsausübung festgehalten.[517]

Zwar ist von dem Gesetzgeber durch Art. 1 Nr. 11b TransPuG ein neuer § 118 III AktG vorgesehen, nach dem es mit Inkrafttreten am 01.01.2003 einer AG ausdrücklich ermöglicht wird, durch die Satzung oder die Geschäftsordnung nach § 129 I AktG zuzulassen, dass die ganze Hauptversammlung in Bild und Ton übertragen werden darf, doch ist dadurch lediglich die Übertragung der Präsenzversammlung gesetzlich geregelt worden, nicht aber die Möglichkeit für zugeschaltete Aktionäre, ihre mitgliedschaftlichen Rechte online auszuüben. Insofern wird auch durch das TransPuG keine Veränderung der Versammlungsge-

514 *Noack* in Noack/Spindler Unternehmensrecht S. 18
515 *Than* in FS Peltzer 2001 S. 577 (584)
516 *Than* in FS Peltzer 2001 S. 577 (584); *Hommelhoff* in FS Lutter 2000, 95 (98)
517 *Habersack* ZHR 165 (2001) 172(180); *Spindler* ZGR 2000, 420 (445); *Noack* in Noack/Spindler Unternehmensrecht S. 20, 35f; *Marsch-Barner* in Noack/Spindler Unternehmensrecht S.66f; vgl. RegE ZIP 2000, 937 (945)

bundenheit der Ausübung von Teilnahme- Auskunfts- und Stimmrecht getroffen. Will der Aktionär sein Stimmrecht persönlich ausüben, so muss er weiterhin selbst in der Hauptversammlung anwesend sein.[518]

Die Hauptversammlung wird also immer noch als eine Zusammenkunft körperlich anwesender Personen in einem umgrenzten realen Ort verstanden, so dass lediglich audio-visuell online zugeschaltete Aktionäre nicht als in der Versammlung anwesend gelten.[519]

Vor dem Hintergrund der erheblichen Auswirkungen, die eine Lockerung dieses Grundsatzes unweigerlich auf die Verfassung der Aktiengesellschaft begründen würde, wird ein eventuelles Abrücken von diesem Grundsatz auch skeptisch beäugt. Zu einem gründlichen Überdenken eines solchen Vorhabens wird mit dem Argument geraten, allein die technische Möglichkeit des Vorgehens könne das rechtliche Prinzip der Präsenzversammlung und das der Versammlungsgebundenheit des Stimm- und Auskunftsrechtes nicht in Frage stellen.[520] Nur nach einer Mindermeinung unterliegt aber auch § 118 I AktG einem derartigen gesellschaftlichen und technologischen Wandel der Zeit, nach dem er nicht nach seinem Buchstaben, sondern nach Sinn und Zweck auszulegen sei, so dass das Gesetz sich neuen Entwicklungen gegenüber offen zeigen müsse (siehe Teil 2 E I).[521]

Mit der h.M. ist daher ein Internetvoting i.S.e. Directvotings, wie es bei einer rein virtuellen Hauptversammlung geschehen würde, de lege lata nicht zulässig. Selbst eine herkömmliche Hauptversammlung, die lediglich an einen weiteren Ort via Internet übertragen wird, bietet wegen der Versammlungsgebundenheit der Verwaltungsrechte nicht die Möglichkeit der Teilnahme des zugeschalteten Aktionärs im rechtlichen Sinne und der Ausübung des Stimmrechts. Eine Stimmrechtsausübung außerhalb der Hauptversammlung ist unbeachtlich (siehe Teil 2 F VI).[522]

---

518 Vgl. hierzu BGBL 2002 I, 2681 (2682); Begründung RegE-TransPuG http://www.bmj.bund.de/images/11313.pdf S. 45f; *Noack* DB 2002, 620 (624); *Hüffer* § 118 Rn 7; a.A.: *Hirte* in FS Buxbaum 2000 S. 283 (290), der das Stimmrecht eben nicht als versammlungsgebundenes Recht i.S.d. § 118 I AktG ansieht

519 *Noack* in Noack/Spindler Unternehmensrecht S. 20

520 *Habersack* ZHR 165 (2001), 172(181); vgl. *Hüffer* § 118 Rn 12; *Riegger/Mutter* ZIP 1998, 637 (638f);

521 *Hasselbach/Schumacher* ZGR 2000, 258 (260ff) die eine Online-Teilnahme von Aktionären an einer Hauptversammlung auch ohne Satzungsbestimmung als zulässig ansehen

522 *Habersack ZHR 165 (2001), 172, 180; Zätsch/Gröning NZG 2000, 393 (395f); Riegger*/Mutter ZIP 1998, 637 (639,640); *Noack* ZGR 1998, 592 (600); a.A.: aber *Noack* in BB 1998, 2533 (2535); a.A.: *Hirte* in FS Buxbaum 2000, 283 (28ff)

ee) *Ausübung des Stimmrechtes durch Dritte*

aaa) Gesetzliche Vertreter / Bevollmächtigte

aaaa) Person des Vertreters

Ein Aktionär muss nicht persönlich in einer Hauptversammlung auftreten und selbst von seinem Stimmrecht Gebrauch machen. Vielmehr kann er gemäß § 134 III AktG sein Stimmrecht über seinen gesetzlichen Vertreter oder einen Bevollmächtigten i.S.d. § 164 BGB ausüben lassen, der selbst Aktionär der Gesellschaft sein kann, es aber nicht sein muss. Hinsichtlich der Person des Vertreters gibt es keine gesetzlichen Einschränkungen (siehe Teil 2 D I 2 c). Dieser Vertreter muss allerdings vom Rechtsinhaber bevollmächtigt sein. Nimmt ein vollmachtloser Vertreter an den Abstimmungen teil und ist die Abgabe dieser Stimmen für das Abstimmungsergebnis mit kausal, so ist der Beschluss anfechtbar.[523]

bbbb) Vollmacht

Für die Vollmacht des Vertreters war früher gem. § 134 III AktG a.F. die Schriftform nach § 126 BGB zwingend erforderlich, wobei die Vollmachtsurkunde der Gesellschaft vorzulegen war und außer in den Fällen des § 135 IV AktG a.F. in deren Verwahrung blieb. § 135 IV AktG a.F. begründete für Kreditinstitute, Aktionärsvereinigungen und „geschäftsmäßige Stimmrechtsvertreter" insoweit eine Erleichterung gegenüber der Regel des § 134 III AktG a.F., als dass ein Vorlegen der Vollmachtsurkunde bei der Gesellschaft dann nicht erforderlich war, wenn das Stimmrecht „im Namen dessen, den es angeht" und nicht im Namen des Aktionärs ausgeübt wurde. Diese Stimmrechtsausübung „im Namen dessen, den es angeht" war auf Inhaberaktien beschränkt, bei Namensaktien war gem. § 135 VII AktG eine Stimmrechtsausübung möglich, wenn der Gesellschaft eine schriftliche Vollmacht mit Nennung des Aktionärs „in dessen Namen aufgrund einer schriftlichen Vollmacht " zur Aufbewahrung vorgelegt wurde.[524]

Ein generelles Schriftformerfordernis wird heute aber gerade im Hinblick auf die Bedürfnisse einer weltweiten Aktionärsstruktur als nicht mehr zeitgemäß erachtet. § 134 III 2 AktG n.F. sieht zwar immer noch die Schriftform für die Stimmrechtsvollmacht vor, doch wurde nunmehr die Möglichkeit eingeführt, durch die Satzung Erleichterungen hierzu zu schaffen. Zulässig sind also z.B.

---

523 *Semler* Mü Hdb § 38 Rn 50

524 Vgl. *Than* in FS Peltzer 2001 S. 577 (584f, 587); hierzu auch *Semler* in Mü Hdb AktG § 38 Rn 50

Fernschreiben, Fax, Computerfax, E-Mail und ähnliche Medien. Das bisherige Erfordernis, eine Vollmachtsurkunde der Gesellschaft vorzulegen, die dann in deren Verwahrung bleibt, ist entfallen. Lediglich Erklärungen über die Bevollmächtigung von der Gesellschaft benannter Stimmrechtsvertretern müssen gem. § 134 III 3AktG n.F. von der Gesellschaft drei Jahre lang nachprüfbar festgehalten werden.[525]

Diese Formlockerungen bieten sowohl kleinen als auch größeren börsennotierten Gesellschaften die Möglichkeit zu „maßgeschneiderten innovativen Lösungen".[526] So wird dem Aktionär heute mit den Neuregelungen des NaStraG schon eine „elektronische Briefwahl" ermöglicht. Dies kann sehr komfortabel gehandhabt werden, doch ist hierbei auf eine sichere Verschlüsselung des Datenaustausches und eine entsprechende vorherige Identifizierung des Aktionärs zu achten (siehe Teil 1 C II 2 g bb; Teil 1 C II 2 h).[527] Es muss zwar vor dem Hintergrund der §§ 118 I, 23 V AktG immer noch ein durch den Aktionär Beauftragter unmittelbar vor Ort sein, doch gewährt die offene Form der neuen §§ 121ff und 133ff AktG eine sehr flexible Handhabung, die das genaue Vorgehen größtenteils in das Belieben der Gesellschaft und der mit der Vertretung der Aktionäre befassten Institutionen stellt.[528]

bbb) Von der Gesellschaft benannte Stimmrechtsvertreter

In § 134 III 3 AktG ist heute von der Möglichkeit einer Einsetzung von der Gesellschaft selbst benannter Stimmrechtsvertreter die Rede. Diese Stimmrechtsvertreter können sogar Mitarbeiter der Gesellschaft sein.[529]

Es war allerdings über längere Zeit umstritten, ob eine Vollmachtserteilung an die Gesellschaft oder ihre Organe wegen des potenziellen Interessenkonfliktes überhaupt zulässig ist.[530] Der Aktionär kann zwar grundsätzlich Personen seiner

---

525 *Habersack* ZHR 165 (2001) 172 (176); *Than* in FS Peltzer 2001 S. 577 (590), *Henn* Hdb Rn 709; vgl. auch *Goedecke/Heuser* BB 2001, 369(371), *Noack* ZIP 2001, 57

526 *Than* in FS Peltzer 2001 S. 577 (590f); vgl. auch *Noack* http://www.jura.uni-duesseldorf.de/service/hv/faz.htm

527 Eine Abbildung/Screenshot von Internetweisungen und Abstimmungsformularen findet sich bei *Zuther* in Semler/Volhard Arbeitshandbuch Rn I B 590ff

528 *Habersack* ZHR 165 (2001), 172 (181f); *Goedecke/Heuser* BB 2001, 369 (373)

529 Näher *Riegger* ZHR 165 (2001), 204 (213); *Noack* in Noack/Spindler Unternehmensrecht S. 22; *Seibert* ZIP 2001, 53 (56); *Noack* ZIP 2001, 57 (61); *Bunke* in Zetzsche S. 21, 23ff; *Fuhrmann/Göckeler/Erkens* in Zetzsche S. 105f; vgl. hierzu OLG Karlsruhe ZIP 1999, 750 (752f)

530 Vgl. *Goedecke/Heuser* BB BB 2001, 369 (371); *Noack* in FS Marcus Lutter 2000 S. 1463 (1475); vgl. zu dieser Diskussion eingehender *Hüther* AG 2001, 68 (70ff);

Wahl zur Ausübung seines Stimmrechtes bevollmächtigen, nur sind ihm aus dem Rechtsgedanken des § 136 II AktG heraus dazu auch Grenzen gesetzt. Die Willensbildung einer Aktiengesellschaft darf sich hiernach nicht so gestalten, dass die Gesellschaft selbst oder ihre Organe Stimmrechte für Aktionäre ausüben.[531] Dies steht auch in Zusammenhang mit den Regelungen der §§ 71b, 71d 2, 4 AktG, wonach die AG aus gebundenen Aktien keine mitgliedschaftlichen Rechte wahrnehmen darf. Das Gesetz will unterbinden, dass der Verwaltung zu viel Einfluss auf die Willensbildung zu Lasten der Kapitalgeber zukommt.[532]

Daher ist es durchaus fraglich, ob in der Benennung von Stimmrechtsvertretern durch die Gesellschaft selbst eine Gefahr dahingehend gesehen werden kann, dass der Vorstand auf diese Weise entgegen § 136 II AktG ihm genehme Abstimmungsergebnisse herbeiführen könnte. Hiergegen wird aber angeführt, dass das Angebot der Gesellschaft an den Aktionär, eine bestimmte Person als Stimmrechtsvertreter für ihn zur Verfügung zu stellen, als eine konkludente Erklärung in der Weise zu verstehen ist, dass die Gesellschaft keine Beeinflussung der Ausübung des Stimmrechts der Aktionäre durch eben diesen Stimmrechtsvertreter vornehmen wird und diesem auch insbesondere nicht durch ein eventuelles Weisungsrecht aus der Stellung eines des Arbeitgebers heraus Vorgaben zur Stimmrechtsausübung machen wird.[533]

Hierzu wurde von Teilen der Rechtssprechung und Literatur zum alten Recht schon eine analoge Anwendung des § 135 I 2 AktG a.F. vorgeschlagen, wonach von der Gesellschaft benannte Stimmrechtsvertreter eine Stimmrechtsausübung lediglich soweit vornehmen dürfen, wie sie von dem jeweiligen Aktionär eine ausdrückliche Weisung zu einzelnen Tagesordnungspunkten erhalten haben.[534] Diese Idee stieß aber auch im Hinblick auf den Charakter des § 135 I 2 AktG als nicht analogiefähige Ausnahmeregelung bzgl. der Ausübung des Depotstimmrechtes einer Aktienbank in eigener Hauptversammlung auf dogmatische Bedenken.[535]

Hüffer § 134 Rn 26ff; *Klawitter* in Noack/Spindler Unternehmensrecht S. 42f; vgl. hierzu *Zöllner* in FS Westermann 1974 S. 603ff

531 Vgl. *Hüffer* § 134 Rn 26; *Semler* in Mü Hdb AktG § 38 Rn 52; *Möhring* in FS Geßler 1971 S. 127 (133ff)

532 Vgl. hierzu *Habersack* ZHR 165 (2001), 172 (185ff), der sich aber kritisch hierzu und zu dem US-amerikanischen Proxy-Voting äußert und dieses mit dem deutschen System vergleicht; vgl. auch *Wohlwend* S. 26ff;

533 *Riegger* ZHR 165 (2001) 204 (213)

534 *Noack* ZIP 2001, 57 (62); vgl. *Lommartzsch* in Zetzsche S. 37f; näher *Hüther* AG 2001, 68 (71ff); *Riegger* ZHR 165 (2001), 204 (214); *Klawitter* in Noack/Spindler Unternehmensrecht S. 43; Telekom-Fall LG Baden-Baden ZIP 1998, 1308 (1310f) und OLG Karlsruhe ZIP 1999, 750 (752f)

535 *Riegger* 165 (2001), 204 (214)

Art. 1 Nr. 13b NaStraG hat § 134 III 3 AktG nun aber auch ausdrücklich derart geändert, dass eine dem amerikanischen „Proxy-Voting" vergleichbare Situation möglich wird.[536] Nach § 134 III 3 AktG ist es der Aktiengesellschaft damit heute ausdrücklich erlaubt, Stimmrechtsvertreter zu benennen, die von den Aktionären bevollmächtigt werden können, so dass dieses Rechtsinstitut zulässig ist und seine generelle Ablehnung mit der heutigen Gesetzeslage nicht mehr vereinbar ist.[537]

Eine wirksame Stellvertretung durch von der Gesellschaft eingesetzte Stimmrechtsvertreter setzt aber voraus, dass der Aktionär ausdrückliche und konkrete Einzelweisungen erteilt hat, anhand derer der Stimmrechtsvertreter das Stimmrecht zu den einzelnen Gegenständen der Beschlussfassung auszuüben hat oder dass es dem Aktionär bekannt ist, wie der Stimmrechtsvertreter abstimmen würde, wenn ihm keine besonderen Weisungen des Aktionärs vorliegen.[538]

Das Erfordernis der ausdrücklichen Weisung ist zwar nicht dem Wortlaut des § 134 III 3 AktG direkt zu entnehmen, doch wurde mit der Neufassung genau diese Absicht verfolgt, die im Anschluss an den „Telekomfall"[539] auftretende Praxis zu legitimieren.[540]

Wenn all dies gewährleistet ist, bleibt es letztlich gleich, ob nun die Gesellschaft selbst, einer ihrer Angestellten oder ein von ihr bezahlter Dritter als Stimmrechtsvertreter der Aktionäre auftritt. Es muss im Ergebnis nur ausgeschlossen sein, dass die Verwaltung durch von ihr abhängige Personen auf einen „inhaltlich offenen Stimmrechtspool in der eigenen Hauptversammlung" zurückgreifen kann.[541]

---

536 *Noack* ZIP 2001, 57 (61f); *Seibert* ZIP 2001, 53 (55f); *Habersack* ZHR 165 (2001), 172 (186); auch schon *Riegger/Mutter* ZIP 1998, 637 (639); zum Proxy Stimmrecht allgemein und zum amerikanischen Vorgehen vgl. schon *Möhring* in FS Geßler 1971 S. 127ff; *Hüther* S. 129ff; vgl. aktuell *Claussen* AG 2001, 161 (169), der in dem Stimmrechtsvertretermodell einen Einzug des Proxy-Voting in das deutsche Aktienrecht sieht; hierin erkennt *Hüther* AG 2001, 68 (69, 70ff) jedoch eine ungenaue Übersetzung, da die proxy im amerikanischen Recht eine Vollmacht zur Wahrnehmung der Aktionärsrechte in der Hauptversammlung darstelle, die aber auch an jede andere Person erteilt werden könne. Zu einer näheren Darstellung des amerikanischen Systems vgl. auch eingehend *Spindler/Hüther* RIW 2000, 329 (330ff); *Preissler* WM 2001, 113 (115f)

537 Hüffer § 134 Rn 26a,b

538 *Noack* http://www.jura.uni-duesseldorf.de/service/hv/faz.htm; *Riegger* ZHR 165 (2001), 204 (214); *Hüffer* § 134 Rn 26b; *Noack* ZIP 2001, 57 (62)

539 LG Baden-Baden ZIP 1998, 1308ff; OLG Karlsruhe ZIP 1999, 750ff

540 *Hüffer* § 134 Rn 26b

541 *Riegger* ZHR 165 (2001), 204 (214); *Noack* http://www.jura.uni-duesseldorf.de/service/hv/faz.htm; *Noack* ZIP 2001, 57 (62)

Durch das Erfordernis der Einzelweisung verliert die Person des Stimmrechtsvertreters im Gegenzug allerdings auch wieder an Bedeutung, doch wird sie nicht unerheblich. Bei einem solchen Vorgehen ist es somit empfehlenswert, bei der Auswahl der Person auf externe Vertreter oder solche Mitarbeiter zurückzugreifen, denen Professionalität und Abstand gegenüber den Wünschen des Vorstandes zugetraut werden darf. Organe oder Organmitglieder sind für diese Aufgabe hingegen ungeeignet.[542]

Somit steht den Gesellschaften spätestens mit Inkrafttreten des NaStraG die Möglichkeit zur Verfügung, eigene Mitarbeiter oder auch selbständige Dritte als Stimmrechtsvertreter einzusetzen. Werden die von der Aktiengesellschaft benannten Stimmrechtsvertreter dann bevollmächtigt, so muss die Gesellschaft die Vollmachtserklärung nach § 134 III 3 1. HS AktG drei Jahre lang nachprüfbar festhalten.[543]

aaaa) Bevollmächtigung

Der von einer Gesellschaft benannte Stimmrechtsvertreter ist von der Gesetzessystematik her als ein Vertreter nach § 134 AktG zu sehen.[544] Daher kann auch seine Bevollmächtigung in einer anderen Form als der Schriftform nur dann erfolgen, wenn die Satzung eine solche Formerleichterung auch vorsieht (§ 134 III 2 AktG). Ist dies geschehen, so ist es problemlos zulässig, diesen Stimmrechtsbevollmächtigten per Telefax oder auch E-Mail oder Internetformularen Stimmrechtsvollmachten zuzusenden, sofern ihre Aufbewahr- oder Speichermöglichkeit nach § 134 III 3 AktG für mindestens drei Jahre gewährleistet ist.[545] Dem Aktionär kann zusammen mit den an ihn gerichteten Einladungsmaterialien, wie Einladungsschreiben mit Tagesordnung und Mitteilungen (siehe Teil 2 C II) ein erweitertes Formular beigelegt werden, das eine Vollmachtserteilung an die von der Gesellschaft benannten Stimmrechtsvertreter vorsieht und Optionen für eine Weisungserteilung anbietet. Zusammen mit diesen Unterlagen kann dem Aktionär neben dem aus dem Aktienregister entnommenen Aktionärsnummer ein Pin-Code zur Legitimation für einen Internetzugang zur Online-Weisungserteilung zugeteilt werden.[546]

---

542 *Hüffer* § 134 Rn 26b

543 *Hierzu* näher Hüffer § 134 Rn 26c

544 *Goedecke/Heuser* BB 2001, 369 (371)

545 *Than* in FS Peltzer 2001 S. 577 (591); *Bunke* in Zetzsche S. 26ff; *Fuhrmann/Göckeler/Erkens* in Zetzsche S. 107f

546 *Klawitter* in Noack/Spindler Unternehmensrecht S. 43f; Vgl. Vorgehen der Deutschen Bank AG 2001 und 2002

bbbb) Weisungserteilung

Die Einzelweisung zur Abstimmung über einzelne Tagesordnungspunkte kann der Aktionär dem Stimmrechtsvertreter direkt über das Internet erteilen. Dies kann er bequem mit einer E-Mail oder noch besser mit einem von der Gesellschaft oder dem Stimmrechtsvertreter erstellten Bildschirmformular tun. Dieses Bildschirmformular muss wie andere herkömmliche Vollmachtsformulare in Papierform auch einen Hinweis enthalten, dass der Stimmrechtsvertreter im Sinne der Vorschläge der Verwaltung stimmen wird, wenn der Aktionär keine anderen Weisungen erteilt hat.[547]

cccc) Weisungserteilung während der Hauptversammlung

Diese Möglichkeit, der Online-Weisungserteilung führt direkt zu der Frage, auf welche Weise bei einer Tele-Hauptversammlung ein von der Gesellschaft eingesetzter Stimmrechtsvertreter es einem nicht körperlich anwesenden aber vertretenen Aktionär ermöglichen kann, auch noch kurzfristig auf das Geschehen in der Hauptversammlung zu reagieren. Der von der Gesellschaft eingesetzte Stimmrechtsvertreter repräsentiert den Aktionär auf der Präsenzversammlung als dessen Bevollmächtigter. Der Aktionär selbst verfolgt nach entsprechender Legitimation über eine von der Gesellschaft erstellte Homepage via Internet die Hauptversammlung und erteilt seinem Bevollmächtigten die Weisungen. Diese Weisungen kann er vom Verlauf der Hauptversammlung abhängig machen und sie ebenfalls per Telefon, E-Mail oder über das Internet erst kurz vor der Abstimmung erteilen, so dass der Bevollmächtigte dann dementsprechend das Stimmrecht ausüben kann. Werden während der Hauptversammlung neue Anträge oder Veränderungen der angekündigten Tagesordnung vorgenommen, so kann der Stimmrechtsvertreter diese in das Abstimmungsformular einarbeiten und dem Aktionär entsprechend über Internet zukommen lassen.[548] Der Aktionär muss aber spätestens zu Beginn der jeweiligen Abstimmung seine Weisung dem Stimmrechtsvertreter übersendet haben.[549] Gesellschaften mit einem kleineren Personenkreis könnten es zudem den Aktionären ermöglichen, untereinander vor

---

547 *Riegger* ZHR 165 (2001), 204 (214); Abdruck eines Formblattes bei *Kümpel* BUB 8/300; vgl. hierzu Telekom-Fall LG Baden-Baden ZIP 1998, 1308 (1310f) OLG Karlsruhe ZIP 1999, 750 (752f); vgl. *Seibert* Begründung RegE NaStraG ZIP 2000, 937 (944)

548 *Noack* in Noack/Spindler Unternehmensrecht S. 25f; *Habersack* ZHR 165 (2001), 172 (182f); *Goedecke/Heuser* BB 2001, 369 (373); *Noack* in FS Lutter 2000 S. 1463 (1480ff)

549 *Klawitter* in Noack/Spindler Unternehmensrecht S. 46

einer Abstimmung zu kommunizieren und von ihnen gemeinsam eingesetzte Vertreter zu einem Abstimmverhalten zu „instruieren". Bei größeren Gesellschaften wäre es denkbar, dass diese neben der eigentlichen Hauptversammlung, die am Sitz der Gesellschaft abgehalten wird und bei der die Mitglieder des Vorstandes und der beurkundende Notar anwesend sind, auch kleinere Satellitenveranstaltungen anbieten, in denen die jeweiligen Teilnehmer nach vergleichbarer Legitimation die Hauptveranstaltung über Internet live verfolgen und auch hier ihre Weisungen zur Stimmrechtsausübung dann einem Bevollmächtigten zukommen lassen.[550]

Die einfache Erteilung der Weisung über Bildschirmformulare oder die Weisungsmasken erlaubt es dem Aktionär hierbei, über eine Art Internet-Screen nach herkömmlichem Vollmachtsvordruck seine Weisungen so anzuklicken, als würde er auf einem Papierformular ein Kästchen manuell ankreuzen.[551] Der Aktionär kann seine Abstimmungswünsche nach dem letzten Kenntnisstand der Hauptversammlung treffen. So führt die Weisungserteilung via Internet zu einer „just in time" Weisung an den Stimmrechtsvertreter und dem Aktionär wird somit über das Internet die einzigartige Möglichkeit gegeben, an der Abstimmung so teil zu nehmen als wäre er selbst in der Versammlung anwesend. Auf diese Art kann er den Willensbildungsprozess der Gesellschaft wie ein Anwesender aktiv mitgestalten.[552] Dies ist insbesondere eine logische Weiterentwicklung für solche Namensaktionäre, die ihr Depot sowieso online führen.[553]

Die Weisungen des Aktionärs, die bei der Gesellschaft eingehen, werden auf einem „Weisungsserver" mit der entsprechenden Aktionärsnummer zusammen gespeichert, so dass sie immer dem richtigen Aktionär zugewiesen werden können und die Stimmabgabe dokumentiert werden kann. Die Gesellschaft muss dann die erforderlichen Sicherheitsvorkehrungen, wie z.B. Firewalls, treffen, um Manipulationen der eingegangenen Weisungen von außen auf dem Weisungsserver zu verhindern (siehe Teil 1 C II 2 g). Auch gegen Angriffe von innen sind entsprechende Vorkehrungen zu treffen. So kann ein solches System gewählt werden, das lediglich zwei Mitarbeitern Zugriff gewährt und alle Eingriffe in den Datenbestand aufzeichnet. Die beiden Mitarbeiter, die Zugriff auf den Datenbestand haben, sollten jedoch nicht mit der Software des Weisungsservers und der Erstellung der Weisungstabellen vertraut sein und die Stimmrechtsver-

---

550 *Habersack* 165 (2001), 172 (183); vgl. *Noack* BB 1998, 2533 (2534f); *Riegger/Mutter* ZIP 1998, 637 (640); *Noack* in Noack/Spindler Unternehmensrecht S. 32ff

551 *Claussen* AG 2001, 161 (170); *Klawitter* Noack/Spindler Unternehmensrecht S. 44f

552 *Claussen* AG 2001, 161 (170) *Noack* in FS Marcus Lutter 2000 S. 1463 (1481f)

553 *Habersack* ZHR 165 (2001), 172 (184)

treter selbst sollten über keinen technischen Zugang zum Weisungsserver verfügen.[554]

Diese Art der Abstimmung mit moderner Kommunikationstechnologie ist generell zwischen einem Aktionär und jedem beliebig von ihm bevollmächtigten Vertreter denkbar. Besonders geeignet für ein solches Zusammenspiel zwischen Aktionär und Stimmrechtsvertreter sind aber die geschilderten von der Gesellschaft eigens eingesetzten Stimmrechtsvertreter. Da die großen Publikumsgesellschaften zunehmend auf Namensaktien umgestellt haben und daher selbst nach §§ 125 I 1, II Nr. 3 AktG n.F. ihren Aktionären die Einberufung zur Hauptversammlung zukommen lassen müssen, können sie hierbei bestens auf die Möglichkeit der Stimmrechtsausübung durch einen von der Gesellschaft eingesetzten Stimmrechtsvertreter hinweisen. Darüber hinaus kann die Gesellschaft die für ein Proxy-Voting erforderliche Infrastruktur den von ihr ernannten Stimmrechtsvertretern direkt und am besten zur Verfügung stellen.[555]

Die OECD-Grundsätze der Corporate Governance empfehlen auch eine derartige Vorgehensweise. Dennoch besteht keine Verpflichtung der Gesellschaft, eine solche Form der Teilnahme auch in die Tat umzusetzen.[556]

Wird von der Gesellschaft aber kein Mitarbeiter sondern ein geschäftsmäßig handelnder Stimmrechtsvertreter eingesetzt, so ist dieser über § 135 IX Nr.3 AktG i.V.m. § 135 I -VIII AktG nach den Regeln der Bevollmächtigung von Kreditinstituten zu behandeln.[557]

aaaaa) Zwischenergebnis:

Mit der gesetzlichen Normierung in § 134 III 3 AktG ist es heute problemlos möglich, dass eine Gesellschaft ähnlich dem US-amerikanischen Proxy-Voting Stimmrechtsvertreter benennt, die von den Aktionären individuell zur Stimmrechtsausübung bevollmächtigt werden und mit konkreten Einzelweisungen versehen werden. Es muss hierbei nur gewährleistet sein, dass die Verwaltung in keiner Weise auf die Arbeit dieser Stimmrechtsvertreter Einfluss nehmen kann und so eine Stimmabgabe „manipuliert" wird. Durch die Lockerungen des § 128 II 5 AktG können diesen Stimmrechtsvertreter die Einzelweisungen neben dem herkömmlichen schriftlichen Weg nun auch mit modernen Kommunikationsmitteln und hier durch die ausdrücklich vom Gesetz genannten Bildschirmfor-

---

554 *Klawitter* in Noack/Spindler Unternehmensrecht S. 45

555 *Goedecke/Heuser* BB 2001, 369 (373); *Noack* ZIP 2001, 57 (61f); *Habersack* ZHR 165 (2001), 172 (184)

556 Näher *Riegger* ZHR 165 (2001), 204 (215); vgl. *Seibert* AG 1999, 337 (344) Ziff. I C 3

557 Hierzu *Habersack* ZHR 165 (2001), 172 (182)

mulare übermittelt werden. Dies kann sogar mit einer Online-Verbindung so geschehen, dass der via Internet zugeschaltete Aktionär die Hauptversammlung verfolgt und dem vor Ort anwesenden Stimmrechtsvertreter dann seine Weisungen zur Stimmrechtsausübung „just in time" nach Beurteilung der Geschehnisse der Hauptversammlung übersendet und dadurch wie ein Anwesender abstimmt. Für ein solches Vorgehen bieten sich von der Gesellschaft eigens benannte Stimmrechtsvertreter geradezu an, da die Gesellschaft für diese die geeigneten Infrastrukturen bereitstellen kann und ein Einbinden von gesellschaftsfremden Dritten in das vollelektronische System der Hauptversammlungsabwicklung praktisch wohl eher unwahrscheinlich ist.

ccc) Bankenstimmrecht[558]

Ein Aktionär kann nach § 135 I AktG sein Stimmrecht auch durch Kreditinstitute oder eine ihnen gem. § 135 IX AktG gleichgestellten Person, also vor allem Aktionärsvereinigungen[559] oder geschäftsmäßig Handelnde,[560] ausüben lassen.[561]

aaaa) Bevollmächtigung / Weisungserteilung

Auch das Kreditinstitut darf aus fremden Aktien das Stimmrecht gem. § 135 I 1 AktG nur ausüben, wenn es hierzu vom Aktionär bevollmächtigt wurde. Soll es die Stimmrechte aus Namensaktien ausüben, die ihm nicht gehören, als deren Inhaber es allerdings im Aktienregister eingetragen ist, so ist hierfür gem. § 135 VII AktG eine Ermächtigung erforderlich.

Auch hier wurde das Schriftformerfordernis für die Bevollmächtigung und die Weisungserteilung nach § 128 AktG a.F. aufgehoben. Unabhängig davon, ob der Aktionär über Namensaktien oder Inhaberaktien verfügt, bedarf die Stimmrechtsvollmacht nach § 135 I 1 AktG in heutiger Fassung also keiner besonderen Form mehr und die Weisungserteilung zu den einzelnen Tagesordnungspunkten kann gem. § 128 II 5 AktG ausdrücklich mit Formblättern oder Bildschirmfor-

---

558 Auch Depot- oder Auftragsstimmrecht genannt

559 Hierzu *Noack* in FS Lutter 2000 S. 1463 (1469f)

560 Vgl. hierzu *Habersack* ZHR 165 (2001), 172 (182); *Noack* in FS Lutter 2000, 1463 (1472ff)

561 *Than* in FS Peltzer 2001 S. 577 (587f); näher *Hüffer* § 135 Rn 3; *Eckardt* in Geßler/Hefermehl § 135 Rn 5ff; zu der hieraus erwachsenden erheblichen Stimmrechtsmacht der Kreditinstitute und die kritischen Stimmen hierzu vgl. *Semler* in Mü Hdb AktG§ 38 Rn 53

mulare durchgeführt werden (siehe Teil 2 C II 2 b).[562] Für diese Erleichterungen ist anders als bei § 134 III 2 AktG sogar noch nicht einmal ein ausdrücklicher Verzicht auf die Schriftform durch die Satzung erforderlich.[563]

§ 135 IV 1, 2 AktG bietet für die Ausübung der Vertretungsmacht nunmehr neben der üblichen Stimmabgabe nach § 164 I BGB im Namen des Aktionärs auch die Stimmabgabe „im Namen dessen, den es angeht" an, bei der unter Wahrung der Anonymität des Aktionärs lediglich dargelegt wird, dass das Kreditinstitut überhaupt als Vertreter auftritt, die Identität des Vertretenen jedoch nicht offengelegt wird.[564]

bbbb) Legitimation

Ein Kreditinstitut muss sich gegenüber der Gesellschaft legitimieren, wenn es Stimmrechte von Aktionären ausüben will. Die hierzu vormals nach § 135 IV 3 AktG erforderlichen Urkundenvorlagen sind durch Art. 1 Nr. 14c aa NaStraG aufgehoben worden.[565] Nach § 135 IV 3 AktG n.F. ist zum Nachweis der Stimmberechtigung keine Vorlage der Vollmachtsurkunde, der Aktien oder von Hinterlegungsbescheinigungen mehr erforderlich, egal ob Namensaktien oder Inhaberaktien vertreten werden. Es genügt die Erfüllung der in der Satzung für die Ausübung des Stimmrechts vorgesehenen Erfordernisse.[566]

cccc) Dokumentation

Die wichtige Dokumentationsfunktion bleibt weiter bestehen. Im Hinblick auf § 29 II KWG ist das Kreditinstitut nach § 135 II 4 AktG und werden über § 135 IX AktG auch die ihm Gleichgestellten genau wie die von Gesellschaften benannten Stimmrechtsvertretern nach § 134 III 3 AktG zu einem nachprüfbaren Festhalten der vollständigen Vollmachtserklärung verpflichtet, die nur mit der Stimmrechtsausübung verbundene Erklärungen enthalten darf (§ 135 II 3, 4

---

562 *Than* in FS Peltzer 2001 S. 577 (592); vgl. Begründung RegE BT-Drucks 14/4051 S. 14 zu § 128 AktG

563 *Hüffer* § 135 Rn 6; *Than* in FS Peltzer 2001 S. 577 (590); *Noack* ZIP 2001, 57; zur Kritik, warum im Gegensatz zu dem Bankenstimmrecht bei der Bevollmächtigung einer Privatperson nach § 134 III AktG das Schriftformerfordernis nur dann entfallen könne, wenn dies die Satzung so vorsieht, wenngleich eine Verschärfung der Form verwehrt wird vgl. *Spindler* ZGR 2000, 420 (431f)

564 *Hüffer* § 135 Rn 16; BGH NJW 1995, 1739

565 *Hüffer* § 135 Rn 17

566 *Habersack* ZHR 165 (2001), 172 (176f)

AktG).[567] Ein solches nachprüfbares Festhalten ist allerdings nicht bei flüchtigen Erklärungen möglich, so dass eine telefonische Erklärung einer Depotvollmacht nur dann wirksam ist, wenn sie – mit Einverständnis des Vertretenen – auf Tonband festgehalten wird. Bei einer elektronisch erteilten Vollmacht, z.B. über ein Bildschirmformular nach § 128 V AktG, liegt ein nachprüfbares Festhalten vor, wenn sie auf einem Datenträger gespeichert und entsprechend lang aufbewahrt wird.[568] (Zu einer Verifizierung des Auftraggebers siehe Teil 1 C II 2 g bb ccc; Teil 1 C II 2 h)

dddd) Zwischenergebnis zu ccc:

Auch im Bereich des Bankenstimmrechtes können neue Medien schon heute zum Einsatz kommen. Das Entfallen der Formerfordernisse des § 135 AktG bzgl. der Vollmachtserteilung, die Möglichkeit der Verwendung von Bildschirmformularen nach § 128 II 5 AktG und der Wegfall des Schriftformerfordernisses bei der Weiterleitung nach § 128 III AktG a.F. bewirken eine Erleichterung der Kommunikation zwischen Aktionär und Kreditinstitut und somit eine erhebliche Vereinfachung der Stimmrechtsausübung via Depotstimmrecht. Aktionäre können so ihre in § 135 AktG geregelten Vollmachten und die Weisungen nach § 128 II 5 AktG an Kreditinstitute und ihnen gleichgestellte Personen ohne Einhaltung besonderer Formerfordernisse erteilen, wobei alle möglichen Formen der Kommunikation durch diese offene Regelung mit erfasst werden.[569]

ff) Feststellen des Abstimmungsergebnisses / Mehrheiten

aaa) Mehrheiten

Soweit das Gesetz oder die Satzung keine größere Mehrheit oder weitere Erfordernisse bestimmen, bedürfen Beschlüsse nach § 133 I AktG lediglich der einfachen Mehrheit der abgegebenen Stimmen. Als „abgegebene Stimmen“ werden nur „Ja“- oder „Nein“-Stimmen angesehen. Stimmenthaltungen oder ungültige Stimmen finden keine Berücksichtigung bei der Ergebnisfeststellung. Die einfache Mehrheit ist dann erreicht, wenn die Zahl der gültigen Ja-Stimmen die der

567 Hierzu *Spindler* ZGR 2000, 420 (430); *Goedecke/Heuser* BB 2001, 369 (371); *Hüffer* § 135 Rn 6; näher *Than* in FS Peltzer 2001 S. 577 (591)

568 *Noack* ZIP 2001, 57 (57f); vgl. *Than* in FS Peltzer 2001 S. 577 (591)

569 *Habersack* ZHR 165 (2001), 172 (177, 182); *Goedecke/Heuser* BB 2001, 369 (371); *Spindler* ZGR 2000,420 (430); vgl. *Noack* ZIP 2001, 57 (57f)

gültigen Nein-Stimmen um wenigstens eine übertrifft.[570] Verlangt das Gesetz die Kapitalmehrheit (vgl. § 179 II AktG), so ist darunter die Mehrheit des bei der Beschlussfassung vertretenen Grundkapitals zu verstehen. Sie stellt jedoch keine Alternative zur einfachen Stimmenmehrheit sondern ein zusätzliches Erfordernis dar, so dass die Kapitalmehrheit zur einfachen Mehrheit hinzukommen muss.[571] Darüber hinaus gibt es für verschiedene Bereiche eine vorgeschriebene Dreiviertelmehrheit der abgegebenen Stimmen und weitere Erfordernisse, wie bspw. Stimmenquoren zum Minderheitenschutz. Diese Quoren sind zu einem großen Teil zwingend, können aber manchmal durch Satzung noch verschärft, allerdings nicht abgeschwächt werden. In manchen Punkten kann durch die Satzung aber auch jede andere Mehrheit vorgesehen werden.[572]

bbb) Ergebnisermittlung

Es ist Aufgabe des Hauptversammlungsleiters, das Abstimmungsergebnis korrekt zu ermitteln und anschließend die Annahme bzw. die Ablehnung des Beschlusses festzustellen (siehe Teil 2 D II 2). Vor allem in größeren Hauptversammlungen kann sich das aber durchaus als problematisch erweisen, da sich gem. § 134 I 1 AktG die Stimmkraft der Aktionäre nicht nach Köpfen, sondern nach Aktiennennbeträgen bzw. bei Stückaktien nach der Stückzahl bemisst.[573]

Zur Ermittlung des Abstimmergebnisses kommen zwei Vorgehensweisen in Betracht, das Additions- oder das Subtraktionsverfahren. Wenn sich Satzung und Geschäftsordnung ausschweigen, bestimmt der Versammlungsleiter, welches Verfahren zur Anwendung kommt.[574]

aaaa) Additionsverfahren

Bei dieser Vorgehensweise findet eine getrennte Auszählung der abgegebenen „Ja"- und „Nein"-Stimmen statt. Stimmenthaltungen brauchen nicht mitgezählt zu werden, da sie nicht als abgegebene Stimmen gelten und für ein Bestimmen der Mehrheit nicht ausschlaggebend sind. Dann wird durch Addition die genaue

---

570 *Richter* in Semler/Volhard Arbeitshandbuch Rn I D 161; *Volhard* in Semler/Volhard Arbeitshandbuch Rn I G 7; *Hüffer* § 133 Rn 12; BGH NJW 1995, 1739 (1743)

571 Näher *Volhard* in Semler/Volhard Arbeitshandbuch Rn I G 8; *Hüffer* § 133 Rn 13ff

572 Eingehender hierzu *Volhard* in Semler/Volhard Arbeitshandbuch Rn I G 9ff

573 *Stützle/Walgenbach* ZHR 155 (1991) 516 (535); *Richter* in Semler/Volhard Arbeitshandbuch Rn I D 162, *Eckardt* in Geßler/Hefermehl § 133 Rn 13; *Hüffer* § 133 Rn 22

574 *Max* AG 1991,77 (87); *Richter* in Semler/Volhard Arbeitshandbuch Rn I D 163f

Stimmzahl ermittelt.[575] Ein Vorteil des Additionsverfahrens ist, dass man mit seiner Hilfe die exakte Gesamtzahl der abgegebenen Stimmen und die Anzahl der „Ja"-Stimmen zuverlässig und ohne strikte Präsenzkontrolle ermitteln kann. Der Nachteil ist aber in der zeitlichen Dauer zu sehen, da sich die Stimmenauszählung vor allem bei größeren Hauptversammlungen lange hinziehen kann, so dass sich diese Methode eher bei kleineren Hauptversammlungen anbietet oder dann anzuwenden ist, wenn knappe Abstimmungsergebnisse zu erwarten sind.[576]

bbbb) Subtraktionsverfahren

Nach dieser Art der Ergebnisermittlung werden nur diejenigen Abstimmungsgruppen ausgezählt, die aller Voraussicht nach am kleinsten und somit am einfachsten zu bestimmen sind, nämlich zumeist die „Nein"-Stimmen und Stimmenthaltungen. Die Stimmenthaltungen werden von der Gesamtstimmenzahl aller Teilnehmer der Hauptversammlung, die sich wiederum aus dem Teilnehmerverzeichnis zum Abstimmungszeitpunkt ablesen lässt, abgezogen. Hieraus ergibt sich dann die Zahl der abgegebenen Stimmen. Anschließend werden zur Ermittlung der „Ja"-Stimmen die „Nein"-Stimmen von den abgegebenen Stimmen subtrahiert.[577] Dieses Verfahren beruht auf der Annahme, dass diejenigen Aktionäre den Beschlussantrag bejahen, die nicht mit „Nein" gestimmt haben und sich der Stimme auch nicht enthalten.[578] Ganz entscheidend für dieses Verfahren ist allerdings, dass die genaue Präsenz der Hauptversammlungsteilnehmer zur Zeit der Abstimmung stets konkret festgestellt worden ist.[579]

Das Subtraktionsverfahren zeichnet sich gegenüber dem Additionsverfahren durch seine große Praktikabilität aus. So bedarf seine Durchführung weniger

---

575 *Hüffer* § 133 Rn 23; *Zöllner* in Köln Komm § 133 Rn 54; *Richter* in Semler/Volhard Arbeitshandbuch Rn I D 165; *Pickert* in Semler/Volhard Arbeitshandbuch Rn I D 261ff ; näher hierzu und zur Zulässigkeit *Max* AG 1991,77 (87)

576 *Richter* in Semler/Volhard Arbeitshandbuch Rn I D 175; *Hüffer* § 133 Rn 23; *Zöllner* in ZGR 1974, 1 (5); *Zöllner* in Köln Komm § 133 Rn 57

577 Hierzu *Pickert* in Semler/Volhard Arbeitshandbuch Rn I D 253ff mit Kalkulationsbeispiel; *Max* AG 1991,77 (87); *Zöllner* in Köln Komm § 133 Rn 56; das Verfahren ist umstritten, doch von der h.M. als zulässig anerkannt zur Zulässigkeitsproblematik auch vor dem Hintergrund des Schweigens als Willenserklärung *Richter* in Semler/Volhard Arbeitshandbuch Rn I D 167ff; *Hüffer* § 133 Rn 24; *Semler* in Mü Hdb AktG § 39 Rn 28; OLG Frankfurt aM AG 1999, 231, 332; *Eckard* in Geßler/Hefermehl § 133 Rn 15,19; a.A.: OLG Karlsruhe obiter dictum ZIP 1991, 101 (107)

578 *Zöllner* in Köln Komm § 133 Rn 56; *Richter* in Semler/Volhard Arbeitshandbuch Rn I D 167; Zöllner ZGR 1974, 1(5f)

579 *Richter* in Semler/Volhard Arbeitshandbuch Rn I D 172; *Hüffer* § 133 Rn 24; LG Dortmund AG 1968, 390

Zeit, da nur die voraussichtlich kleineren Abstimmungsgruppen ausgezählt werden müssen. Des weiteren wird bei diesem Verfahren notwendigerweise die Anzahl der Stimmenthaltungen mit erfasst, so dass die Gesellschaft mehr über die Interessenlage der Aktionäre in Erfahrung bringen kann. Diese Vorgehensweise wird letztendlich für Beschlussfassungen mit großen Mehrheiten als geeigneter angesehen, doch wird von ihr bei Entscheidungen mit eher knappen Mehrheiten bzw. Kampfabstimmungen abgeraten, da in diesen Fällen eine fehlerhafte Stimmenzahlermittlung kausal für das Beschlussergebnis ist und somit die Anfechtungsgefahr erheblich steigt.[580]

Die Erstellung und Fortführung des Teilnehmerverzeichnisses wird heute größtenteils mit EDV-unterstützten Systemen durchgeführt und hat das manuelle Stimmenauszählen schon verdrängt. Der Einsatz dieser modernen Software ermöglicht es allen Gesellschaften, die Tagesordnungspunkte sowohl mit der Additionsmethode als auch mit der Subtraktionsmethode kostengünstig und schnell durchzuführen.[581]

ccc) Ergebnisverkündung

Das Ergebnis und die Art einer Abstimmung sowie die Feststellung über die Beschlussfassung muss vom Versammlungsleiter verkündet werden. Dies ist § 130 AktG indirekt zu entnehmen, da vor seiner Beurkundung die Feststellung des Ergebnisses nötig ist.[582] Die Feststellung der Beschlussfassung erfolgt mit konstitutiver Wirkung, so dass der Beschluss in der vom Versammlungsleiter festgestellten Form wirksam wird und der verkündete Inhalt auch dann als beschlossen gilt, wenn er vom Ergebnis der Abstimmung abweicht, es sei denn die Unrichtigkeit ist offensichtlich.[583] Um die Feststellung des gesamten Beschlussinhaltes zu verkünden, muss dieser in der Regel nicht vollständig wörtlich verlesen werden. Zumindest dann, wenn über den konkreten Beschlussinhalt hinreichende Klarheit bei den Aktionären besteht genügt vielmehr die Feststellung, dass der betreffende Antrag angenommen oder abgelehnt worden ist.[584]

---

580 Näher hierzu und zu einigen Nachteilen *Max* AG 1991, 77 (88); *Richter* in Semler/Volhard Arbeitshandbuch Rn I D 176ff; *Hüffer* § 133 Rn 24; *Semler* in Mü Hdb AktG § 39 Rn 28

581 Eingehend hierzu und zu wichtigen Kriterien für optimierte Abstimmungsverfahren, manueller schriftlicher und online-Verfahren eingehend mit Kalkulationsbeispielen *Pickert* in Semler/Volhard Arbeitshandbuch Rn I D 185ff

582 Zu der Einbindung des Internet vgl. *Zuther* in Semler/Volhard Arbeitshandbuch HV I B 593; vgl. *Max* AG 1991, 77 (89f)

583 *Hüffer* § 130 Rn 22; *Richter* in Semler/Volhard Arbeitshandbuch Rn I D 180f

584 Hierzu *Richter* in Semler/Volhard Arbeitshandbuch Rn I D 182

ddd) Zwischenergebnis zu ff:

Das Erstellen elektronischer Teilnehmerlisten und die oben angeführte Möglichkeit, bei Präsenzversammlungen Terminals am Eingang der Hauptversammlung aufzustellen, an denen sich alle Teilnehmer an- und abmelden, garantiert ein korrektes Erfassen der aktuellen Präsenz. Da auch die Ergebnisermittlung mittels Additions- oder Subtraktionsmethode elektronisch durchgeführt werden kann, schafft eine Verknüpfung dieser Techniken eine ideale Ausgangsbasis für eine schnelle und zuverlässige Ergebnisermittlung. Gerade in Hinblick auf eine Einbeziehung der via Internet zugeschalteten Aktionäre in eine Präsenzhauptversammlung und bezüglich der Idee einer rein virtuellen Hauptversammlung bieten sich diese technischen Hilfsmittel als ein geeignetes Instrument an, um Beschlüsse zuverlässig zu ermitteln und anschließend von dem Versammlungsleiter elektronisch zu verkünden zu können.

E. Zusammenfassende Ausführungen bzgl. einer internetgestützten Übertragung einer Hauptversammlung

Die Vorteile der Einbeziehung neuer elektronischer Kommunikationsmedien und vor allem des Internet sind zu Beginn aufgezeigt worden und im Verlauf der Darstellung deutlich geworden. Die großen logistischen Probleme der Durchführung einer Hauptversammlung im traditionellen Sinne, zu deren Bewältigung die Gesellschaften eine große Anzahl von Mitarbeitern monatelang einsetzen muss, können durch den Einsatz moderner Technik schon bei der Vorbereitung der Hauptversammlung ebenso wie bei ihrer Durchführung erheblich vereinfacht werden. Schon seit längerem wird in vielen Hauptversammlungen mit einer hohen Teilnehmerzahl eine Bildübertragung über Videoleinwände eingerichtet, damit Aktionäre mit weniger günstigen Sitzplätzen immer noch der Versammlung gut folgen können. Auch finden Bild- und Tonübertragungen in benachbarte Nebenräume des selben Gebäudes statt. Zu diesem Vorgehen stellt es für die Hauptversammlungsteilnehmer wohl keinen allzu großen Unterschied dar, wenn diese Bild- und Tonübertragung nicht mehr nur in benachbarte Räumlichkeiten des selben Gebäudes erfolgt, sondern auch an entfernte Satellitenversammlungen oder via Internet an einzelne Bildschirme durchgeführt wird, an denen jeweils einzelne Aktionäre die Versammlung verfolgen.[585]

I. § 118 I AktG, § 121 III 2 AktG / Hauptversammlung an einem Ort

Das Kernproblem der Einbeziehung elektronischer Kommunikationsmedien in die Hauptversammlung einer AG liegt, wie schon oft gezeigt, in der Frage, ob das Aktiengesetz zwingend die Hauptversammlung als eine physische Zusammenkunft der Aktionäre an einem bestimmten Ort versteht oder ob die Hauptversammlung als eine Institution verstanden wird, die ihre Aufgaben mit allen technischen Kommunikationsmöglichkeiten wahrnehmen kann, die eine rechtmäßige und sachgerechte Beschlussfassung ermöglichen.

Nach § 121 III 2 AktG muss die Einberufung der Hauptversammlung den Ort ihrer Durchführung angeben und nach § 118 I AktG können die Aktionärsrechte nur in eben dieser Hauptversammlung ausgeübt werden. Die Hauptversammlung muss somit *an einem Ort* stattfinden.

---

585 *Noack* ZGR 1998, 592 (599)

Auch wenn die Hauptversammlung mit modernen Kommunikationsmitteln übertragen wird und so auch solchen Aktionären das Verfolgen der Versammlung ermöglicht wird, die sich nicht direkt im Hauptversammlungsgebäude aufhalten, wird immer noch eine Hauptversammlung im herkömmlichen Sinne abgehalten, bei der sich Aktionäre an einem Ort physisch treffen. Daher wird von einer Ansicht die Anwendbarkeit des § 121 III, V AktG nicht in Frage gestellt, so dass hiernach die Abhaltung der Hauptversammlung in dieser Art generell erlaubt ist. Diese rechtliche Zulässigkeit könne auch schon aus § 134 III 3 AktG geschlossen werden, wonach die Benennung von Stimmrechtsvertretern durch die Aktiengesellschaft ausdrücklich gestattet wird (siehe Teil 2 D III 3 e ee bbb).[586]

Auch *Noack* bezeichnete in einer früheren Stellungsnahme[587] die Tele-Hauptversammlung als eine Übertragung der Hauptversammlung im Hinblick auf den Zweck einer Hauptversammlung sogar schon nach altem Recht als rechtmäßig durchführbar. Ziel einer Hauptversammlung sei es auch, dass jeder Teilnehmer mit Auge und Ohr dabei sein kann, was in früherer Zeit nur dem physisch anwesenden Aktionär möglich war. Die moderne Technik mache es aber möglich, der Versammlung mit Auge und Ohr beiwohnen zu können, obwohl man nicht körperlich anwesend ist. Auch nach *Hasselbach/Schumacher* ist § 118 I AktG keinesfalls so auszulegen, dass die Bezeichnung „Versammlung" zwingend ein körperliches Zusammentreffen der Aktionäre an ein und demselben Ort fordert.[588] § 118 AktG sei wie jede Norm einem gesellschaftlichen und technologischen Wandel unterworfen, so dass sie nicht nach dem Wortlaut, sondern vielmehr nach dem Sinn und Zweck des Gesetzes auszulegen sei. § 118 I AktG sei in jedem Fall dann eingehalten, wenn zumindest der die Niederschrift aufnehmende Notar sich während der gesamten Hauptversammlung körperlich am selben Ort aufhält und die anderen Hauptversammlungsteilnehmer über Internet oder ein anderes audiovisuelles Kommunikationsmittel an der Hauptversammlung teilnehmen. Hierbei würde auch § 121 V AktG Rechnung getragen, da hierdurch sowohl die Hauptversammlung i.S.d. § 121 V AktG und der Beurkundungsvorschriften an dem Ort stattfinden, an dem die technische Kontrolle und Organisation der virtuellen Versammlung ausgeübt wird.[589] Gerade angesichts der Tatsache, dass der Einsatz von Videoleinwänden dem historischen Gesetzgeber nicht bekannt war, diese Technik allerdings heute von der Praxis bedenkenlos umgesetzt wird, sehen sie das Aktiengesetz zu einer Öffnung neuen

586 *Claussen* AG 2001, 161 (166, 168)
587 *Noack* BB 1998, 2533 (2535)
588 *Hasselbach/Schumacher* ZGR 2000, 258 (260f)
589 *Hasselbach/Schumacher* ZGR 2000, 258 (261)

Technologien gegenüber aufgefordert. Eine internetgestütze Hauptversammlung und sogar eine virtuelle Hauptversammlung erachten sie also dann für möglich, wenn eine umfassende Wahrnehmung sämtlicher Aktionärsrechte und die Beachtung der technischen Form- und Verfahrensvorschriften des Aktiengesetzes gewährleistet ist.[590] Die Aktionäre können aber ihre Fragen und Wortbeiträge an ihrem Aufenthaltsort formulieren, von wo aus diese dann an den Versammlungsort übertragen werden. Auch ist eine Stimmabgabe in den jeweiligen Versammlungssälen oder von einem PC mit Internetanschluss aus denkbar, deren Ergebnisse zu einer zentralen Auswertung übermittelt werden. Dadurch sei die Möglichkeit zur Wahrnehmung sämtlicher Aktionärsrechte im Grunde gewährleistet und der Zweck der Hauptversammlung werde hierdurch erfüllt. Daher verbiete sich ein starres Festhalten am Wortlaut eines Gesetzes, das in seiner Anschauung an ein technisches Verständnis vergangener Zeiten anknüpft.[591]

Ebenso sieht *Hirte* das Stimmrecht im Hinblick auf § 118 I AktG gar nicht als versammlungsbezogenes Recht an.[592] Da außerdem durch § 23 V AktG ergänzende Satzungsbestimmungen vorbehaltlich einer abschließenden Gesetzesregelung ermöglicht werden, eine solche abschließende Regelung über die Abhaltung einer Hauptversammlung an mehreren kommunikationstechnisch perfekt verbundenen Orten durch das Gesetz allerdings nicht getroffen wurde, sah auch *Noack* früher hier den Weg geöffnet für eine entsprechende Satzungsregelung bzw. Geschäftsordnung.[593]

Demgegenüber schreibt § 121 III 2 AktG nach h.M. klar und deutlich vor, dass die Hauptversammlung an einem bestimmten geographischen Ort stattfinden muss, der in der Einberufung anzugeben ist, wovon auch nicht durch eine Satzungsbestimmung abgewichen werden darf. Obwohl durch die Satzung zwar gemäß § 121 V AktG als Ort der Hauptversammlung ein anderer als der Gesellschafts- oder Börsensitz normiert werden kann, kann dennoch nicht von dem Erfordernis eines realen Versammlungsortes abgerückt werden. Die Hauptversammlung wird also als eine Veranstaltung verstanden, die eine physische Anwesenheit all ihrer Teilnehmer an einem Ort verlangt.[594]

Selbst bei einer Tele-Hauptversammlung als einer herkömmlichen Hauptversammlung, die lediglich an einen weiteren Ort übertragen wird, sieht die h.M.

590 *Hasselbach/Schumacher* ZGR 2000, 258 (261f)
591 *Noack* BB 1998, 2533 (2535)
592 *Hirte* in FS Buxbaum 2000 S. 283 (290)
593 *Noack* BB 1998, 2533 (2535)
594 *Riegger* ZHR 165 (2001), 204 (209); *Habersack* ZHR 165 (2001), 172 (180); *Riegger/Mutter* ZIP 1998, 637 (639f); *Noack* ZGR 1998, 592 (600); *Noack* in Noack/Spindler Unternehmensrecht S. 20; *Noack* BB 1998, 2533 (2534); *Goedsche* S. 177ff

zwar die vor Ort körperlich Versammelten als Teilnehmer der Versammlung an. Die unmittelbare Teilhabe der bloß online Zugeschalteten lehnt sie hingegen gem. §§ 121 III, V und 130 II AktG wegen des zwingenden Erfordernisses des Stattfindens der Hauptversammlung an einem Ort als nicht möglich ab.[595]

Trotz der technischen Möglichkeit, durch das Einspielen von Wortbeiträgen und Fragen der Aktionäre via Internet auf Großbildleinwände Beiträge der Abwesenden den real Versammelten technisch zugänglich zu machen und der im Gegenzug gegebenen Möglichkeit für die online Zugeschalteten, die Versammlung wie körperlich Anwesende mit „Auge und Ohr" verfolgen zu können, sind Stimmrecht und Auskunftsrecht nach überwiegender Meinung versammlungsgebundene Aktionärsrechte, deren Ausübung außerhalb der körperlichen Hauptversammlung unbeachtlich ist. Die Geltendmachung dieser Rechte in der Hauptversammlung gehört zum Tatbestand wirksamer Rechtsausübung. Somit schreibt § 118 I AktG vor, dass die Aktionäre bei der Ausübung ihrer Rechte in der Hauptversammlung körperlich anwesend sein müssen.[596] Daher zählen solche Aktionäre, die über Internetschaltung oder per Videokonferenz einer Hauptversammlung zugeschaltet sind, nach geltendem Recht nicht zur Präsenz der Hauptversammlung und sind keine Teilnehmer der Hauptversammlung im Rechtssinne.[597] Der mit dem TransPuG mit Wirkung zum 01.01.2003 eingeführte § 118 III AktG hat daran auch nichts geändert. Zwar erlaubt er eine Satzungsbestimmung, nach der eine Bild- und Tonübertragung der Hauptversammlung über Internet zulässig ist, doch bleibt diesen online zugeschalteten Aktionären die direkte Rechtsausübung verwehrt.[598]

II. Rechtsausübung

1. Stimmrecht

Da die zugeschalteten Aktionäre, wie gezeigt, keine Teilnehmer der Hauptversammlung im rechtlichen Sinne sind, können sie zwar mittlerweile Vollmacht und Weisung zur Stimmrechtsausübung elektronisch erteilen, eine direkte Online-Stimmabgabe via E-Mail oder unter Zuhilfenahme anderer elektronischer Kommunikationsmittel im Sinne eines Internet-Votings ist hingegen heute nicht

595 *Habersack* ZHR 165 (2001), 172 (180); *Riegger/Mutter* ZIP 1998, 637 (639f); *Noack* ZGR 1998, 592 (600); *Zätsch/Gröning* NZG 2000, 393 (395f)

596 *Riegger/Mutter* ZIP 1998, 637 (639)

597 *Riegger* ZHR 165 (2001), 204 (209); *Hüffer* § 118 Rn 12

598 Begründung RegE TransPuG http://www.bmj.bund.de/images/11313.pdf S. 45f; *Noack* DB 2002, 620 (623)

möglich und bleibt auch nach NaStraG und TransPuG einer weiteren Gesetzesreform vorbehalten.[599]

Solchen Aktionären, die auch bei der Stimmrechtsausübung elektronische Kommunikationsmedien einsetzen wollen und ihre Entscheidung vom Verlauf der Hauptversammlung abhängig machen wollen, bleibt es insofern möglich, einen in der Hauptversammlung körperlich anwesenden Stimmrechtsvertreter zu bevollmächtigen und ihm über eine Online-Verbindung Weisungen zur Stimmrechtsausübung „just in time" zu erteilen (siehe Teil 2 D III 3 e ee). Diese Möglichkeit wird allerdings unter praktischen Gesichtspunkten durchaus auch kritisch betrachtet und als nur in sehr begrenztem Umfang durchführbar bezeichnet. Nach Ansicht *Thans* ist ein persönlicher Stimmrechtsvertreter in der Hauptversammlung, der nicht lediglich einen Aktionär sondern mehrere vertritt, nicht in der Lage, bis zum letzten Augenblick noch Weisungen entgegen zu nehmen, sondern muss die Entgegennahme schon vorher beenden, um bei der eigentlichen Stimmabgabe nicht den Überblick zu verlieren. Er geht im Hinblick auf die Durchführbarkeit wohl auch zu Recht davon aus, dass das logistische Problem, während der Hauptversammlung mit dem Aktionär weiter in Kontakt zu bleiben, wohl am besten von eigens durch die Gesellschaft gestellten Stimmrechtsvertretern gelöst werden können. Allerdings nehmen auch diese die Weisungen nicht bis zur letzten Sekunde entgegen, sondern werden wohl einen „Annahmeschluss" für Weisungen zu einem bestimmten Zeitpunkt vor der Hauptversammlung einlegen.[600]

Überwiegende Stimmen in der Rechtswissenschaft sehen das Stimmrechtsvertretermodell insgesamt hingegen als eine geeignete und vielversprechende Form des Interneteinsatzes in deutschen Hauptversammlungen an.[601]

---

599 *Riegger* ZHR 165 (2001), 204 (210,213); *Noack* BB 1998, 2533 (2535) „drei berichtigende Worte"; *Noack* http://www.jura.uni-duesseldorf.de/service/hv/faq.htm ; Begründung ReGE NaStraG BT-DrucksS 14/4051 S. 16f; *Than* in FS Peltzer 2001 S. 577 (595); *Spindler* ZGR 2000, 420 (436); a.A. *Hasselbach/Schumacher* ZGR 2000, 258 (273), die ein Abstimmen per mouse-click für problemlos zulässig halten; ebenso unbedenklich für *Hirte* in FS Buxbaum 2000 S. 283 (291)

600 Näher *Than* in FS Peltzer 2001 S. 577 (595)

601 Vgl. *Claussen* AG 2001, 161 (162); *Riegger/Mutter* ZIP 1998, 637 (639); *Hasselbach/Schumacher* ZGR 2000, 258 (260ff); *Hirte* in FS Buxbaum 2000, S. 283 (288ff); *Zätsch/Gröning* NZG 2000, 393; *Spindler* ZGR 2000, 420ff; *Blank/Zetzsche* K&R 2000, 486 (488), die eine Software zur Abhaltung einer Online-Hauptversammlung auf Basis des Proxy-Voting-Modells vorstellen; aA.: *Hüffer* § 118 Rn 12

2. Einsicht in Unterlagen

Auch wenn über Internet zugeschaltete Aktionäre keine Teilnehmer im Rechtssinne sind, kann ihnen doch zu der Möglichkeit einer Stimmrechtsausübung nach dem Vertretermodell weitgehend auch das Mitverfolgen einer Hauptversammlung dahingehend ermöglicht werden, dass sie die Dokumente einsehen können, die in der Präsenzversammlung den Teilnehmern vor Ort zugänglich gemacht werden. Diese Unterlagen können zusammen mit dem Teilnehmerverzeichnis den zugeschalteten Aktionären auf einer eigens eingerichteten Homepage zum Abruf via Internet zur Verfügung gestellt oder in Form von E-Mails übermittelt werden. Werden in der Präsenzversammlung den Teilnehmern Terminals angeboten, an denen sie sich zur Hauptversammlung anmelden können und die entsprechenden Unterlagen einsehen können und wird das Teilnehmerverzeichnis elektronisch geführt, können diese Daten direkt über die Hauptversammlungshomepage den über Internet zugeschalteten Aktionären in gleicher Weise wie den anwesenden Aktionären zugänglich gemacht werden.

3. Rede- und Fragerecht

Obwohl die Einspielung von Wortbeiträgen technisch durchaus möglich ist und somit auch nicht anwesende Aktionäre ihre Rede- und Fragerechte ausüben könnten, besteht auch hier für lediglich über das Internet zugeschaltete Aktionäre, die keine Teilnehmer der Hauptversammlung im Rechtssinne sind, das selbe Problem, wie bei der Ausübung des Stimmrechtes. Auch das Rede- und Fragerecht ist zwingend an die Hauptversammlung gebunden und kann demnach nur von Personen ausgeübt werden, die an der Hauptversammlung regelgerecht teilnehmen. Den lediglich zugeschalteten „Online-Teilnehmer“ steht aus diesem Grund nach überwiegender Ansicht de lege lata das Rede- oder Fragerecht nicht zu.[602] Aber auch diesem Problem kann wirksam mit dem Vertretermodell begegnet werden. So ist es zulässig, dass die online verbundenen Gesellschafter ihre Wortbeiträge und Fragen per E-Mail einem körperlich in der Präsenzversammlung anwesenden Vertreter zusenden, der diese dann dort vorträgt und somit das Rede- und Fragerecht für die Vertretenen ausübt.[603]

---

602 *Spindler* ZGR 2000, 420 (437); *Riegger* ZHR 165 (2001), 204 (212); *Riegger/Mutter* ZIP 1998, 637 (638f) a.A.: *Hasselbach/Schumacher* ZGR 2000, 258 (272)

603 *Riegger/Mutter* ZIP 1998, 637 (639); *Riegger* ZHR 165 (2001) 204 (212) mit praktischen Bedenken gegen eine solches Vorgehen

F. Zusammenfassende Ausführungen zu der Abhaltung einer virtuellen Hauptversammlung

Mit der Idee einer virtuellen Hauptversammlung könnte die Forderung aufgegriffen werden, die Hauptversammlung als wirkungsvolles Informationsmedium der Unternehmen gegenüber den Aktionären präzise und zukunftsorientiert zu gestalten und so eine größere Zeitnähe zum abgelaufenen Geschäftsjahr zu verschaffen.[604]

I. Ausübung von Rede- und Fragerecht

Zur Ausübung des Rede- und Fragerechtes bieten sich verschiedene Vorgehensweisen an.

So können die Wortbeiträge der einzelnen Teilnehmer mit Kameras oder Webcams aufgezeichnet und über das Internet verschickt werden. Sogar eine Live-Übertragung ist durch moderne Technik möglich, so dass noch nicht einmal mit großer Zeitverzögerung gerechnet werden muss. *Noack* sieht auch in einem mit einer Set-Top-Box ausgestatteten Fernseher eine interessante Möglichkeit der Kommunikation.[605]

Dies ist aber nicht unbedingt notwendig. Eine Debatte kann auch effizient durch Textaustausch via Chat, Newsgroups oder Mailinglisten geführt werden. Bei diesen Textaustauschsystemen besteht sogar die Möglichkeit, Graphiken oder Dateien als Anhang mitzuschicken und den anderen Teilnehmern zugänglich zu machen. Der Informationsfluss ist auch hier nicht eingeschränkt. Hiergegen wird allerdings eingewandt, dass es rechtlich problematisch und sogar unmöglich sei, den Aktionär in der Ausübung seines Rederechtes ausschließlich auf schriftliche Redebeiträge, wie durch E-Mails oder Chat-Systeme zu beschränken. Es müsse ihm zumindest die Möglichkeit einer audiovisuellen Darstellung eingeräumt werden,[606] was aber durch herkömmliche Video-Konferenz-Systeme, Webcams oder vergleichbare Systeme der Bild-Ton-Erfassung und deren Übertragung problemlos erfolgen kann.[607]

604 *Than* in FS Peltzer 2001 S. 577 (593) der eine Forderung des Börsenforums 1999 wiedergibt
605 Näher *Noack* ZGR 1998, 592 (601)
606 *Hasselbach/Schumacher* ZGR 2000, 258 (272)
607 *Hasselbach/Schumacher* ZGR 2000, 258 (272)

In den Augen von *Hasselbach/Schumacher* besteht kein aktienrechtlich verbriefter Anspruch des Aktionärs, sich in der Hauptversammlung mit anderen Aktionären auf eine ganz bestimmte Art und Weise auszutauschen.[608] Daher wollen sie bei der Übertragung der Wortbeiträge zur Not sogar ein von dem jeweiligen Redner eingeblendetes Standbild genügen lassen, während die Rede über das Telefonnetz in die Hauptversammlung „eingespeist" wird und es so in Kauf nehmen, dass der Redner seine Ausführungen nicht durch Gestik oder Mimik unterstreichen kann.[609] Dies wird allerdings zu weit gehen und dem Anspruch einer Hauptversammlung und einem audiovisuellen Redebeitrag, mithin der Forderung, eine Hauptversammlung mit „Auge und Ohr" verfolgen zu können, kaum gerecht werden.

II. Ausübung des Stimmrechtes

Die Stimmrechtsausübung in einer virtuellen Hauptversammlung erfolgt technisch gesehen problemlos durch einen einfachen Mausklick. Der Aktionär kann bequem auf einer angebotenen Internet-Seite, die wie das Bildschirmformular der Weisungserteilung nach § 128 II 5 AktG ausgestaltet ist, dort die Kästchen so anklicken, als fülle er einen herkömmlichen Stimmzettel von Hand aus. Auf diese Weise werden auch lang andauernde Abstimmungs- und Auszählungsverfahren abgekürzt, da das Ergebnis bereits nach wenigen Sekunden feststeht und abgelesen werden kann. Denkbar ist bei einem Online-Voting auch ein Abstimmen per E-Mail, wobei hier auch mit ganzen Mailinglisten gearbeitet werden kann. Da dies aber durchaus etwas längere Zeit in Anspruch nehmen kann, erscheint das Internet-Voting über eine online auszufüllende Maske die bessere Alternative zu sein.

III. Versammlungsleitung

Die virtuelle Hauptversammlung wird ebenso wie die herkömmliche Hauptversammlung durch einen Versammlungsleiter geführt, dem die gleichen Leitungs- und Ordnungsbefugnisse zustehen wie bei der traditionellen Versammlung, die er allerdings auch hier nach genau den selben Grundsätzen auszuführen hat.

608 *Hasselbach/Schumacher* ZGR 2000, 258 (272); a.A. *Hirte* in FS Buxbaum 2000, 283 (290f), der das „Erlebnis Hauptversammlung" mit der persönlichen Kommunikation als besonders wichtiges Element betont.

609 *Hasselbach/Schumacher* ZGR 2000, 258 (272)

Durch die technischen Besonderheiten einer Online-Zusammenkunft lassen sich die Leitungs- und Ordnungsmaßnahmen jedoch noch wesentlich problemloser ausüben und durchsetzen. So kann der Versammlungsleiter auf einer gesonderten Internetseite eine elektronische Teilnehmer- und Rednerliste führen und diese zusammen mit den Informationen über die Gesellschaft den Teilnehmern der Versammlung zugänglich machen. Einen Wortentzug infolge Überschreitens der allgemeinen oder individuellen Redezeitbeschränkung oder beleidigender bzw. sich ständig wiederholender Äußerungen kann er mit einem einfachen Mausklick durchführen, indem er dem jeweiligen Aktionär technisch die Möglichkeit entzieht, weitere Beiträge in das Netz der Hauptversammlung einzuspeisen bzw. indem er die Wortbeiträge einfach abbricht und nicht weiter überträgt. Bei Beiträgen, die durch Chat oder E-Mails in einer textmäßigen Debatte geschrieben werden, besteht die Gefahr einer Überschreitung der Redezeit eher weniger. Doch kann der Versammlungsleiter dann, wenn ein Thema erschöpfend erörtert wurde oder die 24 Uhr-Marke immer näher rückt, auch hier die Debatte dadurch beenden, indem er das Diskussionsforum schließt. Ebenso können „pöbelnde Aktionäre" durch eine zeitweilige oder komplette Sperrung des Zugangs zu der Hauptversammlungs-Webseite von der Teilnahme ausgeschlossen werden.[610] Allerdings muss der Versammlungsleiter auch hier sehr genau auf die Angemessenheit seines Vorgehens und die Einhaltung der Grundsätze der Gleichbehandlung achten (siehe Teil 2 D II).

IV. Zugang

Die Abhaltung einer virtuellen Hauptversammlung muss gewährleisten, dass nur die autorisierten Personen Zugang bekommen und eine Stimmabgabe nur in Höhe des jeweiligen Anteilsbesitzes vorgenommen werden kann.

Die Sicherheit über die Identität des Kommunikationspartners und der Unverfälschtheit der gesendeten Informationen kann, wie gezeigt, über die Verschlüsselungstechniken der elektronischen Signaturen oder digitaler Codes erfolgen, mit deren Hilfe sich der Aktionär auch zur Hauptversammlung anmelden kann und so die Zugangsgewährung erhält. In diesem Zusammenhang ist auch dafür Sorge zu tragen, dass mit den modernsten Sicherheitsmitteln, wie z.B. dem Installieren entsprechender Zugangssoftware[611] und dem Einsatz hochwertiger

610 *Hasselbach/Schumacher* ZGR 2000, 258 (273f)

611 Vgl. hierzu *Blank/Zetzsche* K&R 2000, 486ff, die mit eine „Software HV-Online" zur Abhaltung einer virtuellen Hauptversammlung auf Basis des Proxy-Voting-Modells vorstellen

Firewalls und gerade auch elektronischer Signaturen ein Eindringen unbefugter Dritter (Hacker) weitgehend ausgeschlossen wird, um eine Manipulation von Stimmabgaben, ein Verfälschen des Abstimmungsergebnisses oder ein Sabotieren des Verlaufes der Hauptversammlung zu verhindern (siehe Teil 1 C II 2 g bb).

Zu bedenken ist allerdings bei der Abhaltung einer virtuellen Hauptversammlung, dass es wohl nie ganz auszuschließen ist, dass einzelne Aktionäre über ihren Internetzugang und ihren persönlichen Zugang zur Hauptversammlung Nichtaktionären Zutritt zu der Hauptversammlung verschaffen und diese so aktiv oder passiv am Geschehen teilnehmen können. Mit diesem gewissen Restrisiko wird man sich aber wohl abfinden müssen, ist letztlich ein auf einer gewissen Portion krimineller Energie beruhender Missbrauch auch bei der Zulassung zu einer traditionellen Hauptversammlung nie ganz auszuschließen. *Hasselbach/Schumacher* sehen insoweit das Risiko der Verbreitung der in der Hauptversammlung zu erlangenden Informationen zumindest bei Publikumsgesellschaften aber auch als eher gering an, da in der Praxis die größeren Gesellschaften ohnehin bemüht sind, eine breite Öffentlichkeit zu suchen und aufgrund eines Publikationsinteresses den Medien von sich aus Informationen zukommen zu lassen.[612]

V. Niederschrift / Notarielles Protokoll gem. § 130 I AktG

Die Tätigkeit des Notars umfasst hauptsächlich die drei Punkte der Aufnahme einer Niederschrift über die gefassten Beschlüsse, der Protokollierung von Widersprüchen und die Erteilung von Hinweisen bei der Gefahr offensichtlicher Gesetzesverstöße (siehe Teil 2 D II 4). Der Notar gibt in der Niederschrift seine subjektiven Wahrnehmungen über die Durchführung der Abstimmungen und deren Ergebnisse wieder. Diese Wahrnehmungen kann ein Notar auch über virtuelle Hauptversammlungen gewinnen und dementsprechend protokollieren. Er kann sogar seiner Hinweispflicht auch über Internet nachkommen, indem er auf einer Seite, die der Hauptversammlungsseite vorgeschaltet ist, die wichtigsten Punkte kurz darstellt und der Teilnehmer so zuerst auf diese Hinweise gelenkt wird, bevor er sich in das Hauptversammlungsgeschehen einschaltet. Dadurch ist gewährleistet, dass jeder Aktionär zumindest die Möglichkeit der Kenntnisnahme hat. Ebenso bleibt es den Aktionären unbenommen, ihr Widerspruchsrecht durch E-Mails auszuüben.[613]

---

612 *Hasselbach/Schumacher* ZGR 2000, 258 (269)

613 *Hasselbach/Schumacher* ZGR 2000, 258 (274f); *Goedsche* S. 198f

Solange der Notar die Ordnungsmäßigkeit der angewandten Verfahren überprüfen und alle weiteren Umstände verfolgen kann, die zur Beurteilung der Ordnungsmäßigkeit erheblich sind und die er nach pflichtgemäßem Ermessen ausführen muss, ergeben sich für die Arbeit des Notars demnach keine wesentlichen Unterschiede zwischen einer herkömmlichen Versammlung und einer virtuellen Hauptversammlung, so dass die ordnungsgemäße Wahrnehmung der Beurkundungstätigkeit des Notars auch bei einer rein virtuellen Hauptversammlung uneingeschränkt gewährleistet bleibt.[614]

Das endgültige Dokument kann er ausdrucken und unterschreiben. Bei elektronisch verbliebenen Dokumenten geht dies nicht. Zwar stellt eine elektronische Signatur kein Äquivalent einer Unterschrift dar, doch könnte er seine Niederschrift mit einer solchen Signatur versehen, um die Authentizität des Dokumentes und die Verifizierung seiner Person als erstellender Notar zu signalisieren (siehe Teil 2 D II 4 c).

VI. Rechtliche Unzulässigkeit

Die Vorstellung einer rein virtuellen Hauptversammlung ist in Deutschland[615] mit dem traditionellen Bild einer Hauptversammlung als Präsenzversammlung wegen der insoweit wohl noch eindeutigen §§ 118, 121 III AktG nicht vereinbar (siehe schon Teil 2 E). Die virtuelle Hauptversammlung ist somit keine Hauptversammlung im Sinne des Gesetzes.[616] Nach § 118 AktG üben die Aktionäre ihre Rechte „in der Hauptversammlung aus" und nach § 121 III AktG muss die Einladung den Ort der Hauptversammlung angeben, worin die überwiegende Ansicht das Erfordernis eines abgrenzbaren realen Raumes sieht, den das grenzenlose und vor allem nicht körperliche sondern virtuelle cyberspace nicht darstellt.[617] *Bärwaldt* sieht die virtuelle Hauptversammlung dennoch zumindest für nichtbörsennotierte Gesellschaften als zulässig an, wenn die Aktionäre im Sinne einer Universalversammlung einstimmig auf die Einhaltung aller Formvor-

---

614 *Hasselbach/Schumacher* ZGR 2000, 258 (275)

615 Zur Rechtslage in den USA vgl. *Spindler/Hüther* RIW 2000, 329 (336); *Verfürth/Wohlwend* in Zetzsche S. 123ff; *Wohlwend* S. 26ff; zum neuseeländischen Recht, das die virtuelle Hauptversammlung zulässt „ meeting of shareholders by means of audio and visualcommunication" vgl. *Däubler-Gmelin* in http://www.humboldt-forum-recht.de/1-2000/Seite3-3.html; *Noack* BB 1998, 2533 (2535); *Noack* in Noack/Spindler Unternehmensrecht S. 34

616 *Claussen* AG 2001, 161 (163, 166), *Bröcker/Schouler* in Zetzsche S. 93; vgl. *Hommelhoff* in FS Marcus Lutter 2000 S. 95 (98); *Mimberg* ZGR 2003, 21 (45ff); *Seeger* S. 101ff; *Hüther* S. 280ff; *Goedsche* S.187ff; a.A. *Wohlwend* S. 147, 156

617 *Claussen* AG 2001, 161 (166); *Hüffer* § 118 Rn 10

schriften verzichten und wenn die zu fassenden Beschlüsse nicht notariell beurkundet werden müssen.[618] Doch gilt das Erfordernis physischer Präsenz nach h.M. auch für Vollversammlungen.

Nach geltendem Recht ist die Abhaltung einer virtuellen Hauptversammlung ohne physische Präsenz der Aktionäre in einem Saal, bei der Aktionäre und Verwaltung nur über das Internet verbunden sind, nicht zulässig. Eine Hauptversammlung im Sinne des AktG erfordert zwingend die körperliche Zusammenkunft der Aktionäre.[619]

Auch der Gesetzgeber hatte schon in der Begründung zum NaStraG einen Übergang von einer Präsenzversammlung hin zu einer virtuellen Hauptversammlung mit elektronischer Stimmabgabe für diesen Zeitpunkt bewusst abgelehnt, eine Zulässigkeit der virtuellen Hauptversammlung für die Zukunft nach der Vornahme entsprechender Gesetzesänderungen aber dennoch nicht ausgeschlossen.[620]

Wie gezeigt, liest die h.M. neben dem Erfordernis einer physischen Zusammenkunft an sich aus §§ 131 I 1, 118 I AktG auch die zwingende Bindung der Ausübung des Auskunftsrechtes an eine Präsenz in der Hauptversammlung heraus, so dass eine Ausübung per Internet ausgeschlossen bleibt (siehe Teil 2 D III 2). Ebenso wird es als wesentliche Aussage der §§ 118 I, 121 V 1 AktG verstanden, dass die Abstimmung in einer Hauptversammlung versammlungsgebunden ist und wie seit jeher in der realen Hauptversammlung üblich an einem Ort stattfinden muss, so dass der Aktionär zur Stimmausübung auch weiterhin entweder persönlich körperlich anwesend sein muss oder sich entsprechend von einem in der Hauptversammlung anwesenden Bevollmächtigten vertreten lässt (siehe Teil 2 D III 3).[621] Vielleicht wird sich im Laufe der nächsten Jahre die Vorstellung von dem Begriff der Versammlung durch ein immer weiter vordringendes Verschieben der Grenzen vom realen zum virtuellen Geschehen ändern und auch eine virtuelle Versammlung als eine Versammlung angesehen werden,[622] doch ist dies mit der überwiegenden Ansicht heute noch nicht zu erkennen.

---

618 *Bärwaldt* in Semler/Volhard Arbeitshandbuch Rn I C 5

619 Hierzu *Riegger* ZHR 165 (2001) 204 (216); *Spindler* ZGR 2000, 420 (437); vgl. *Than* in FS Peltzer 2001 S. 577 (596); *Seeger* S. 107ff; a.A.: *Hasselbach/Schumacher* ZGR 2000, 258 (265) der die virtuelle Hauptversammlung als zulässig einstuft

620 *Däubler-Gmelin* WM 1999, 169; *Däubler-Gmelin* in http://www.humboldt-forum-recht.de/1-2000/Seite3-3.html

621 *Claussen* AG 2001 161 (169); *Hüffer* § 118 Rn 10

622 Vgl. *Noack* in Noack/Spindler Unternehmensrecht S. 20, 34

Einen weiteren Grund für die Unzulässigkeit der virtuellen Hauptversammlung sahen *Riegger/Mutter* 1998 in der ausschließlichen Abhaltung der Versammlung im Internet und folglich darin, dass die Aktionäre, die über keinen Internetzugang verfügen, von einer solchen Hauptversammlung ausgeschlossen wären. Nach ihrer Ansicht liegt insoweit ebenfalls eine Verletzung des uneingeschränkten Teilnahmerechtes der Aktionäre vor, doch erkannten sie auch gleichzeitig, dass mit zunehmender Verbreitung des Internet dieses Argument immer schwächer werden würde.[623] Zumindest in Deutschland ist diese Verbreitung schon derart stark und immer noch weiter ansteigend (siehe hierzu Teil 1 C II 1 b), dass hier kaum noch ernste Probleme zu erwarten sind. Heute haben so viele Menschen einen eigenen Internetzugang oder können in den vielen Internetcafes einen Zugang zum Netz bekommen, dass dieses Argument wohl nicht mehr als so gewichtig angesehen werden kann.

Ein erster Schritt in die Richtung einer virtuellen Hauptversammlung wird allerdings in dem Vorschlag gesehen, solche Satzungsbestimmungen zu erlauben, durch die eine Stimmabgabe per Internet zugelassen wird.[624] Ein Argument hierfür könnte in § 134 IV AktG gesehen werden, nach dem die Form der Stimmrechtsausübung durch die Satzung bestimmt werden kann. Allerdings steht die Stimmrechtsübung in Zusammenhang mit den allgemeinen Vorschriften über die Einberufung der Hauptversammlung und der Beschlussfassung, so dass auch hier insbesondere die §§ 118 I, 121 II V, 133 AktG mit der gesetzgeberischen Forderung nach einer Stimmabgabe durch einen physisch präsenten Aktionär zu beachten sind.[625]

Hirte will die Frage einer satzungsmäßigen Gestaltung unter Heranziehung von § 23 V AktG beantworten, der eine erhebliche Einschränkung der Gestaltungsfreiheit begründe (siehe Teil 2 A IV).[626] Seiner Ansicht nach ist § 23 V AktG in einer Linie mit den Vorschriften des Verbraucherschutzes und hierbei insbesondere des alten § 9 AGBG zu sehen, so dass er einerseits wie der gesamte Verbraucherschutz lediglich als Mindestnorm zu verstehen ist, die nicht zu Ungunsten der Aktionäre verlassen werden darf, und sie andererseits dann einer den Anleger begünstigenden Satzungsänderung nicht entgegensteht, wenn die geänderte Regelung ähnlich dem § 9 II Nr. 1 AGBG nicht gegen wesentliche Grund-

---

623 *Riegger/Mutter* ZIP 1998, 637 (638); a.A. *Hasselbach/Schumacher* ZGR 2000, 258 (264f)

624 Vgl. *Hirte* in FS Buxbaum 2000 S. 283 (288ff); so auch *Hasselbach/Schumacher* ZGR 2000, 258 (260ff, 275f)

625 *Spindler* ZGR 2000, 420 (436)

626 *Hirte* in FS Buxbaum 2000 S. 283 (288f)

gedanken der gesetzlichen Regelung, von der abgewichen wird, verstößt.[627] Genau dies könnte aber dann angenommen werden, wenn durch eine Satzungsbestimmung eine virtuelle Hauptversammlung zugelassen werden soll. Eine solche satzungsmäßige Festlegung würde dem Grundsatz der Versammlungsgebundenheit entschieden zuwiderlaufen und damit von dem wesentlichen Grundgedanken der gesetzlichen Regelung der Rechtsausübung abweichen. Das entscheidende Problem ist in diesem Zusammenhang damit die nach ganz überwiegender Meinung und nach der Vorstellung des Gesetzgebers bestehende Maßgabe, dass die elementaren Rechte Rede- Auskunfts- und Stimmrecht lediglich in der Hauptversammlung ausgeübt werden können. Würde dieser Grundsatz durchbrochen, so könnte natürlich eine entsprechende Satzungsbestimmung eine andere Form der Stimmabgabe ermöglichen.

So lehnen auch *Riegger/Mutter* eine Normierung einer ausschließlich im Internet stattfindenden Hauptversammlung durch die Satzung ab, da dies von zu vielen Bestimmungen des Aktienrechtes abweichen würde, ohne dass es i.S.v. § 23 V 1 AktG ausdrücklich zugelassen wäre.[628] Der Grundsatz der Satzungsstrenge verbietet demnach eine Satzungsbestimmung, die das Abhalten einer virtuellen Hauptversammlung ermöglichen soll.

Diese Ansicht wird auch durch die Neuerungen des TransPuG gestützt. Der neu eingeführte § 118 III AktG erlaubt es den Aktiengesellschaften nämlich lediglich, eine Satzungsbestimmung zu schaffen, die eine Bild- und Tonübertragung der Hauptversammlung erlaubt. Eine Satzungsbestimmung, die eine virtuelle Hauptversammlung mit all ihren Möglichkeiten der virtuellen Rechtsausübung gestattet, wird durch diese Neuregelung gerade nicht für zulässig erklärt.

Nach den bestehenden gesetzlichen Regelungen ist daher die Durchführung einer rein virtuellen Hauptversammlung einer AG mit der ganz h.M. auch weiterhin nicht möglich.

---

627 *Hirte* in FS Buxbaum 2000 S. 283 (289); vgl. hierzu *Noack* in Noack/Spindler Unternehmensrecht S. 20

628 *Riegger/Mutter* ZIP 1998, 637 (638)

Teil 3 Die GmbH

A. Vorbemerkungen, Grundsätze und Einordnung der GmbH

I. Wesen der GmbH

Auch die GmbH ist eine juristische Person. Obwohl sie zu den Kapitalgesellschaften zählt, ist sie aufgrund ihrer personalistischen Prägung keineswegs eine anonyme Gesellschaft. Vielmehr ist ihr gem. § 16 I GmbHG ein Gesellschafterwechsel anzuzeigen und nach § 40 I GmbHG müssen die Geschäftsführer jede Veränderung in den Personen der Gesellschafter oder deren Beteiligung in einer Liste der Gesellschafter vermerken und zum Handelsregister einreichen.[629]

Die Möglichkeit der Haftungsbeschränkung und die hohe Flexibilität in der gesellschaftsrechtlichen Organisation, die vor allem darin zum Ausdruck kommt, dass der Gesellschaftsvertrag einer GmbH in hohem Maße an die individuellen Verhältnisse angepasst werden kann, haben dazu geführt, dass die GmbH heute die am häufigsten vorkommende und erfolgreichste Gesellschaftsform des deutschen Rechts ist. Diese hohe Flexibilität hat auch ihren Niederschlag in einem das GmbH-Recht bestimmenden Grundsatz gefunden, wonach für die Ausgestaltung der internen Verhältnisse der Gesellschaft und die Rechte und Pflichten der Gesellschafter weitgehend Gestaltungsfreiheit herrscht (siehe Teil 3 A III).[630]

Weitere Gründe für die hohe Beliebtheit der GmbH, vor allem auch bei gesellschaftsrechtlichen Mischgestaltungen wie z.B. der GmbH & Co KG, der GmbH & Stille, Betriebsaufspaltung und Konzerntochtergesellschaften, ist die Tatsache, dass nach § 37 GmbHG die Geschäftsführer der GmbH den Weisungen durch Gesellschafterbeschlüsse unterliegen und jedem Gesellschafter nach § 51a GmbHG ein uneingeschränktes Informationsrecht über die Angelegenheiten der Gesellschaft und ein entsprechendes Recht zur Einsicht der Bücher und Schriften zusteht (siehe Teil 3 D III 2). Im direkten Vergleich zur Aktiengesellschaft zeichnet sich die GmbH auch dadurch aus, dass bei ihr nach § 5 I GmbHG ein Stammkapital von lediglich 25 000 Euro genügt, wohingegen gem. § 7 AktG für eine AG ein Mindestnennbetrag von 50 000 Euro erforderlich ist (siehe hierzu Teil 2 A III).

---

629 Vgl. *Erle* in Becksches Hdb GmbH § 1 Rn 1

630 *Erle* in Becksches Hdb GmbH § 3 Rn 1 S. 86; *Hachenburg/Ulmer* Einl. Rn 21; auch *Scholz/H.P. Westermann* Einl. Rn 23ff; vgl. *Hansen* GmbHR 1993, 146

II. Rechtsquellen

Das GmbH-Recht bestimmt sich in erster Linie nach den Bestimmungen des GmbHG. Eine „Lückenausfüllung“ wird nach den für Gesellschaften unterschiedlicher Rechtsform entwickelten Grundsätzen vorgenommen. Darüber hinaus können bei der GmbH aufgrund ihrer körperschaftlichen Struktur[631] Vorschriften des Vereinsrechtes herangezogen werden. Grundsätzlich wird bei Gemeinsamkeiten dann eine mit der gebotenen Zurückhaltung erfolgende analoge Anwendung von Aktienrecht als zulässig erachtet, wenn hierbei immer die Besonderheiten der GmbH berücksichtigt bleiben.[632]

III. Gesellschaftsvertrag / Satzung

1. Satzungsautonomie

Das GmbH-Recht wird im Gegensatz zum Recht der AG (siehe Teil 2 A IV) von dem in § 45 I GmbHG zum Ausdruck kommenden, ganz entscheidenden Grundsatz der Satzungsautonomie durchzogen. Dieser gewährt den Gesellschaftern für die Ausgestaltung der internen Verhältnisse der Gesellschaft eine weitgehende und nahezu uneingeschränkte Gestaltungsfreiheit und findet so auch im Hinblick auf die Zuständigkeiten der Gesellschafter und deren Rechte und Pflichten Anwendung. Dazu eröffnet er über § 45 II GmbHG weitreichende Möglichkeiten einer flexiblen und individuellen Ausgestaltung der Mitwirkungsrechte an der organschaftlichen Willensbildung.[633] Ein weiterer Ausdruck der Gestaltungsfreiheit des GmbH-Rechtes ist die Möglichkeit, durch entsprechende gesellschaftsvertragliche Regelungen nur einen ausgesuchten Personenkreis als Gesellschafter zuzulassen.[634] Man kann also mit dem BGH sagen: „Das Recht der GmbH wird vom Grundsatz der Satzungsautonomie beherrscht.“[635]

Insbesondere das Institut der Gesellschafterversammlung erfährt im GmbHG eine nur rudimentäre Regelung,[636] da § 45 I GmbHG gerade die Rechte, die den Gesellschaftern in den Angelegenheiten der Gesellschaft und hierbei insbesonde-

---

631 Hierzu *Scholz/H.P. Westermann* Einl. Rn 4

632 *Baumbach/Hueck/Hueck G.-Fastrich* Einl. Rn 28; *Scholz/H.P. Westermann* Einl. Rn 56ff, 61

633 *Hachenburg/Ulmer* Einl. Rn 21; *Schmiegelt* in Becksches Hdb GmbH § 3 Rn 1; *Baumbach/Hueck/Zöllner* § 45 Rn 5; *Ingerl* in Mü Hdb GmbH § 36 Rn 7

634 Näher *Schmiegelt* in Becksches Hdb GmbH § 3 Rn 15ff

635 BGHZ 14, 264 (269)

636 *Zwissler* GmbHR 2000, 28 (29)

re in Bezug auf die Führung der Geschäfte und deren Ausübungen zustehen, einer gesellschaftsvertraglichen Regelung zuweist und § 45 II GmbHG die gesetzlichen Vorschriften der §§ 46 bis 51 GmbHG über die Willensbildung der Gesellschafter grundsätzlich nur in Ermangelung besonderer Bestimmungen des Gesellschaftsvertrages zur Anwendung kommen lässt. Dies stellt einen krassen Gegensatz zu der Systematik des Aktienrechtes dar, da dort gem. § 23 V AktG nur in sehr eingeschränktem Maß von der gesetzlichen Organisationsstruktur und Verfahrensordnung abgewichen werden kann (siehe Teil 2 A IV 2). Der Gesellschaftsvertrag einer GmbH kann somit weitreichende Änderungen der gesetzlichen Vorgaben durchführen, abweichende Kompetenzverlagerungen schaffen oder gar im GmbHG gar nicht vorgesehene Organe wie z.B. Beiräte schaffen. Ebenso kann das Beschlussverfahren der §§ 47 bis 51 GmbHG grundlegenden Modifikationen unterzogen werden.[637]

Gleichwohl ist der Inhalt der §§ 46-51 GmbHG nicht in jeder Hinsicht abdingbar, so dass die Gestaltungsfreiheit bei der Regelung der gesellschafterlichen Verwaltungsrechte und Organkompetenzen auch bestimmten Einschränkungen unterliegt. Die Satzungsautonomie findet nach einhelliger Ansicht ihre Grenzen in zwingenden Regelungen des GmbHG und ungeschriebenen Grundsätzen des Gesellschafts- und Verbandsrechts sowie in anderen, allgemein die Vertragsfreiheit begrenzenden Gesetze.[638] Diese Beschränkungen sind in erster Linie Ausdruck einer Vorstellung von einem unverzichtbaren Kern von Mindestrechten des einzelnen Gesellschafters zur Mitwirkung an der Willensbildung und dienen somit auch zum großen Teil dem Schutz des einzelnen Gesellschafters vor einer willkürlichen Benachteiligung durch eine Gesellschaftermehrheit.[639] Zu diesem Minderheitenschutz zählen auch bestimmte qualifizierte Mehrheitserfordernisse im GmbHG und die drei echten Minderheitenrechte der §§ 50, 61, 66 II, III GmbHG. Daneben können auch die gesellschaftsrechtliche Treuepflicht als bedeutsames Korrektiv willkürlicher Benachteiligung von Mitgesellschaftern und das Verbot einer Abhängigkeit von außenstehenden Dritten weitere Einschränkungen der Vertragsfreiheit begründen.[640]

---

637 *Ingerl* in Mü Hdb GmbH § 36 Rn 7

638 Näher *Rowedder/Koppensteiner* § 45 Rn 2, 13; *Lutter/Hommelhoff* § 45 Rn 3; *Baumbach/Hueck/Zöllner* § 45 Rn 5, 9; vgl. hierzu auch *Zöllner* in FS 100 Jahre 1992 S. 85 (100ff)

639 *Ingerl* in Mü Hdb GmbH § 36 Rn 8; vgl. *Baumbach/Hueck/Zöllner* § 54 Rn 11; *Hachenburg/Hüffer* § 45 Rn 27

640 *Hachenburg/Hüffer* § 45 Rn 13; *Ingerl* in Mü Hdb GmbH § 36 Rn 8; *Baumbach/Hueck/Zöllner* § 45 Rn 11

2. *Satzungsdurchbrechung*

Auch bei der GmbH werden solche ohne die Einhaltung der formellen Voraussetzungen einer Satzungsänderung vollzogenen Satzungsdurchbrechungen als zulässig erachtet, die nur punktuelle Regelungen für einen Einzelfall treffen und deren Beschlusswirkung sich auf diese Maßnahme beschränkt. Satzungsdurchbrechungen, die einen von der Satzung abweichenden rechtlichen Zustand begründen, sind dagegen ohne Einhaltung der für eine Satzungsänderung geltenden Formvorschriften unwirksam, selbst dann wenn dieser Zustand auf einen bestimmten Zeitraum begrenzt ist (siehe hierzu schon Teil 2 A IV 4).[641]

IV. Gleichbehandlungsgrundsatz

Der Gleichbehandlungsgrundsatz, der im Aktienrecht in § 53a AktG gesetzlich normiert ist, ist im GmbH-Recht wie bei allen privatrechtlichen Personenzusammenschlüssen ein seit langem allgemein anerkannter, wenn auch ungeschriebener Grundsatz,[642] dessen Herleitung jedoch umstritten ist.[643] Der Gleichbehandlungsgrundsatz bindet die Gesellschaft und ihre einzelnen Gesellschafter bei der Wahrnehmung ihrer mitgliedschaftlichen Rechte und Pflichten und beinhaltet ein allgemeines Diskriminierungs- und Willkürverbot, das einer unterschiedlichen Behandlung der einzelnen Gesellschafter ohne sachlich gerechtfertigten Grund entgegensteht (siehe Teil 2 A V).[644] Aufgrund ihrer weitgehenden Vertragsfreiheit steht es den Gesellschaftern einer GmbH allerdings frei, einzelnen Gesellschaftern oder Gruppen von Gesellschaftern mehr Rechte im Gesellschaftsvertrag einzuräumen als anderen.[645]

Auch im Recht der GmbH wird der Gleichbehandlungsgrundsatz durch die Treuepflicht eingeschränkt. Da sich die Treuepflicht allerdings in ihrem Inhalt und Umfang wesentlich durch die Struktur der jeweiligen Gesellschaft ergibt, ist

---

641 Eingehend hierzu *Priester* ZHR 151 (1987) 40ff; *Habersack* ZGR 1994, 355ff als Besprechung zu BGH GmbHR 1993, 497; BGH NJW1993, 2246 (2247)

642 *Baumbach/Hueck/Hueck-Fastrich* § 13 Rn 35; *Scholz/Winter* § 45 Rn 40

643 *Scholz/Winter* § 14 Rn 41 für eine rechtsdogmatische Herleitung aus der gesellschaftsrechtlichen Treuepflicht; *Hachenburg/Raiser* § 14 Rn 69 für eine Herleitung aus einem generellen privatrechtlichen Prinzip der Rechtsgleichheit; näher hierzu auch *Schmiegelt* in Becksches Hdb GmbH § 3 Rn 37

644 BGHZ 33, 175 (186); BGHZ 71, 40 (44); BGHZ 116, 359 (373); *Baumbach/Hueck/Hueck-Fastrich* § 13 Rn 35, 38; *Scholz/Winter* § 14 Rn 45; *Lutter/Hommelhoff* § 14 Rn 30

645 *Hachenburg/Raiser* § 14 Rn 67; *Schmiegelt* in Becksches Hdb GmbH § 3 Rn 37

sie in einer personalistisch ausgerichteten GmbH stärker ausgeprägt als in einer kapitalistisch strukturierten GmbH oder gar AG.[646]

V. Die Gesellschafterrechte

Gesellschafterrechte sind solche Rechte, die einem Gesellschafter gerade aufgrund seiner Mitgliedschaft in der GmbH erwachsen. Die Gesellschafterrechte unterscheiden sich in die jedem einzelnen Gesellschafter unabhängig von seiner Beteiligung zustehenden Individualrechte wie z.B. das Informationsrecht nach § 51 a GmbHG, Minderheitsrechte wie das Recht auf Einberufung einer Gesellschafterversammlung nach § 50 GmbHG und Kollektivrechte der Gesellschaftergesamtheit, wie das Weisungsrecht gegenüber der Geschäftsführung.[647]

Des weiteren untergliedern sich die Gesellschafterrechte in Vermögens- und Verwaltungsrechte. Unter den Vermögensrechte versteht man insbesondere die Beteiligungsrechte am Gewinn und am Liquidationserlös. Zu den Verwaltungsrechten zählt man in erster Linie das Teilnahmerecht an der Gesellschafterversammlung, das Stimmrecht, das Auskunftsrecht, das Recht zur Anfechtung von Gesellschafterbeschlüssen und das Minderheitsrecht auf Einberufung einer Gesellschafterversammlung bzw. Ankündigung von Tagesordnungspunkten.[648] Diese Verwaltungsrechte können im Gegensatz zu den Vermögensrechten nicht von dem zugehörigen Geschäftsanteil „abgespalten" und gesondert übertragen werden. Darüber hinaus sind die Gesellschafter im Bereich der Verwaltungsrechte durch die Treubindung in größerem Umfange zu einer uneigennützigen Rechtsausübung im Interesse der Gesellschaft verpflichtet.[649] Der das GmbH-Recht bestimmende Grundsatz der umfangreichen Gestaltungsfreiheit erlaubt es, neben den gesetzlich zwingend vorgeschriebenen und dispositiv vorgesehenen Gesellschafterrechten weitere Rechte im Gesellschaftsvertrag festzuschreiben, die später nur durch eine Satzungsänderung umgestaltet werden können, wobei die Erweiterung oder Schaffung neuer Pflichten nur mit der Zustimmung der betroffenen Gesellschafter nach § 53 III GmbHG erfolgen kann.[650]

---

646 *Schmiegelt* in Becksches HdB der GmbH § 3 Rn 22, 30; *Hachenburg/Raiser* § 14 Rn 53, 58; BGHZ 98, 276ff; vgl. *Vorwerk/Wimmers* GmbHR 1998, 717 (719ff)

647 *Schmiegelt* in Becksches Hdb GmbH § 3 Rn 45

648 *Baumbach/Hueck/Hueck-Fastrich* § 14 Rn 12; *Schmiegelt* in Becksches Hdb GmbH § 3 Rn 46f; *Hachenburg/Raiser* § 14 Rn 15; *Scholz/Winter* § 14 Rn 14

649 *Scholz/Winter* § 15 Rn 7ff; *Schmiegelt* in Becksches Hdb GmbH § 3 Rn 48; *Baumbach/Hueck/Hueck-Fastrich* § 14 Rn 12, 19

650 *Baumbach/Hueck/Hueck-Fastrich* § 14 Rn 15; ausführlich *Schmiegelt* in Becksches Hdb GmbH § 3 Rn 51ff

B. Gesellschafterversammlung

Nach § 48 I GmbHG werden die Gesellschafterbeschlüsse grundsätzlich in einer Versammlung gefasst. Wie beim Aktienrecht ist auch für das GmbH-Recht die Durchführung und der genaue Ablauf von Gesellschafterversammlungen nicht ausführlich gesetzlich geregelt. Dies wird größtenteils der Verantwortung der Gesellschafter überlassen, die sich in ihrer Satzung Grundsätze für die Abhaltung einer Gesellschafterversammlung selbst niederlegen können und sollen, um einen ordnungsgemäßen Versammlungsablauf mit einer sachgerechten Abwicklung der Tagesordnungspunkte zu gewährleisten.[651]

I. Die Gesellschafter als oberstes Gesellschaftsorgan

Die GmbH verfügt gem. den gesetzlichen Bestimmungen über zwei Organe: die Gesellschafter als Willensbildungsorgan (§§ 45ff GmbHG) und nach §§ 35ff GmbHG die Geschäftsführer als Handlungsorgan.[652]

Demgegenüber sieht eine Meinung die in den §§ 48 bis 51 GmbHG geregelte Gesellschafterversammlung als das oberste Organ der GmbH an.[653] Da allerdings die in dem Aufgabenkatalog des § 46 GmbHG aufgeführten grundlegenden Entscheidungsbefugnisse sowie das in § 37 I GmbHG geregelte Weisungsrecht gegenüber den Geschäftsführern und die in § 53 I GmbHG festgeschriebene Befugnis zur Satzungsänderung nicht der Gesellschafterversammlung als solcher, sondern vielmehr den Gesellschaftern zugewiesen werden, spricht allein schon der Wortlaut dieser Zuständigkeitsvorschriften gegen eine Organqualität der Gesellschafterversammlung. Des weiteren üben die Gesellschafter selbst nach § 47 I GmbHG die genannten Rechte durch Beschlussfassung aus.

Hieraus wird deutlich, dass die Gesellschafterversammlung kein Organ der GmbH, sondern nur eine regelmäßige Verfahrensart für die Willensbildung der Gesellschafter darstellt. Die Entscheidungsbefugnisse selbst stehen losgelöst von

---

651 *Fischer* in Becksches Hdb GmbH § 4 Rn 51; *Rowedder/Koppensteiner* § 48 Rn 12; *Hachenburg/Hüffer* § 48 Rn 29

652 *Fischer* in Becksches Hdb GmbH § 4 Rn 1

653 RGZ 169, 65 (80f); OLG Frankfurt GmbHR 1984, 99; *Hachenburg/Hüffer* § 45 Rn 6 und § 58 Rn 3; vgl. *Hüffer* in FS 100 Jahre 1992 S. 521 (532, 536); *Baumbach/Hueck/Zöllner* § 45 Rn 3; vgl. *Zöllner* in FS 100 Jahre 1992 S. 85, (119f)

der jeweiligen Verfahrensart nur den Gesellschaftern zu. Vor dem Hintergrund ihrer umfassenden Zuständigkeiten und der Möglichkeit, über das Weisungsrecht des § 37 GmbHG Entscheidungen über den Inhalt der Geschäftsführungstätigkeit und die Grundsätze der Geschäftspolitik herbeiführen zu können, können die Gesellschafter in ihrer Gesamtheit selbst mit der h.M. als Inhaber der allumfassenden Kompetenz zur Bestimmung aller Gesellschaftsangelegenheiten („Kompetenz-Kompetenz" oder „Allzuständigkeit" der Gesellschafter) als oberstes Organ der GmbH angesehen werden, die in ihrer Gesamtheit die organschaftlichen Befugnisse innehaben.[654] Die Vertretung der Gesellschaft Dritten gegenüber bei der Ausführung der gefassten Beschlüsse wird hiervon allerdings nicht betroffen.[655]

Die einzelnen Entscheidungskompetenzen der Gesellschafter sind zum einen in dem umfassenden Aufgabenkatalog des § 46 GmbHG für die Gesellschaftergesamtheit und weiteren ausdrücklichen gesetzlichen Kompetenzzuweisungen aufgeführt, zum anderen sind nach h.M. bestimmte ungeschriebene Zuständigkeiten der Gesellschafter insbesondere für besonders wichtige oder ungewöhnliche Entscheidungen anerkannt, doch kann der Gesellschaftsvertrag diese Zuweisungen auch weitestgehend ändern bzw. weitere Beschlusszuständigkeiten begründen.[656] Kompetenzverlagerungen und Delegationen dürfen allerdings nicht die Stellung der Gesellschaftergesamtheit als oberstes Organ der GmbH in ihrem Kern aushöhlen oder auf Dauer in Frage stellen. Den Gesellschaftern muss ein Kernbereich an Kompetenzen bleiben.[657]

---

654 BGHZ 58, 115 (120); *Scholz/Schmidt* § 45 Rn 1, 5f; *Rowedder/Koppensteiner* § 45 Rn 3; *Eisenhardt* FS Pfeiffer 1988 S. 839 (845); *Schmiegelt* Becksches Hdb GmbH § 3 Rn 1; OLG Düsseldorf ZIP 1984, 1476 (1479); *Hommelhoff* ZGR 1978, 199 (127ff); *Scholz/Schneider* § 37 Rn 38

655 *Lutter/Hommelhoff* § 45 Rn 4; *Baumbach/Hueck/Zöllner* § 46 Rn 3; *Ingerl* in Mü Hdb § 37 Rn 7; vgl. BGH WM 1981, 1353 (1354)

656 *Baumbach/Hueck/Zöllner* § 46 Rn 4; BGHZ 43, 261 (264); *Lutter/Hommelhoff* § 46 Rn 1; *Scholz/Schmidt* § 46 Rn 2

657 *Baumbach/Hueck/Zöllner* § 45 Rn 5, 62f § 46 Rn 4; *Scholz/Schmidt* § 45 Rn 8; *Lutter/Hommelhoff* § 45 Rn 6 *Schmiegelt* in Becksches Hdb § 3 Rn 6ff ; a.A.: *Rowedder/Koppensteiner* § 45 Rn 14

C. Einberufung einer Gesellschafterversammlung

Grundsätzlich hat jeder Gesellschafterversammlung eine Einberufung durch eine Ladung der Versammlungsmitglieder vorauszugehen. Die wichtigste Fragen der Einberufung sind in den §§ 49-51 GmbHG näher geregelt.

I. Einberufungszuständigkeiten

1. Zuständigen nach § 49 I GmbHG

Die Zuständigkeit zur Einberufung einer Gesellschafterversammlung wird in § 49 I GmbHG bestimmt, der grundsätzlich den Geschäftsführern diese Kompetenz zuweist. Nach heute h.M. ist bei Vorhandensein mehrerer Geschäftsführer jeder einzelne Geschäftsführer losgelöst von den anderen einberufungsbefugt, und zwar selbst dann, wenn die Geschäftsführer nur zur Gesamtvertretung berechtigt sind oder wenn sich mehrere Geschäftsführer nicht auf eine Einberufung verständigen können.[658]

2. Gesellschafter

Die Gesellschafter selbst haben sowohl als Gruppe als auch als Einzelne grundsätzlich kein Einberufungsrecht, es sei denn die Voraussetzungen des § 50 (III) GmbHG wären erfüllt (siehe Teil 3 C IV).[659] Allerdings können sämtliche Gesellschafter auch ohne Einberufung zu einer Vollversammlung zusammentreten (siehe Teil 3 C VI).[660]

---

658 *Scholz/Schmidt* § 49 Rn 4; *Rowedder/Koppensteiner* § 49 Rn 2; OLG Frankfurt a.M. GmbHR 1976, 110f; KG NJW, 2157 (2158); *Zeilinger* GmbHR 2001, 541ff; näher zu nicht rechtswirksam bestellten oder abberufenen Geschäftsführer und zu Liquidatoren vgl. *Fischer* in Becksches Hdb GmbH § 4 Rn 2, 5

659 *Rowedder/Koppensteiner* § 49 Rn 4; *Lutter/Hommelhoff* § 49 Rn 4; *Baumbach/Hueck/Zöllner* § 49 Rn 4; *Fischer* in Becksches Hdb GmbH § 4 Rn 5; *Scholz/Schmidt* § 49 Rn 9

660 *Lutter/Hommelhoff* § 49 Rn 4

3. *Aufsichtsrat*

Wenn das „Wohl der Gesellschaft" es erfordert, kann ein obligatorischer Aufsichtsrat über §§ 25 I Nr. 2 MitbestG[661], 77 I BetrVG 52[662], 111 III 1 AktG ebenfalls eine Gesellschafterversammlung einberufen. Ob einem fakultativen Aufsichtsrat ein Einberufungsrecht verliehen wird, steht jedoch zur Disposition des Gesellschaftsvertrages.[663]

4. *Dritte*

Nach den gesetzlichen Regelungen haben andere Personen kein Einberufungsrecht, doch kann auch hier vor dem Hintergrund der weitgehenden Flexibilität des GmbH-Rechtes nach § 45 I GmbHG durch die Satzung eine von den gesetzlichen Bestimmungen zur Einberufungszuständigkeit abweichende Regelung getroffen werden und so die Einberufungsbefugnisse erweitert werden. Insbesondere kann die Satzung Gesellschafter oder andere Gremien, wie z.B. Beirat Aufsichtsrat, zur Einberufung ermächtigen. Sogar Dritten, die außerhalb der Gesellschaft stehen, kann eine Einberufungsbefugnis zugewiesen werden, da die bloße Möglichkeit der Einberufung noch keine unzulässige Fremdbestimmung darstellt.[664] Sie kann darüber hinaus auch den Geschäftsführern oder dem Aufsichtsrat die gesetzliche Einberufungszuständigkeit mit Ausnahme der Verpflichtung aus § 49 III GmbHG entziehen.[665]

5. *Konkurrierende / überholende Einberufung*

Bei mehreren Geschäftsführern einer GmbH oder bei Bestehen eines Aufsichtsrates oder eines satzungsmäßig legitimierten Einberufungsberechtigten kann es zu konkurrierenden Einberufungen kommen. Werden mehrere Gesellschafter-

---

661 BGBl I S. 1153 vom 04.05.1976

662 BGBl 1952 I S. 681

663 *Lutter/Hommelhoff* § 49 Rn 5; *Baumbach/Hueck/Zöllner* § 49 Rn 3, 11; *Fischer* in Becksches Hdb GmbH § 4 Rn 5; *Rowedder/Koppensteiner* § 49 Rn 3 räumt beiden dieses Recht ein

664 *Baumbach/Hueck/Zöllner* § 49 Rn 6; *Scholz/Schmidt* § 49 Rn 9f; vgl. *Lutter/Hommelhoff* § 49 Rn 2; *Ingerl* in Mü Hdb GmbH § 39 Rn 6; *Hachenburg/Hüffer* § 49 Rn 12, 30

665 Hierzu *Fischer* in Becksches Hdb GmbH § 4 Rn 6f; *Lutter/Hommelhoff* § 49 Rn 6; *Rowedder/Koppensteiner* § 49 Rn 8; *Hachenburg/Hüffer* § 49 Rn 31; aA: *Baumbach/Hueck/Zöllner* § 49 Rn 2

versammlungen von verschiedenen Berechtigten zeitlich unvereinbar einberufen, die zudem sehr ähnliche Tagesordnungspunkte aufweisen und somit die gleichen Themen behandeln, so ist die erste Einberufung wirksam. Wenn hingegen durch die Einberufungen unterschiedliche Themen der Tagesordnung angekündigt werden, so sind grundsätzlich beide Einberufungen wirksam.[666]

II. Recht zur Einberufung

§ 49 I GmbHG stellt eine Kompetenznorm dar, die jedoch die tatbestandlichen Voraussetzungen des Einberufungsrechtes nicht formuliert, sondern diese vielmehr voraussetzt. Wenn die Einberufung aus Sicht eines ordentlichen Geschäftsmannes sinnvoll erscheint, dürfen die Berechtigten die Gesellschafterversammlung zu jedem sinnvollen Beratungs- und Entscheidungsgegenstand einberufen, für den sie zuständig ist. Aufgrund der Allzuständigkeit der Gesellschafterversammlung kann diese auch jederzeit zusammentreten. Dennoch können die Einberufungsberechtigten nicht jederzeit eine Gesellschafterversammlung einberufen. Sie haben hierbei die allseitigen Interessen, die Dringlichkeit und das sachliche Gewicht der Versammlungsgegenstände zu berücksichtigen und haben immer zu bedenken, dass die Gesellschafter zum Besuch einer herkömmlichen Gesellschafterversammlung nicht selten auch zeitliche und finanzielle Opfer erbringen müssen, so dass sie bei der Entscheidung über eine Einberufung die Verhältnismäßigkeit zu wahren haben. Je zeitaufwendiger oder kostspieliger die Anreise ist, desto dringlicher müssen die Gründe für eine Einberufung sein.[667] Oftmals wird sich die Einberufung einer ordentlichen Gesellschafterversammlung aus dem Gesellschaftsvertrag oder der bisherigen Übung oder dem Bedürfnis nach der Feststellung des Jahresabschlusses ergeben. Eine außerordentliche Gesellschafterversammlung kann immer dann einberufen werden, wenn dies im Interesse der Gesellschaft und der Gesellschafter liegt.[668]

III. Verpflichtung zur Einberufung einer Gesellschafterversammlung

Manchmal schlägt das Recht zur Einberufung auch in eine Verpflichtung zur Einberufung um. Nach § 49 II, III GmbHG müssen die Einberufungsberechtig-

---

666 BGH GmbHR 1985, 256ff; *Scholz/Schmidt* § 49 Rn 13; ausführlich *Ingerl* in Mü Hdb GmbH § 39 Rn 7

667 *Baumbach/Hueck/Zöllner* § 49 Rn 10; vgl. *Scholz/Schmidt* § 49 Rn 1; *Hachenburg/Hüffer* § 49 Rn 14

668 *Scholz/Schmidt* § 49 Rn 1

ten in drei Fällen die Versammlung einberufen: So bedarf es einer Einberufung in den „ausdrücklich bestimmten Fällen“[669], dann „wenn es das Interesse der Gesellschaft erfordert“ und schließlich wenn bilanzmäßig der Verlust der Hälfte des Stammkapitals festgestellt wird.[670]

Grundsätzlich besteht aber auch die Möglichkeit, statt der Einberufung einer Gesellschafterversammlung das Abstimmungsverfahren nach § 48 II GmbHG zu eröffnen, wenn es lediglich um die Herbeiführung eines erforderlichen Beschlusses geht, da das Verfahren nach § 48 II GmbHG der Gesellschafterversammlung insofern gleichsteht. Ist allerdings eine Beratung unter den Gesellschaftern notwendig, dann muss genau wie in den Fällen, in denen die Einberufung einer Versammlung unbedingt erforderlich ist, auf die Durchführung des Verfahrens nach § 48 II GmbH verzichtet werden und eine Gesellschafterversammlung einberufen werden.[671]

Da die Geschäftsführer bei der Einberufung im Gegenzug aber die zeitlichen und finanziellen Opfer der Gesellschafter zum Besuch einer Gesellschafterversammlung im Gesellschaftsinteresse zu berücksichtigen haben, sind sie dazu angehalten, die Alternative einer Entscheidungsfindung nach § 48 II GmbHG zu erwägen und zu fördern.[672]

Ist die Einberufung der Gesellschafterversammlung im „Interesse der Gesellschaft“ i.S.d. § 49 II GmbHG, so ist eine Beschlussfassung in einem Verfahren nach § 48 II GmbHG nicht zulässig. In diesem Fall kann dem Interesse der Gesellschafter nur durch die Abhaltung einer Gesellschafterversammlung genügt werden. Lediglich dann ist die Einleitung eines Verfahrens nach § 48 II GmbHG ausreichend, wenn die Gesellschafter sich in voller Kenntnis der Sachlage damit einverstanden erklären.[673] Die Frage, wann das Interesse der Gesellschaft eine Einberufung einer Gesellschafterversammlung unumgänglich erscheinen lässt, muss anhand der konkreten Lage beantwortet werden, doch ist dies immer dann gegeben, wenn der Gesellschaft ohne die Durchführung der Gesellschafterversammlung ein nicht unerheblicher Schaden droht oder besonders schwierige, riskante oder kostspielige Fragen zu klären sind.[674]

---

669 Dieses Merkmal ist in seiner Auslegung sehr umstritten vgl. *Scholz/Schmidt* § 49 Rn 14ff; *Hachenburg/Hüffer* § 49 Rn 15ff; *Rowedder/Koppensteiner* § 9ff

670 Eingehend zu dem Ganzen *Scholz/Schmidt* § 49 Rn 14ff; *Hachenburg/Hüffer* § 49 Rn 15ff; *Rowedder/Koppensteiner* § 9ff; *Lutter/Hommelhoff* § 49 Rn 8ff; *Fischer* Becksches Hdb GmbH § 4 Rn 10ff

671 *Baumbach/Hueck/Zöllner* § 49 Rn 13f; *Lutter/Hommelhoff* § 49 Rn 8; *Scholz/Schmidt* § 49 Rn 16; vgl. *Ingerl* in Mü Hdb GmbH § 39 Rn 4

672 *Lutter/Hommelhoff* § 49 Rn 11

673 *Scholz/Schmidt* § 49 Rn 16, 25

674 *Baumbach/Hueck/Zöllner* § 49 Rn 13; *Fischer* in Becksches Hdb GmbH § 4 Rn 12f mit Beispielen

Es ist strittig, wie die Einberufungspflichten des § 49 I, II GmbHG im einzelnen durch die Satzung abgeändert werden können, doch ist die Einberufungspflicht des § 49 III GmbHG zwingend.[675]

IV. Einberufungsverlangen einer Minderheit und Selbsthilferecht

Gesellschaftern, die allein oder gemeinsam Geschäftsanteile von zusammen mindestens 10% des Stammkapitals halten,[676] räumt § 50 GmbHG die Möglichkeit ein, die Abhaltung einer Gesellschafterversammlung und die Ankündigung von Tagesordnungspunkten zur Beschlussfassung zu erzwingen. § 50 GmbHG gehört mit den §§ 61, 66 GmbHG zu den drei gesetzlich geregelten Minderheitsrechten und stellt ein Mitgliedschaftsrecht dar, das daher nur Gesellschaftern zusteht.[677]

Entsprechend ihrer Bedeutung als eines der wenigen echten Minderheitsrechte im GmbH-Recht können die Rechte auf Einberufung oder Ankündigung von Tagesordnungspunkten auch nicht durch die Satzung abbedungen oder durch zusätzliche Voraussetzungen erschwert werden. Allenfalls ist eine Erleichterung und eine Verstärkung des Schutzes der Minderheiten möglich.[678]

1. § 50 I GmbHG: Einberufungsverlangen

Zur Ausübung des Rechtes ist es erforderlich, dass die Gesellschafterminderheit gem. § 50 I GmbHG unter Angabe des Zwecks und der Gründe die Berufung der Gesellschafterversammlung verlangt. Dieses Einberufungsverlangen ist formlos möglich und kann sogar mündlich gestellt werden.[679]

---

675 *Fischer* in Becksches Hdb GmbH § 4 Rn 23; vgl. *Baumbach/Hueck/Zöllner* § 49 Rn 18; *Scholz/Schmidt* § 49 Rn 35; *Lutter/Hommelhoff* § 49 Rn 2; a.A. *Rowedder/Koppensteiner* § 49 Rn 15

676 Zur Berechnung der zehnprozentigen Beteiligung vgl. *Rowedder/Koppensteiner* § 50 Rn 3, *Scholz/Schmidt* § 50 Rn 10 und *Fischer* in Becksches Hdb GmbH § 4 Rn 15

677 Hierzu *Scholz/Schmidt* § 50 Rn 1,9,13

678 *Rowedder/Koppensteiner* § 51 Rn 2; *Baumach/Hueck/Zöllner* § 50 Rn 1ff; *Lutter/Hommelhoff* § 50 Rn 1; *Ingerl* in Mü Hdb GmbH § 39 Rn 21; *Hachenburg/Hüffer* § 50 Rn 31; *Scholz/Schmidt* § 50 Rn 5f

679 *Baumbach/Hueck/Zöllner* § 50 Rn 1, 5; *Lutter/Hommelhoff* § 50 Rn 4; *Hachenburg/Hüffer* § 50 Rn 10; *Rowedder/Koppensteiner* § 50 Rn 3f; *Scholz/Schmidt* § 50 Rn 10,14

Da keine besondere Form notwendig ist, steht auch einer Zuhilfenahme elektronischer Medien nichts im Wege. Es ist also denkbar, dass sich Gesellschafter in einem Internetforum, einer Mailingliste oder einem Internetchat zusammenfinden, dort über die Angelegenheiten der Gesellschaft diskutieren und sich so das Begehren zur Einberufung einer Gesellschafterversammlung herauskristallisiert. Dies kann dann wiederum von der Gesellschafterminderheit mit mindestens 10% des Stammkapitals wirksam auch durch eine E-Mail übersandt werden.

Anspruchsgegner ist die Gesellschaft. Diese wird durch ihre Geschäftsführer vertreten, so dass das Einberufungsverlangen an diese als Organ der Gesellschaft zu richten ist.[680]

Die Gesellschafter müssen in ihrem Einberufungsverlangen laut § 50 I GmbHG den Zweck und die Gründe angeben, d.h. zum einen den Gegenstand der Beratung und Beschlussfassung und zum anderen die Gründe für die Eilbedürftigkeit einer Einberufung der Gesellschafterversammlung. Die gewünschten Beschlussgegenstände sollten zweckmäßigerweise in der Form einer Tagesordnung dargelegt werden. Ohne diese Angaben besteht keine Verpflichtung für die Geschäftsführer, dem Einberufungsverlangen nachzukommen.[681] Einem ordnungsgemäß gestellten und nicht offensichtlich rechtsmissbräuchlichen Einberufungsverlangen müssen die Geschäftsführer unverzüglich, also ohne schuldhaftes Zögern, durch Vornahme der Einberufung entsprechen.[682] Der Versammlungstermin selbst muss dann innerhalb einer angemessenen Frist anberaumt werden.[683]

Das Einberufungsverlangen selbst muss nicht durch die Gesellschafterminderheit direkt gestellt werden. Diese kann sich hierbei durch einen Bevollmächtigten vertreten lassen.[684] Die hierfür erforderlichen Vollmachten müssen aber

---

680 *Ingerl* in Mü Hdb GmbH § 39 Rn 23; *Scholz/Schmidt* § 50 Rn 13; *Fischer* in Becksches Hdb GmbH § 4 Rn 15; *Baumbach/Hueck/Zöllner* § 50 Rn 4; a.A. *Rowedder/Koppensteiner* § 50 Rn 4: Einberufungsorgan als Adressat; vgl. *Lutter/Hommelhoff* § 50 Rn 4 Adressat ist die Gesellschaft, ein Geschäftsführer oder sonstiger Einberufungsberechtigte

681 *Rowedder/Koppensteiner* § 50 Rn 4; *Baumbach/Hueck/Zöllner* § 50 Rn 5; *Lutter/Hommelhoff* § 50 Rn 4; *Fischer* in Becksches Hdb GmbH § 4 Rn 16; *Ingerl* in Mü Hdb GmbH § 39 Rn 23; *Scholz/Schmidt* § 50 Rn 15

682 *Rowedder/Koppensteiner* § 50 Rn 5; *Scholz/Schmidt* § 50 Rn 17; vgl. OLG Dresden GmbHR 1995, 589; *Baumbach/Hueck/Zöllner* § 50 Rn 4,6 gegen Stimmen, die eine Einberufung nur „innerhalb einer angemessenen Frist" verlangen; a.A.: *Lutter/Hommelhoff* § 50 Rn 5

683 *Baumbach/Hueck/Zöllner* § 50 Rn 7; *Rowedder/Koppensteiner* § 50 Rn 5; näher *Ingerl* in Mü Hdb GmbH § 39 Rn 24

684 *Ingerl* in Mü Hdb GmbH § 39 Rn 23

nachgewiesen werden, wofür nach h.M. das Erfordernis der Textform des § 47 III GmbHG direkt oder analog gilt.[685] Da z.B. eine E-Mail diese Voraussetzungen erfüllt, ist auch hier demnach eine Einbeziehung elektronischer Medien möglich.

Das Minderheitsrecht zielt auf die Einberufung der Gesellschafterversammlung als solcher ab. Genau diesem Begehren muss durch die Einberufenden auch nachgekommen werden. Sie können dem Verlangen jedoch dadurch nicht gerecht werden, dass sie ein Verfahren gem. § 48 II GmbHG einleiten, es sei denn die Minderheit stimmt dem ausdrücklich zu.[686]

2. § 50 II GmbHG: Ankündigungsverlangen

Steht eine Gesellschafterversammlung bevor oder ist sie bereits einberufen, so kann die Gesellschafterminderheit des § 50 I GmbHG unter den gleichen Voraussetzungen unter denen sie die Einberufung einer Gesellschafterversammlung fordern kann, nun gem. § 50 II GmbHG die Ankündigung bestimmter Gegenstände zur Beschlussfassung der Versammlung verlangen. Sie brauchen hierbei jedoch nicht die Dringlichkeit darzulegen. Das Ankündigungsverlangen muss dem Einberufungsorgan nur so rechtzeitig übermittelt werden, dass die dreitägige Ankündigungsfrist des § 51 IV GmbHG noch gewahrt werden kann. Fordern die Minderheitsgesellschafter die Ergänzung der Tagesordnung um zusätzliche Beschlussgegenstände, so müssen diese im Nachgang zur Einladung mitgeteilt werden.[687]

3. § 50 III GmbHG: Selbsthilferecht

Für den Fall, dass entweder die Geschäftsführer dem ordnungsgemäß gestellten Einberufungs- bzw. Ankündigungsverlangen der Minderheitsgesellschafter nicht bzw. nicht in der regulären Frist entsprechen oder aber ein reguläres Einberufungsorgan nicht vorhanden bzw. handlungsunfähig ist, kann die 10%-Minderheit das Selbsthilferecht nach § 50 III GmbHG ausüben und die Einberufung

---

685 Vgl. *Baumbach/Hueck/Zöllner* § 50 Rn 5; *Lutter/Hommelhoff* § 50 Rn 4

686 *Lutter/Hommelhoff* § 50 Rn 10; *Hachenburg/Hüffer* § 50 Rn 15; *Baumbach/Hueck/Zöllner* § 50 Rn 10; näher *Fischer* in Becksches Hdb GmbH § 4 Rn 17

687 *Scholz/Schmidt* § 50 Rn 18; *Zwissler* GmbHR 2000, 28; eingehend *Ingerl* in Mü Hdb GmbH § 39 Rn 30f; *Baumbach/Hueck/Zöllner* § 50 Rn 11; *Lutter/Hommelhoff* § 50 Rn 6

unter Mitteilung der Sachverhältnisse bzw. die Ankündigung der Gegenstände zur Beschlussfassung selbst bewirken.[688]

Machen die Minderheitsgesellschafter von ihrem Selbsthilferecht Gebrauch, so müssen sie auch alle für die reguläre Einberufung geltenden gesetzlichen oder statutarischen Form- und Fristvorschriften beachten. Zusätzlich müssen sie in der Ladung neben den Einberufungsgründen auch die Voraussetzungen zur Begründung des Selbsthilferechts offen legen und alle zum Nachvollziehen der Selbsthilfevoraussetzungen erforderlichen Angaben (Quorum, Verlangen, Untätigkeit) machen (§ 50 III GmbH: „unter Mitteilung der Sachverhältnisse“). Die Einberufung der Gesellschafterversammlung durch die Minderheitsgesellschafter muss auch im Zusammenhang mit den Gründen stehen, wegen denen zuvor das Einberufungsverlangen an die Geschäftsführer gerichtet wurde. Wegen anderer Punkte dürfen die Minderheitsgesellschafter die Gesellschafterversammlung nicht einberufen.[689]

Die Minderheitsrechte des § 50 GmbHG können als eine Mindestsicherung nicht durch die Satzung verringert, aber sehr wohl zu Gunsten der Minderheit verstärkt werden.[690]

V. Form und Inhalt der Einberufung einer Gesellschafterversammlung

Das Ziel des § 51 GmbHG ist es, eine ordnungsgemäße Einberufung sicher zu stellen und so alle Teilnahmeberechtigten rechtzeitig über den Zeitpunkt und den Ort der Abhaltung einer Gesellschafterversammlung in Kenntnis zu setzen, um ihnen die Möglichkeit einer entsprechenden und geeigneten Vorbereitung zu geben.[691]

---

688 *Baumbach/Hueck/Zöllner* § 49 Rn 4 § 50 Rn 11ff; BGH NJW 1980, 2411 (2412); BGHZ 87, 2; OLG Dresden WiB 1995, 71f; *Scholz/Schmidt* § 50 Rn 20

689 *Rowedder/Koppensteiner* § 50 Rn 10; *Fischer* in Becksches Hdb GmbH § 4 Rn 19; *Baumbach/Hueck/Zöllner* § 50 Rn 13f; *Lutter/Hommelhoff* § 50 Rn 9; *Scholz/Schmidt* § 50 Rn 26

690 *Fischer* in Becksches Hdb GmbH § 4 Rn 23; vgl. *Baumbach/Hueck/Zöllner* § 49 Rn 18; *Scholz/Schmidt* § 49 Rn 35; *Lutter/Hommelhoff* § 49 Rn 2; a.A. *Rowedder/Koppensteiner* § 49 Rn 15

691 BGHZ 100, 264 (266); *Lutter/Hommelhoff* § 51 Rn 1

1. Inhalt

Die Einberufung muss unmissverständlich die Identität der Gesellschaft und des Einberufungsorgans, den Ort und die Zeit der Versammlung mit Angabe der Tageszeit benennen und dem Empfänger eindeutig klarmachen, dass es sich um eine Einberufung mit dem Ziel des Abhaltens einer Gesellschafterversammlung handelt.[692]

Gem. § 51 II GmbHG muss in der Einberufung der Zweck der Versammlung angegeben werden. Hierunter sind somit alle Punkte, über die Beschluss gefasst oder auch nur beraten werden soll, zu verstehen.[693]

Diese Beschlussgegenstände sind am besten in Form einer Tagesordnung zusammen mit der Einladung mitzuteilen. Die Tagesordnung gehört zu den bedeutsamen Schutzeinrichtungen für die Gesellschafter. Diese können sich nur dann sachgerecht an einer Beschlussfassung beteiligen und sich darauf vorbereiten, wenn sie genaue Kenntnis darüber haben, worüber eine Gesellschafterversammlung verhandeln und entscheiden wird. Deshalb müssen die Gegenstände inhaltlich auch so genau und eindeutig bezeichnet werden, dass die Empfänger der Tagesordnung sich ein hinreichendes Bild machen können, worum es geht. Auch Gesellschafter, die sich nicht ständig mit Gesellschaftsangelegenheiten befassen, müssen aus der Tagesordnung heraus Gegenstand und Bedeutung der Beschlussfassung erkennen und sich dementsprechend sachgerecht auf die zu fassenden Beschlüsse vorbereiten können.[694] Obwohl die Beschlussgegenstände so genau wie möglich bezeichnet werden müssen, ist es im Gegensatz zu der Einberufung einer Hauptversammlung einer Aktiengesellschaft nicht notwendig, dass die Einberufung ausformulierte Beschlussvorschläge oder -anträge enthält.[695] Eine unmittelbare Verbindung von Tagesordnung und Einladung ist nicht zwingend. Da § 51 IV GmbHG auf solche Gegenstände verweist, die nicht wenigstens drei Tage vor der Versammlung angekündigt worden sind, folgt hieraus, dass die innerhalb der Frist des § 51 I GmbHG zu bewirkende Ladung nicht schon die vollständige Tagesordnung der Gesellschafterversammlung ankündigen muss. Eine Einberufung ohne die Mitteilung der Beschlussgegenstände ist somit nach §§ 51 II, IV GmbHG §§ 121, 124 AktG nicht unwirksam. Vielmehr

---

692 *Scholz/Schmidt* § 51 Rn 16; *Baumbach/Hueck/Zöllner* § 51 Rn 14f

693 *Baumbach/Hueck/Zöllner* § 51 Rn 21ff; *Rowedder/Koppensteiner* § 51 Rn 8; a.A. *Lutter/Hommelhoff* § 51 Rn 6f nur Beschlussgegenstände

694 *Scholz/Schmidt* § 51 Rn 17f; *Rowedder/Koppensteiner* § 51 Rn 9; *Zwissler* GmbHR 2000, 28

695 *Fischer* in Becksches Hdb GmbH § 4 Rn 32; OLG Hamm DB 1992, 2233; vgl. *Zwissler* GmbHR 2000, 28; *Thelen* GmbHR 1992, 796; *Baumbach/Hueck/Zöllner* § 51 Rn 16, 19ff

lässt § 51 IV GmbHG ein Nachschieben der Tagesordnung bis drei Tage vor der Versammlung in der für die Einberufung vorgeschriebenen Form zu. Diese Frist berechnet sich auch nach den Grundsätzen der Bestimmung der Einberufungsfrist.[696]

Die Einladung zur Gesellschafterversammlung muss den Ort und Tag einschließlich der Tageszeit enthalten.[697] Das Gesetz trifft keine genauere Regelungen über Ort und Zeit der Versammlung. Die Satzung kann insofern eine einschlägige Regelung treffen, doch muss die Versammlungszeit verkehrs- und ortsüblich sein. Der Einberufende muss daher bei der Wahl der Versammlungszeit insbesondere bei personalistisch strukturierten Gesellschaften auf die Belange der Gesellschafter Rücksicht nehmen. Er darf die Versammlung vor allem nicht auf einen Zeitpunkt legen, von dem er weiß, dass die Gesellschafter verhindert sind.[698]

Soweit die Satzung keine gegenteiligen Regelungen trifft, ist sogar eine Durchführung der Gesellschafterversammlung an einem Wochenende oder an Feiertagen grundsätzlich zulässig,[699] doch ist die Versammlung nach Möglichkeit auf einen geschäftsüblichen Zeitpunkt anzuberaumen.[700]

Der Ort, an dem die Gesellschafterversammlung abgehalten wird, ist i.d.R. der im Gesellschaftsvertrag angegebene Sitz der Gesellschaft (analog § 121 V AktG[701]). Der Einberufende kann ohne die Zustimmung der Gesellschafter keinen anderen Ort bestimmen. Bei Einverständnis aller Gesellschafter kann die Gesellschafterversammlung jedoch an jedem beliebigen Ort stattfinden.[702] Auch die Satzung kann eine eigene Regelung treffen und einen anderen Ort als den Sitz der Gesellschaft bestimmen, der für die Teilnahmeberechtigten genauso leicht oder leichter erreichbar ist.[703] Dies kann sogar ein Ort im Ausland sein.[704]

---

696 *Ingerl* in Mü Hdb GmbH § 39 Rn 15, 17; *Baumbach/Hueck/Zöllner* § 51 Rn 16, 19ff; *Rowedder/Koppensteiner* § 51 Rn 10f; *Scholz/Schmidt* § 51 Rn 21; vgl. BGHZ 100, 264ff; *Loritz* GmbHR 1992, 790 (792)

697 *Scholz/Schmidt* § 51 Rn 16; *Rowedder/Koppensteiner* § 51 Rn 8; vgl. KG NJW 1965, 2157 (2159)

698 *Baumbach/Hueck/Zöllner* § 51 Rn 13; *Lutter/Hommelhoff* § 48 Rn 7, § 51 Rn 5; *Ingerl* in Mü Hdb GmbH § 39 Rn 15 Rn 34; *Scholz/Schmidt* § 48 Rn 4f, 9; *Rowedder/Koppensteiner* § 48 Rn 5

699 *Loritz* GmbHR 1992, 750 (794); *Fischer* in Becksches Hdb GmbH § 4 Rn 33; *Scholz/Schmidt* § 48 Rn 9; *Ingerl* in Mü Hdb § 39 Rn 34; a.A.: LG Darmstadt BB 1981, 72, *Rowedder/Koppensteiner* § 48 Rn 5

700 *Baumbach/Hueck/Zöllner* § 51 Rn 13; *Lutter/Hommelhoff* § 48 Rn 7; *Ingerl* in Mü Hdb GmbH § 39 Rn 36

701 *Lutter/Hommelhoff* § 48 Rn 7; *Baumbach/Hueck/Zöllner* § 51 Rn 13; *Ingerl* in Mü Hdb GmbH § 39 Rn 35

702 OLG Düsseldorf GmbHR 1990, 169

703 *Scholz/Schmidt* § 48 Rn 4f, 9; *Rowedder/Koppensteiner* § 48 Rn 5

2. Adressaten der Einladung

Laut § 51 I GmbHG erfolgt die Einberufung der Versammlung durch die Einladung der Gesellschafter, so dass der Einberufungsberechtigte alle gem. § 16 GmbHG legitimierten und teilnahmeberechtigten Gesellschafter, einschließlich der nicht stimmberechtigten, einzuladen hat.[705]

Grundsätzlich sind die Gesellschafter persönlich einzuladen. Da die Ladung jedoch nur an die Teilnahmeberechtigten zu ergehen hat, muss sie auch an die Personen gerichtet werden, die anstelle eines nicht teilnahmeberechtigten Gesellschafters teilnahmebefugt sind. Dies sind z.B. die gesetzlichen Vertreter eines Minderjährigen.[706] Bei rechtsgeschäftlichen Stimmrechtsvollmachten ist allerdings der Gesellschafter zu laden. Eine formelle Ladung des Vertreters ist nicht vorgeschrieben.[707] Im Falle des Todes eines Gesellschafters sind dessen Erben bzw. der Testamentsvollstrecker unter deren Adresse zu laden.[708]

Ist eine juristische Person Gesellschafter der GmbH, so ist die Einberufung an sie zu richten, vertreten durch ihre Vertretungsorgane.[709]

Die Einladung zur Gesellschafterversammlung stellt eine Rechtshandlung i.S.d. § 18 III GmbHG dar. Daher genügt bei mehreren Mitberechtigten an einem Geschäftsanteil i.S.d. § 18 III GmbHG die Ladung irgendeines Mitberechtigten, solange noch kein gemeinsamer Vertreter bestellt ist.[710] Im Interesse der betroffenen Mitberechtigten ist hierbei jedoch dann von diesem Grundsatz eine Einschränkung zu machen, wenn eine Gefährdung des Teilnahmerechtes von Mitberechtigten zu befürchten ist.[711]

Geschäftsführer, Aufsichtsratsmitglieder oder dritte Personen, die die Satzung zur Gesellschafterversammlung zulässt, sind nicht nach § 51 I GmbHG zu

---

704 BGHZ 80, 76; *Lutter/Hommelhoff* § 48 Rn 7; *Scholz/Schmidt* § 48 Rn 6; *Hachenburg/Hüffer* § 48 Rn 6ff; *Schiessl* DB 1992, 823ff

705 BGH GmbHR 1971, 207; OLG Düsseldorf WM 1990, 1022 (1024); *Scholz/Schmidt* § 51 Rn 6; *Baumbach/Hueck/Zöllner* § 51 Rn 3; *Lutter/Hommelhoff* § 51 Rn 3; vgl. aber *Rowedder/Koppensteiner* § 51 Rn 4 der eine teleologische Reduktion für Gesellschafter ohne Teilnahmerecht anregt

706 *Baumbach/Hueck/Zöllner* § 51 Rn 3, 7; *Scholz/Schmidt* § 51 Rn 6; *Hachenburg/Hüffer* § 51 Rn 10

707 *Scholz/Schmidt* § 51 Rn 9

708 Näher *Baumbach/Hueck/Zöllner* § 51 Rn 6; *Fischer* in Becksches Hdb GmbH § 4 Rn 27; *Scholz/Schmidt* § 51 Rn 10; *Hachenburg/Hüffer* § 51 Rn 8

709 Näher *Scholz/Schmidt* § 51 Rn 7; *Hachenburg/Hüffer* § 51 Rn 10

710 *Scholz/Schmidt* § 51 Rn 8; *Rowedder/Koppensteiner* § 51 Rn 4; *Hachenburg/Hüffer* § 51 Rn 9; näher *Ingerl* in Mü Hdb GmbH § 39 Rn 9; *Baumbach/Hueck/Zöllner* § 51 Rn 3, 7

711 Näher *Scholz/Schmidt* § 51 Rn 8

laden. Dennoch ist auch ihnen unter Wahrung einer angemessenen Frist Zeit, Ort und Tagesordnung der Gesellschafterversammlung mitzuteilen, was auch durchaus formlos geschehen kann.[712]

Bei der Einberufung reicht es stets aus, den Gesellschafter unter der Adresse, die er zuletzt gegenüber der Gesellschaft verwendet hat, einzuladen. Diese Adresse bleibt solange maßgeblich, wie der Gesellschafter keine andere Adresse der Gesellschaft offiziell mitteilt. Ist der Gesellschafter nicht zu erreichen, so kommt auch eine öffentliche Zustellung nach §§ 203 ff ZPO oder eine Abwesenheitspflegschaft in Betracht, doch obliegt es grundsätzlich dem Gesellschafter, der Gesellschaft seine jeweilige Anschrift mitzuteilen bzw. für eine Nachsendung Vorsorge zu treffen.[713]

Jedenfalls ist der tatsächliche Zugang beim Empfänger für die Wirksamkeit des Einladungsschreibens unerheblich. Es kommt insofern stets nur auf die ordnungsgemäße Absendung der Einladung an, so dass auch eine Aufgabe zur Post ausreicht. Daher obliegt der Gesellschaft im Streitfalle der Nachweis über die korrekte Adressierung und Aufgabe des Schreibens zur Post.[714]

3. Form

Die Einberufung der Gesellschafterversammlung hat gem. § 51 I GmbHG grundsätzlich durch Einladung der Gesellschafter mit einer Frist von mindestens einer Woche und, soweit die Satzung nichts anderes vorschreibt, mittels eines eingeschriebenen Briefes zu erfolgen. Hierunter ist ein als Einschreiben i.S.d. geltenden Postregelungen versendeter Brief zu verstehen.[715] Weitere Förmlichkeiten sind vom GmbHG nicht vorgeschrieben. Die Einladung ist also schriftlich zu verfassen, doch muss sie nicht durch den Einberufenden eigenhändig unterzeichnet werden. Sie muss lediglich die Person des einladenden Verfassers un-

---

712 *Baumbach/Hueck/Zöllner* § 51 Rn 10; *Fischer* in Becksches Hdb GmbH § 4 Rn 28; *Ingerl* in Mü Hdb GmbH § 39 Rn 13; vgl. *Rowedder/Koppensteiner* § 51 Rn 6 für eine Ladung aus dem Teilnahmerecht

713 OLG Düsseldorf WM 1990, 1022 (1024); KG NJW 1965, 2157 (2159); *Baumbach/Hueck/Zöllner* § 51 Rn 4; *Scholz/Schmidt* § 51 Rn 10; *Hachenburg/Hüffer* § 51 Rn 6; *Ingerl* in Mü Hdb GmbH § 39 Rn 11

714 *Baumbach/Hueck/Zöllner* § 51 Rn 7; *Ingerl* in Mü Hdb GmbH § 39 Rn 12; OLG Düsseldorf WM 1990, 1022(1024) RGZ 60, 144 (145), vgl. KG NJW 1965, 2157 (2159); *Hachenburg/Hüffer* § 51 Rn 7, 15; vgl. *Scholz/Schmidt* § 51 Rn 10

715 Ausführlich hierzu *Baumbach/Hueck/Zöllner* § 51 Rn 12

zweideutig erkennen lassen.[716] Hierzu kann auch ein Firmenstempel oder eine faksimilierte Unterschrift verwendet werden.[717]

Auch Ergänzungen der Tagesordnung, die von Minderheitsgesellschaftern gem. § 51 II GmbHG gefordert werden und im Nachgang zur Einladung mitgeteilt werden, bedürfen der Form des § 51 I GmbHG und müssen somit mittels eingeschriebenen Briefes mitgeteilt werden (§ 51 IV GmbHG).[718]

Nach allgemeiner Auffassung kann die Satzung nach § 45 II GmbHG von diesem Formerfordernis des § 51 I GmbHG bei der Einberufung und des § 51 IV GmbHG bzgl. der Mitteilungen jedoch abweichen. Dennoch sind die Gesellschafter in ihrer Regelungsmöglichkeit nicht vollkommen frei. So kann die Satzung an die Einberufung einer Gesellschafterversammlung zwar erschwerende Anforderungen stellen, doch darf hierdurch die Abhaltung der Versammlung nicht über das nach den Umständen Angemessene hinaus erschwert werden oder das Teilnahmerecht eines Gesellschafters gar in seiner Substanz angetastet werden.[719] Erleichterungen der Einberufung durch die Satzung sind ebenso zulässig.[720]

Bei einer entsprechenden Satzungsbestimmung kann somit eine Einladung zur Gesellschafterversammlung und eine Ergänzung von Tagesordnungspunkten um zusätzliche Beschlussgegenstände auch durch einen gewöhnlichen Brief vorgesehen werden, wenn eine zusätzliche Sicherung der Benachrichtigung durch Bekanntmachung vorgesehen wird. Außerdem ist sogar eine Satzungsbestimmung zulässig, die eine mündliche, telefonische bzw. telegraphische Einberufung oder sogar eine Ladung durch moderne elektronische Kommunikationsmittel wie z.B. per E-Mail vorsieht. Eine solche Möglichkeit kann aber nur dann gewählt werden, wenn sichergestellt ist, dass alle Gesellschafter die Möglichkeit haben, ihr Teilnahmerecht wahrzunehmen und sich über die abzuhandelnden Tagesordnungspunkte ausreichend zu informieren.[721]

Noch vor einigen Jahren war die Verbreitung des Internet in der breiten Öffentlichkeit noch nicht so weit fortgeschritten, dass dieses Kriterium hätte erfüllt werden können. Heute ist dies hingegen anders. Die Zahl der Internetanschlüsse

---

716 *Scholz/Schmidt* § 51 Rn 13; *Fischer* in Becksches Hdb GmbH § 4 Rn 30; *Lutter/Hommelhoff* § 51 Rn 3; *Ingerl* in Mü Hdb GmbH § 39 Rn 14; a.A.: *Baumbach/Hueck/Zöllner* § 51 Rn 11 der eine Unterschrift für notwendig erachtet

717 *Rowedder/Koppensteiner* § 51 Rn 7

718 *Zwissler* GmbHR 2000, 28

719 Näher *Scholz/Schmidt* § 51 Rn 4; *Hachenburg/Hüffer* § 51 Rn 33; *Rowedder/Koppensteiner* § 51 Rn 3

720 *Rowedder/Koppensteiner* § 51 Rn 3

721 *Zwissler* GmbHR 2000, 28; *Hirte* in FS Buxbaum 2000 S. 283 (287); *Fischer* in Becksches Hdb GmbH § 4 Rn 34f; *Lutter/Hommelhoff* § 51 Rn 2; *Baumbach/Hueck/Zöllner* § 51 Rn 29; *Hachenburg/Hüffer* § 51 Rn 34

im geschäftlichen Bereich wie auch in privaten Haushalten hat stark zugenommen und steigt immer noch an (siehe Teil 1 C II 1 b). Darüber hinaus haben diejenige, die nicht über einen eigenen Internetzugang verfügen immer noch die Möglichkeit, in Internet-Cafés für einen bestimmten Zeitraum online zu sein und E-Mails zu lesen.

Um sicherzustellen, dass auch solche Gesellschafter mit der Einberufung erreicht werden, die weder über einen Internetzugang verfügen, noch die Angebote eines Internet-Cafés in Anspruch nehmen wollen, kann eine Satzung auch ein kombiniertes Verfahren vorschreiben. Gesellschafter, die eine Einladung per E-Mail wünschen, können dies der Gesellschaft unter Mitteilung ihrer E-Mail-Adresse anzeigen, andere Gesellschafter werden nach herkömmlicher Art mit eingeschriebenen Briefen geladen.

Darüber hinaus können entsprechende Satzungsregelungen erwogen werden, die das Übermitteln der Tagesordnung durch eingeschrieben Brief auch soweit lockern, dass hierfür die Veröffentlichung der Tagesordnung auf einer eigens für die Gesellschafterversammlung gestalteten Homepage genügt, die nur für legitimierte Teilnehmer zugänglich ist. Durch ein solches Vorgehen könnte der Gesellschafter, nachdem er seine Einladung zur Gesellschafterversammlung per E-Mail oder in herkömmlicher Weise per eingeschriebenem Brief erhalten hat, die Tagesordnung im Internet mit minimalem Aufwand einsehen. Die Information über den Inhalt der in der Gesellschafterversammlung zu fassenden Beschlüsse wird hierbei genauso gut übermittelt werden, wie dies durch eine E-Mail oder über den Postweg erfolgen kann. Darüber hinaus ist hier eine wesentlich schnellere Informationsübermittlung als bei einer Übermittlung per Post gesichert, da die Informationen auf der Homepage den Gesellschaftern zur Verfügung gestellt werden und diese sich die Informationen unabhängig von ihrem jeweiligen Aufenthaltsort und unabhängig von der Tageszeit oder Feiertagen verschaffen und sich so auf die Gesellschafterversammlung vorbereiten können.[722] Satzungsregeln, die eine ausschließliche Veröffentlichung der Tagesordnung im Internet auf einer Homepage der Gesellschaft vorsehen, sind somit zulässig.[723]

Als problematisch wird es von einigen Stimmen allerdings im Hinblick auf eine Einberufung von Gesellschafterversammlungen und die Mitteilung der Tagesordnung per E-Mail angesehen, dass bei dieser Kommunikationsform ein Zugangsnachweis nicht gegeben ist. Es kann somit nicht sichergestellt werden, dass jeder Gesellschafter die E-Mail empfangen oder zur Kenntnis genommen hat, da

---

722 *Zwissler* GmbHR 2000, 28, der auch hier in Anbetracht der Verbreitung des Internet heute das Argument nicht gelten lassen will, dass Gesellschafter ohne Internetzugang von der Informationserteilung ausgeschlossen sind

723 *Zwissler* GmbHR 2000, 28

auch der Zugang einer E-Mail im elektronischen Briefkasten nach *Hohlfeld* nicht mit einem Zugang in einem normalen Briefkasten gleichzusetzen ist.[724] Ebenso sieht *Hohlfeld* in dem Einstellen der Einladung auf eine Homepage oder der Darstellung der Tagesordnung keinen Zugang beim Gesellschafter, da es diesem nicht zumutbar ist, „in Permanenz" den Inhalt des elektronischen Briefkastens zu überprüfen oder wöchentlich bzw. gar täglich auf der Gesellschaftshomepage nach einer eventuellen Gesellschafterversammlung und deren Tagesordnung zu forschen.[725]

Wie oben gezeigt, genügt allerdings nach gefestigter Ansicht alleine schon das Abschicken des eingeschriebenen Briefes. Auch dort ist ein Zugang beim Empfänger zur Wirksamkeit der Einladung nicht erforderlich. Die Gesellschaft muss daher auch nicht den Zugang der Einladung bei dem Gesellschafter beweisen. Beim Versenden der Einladung per E-Mail ist insofern kein anderer Maßstab anzulegen. Mit dem Abschicken der E-Mail hat die Gesellschaft ihrer Pflicht genügt. Zwar hat ein Privatmann seinen elektronischen Briefkasten grundsätzlich auch nicht als eine Empfangseinrichtung für rechtsgeschäftliche Erklärungen gewidmet, so dass ihm eine elektronisch versandte Willenserklärung auch erst dann zugeht, wenn er seine Mailbox abruft (siehe Teil 2 C I 4). Doch kann im vorliegenden Fall eine Ausnahme von diesem Grundsatz dann gemacht werden, wenn der Gesellschafter der Gesellschaft seine E-Mailadresse mitgeteilt hat und sich mit der Einberufung der Gesellschafterversammlung auf elektronischem Wege einverstanden erklärt hat. Dann obliegt es nämlich ihm, seine Mailbox in so regelmäßigen Abständen abzurufen, die ihm ein rechtzeitiges Reagieren auf eine Einladung ermöglicht. Darüber hinaus kann die Gesellschaft aber zur Sicherheit den Gesellschafter zu einer Rückmeldung auffordern, in der er der Gesellschaft per E-Mail unmittelbar bestätigen kann, dass er die Einladung erhalten hat. Bleibt eine solche Bestätigung aus, so empfiehlt es sich, die Einladung auf der herkömmlichen Weise des eingeschriebenen Briefes nachzuholen.[726] Für ein solches Vorgehen muss dann allerdings die vorherige elektronische Einladung so frühzeitig ergangen sein, dass eine nachgeholte Einladung mit eingeschriebenem Brief immer noch fristgerecht erfolgen kann.

---

724 Vgl. *Hohlfeld* GmbHR 2000 R 53; vgl. *Zwissler* GmbHR 2000, 28
725 *Hohlfeld* GmbHR R 53, R 54
726 *Zwissler* GmbHR 2000, 28

4. Ladungsfrist

Die Ladung der Gesellschafterversammlung ist gem. § 51 I 2 GmbHG mit einer Frist von mindestens einer Woche zu bewirken. Der Beginn dieser Frist ist umstritten, doch nimmt die wohl h.M. an, dass die Frist an dem Tag zu laufen beginnt, an dem ein eingeschriebener Brief bei normaler postalischer Beförderung den Empfänger erreicht, wobei gegebenenfalls nach dem jeweiligen Empfangsort zu differenzieren ist. Ansonsten gelten für den Fristlauf die allgemeinen Vorschriften für Wochenfristen nach §§ 186ff BGB, wobei die Anwendbarkeit des § 193 BGB umstritten ist und von der wohl h.M. verneint wird. Eine Verlängerung der Frist durch die Satzung ist möglich, eine Abkürzung hingegen nicht.[727]

VI. Vollversammlung

Wird eine Einberufung nicht in der ordnungsgemäßen Form durchgeführt, so kann die Gesellschafterversammlung trotzdem noch gem. § 51 III GmbHG Beschlüsse fassen, wenn sämtliche Gesellschafter in einer Vollversammlung, auch die nicht stimmberechtigten, erschienen oder zumindest vertreten sind. Für Vollversammlungen ist also weder die Einberufung nach § 51 I GmbHG noch die Ankündigung der Beschlussgegenstände i.S.d. § 51 II, IV GmbHG erforderlich. Somit sind die Mängel bei der Ankündigung einer Tagesordnung durch Vollversammlungsbeschlüsse heilbar. Voraussetzung ist aber weiterhin, dass sich alle Gesellschafter ihrer Teilnahme an einer Beschlussfassung bewusst sind, eine Beschlussfassung wollen und ihr nicht widersprechen. Ein Gesellschafter, der der Beschlussfassung widerspricht, gilt nach h.M. und Rechtsprechung nicht als „anwesend" in diesem Sinne.[728] Im Falle der Mitberechtigung an einem Anteil genügt es, wenn entweder alle Mitberechtigten oder der gemeinschaftliche Vertreter anwesend sind.[729] Wenn auch nur ein Gesellschafter seine Teilnahme verweigert oder einer Beschlussfassung widerspricht, liegt keine Vollversammlung mehr vor und eine „Heilung" des Einberufungsmangels kann nicht vollzogen

727 Grundlegend hierzu BGHZ 100, 264 (268f); eingehend *Ingerl* in Mü Hdb GmbH § 39 Rn 16; *Loritz* GmbHR 1992, 790 (791ff); *Hachenburg/Hüffer* § 51 Rn 15; *Scholz/Schmidt* § 51 Rn 15; *Rowedder/Koppensteiner* § 51 Rn 10; *Fischer* in Beck-sches Hdb § 4 Rn 31 mit Beispielen und Vorgehen an Wochenenden; *Baumbach/Hueck/ Zöllner* § 51 Rn 18

728 *Lutter/Hommelhoff* § 51 Rn 18; BGHZ 100, 264 (269f); Bay OLG GmbHR 1989, 252 (253f); Bay ObLG BB 1993, 525 (526); *Scholz/Schmidt* § 51 Rn 39, 43; *Baumbach/Hueck/Zöllner* § 51 Rn 25;*Rowedder/Koppensteiner* § 51 Rn 13

729 *Scholz/Schmidt* § 51 Rn 42

werden.[730] Das gleiche gilt gem. § 51 IV GmbHG für Beschlüsse über solche Gegenstände, die nicht wenigstens drei Tage vor der Versammlung in der für die Einberufung vorgeschriebenen Weise angekündigt worden sind.[731]

VII. Absage / Verlegung der Gesellschafterversammlung

Eine bereits einberufene Gesellschafterversammlung kann jederzeit formlos wieder abgesagt werden. Die Zuständigkeit zur Abberufung ist verbunden mit der Zuständigkeit zur Einberufung der Gesellschafterversammlung, doch kann letztendlich i.d.R. nur derjenige die Einberufung zurücknehmen, der die Versammlung zuvor einberufen hat.[732] Wenn nur ein Teil der Gesellschafter von der Absage Kenntnis erlangt, ist das Erfordernis der Ladung aller Gesellschafter nicht mehr erfüllt. Damit sind die Beschlüsse, die von den anderen Gesellschaftern eventuell gefasst werden, nichtig.[733]

Soll die Gesellschafterversammlung verlegt werden, so ist dies nur als Absage der einberufenen Versammlung in Zusammenhang mit einer Neueinberufung möglich, wobei die Form- und Fristvorschriften des § 51 GmbHG einzuhalten sind.[734]

VIII. Abdingbarkeit durch die Satzung

Grundsätzlich sind laut § 45 II GmbHG die gesetzlichen Bestimmungen über die Einberufung und Ankündigung der Gesellschafterversammlung der §§ 49-51 GmbHG nicht zwingend, sondern weitgehend satzungsdispositiv. Die Satzung kann somit gegenüber den gesetzlichen Vorschriften Verschärfungen und zusätzliche Förmlichkeiten vorsehen, Erleichterungen sind hingegen nur zulässig, wenn dadurch nicht in unzulässiger Weise die Substanz des Teilnahmerechts aller oder einzelner Gesellschafter verletzt wird.[735]

---

730 BGHZ 100, 264(270); *Baumbach/Hueck/Zöllner* § 51 Rn 25f; OLG Stuttgart GmbHR 1994, 257 (258); *Lutter/Hommelhoff* § 51 Rn 18 f; *Ingerl* in Mü Hdb § 39 Rn 71; vgl. *Rowedder/Koppensteiner* § 51 Rn 13

731 Vgl. *Baumbach/Hueck/Zöllner* § 51 Rn 25; *Thelen* GmbHR 1992, 796(797); *Lutter/Hommelhoff* § 51 Rn 17

732 *Scholz/Schmidt* § 51 Rn 23; RGZ 166, 129 (133); OLG München GmbHR 1994, 406(408)

733 *Ingerl* in Mü Hdb GmbH § 39 Rn 33; vgl. *Scholz/Schmidt* § 51 Rn 23

734 *Fischer* in Becksches Hdb GmbH § 4 Rn 34; *Scholz/Schmidt* § 51 Rn 25

735 *Rowedder/Koppensteiner* § 51 Rn 3; *Scholz/Schmidt* § 51 Rn 4, *Ingerl* in Mü Hdb GmbH § 39 Rn 1; *Lutter/Hommelhoff* § 51 Rn 2, § 49 Rn 2

IX. Fehlerhafte Einberufung

Wird bei der Einberufung zu einer Gesellschafterversammlung gegen die gesetzlichen oder satzungsmäßigen Bestimmungen verstoßen, so resultiert aus manchen Einberufungsmängeln die Nichtigkeit der in der Gesellschafterversammlung gefassten Beschlüsse gem. § 241 I AktG analog, aus anderen lediglich die Anfechtbarkeit.[736] Ein Gesellschafter kann aber auch vorher auf die Ladung und auf eine besondere Ladungsform oder auf die Einhaltung der Ladefrist verzichten. Dadurch wird der Ladungsmangel in dem Umfang unbeachtlich wie er von dem Verzicht erfasst wird.[737]

X. Zwischenergebnis zu C:

Eine GmbH kann sich schon bei der Einberufung ihrer Gesellschafterversammlung auf verschiedene Weise neuer Kommunikationsmedien bedienen. Durch ihre Satzung kann sie von den Formerfordernissen des § 51 I GmbHG bei der Einberufung und des § 51 IV GmbHG bzgl. der Mitteilungen abweichen und somit eine Einladung zur Gesellschafterversammlung und eine Ergänzung von Tagesordnungspunkten um zusätzliche Beschlussgegenstände mit modernen elektronischen Kommunikationsmittel wie z.B. der E-Mail vorsehen. Eine solches Vorgehen kann aber nur dann gewählt werden, wenn sichergestellt ist, dass alle Gesellschafter die Möglichkeit haben, ihr Teilnahmerecht wahrzunehmen und sich über die abzuhandelnden Tagesordnungspunkte ausreichend zu informieren. Darüber hinaus kann die GmbH auf einer eigens für die Gesellschafterversammlung eingerichteten Homepage schon im Vorfeld Informationen für die Gesellschafter bereithalten und dort auch die Tagesordnung veröffentlichen. Im Interesse ihrer Gesellschafter kann die GmbH auf dieser Homepage auch ein Diskussionsforum einrichten, in dem Gesellschafter sich über Angelegenheiten der Gesellschaft austauschen können und auch ein Abstimmungsverhalten besprechen können.

---

736 *Thelen* GmbHR 1992, 796; eingehender hierzu *Zeilinger* GmbHR 2001, 541ff; *Fischer* in Becksches Hdb GmbH § 4 Rn 36, 170ff; *Baumbach/Hueck/Zöllner* § 51 Rn 24; *Lutter/Hommelhoff* § 51 Rn 14ff

737 *Baumbach/Hueck/Zöllner* § 51 Rn 24; vgl. *Hachenburg/Hüffer* § 51 Rn 32

D. Durchführung der Gesellschafterversammlung einer GmbH

Wie auch beim Aktienrecht ist für das GmbH-Recht die Durchführung und der genaue Ablauf von Gesellschafterversammlungen nicht ausführlich gesetzlich geregelt. Dies wird größtenteils der Verantwortung der Gesellschafter überlassen.

I. Recht zur Teilnahme / Teilnehmer

1. Inhalt des Teilnahmerechtes

Das Teilnahmerecht beinhaltet das Recht auf Anwesenheit in der Gesellschafterversammlung, es ist jedoch nicht auf die bloße Anwesenheit beschränkt. Vielmehr erstreckt es sich als ein aktives und passives Mitwirkungsrecht auf die Möglichkeiten, sich in Gesellschafterversammlungen aktiv an den Beratungen und der Willensbildung zu beteiligen, das Wort zu ergreifen und in angemessenem Umfang mündliche Ausführungen zu machen (Rederecht) sowie Beschlussanträge zu stellen und die in der Versammlung erörterten Informationen zu beziehen (siehe Teil 2 D I 1).[738]

Das Teilnahmerecht ist in seinem Kern unentziehbar,[739] so dass ein grundsätzlicher Ausschluss des Teilnahmerechts eines Gesellschafters durch die Satzung oder einen Gesellschafterbeschluss unzulässig ist. Hinsichtlich seiner Ausübung kann die Satzung allerdings solche Regelungen des Teilnahmerechtes treffen, die nicht den unverzichtbaren Kernbereich der Mitgliedschaft verletzen.[740] Allerdings ist es dennoch möglich, das Teilnahmerecht durch eine Satzungsbestimmung im Rahmen sachlicher Notwendigkeit zu gestalten und in ganz gravierenden Fällen auch ohne diese Satzungsbestimmung lediglich auf Grundlage eines Gesellschafterbeschlusses für solche Fälle auszuschließen, in denen ein Missbrauch der in der Gesellschafterversammlung gewonnenen In-

738 *Baumbach/Hueck/Zöllner* § 48 Rn 11; *Scholz/Schmidt* § 48 Rn 14; *Sina* GmbHR 1993, 136f; *Ingerl* in Mü Hdb GmbH § 39 Rn 43

739 OLG Frankfurt GmbHR 1984, 99(100); BGH BB 1971, 1025; *Baumbach/Hueck/Zöllner* § 48 Rn 3; *Lutter/Hommelhoff* § 48 Rn 3; *Hachenburg/Hüffer* § 48 Rn 23f

740 Vgl. BGH WM 1989, 63 (64); BGH DB 1989, 272f; *Scholz/Schmidt* § § 48 Rn 15

formationen oder eine Verwendung für gesellschaftsfremde Zwecke durch den betreffenden Gesellschafter ernsthaft zu befürchten ist, und dies für die Gesellschaft die Gefahr eines nicht unerheblichen Nachteils bedeuten würde. Hinsichtlich der zentralen Bedeutung des Teilnahmerechts sind hieran jedoch hohe Anforderungen zu stellen.[741]

2. *Inhaber des Teilnahmerechts / Teilnehmer*

a) *Gesellschafter*

Das Recht zur Teilnahme an der Gesellschafterversammlung ist verbunden mit der formalen Gesellschafterstellung. Daher steht es losgelöst davon, inwiefern ein Gesellschafter gegenüber Dritten im Innenverhältnis in seinen Gesellschafterrechten beschränkt ist,[742] jedem Gesellschafter der GmbH zu. Auch solche Gesellschafter haben somit ein Teilnahmerecht, die Gesellschaftsanteile ohne Stimmrecht halten oder gem. § 47 IV GmbHG von Abstimmungen ausgeschlossen sind (siehe Teil 3 D III 3 c), da sie trotz Ausschluss von der Abstimmung als solcher ihre Auffassung in der Versammlung vortragen und die Einhaltung der Förmlichkeiten der Beschlussfassung überwachen können müssen.[743] Im Falle der Veräußerung des Geschäftsanteils bestimmt sich die Gesellschaftereigenschaft und die hieraus resultierende Teilnahmeberechtigung nach § 16 I GmbHG.[744] Bei mehreren Mitberechtigten eines Geschäftsanteils i.S.d. § 18 GmbHG steht das Teilnahmerecht allen Mitbeteiligten zu. Sie können jedoch durch die Satzung zur Entsendung eines Vertreters gezwungen werden.[745]

---

741 Näher *Lutter/Hommelhoff* § 48 Rn 3; *Baumbach/Hueck/Zöllner* § 48 Rn 3; ausführlicher mit Bsp. *Fischer* in Becksches Hdb GmbH § 4 Rn 42; *Hachenburg/Hüffer* § 48 Rn 23f; *Scholz/Schmidt* § 48 Rn 15

742 In diesem Zusammenhang zur Frage nach der Teilnahmeberechtigung bei Treuhandverhältnissen, Sicherungsabtretung, Verpfändung oder Nießbrauch vgl. *Fischer* in Becksches Hdb GmbH § 4 Rn 39; *Ingerl* in Mü Hdb GmbH § 39 Rn 37; *Baumbach/Hueck/Zöllner* 48 Rn 4

743 BGH GmbHR 1971, 207; *Rowedder/Koppensteiner* § 48 Rn 8; *Hachenburg/Hüffer* § 48 Rn 14; *Lutter/Hommelhoff* § 48 Rn 3; *Baumbach/Hueck/Zöllner* § 48 Rn 3

744 *Hachenburg/Hüffer* § 48 Rn 16; *Fischer* in Becksches Hdb GmbH § 4 Rn 40; vgl. BGH DStR 1996, 1979ff

745 *Hachenburg/Hüffer* § 48 Rn 15; *Rowedder/Koppensteiner* § 48 Rn 9; vgl. *Scholz/Schmidt* § 48 Rn 13; hierzu ausführlich *Fischer* in Becksches Hdb GmbH § 4 Rn 41

b) Gesetzliche und rechtsgeschäftliche Vertreter

Ebenso wie bei der Aktiengesellschaft steht bei der GmbH den gesetzlichen Vertretern eines Gesellschafters wie z.B. Eltern, Pflegern, Testamentsvollstrekkern oder Nachlaßverwaltern ein eigenes Teilnahmerecht zu, das aus der Mitgliedschaft des Gesellschafters abgeleitet ist und diesen selbst von der Teilnahme ausschließt. Für juristische Personen und Personenhandelsgesellschaften tritt in der Regel ein Vorstandsmitglied oder ein Vertreter auf.[746]

Darüber hinaus bietet das GmbH-Recht wie das AktG, wie in § 47 III GmbHG zum Ausdruck gebracht, jedem GmbH-Gesellschafter grundsätzlich die Möglichkeit, sich auf der Gesellschafterversammlung durch einen rechtsgeschäftlich Bevollmächtigten seiner Wahl vertreten zu lassen. Hiervon kann in bestimmtem Umfang von der Satzung abgewichen und diese Möglichkeit somit ausgeschlossen werden, doch darf dieser Ausschluss nie soweit gehen, dass der Kernbereich der mitgliedschaftlichen Rechte des Gesellschafters verletzt wird.[747]

Da der rechtsgeschäftlich Bevollmächtigte kein eigenes Teilnahmerecht innehat und lediglich das Teilnahmerecht des Vertretenen ausübt, ruht das Teilnahmerecht des vertretenen Gesellschafters grundsätzlich so lange, wie er von seinem Bevollmächtigten vertreten wird oder bis zu dem Zeitpunkt, an dem er die Vollmacht widerruft. Solange darf allein der Vertreter als der zur Stimmrechtsausübung Befugte an der Versammlung teilnehmen. Beansprucht der Gesellschafter aber selbst das Teilnahmerecht, so muss der Bevollmächtigte nicht mehr zugelassen werden.[748] Ein „doppeltes Teilnahmerecht" von Vertretenem und Vertreter besteht nur dann, wenn die Mehrheit der anwesenden Gesellschafter dem zustimmt.[749] Ausnahmsweise wird dem vertretenen Gesellschafter trotz Anwesenheit seines Vertreters ein Recht auf persönliche Teilnahme an der Gesellschafterversammlung gewährt, wenn der Bevollmächtigte als Angehöriger eines rechtsberatenden Berufs eine fachliche Benachteiligung des Vertretenen im Verhältnis zu den anderen Gesellschaftern ausgleichen soll (siehe Teil 2 D I 2 c).[750]

---

746 *Baumbach/Hueck/Zöllner* § 48 Rn 4; *Ingerl* in Mü Hdb GmbH § 39 Rn 37; *Rowedder/Koppensteiner* § 48 Rn 10; ausführlich *Hachenburg/Hüffer* § 48 Rn 16ff; hierzu *Scholz/Schmidt* § 48 Rn 19

747 *Baumbach/Hueck/Zöllner* § 48 Rn 4; *Saenger* NJW 1992, 348 (350, 352); vgl. BGH ZIP 1989, 634; *Fischer* in Becksches Hdb GmbH § 4 Rn 44; *Hachenburg/Hüffer* § 48 Rn 18; vgl. hierzu OLG Düsseldorf WM 1993, 643

748 *Rowedder/Koppensteiner* § 48 Rn 8; *Hachenburg/Hüffer* § 48 Rn 18

749 OLG Koblenz NJW, 2163 (2165); OLG Stuttgart GmbHR 1993, 2179 (2180)

750 OLG Düsseldorf WM 1993, 643; *Fischer* in Becksches Hdb GmbH § 4 Rn 45; *Baumbach/Hueck/Zöllner* § 48 Rn 4; Vgl. *Saenger* NJW 1992, 348 (350); *Ingerl* in

c) Vertreter kraft Ermächtigung / Legitimationszession

Die im Aktienrecht gem. § 129 III AktG ausdrücklich vorgesehene Möglichkeit der Ermächtigung zur Ausübung eines fremden Stimmrechts im eigenen Namen (siehe Teil 2 D I 2 c cc) ist im GmbH-Recht umstritten, doch scheint auch hier der praktische Wert dieses Streites vor dem Hintergrund, dass die Legitimationszession in eine widerrufliche Stimmrechtsvollmacht umgedeutet werden kann, eher gering zu sein.[751]

d) Teilnahmerecht weiterer Personen

Nichtgesellschaftern steht das Teilnahmerecht grundsätzlich nicht zu. Ein Teilnahmerecht im engeren Sinne kann ihnen auch nicht durch die Satzung oder einen Gesellschafterbeschluss verschafft werden, weil es kein Teilnahmerecht ohne Mitgliedschaft gibt. Es besteht aber die Möglichkeit, Dritte durch die Satzung oder einen Mehrheitsbeschluss zu der Gesellschafterversammlung zuzulassen.[752]

So haben auch die Geschäftsführer der GmbH nach dem Gesetz kein eigenes Teilnahmerecht, doch müssen sie auf Verlangen der Mehrheit der Gesellschafter in der Gesellschafterversammlung anwesend sein und die Meinungs- und Willensbildung der Gesellschafter mit Rat und Auskunft unterstützen.[753]

Besteht in einer GmbH ein obligatorischer Aufsichtsrat, so sind alle Aufsichtsratsmitglieder nach § 118 II AktG i.V.m. §§ 25 I 1 Nr. 2 MitbestG, 77 I BetrVG1952 zu der Gesellschafterversammlung zuzulassen.[754] Bei einem fakultativen Aufsichtsrat, einem Beirat oder einem ähnlichen Organ haben die Mitglieder dieser Organe nur im Falle einer statutarischen Einräumung das Recht, der Versammlung beizuwohnen. Nur bei einer Einberufung nach § 111 III AktG analog können auch die Mitglieder eines fakultativen Aufsichtsrates ohne Ver-

---

Mü Hdb GmbH § 39 Rn 40; aA: *Lutter/Hommelhoff* § 48 Rn 4; OLG Stuttgart BB 1993, 2179 (2180)

751 *Ingerl* in Mü Hdb GmbH § 38 Rn 7; OLG Hamburg NJW 1989, 1865 (1867); zu dem Streit und dagegen *Baumbach/Hueck/Zöllner* § 47 Rn 29; dafür *Rowedder/Koppensteiner* § 47 Rn 27 und *Hachenburg/Hüffer* § 47 Rn 54

752 *Hachenburg/Hüffer* § 48 Rn 20,22; § 48 Rn 4; *Scholz/Schmidt* § 48 Rn 21f; *Rowedder/Koppensteiner* § 48 Rn 10

753 Näher *Baumbach/Hueck/Zöllner* § 48 Rn 5; *Lutter/Hommelhoff* § 48 Rn 5; *Ingerl* in Mü Hdb GmbH § 39 Rn 41; *Fischer* in Becksches Hdb GmbH § 4 Rn 47; *Rowedder/Koppensteiner* § 48 Rn 10; *Hachenburg/Hüffer* § 48 Rn 20

754 Vgl. *Lutter/Hommelhoff* § 48 Rn 6; grundlegend *Zöllner* in FS Fischer 1979 S. 905ff; *Hachenburg/Hüffer* § 48 Rn 20; *Ingerl* in Mü Hdb GmbH § 39 Rn 41; *Scholz/Schmidt* § 48 Rn 17

ankerung in der Satzung an Gesellschafterversammlung teilnehmen.[755] Verlangt ein Gesellschafter, dass die Abschlussprüfer der Gesellschaft anwesend sind, so sind sie ebenfalls zur Teilnahme an den Verhandlungen über die Feststellung des Jahresabschlusses zuzulassen (vgl. § 42 a III GmbHG)[756]

Will ein GmbH-Gesellschafter einen persönlichen Berater oder Beistand in die Gesellschafterversammlung mitbringen, so ist dies nicht ohne weiteres möglich. Wenn dieser Berater kein vom Gesellschafter bevollmächtigter Vertreter ist, steht ihm auch kein vom Gesellschafter abgeleitetes Teilnahmerecht zu. Er kann aber bei einer entsprechenden Satzungsgrundlage an den Versammlungen dann teilnehmen, wenn die Satzung es dem Gesellschafter erlaubt, einen rechtlichen oder steuerlichen Berater beizuziehen und dies durch eine entsprechende Beschlussfassung durch die Gesellschafterversammlung genehmigt wird.[757]

Einem Gesellschafter, der die Versammlungssprache nicht hinreichend beherrscht, wird es jedoch zur Ausübung seiner Mitgliedschaftsrechte grundsätzlich erlaubt, einen Dolmetscher oder einen anderen sprachkundigen Dritten zu den Beratungen in der Gesellschafterversammlung hinzuziehen.[758]

3. Legitimation der Teilnehmer

Vor Beginn der Gesellschafterversammlung haben die einzelnen Teilnehmer ihre Legitimation nachzuweisen. Dies kann über die beim Handelsregister gem. § 40 I GmbHG eingereichte Liste der Gesellschafter geschehen. Bei Nichtgesellschaftern, zu denen auch die gesetzlichen und rechtsgeschäftlichen Vertreter gehören, kann eine weitere Überprüfung wie bspw. die Erbringung des Nachweises ihrer Vertreterstellung erforderlich sein. Eine Vollmacht bedarf nach § 47 III GmbHG der Textform.

Bei einer internetunterstützen Abhaltung der Gesellschafterversammlung müssen sich die via Internet zugeschalteten Gesellschafter einer vorherigen Zugangskontrolle, verbunden mit einer Legitimationsprüfung unterziehen, um Nichtberechtigte von der Versammlung auszuschließen (siehe Teil 1 C II 2 g bb; Teil 1 C II 2 h).

---

755 *Rowedder/Koppensteiner* § 48 Rn 10; *Fischer* in Becksches Hdb GmbH § 4 Rn 48; *Scholz/Schmidt* § 48 Rn 17

756 *Ingerl* in Mü Hdb GmbH § 39 Rn 41; *Hachenburg/Hüffer* § 48 Rn 20

757 *Lutter/Hommelhoff* § 48 Rn 4; vgl. *Saenger* NJW 1992, 348 (350); *Fischer* in Becksches Hdb GmbH § 4 Rn 49; *Hachenburg/Hüffer* § 48 Rn 20; *Scholz/Schmidt* § 48 Rn 22; a.A.: *Sina* GmbHR 1993, 136ff

758 *Ingerl* in Mü Hdb § 39 Rn 46

4. Teilnehmerverzeichnis

Im Gegensatz zum Aktienrecht (siehe Teil 2 D I 4) braucht bei einer GmbH-Gesellschafterversammlung von Gesetzes wegen kein Teilnehmerverzeichnis oder eine Anwesenheitsliste geführt werden, doch ist eine entsprechende Satzungsbestimmung zulässig und zweckmäßig.[759]

5. Zwischenergebnis zu I.:

Es ist auch im GmbH-Recht heute möglich, moderne Technologie im Anfangsstadium der Gesellschafterversammlung zum Einsatz zu bringen. Hilfreich ist vor allem das Erstellen eines elektronischen Teilnehmerverzeichnisses. Hierbei kann der jeweilige Teilnehmer selbst bzw. sein Stellvertreter durch eigenständige An- und Abmeldung bei der Erstellung des elektronischen Teilnehmerverzeichnisses mitwirken. Anhand der zugewiesenen Gesellschafternummern oder anderer Legitimationssysteme kann sich der Teilnehmer an Terminals, die direkt am Eingang zur Hauptversammlung aufgestellt sind, den Zugang zu der Versammlung verschaffen und sich bei Verlassen der Versammlung auf die gleiche elektronische Art abmelden. Dies gewährleistet eine allzeit korrekte Feststellung der Präsenz. An anderen Bildschirmen, die in den Räumlichkeiten der Gesellschafterversammlung selbst aufgestellt sind, wird den Gesellschaftern das Teilnehmerverzeichnis zur Einsichtnahme zugänglich gemacht. Bei einem Besuch einer Gesellschafterversammlung über Internet kann ebenso eine Zugangskontrolle mit Legitimationsprüfung anhand PIN-Nummern oder elektronischer Signaturen erfolgen. Das elektronisch geführte Teilnehmerverzeichnis kann hierbei auf eine nur den Gesellschaftern zugängliche Internetseite zur Einsicht freigegeben werden.

II. Leitung der Gesellschafterversammlung

1. Versammlungsleiter

Alle auftretenden Fragen der Geschäftsordnung und des Verfahrens sind ohne nähere einschlägige satzungsmäßige Regelung von den anwesenden Gesellschaftern mit einfacher Mehrheit selbst zu entscheiden. Obwohl das GmbHG die Versammlungsleitung durch einen Versammlungsleiter nicht näher regelt, dieser

759 Näher hierzu *Baumbach/Hueck/Zöllner* § 48 Rn 12; *Hachenburg/Hüffer* § 48 Rn 32

also rechtlich nicht erforderlich ist und die Gesellschafter auch ohne ihn Beschlüsse fassen können,[760] so ist es doch vor allem für Versammlungen mit mehreren Gesellschaftern zweckmäßig oder sogar notwendig, durch die Satzung oder einen Gesellschafterbeschluss einen Versammlungsleiter vorzusehen, um eine zügige und rechtmäßige Durchführung der Gesellschafterversammlung unter sachgerechter Abwicklung der Tagesordnungspunkte zu gewährleisten.[761] Hierzu kann ein Gesellschafter, ein Geschäftsführer oder auch ein Dritter benannt werden.[762]

2. *Aufgaben und Befugnisse des Versammlungsleiters*

Dem Versammlungsleiter der GmbH-Gesellschafterversammlung kommen grundsätzlich die gleichen Leitungs- und Ordnungsaufgaben zu wie dem Leiter der Hauptversammlung einer AG. Dem Versammlungsleiter obliegt auch hier die Eröffnung und Schließung der Versammlung, die Feststellung einer ordnungsgemäßen Einberufung und des Teilnahmerechtes der erschienenen Personen und die Aufstellung der Teilnehmerliste, die Leitung der Abstimmung sowie die Feststellung und Protokollierung der (zahlenmäßigen) Beschlussergebnisse.[763] Er hat den Gesellschaftern unter Wahrung des Gleichbehandlungsgrundsatzes das Wort zu erteilen und ihnen so ihre Stellungnahmen zu ermöglichen. Des weiteren kann er unter Beachtung des Gleichbehandlungsgrundsatzes und des Verhältnismäßigkeitsgrundsatzes Teilnehmer abmahnen, allgemeine und individuelle Redezeitbeschränkungen auferlegen und die Ordnungsmaßnahmen des Wortentzuges und Saalverweises aussprechen, um den ordnungsgemäßen Ablauf der Versammlung zu gewährleisten. Die Aufgaben des Versammlungsleiters orientieren sich daher im Grunde weitgehend an der Tagesordnung. Bei Vorliegen von Sachgründen ist er jedoch nicht an die durch sie vorgegebene Reihenfolge der abzuhandelnden Tagesordnungspunkte gebunden und kann sie auch umstellen. Sachlich unmittelbar zusammengehörende bzw. sich gegenseitig

---

760 BGHZ 51, 209 (213); BGHZ 76, 154 (156); *Scholz/Schmidt* § 48 Rn 29; *Hachenburg/Hüffer* § 48 Rn 30

761 *Baumbach/Hueck/Zöllner* § 48 Rn 8; *Scholz/Schmidt* § 48 Rn 29; *Lutter/Hommelhoff* § 48 Rn 9

762 *Ingerl* in Mü Hdb GmbH § 39 Rn 49; *Hachenburg/Hüffer* § 48 Rn 30

763 Vgl. Auflistung bei *Baumbach/Hueck/Zöllner* § 48 Rn 9, *Hachenburg/Hüffer* § 48 Rn 31, *Scholz/Schmidt* § 48 Rn 30ff

ausschließende Anträge sind allerdings zusammen zu beraten (siehe ausführlich Teil 2 D II 2).[764]

Möchte man nun eine Gesellschafterversammlung unter Zuhilfenahme elektronischer Kommunikationsmittel durchführen und so entweder eine physisch reale Zusammenkunft der Gesellschafter in einer Präsenzversammlung der herkömmlichen Art oder eine vollkommen virtuelle Gesellschafterversammlung abhalten, so kann der Versammlungsleiter einer GmbH-Gesellschafterversammlung technische Mittel zur Leitung und Ordnung der Versammlung in gleichem Maße nutzen wie der Hauptversammlungsleiter bei der AG. Insoweit gelten hier die für den Hauptversammlungsleiter einer AG gemachten Ausführungen gleichermaßen (vgl. Teil 2 D II 2).

3. Aufnahmen in Bild und Ton

Bei der GmbH stellt sich auch der Umgang mit Bild- und Tonaufnahme grundsätzlich in gleicher Weise wie bei der AG (siehe Teil 2 D II 3). Auch hier sind diese Zusammenkünfte keine öffentliche Veranstaltungen, sondern interne Veranstaltungen privater Organisationen, zu denen nur Berechtigte Zutritt haben. Die GmbH selbst bestimmt insoweit über die Form und den Grad der Öffentlichkeit. Heimliche Aufzeichnungen durch einzelne Teilnehmer der Gesellschafterversammlung sind daher ohne ausdrückliche Zustimmung der anderen Versammlungsteilnehmer und des Versammlungsleiters unzulässig. Dennoch hat jeder über das Internet zugeschaltete Teilnehmer ohne weiteres die praktische Möglichkeit, Wortbeiträge auch ohne die Zustimmung der jeweiligen Beteiligten aufzuzeichnen. Bei einer entsprechenden Aufklärung des einzelnen Gesellschafters durch den Versammlungsleiter, die ihm diese Gefahr verdeutlicht, kann sich der Gesellschafter aber hierauf einstellen.

Eine offene Aufzeichnung und Übertragung der Rede durch die Gesellschaft selbst, die vorher vom Versammlungsleiter den Gesellschaftern angekündigt wurde, ist hingegen zulässig. Bei einer Übertragung, die über den Kreis der Gesellschafter hinaus geht, kann auch bei der GmbH dem einzelnen Redner ein Widerspruchsrecht zugesprochen werden, mit dem er der Aufnahme und der Übertragung seines Wortbeitrages entgegentreten kann. Der Versammlungsleiter muss den Redner auf dieses Widerspruchsrecht hinweisen. Erfolgt eine Beschränkung des Zugangs zu einer Übertragung ausschließlich auf die Gesellschafter und deren Stellvertreter, ist jedoch die Nichtöffentlichkeit der Gesell-

---

764 *Scholz/Schmidt* § 48 Rn 50; *Fischer* in Becksches Hdb GmbH § 4 Rn 53f; *Baumbach/Hueck/Zöllner* § 48 Rn 10; *Hachenburg/Hüffer* § 48 Rn 31, 33

schafterversammlung gewahrt und ein Widerspruchsrecht ist nicht erforderlich.[765]

Eine Regelung, wie die des neuen durch das TransPuG eingeführten § 118 III AktG, der die ausdrückliche Regelung der Zulässigkeit einer Internetübertragung einer Satzungsbestimmung zuweist, fehlt im Recht der GmbH. Damit wird auch die Frage über das Bestehen eines Widerspruchsrechts der Gesellschafter nicht durch eine gesetzliche Bestimmung entschieden, wie dies im Aktienrecht ausweislich der Begründung des Regierungsentwurfes der Fall ist.[766] Ob man nun aufgrund der Wesensverwandtheit von AG und GmbH die durch den Gesetzgeber formulierte Zielvorgabe des § 118 III AktG auch auf die vom Sachverhalt her gleiche Übertragung einer Gesellschafterversammlung im Internet bei der GmbH anwenden kann und dadurch das Widerspruchsrecht des einzelnen Gesellschafters bei einer Aufzeichnung und Übertragung seiner Wortbeiträge über Internet als hinfällig ansieht, kann offen bleiben. Aufgrund der weitgehenden Gestaltungsfreiheit im Recht der GmbH kann die Gesellschaft in ihrer Satzung jedenfalls ein Widerspruchsrecht des einzelnen Redners bei der Übertragung der Gesellschafterversammlung in Bild und Ton ausschließen. Gesellschafter, die dennoch nicht wollen, dass sie selbst mit ihrem Wortbeitrag aufgenommen und übertragen werden, können einen Vertreter beauftragen, für sie zu sprechen.

Jeder an der Gesellschafterversammlung teilnehmende Gesellschafter hat zur Erleichterung einer angemessenen Geltendmachung seiner Gesellschafterrechte aus der Treuepflicht der GmbH, gegen Erstattung der Selbstkosten, einen Anspruch auf einen Auszug aus dem Protokoll der Gesellschafterversammlung bzw. auf eine Kopie der Aufnahme seiner eigenen Ausführungen, Fragen und der hierzu erteilten Antworten und Stellungnahmen (siehe zum Ganzen Teil 2 D II 3).

4. Protokollierung von Gesellschafterbeschlüssen

Grundsätzlich unterliegen die auf einer Gesellschafterversammlung gefassten Beschlüsse der GmbH-Gesellschafter keinem generellen gesetzlichen Formzwang und müssen daher anders als bei der Aktiengesellschaft (§ 129ff AktG) nicht protokolliert werden. Ein Beurkundungszwang besteht lediglich für Beschlüsse bzgl. Satzungsänderungen (§ 53 II GmbHG), Umwandlungen oder Verschmelzungen (§§ 193 III 1, 13 III 1, 125 UmwG) und Änderungen des Stamm-

765 Vgl. zum Ganzen auch *Scholz/Schmidt* § 48 Rn 39

766 Vgl. hierzu Begründung RegE-TransPuG http://www.bmj.bund.de/images/11313.pdf S. 46; *Noack* DB 2002, 620 (623)

kapitals (§§ 57c IV , 58a V GmbHG) und ferner im Rahmen von § 48 III GmbHG bei Einmanngesellschaften, bei denen der Alleingesellschafter dazu verpflichtet ist, unverzüglich nach seiner Beschlussfassung eine Niederschrift aufzunehmen und zu unterschreiben.[767] Die Satzung kann aber eine schriftliche Protokollierung oder notarielle Beurkundung anordnen, wobei nach überwiegender Meinung ein Schriftformerfordernis im Zweifel nur als Ordnungsvorschrift, ein Beurkundungsgebot dagegen als Wirksamkeitserfordernis auszulegen sein soll.[768] Obwohl es keine Pflicht zu einer Protokollierung von Gesetzes wegen gibt, erscheint eine Protokollierung des Versammlungsverlaufs oder zumindest der gestellten Anträge und der abgegebenen Stimmen vorteilhaft und ist weitgehend üblich.[769] Entscheidet man sich für eine Protokollierung, so sollten hierin z.B. Angaben über Ort und Zeit der Versammlung mit Beginn und Ende, eine Anwesenheitsliste, die Anträge, Feststellung des Abstimmungsergebnisses, Auskunftsverlangen und deren Ergebnis und die Verhängung von Ordnungsmaßnahmen aufgenommen werden (siehe hierzu Teil 2 D II 4).[770]

Bei einer notariellen Beurkundung hat der Notar hierbei zu protokollieren, ob die Stimmabgabe durch einen Gesellschafter selbst erfolgt oder durch einen Bevollmächtigten, der einen online zugeschalteten Gesellschafter vertritt. Auch bei rein virtuellen Gesellschafterversammlung ist dies problemlos möglich. Der Notar beurkundet an dem Ort, an dem er die virtuelle Versammlung verfolgt, all die Wahrnehmungen, die er aus der virtuellen Versammlung gewinnt und verfasst hierzu ein Schriftstück in herkömmlicher Art und Weise. Alle erforderlichen Angaben können aber auch in einer virtuellen Niederschrift erfasst und protokolliert werden. Der Notar hält die in der virtuellen Gesellschafterversammlung eingeloggten Teilnehmer bzw. deren Vertreter in ihrer Anzahl und mit den vertretenen Geschäftsanteilen fest und protokolliert die Anträge mit den gefassten Beschlüsse. Eine vollkommen elektronische Abhaltung gewährleistet eine schnelle Ermittlung der Teilnehmerzahl mit immer aktuellem Stand und trägt zu einer schnellen und korrekten Stimmauszählung bei, die dann direkt in die Niederschrift übernommen werden kann. Eventuelle Anhänge können auch im Dateiformat einer elektronischen Niederschrift beigefügt werden. Die handschriftliche Unterschrift des Notars bzw. Aufsichtsratsvorsitzenden kann gem.

---

767 BGHZ 105, 324 (338f); *Lutter/Hommelhoff* § 48 Rn 9; *Fischer* in Becksches Hdb GmbH § 4 Rn 55, 57; *Scholz/Schmidt* § 48 Rn 38; *Rowedder/Koppensteiner* § 48 Rn 17; *Hachenburg/Hüffer* § 48 Rn 37

768 Str. vgl. *Ingerl* in Mü Hdb GmbH § 39 Rn 58; *Baumbach/Hueck/Zöllner* § 48 Rn 13; *Rowedder/Koppensteiner* § 48 Rn 17; *Scholz/Schmidt* § 48 Rn 55

769 *Lutter/Hommelhoff* § 48 Rn 9; *Ingerl* in Mü Hdb GmbH § 39 Rn 58

770 *Fischer* in Becksches Hdb GmbH § 4 Rn 56; vgl. auch *Scholz/Schmidt* § 48 Rn 38; vgl. *Huhn/von Schuckmann* § 37 Rn 17ff

§§ 126 III, 126a BGB durch eine elektronische Signatur ersetzt werden (siehe Teil 2 D II 4).

5. Beendigung

Der Versammlungsleiter hat nach ordnungsgemäßer und erschöpfender Erledigung der Tagesordnungspunkte die Gesellschafterversammlung zu schließen.[771]

6. Zwischenergebnis zu II:

Die Gesellschafter einer GmbH können in ihren Versammlungen zwar auch ohne einen Versammlungsleiter wirksam Beschlüsse fassen, doch ist es vor allem für Versammlungen mit mehreren Gesellschaftern zweckmäßig, durch die Satzung oder einen Gesellschafterbeschluss einen Versammlungsleiter vorzusehen, um eine zügige und rechtmäßige Durchführung der Gesellschafterversammlung unter sachgerechter Abwicklung der Tagesordnungspunkte zu gewährleisten. Dem Versammlungsleiter stehen grundsätzlich die gleichen Leitungs- und Ordnungsaufgaben zu wie dem Leiter der Hauptversammlung einer Aktiengesellschaft, zu deren Umsetzung er auch alle technischen Mittel in gleichem Maße nutzen kann. Eine Ausübung dieser Rechte in einer internetunterstützten oder rein virtuellen Gesellschafterversammlung ist daher auch hier gut vorstellbar. Der Versammlungsleiter kann z.B. Redezeitbeschränkungen und Ordnungsmaßnahmen einfach anordnen und überwachen. So kann er störenden Gesellschaftern mit einem Mausklick das Wort entziehen oder einen Saalverweis in Form einer Zugangssperrung erteilen. Bei einer Aufzeichnung und Übertragung von Wortbeiträgen über Internet, ist dies vorher grundsätzlich vom Versammlungsleiter den Gesellschaftern anzukündigen. Wird eine solche Übertragung über den Kreis der Gesellschafter hinaus durchgeführt, sollte dem einzelnen Redner ein Widerspruchsrecht zugesprochen werden, mit dem er der Aufnahme und auch der Übertragung seines Wortbeitrages entgegentreten kann.

Ein gesetzlicher Beurkundungszwang besteht lediglich für ausgewählte Beschlüsse. Die Satzung kann aber eine schriftliche Protokollierung oder notarielle Beurkundung anordnen, wobei nach überwiegender Meinung ein Schriftformerfordernis im Zweifel nur als Ordnungsvorschrift, ein Beurkundungsgebot dagegen als Wirksamkeitserfordernis auszulegen sein soll. Soll eine Beurkundung bei einer internetunterstützten Gesellschafterversammlung vorgenommen werden,

771 Näher *von Hülsen* in Semler/Volhard Arbeitshandbuch Rn I D 266ff

hat der Notar zu protokollieren, ob eine Stimmabgabe durch einen Gesellschafter selbst oder durch einen Bevollmächtigten vor Ort erfolgt. Auch bzgl. der Idee einer rein virtuellen Gesellschafterversammlungen ist eine Beurkundung möglich. Der Notar hat hierzu alle erforderlichen Angaben, die er aus der virtuellen Versammlung gewinnt, zu erfassen und zu beurkunden.

III. Einzelne Gesellschafterrechte und ihre Ausübung

Im Folgenden sollen Rederecht, Informationsrecht und Stimmrecht Gegenstand der Untersuchung sein. Im Hinblick auf eine internetgestützte Durchführung der Gesellschafterversammlung sind diese Rechte von besonderer Bedeutung.

1. Rederecht

Das Rederecht des Gesellschafters wurzelt in seinem Recht zur Teilnahme an der Gesellschafterversammlung, doch ist es auch hier, wie bei der Aktiengesellschaft, nicht schrankenlos gewährt. Die immanenten Schranken des Teilnahmerechts bzw. des Rederechtes ergeben sich auch hier aus Sinn und Zweck einer Gesellschafterversammlung. Im Interesse der anderen Gesellschafter an einer sachgemäßen Erörterung der Sachthemen besteht somit auch bei der GmbH die Möglichkeit einer generellen und auch einer individuellen Redezeitbeschränkung gegenüber einzelnen teilnahmeberechtigten Gesellschaftern, denen allerdings ausreichend Gelegenheit zum Vorbringen der wesentlichen Sachargumente gegeben werden muss (siehe Teil 2 D II 2; Teil 2 D III 1).[772]

Zur Ausübung dieses Rederechtes bei einer internetunterstützten oder rein virtuellen Gesellschafterversammlung können Beiträge aufgenommen und über Internet übersendet werden. Alternativ dazu können die Wortbeiträge vor allem bei einer virtuellen Gesellschafterversammlung über Netmeeting oder Textaustausch wie E-Mail oder Internet-Chats vermittelt werden .

2. Information der Gesellschafter / Auskunftsrechte

Damit jeder Gesellschafter vor einer Beschlussfassung hinreichend über die betreffenden Beschlussgegenstände informiert ist, ist es allen Gesellschaftern möglich, in der Gesellschafterversammlung von der Geschäftsführung die In-

772 *Fischer* in Becksches Hdb GmbH § 4 Rn 37

formationen anzufordern, die sie zu einer sachgemäßen Entscheidungsfindung benötigen.

a) Mitgliedschaftliches Stammrecht auf Information

Dem Gesellschafter wird schon aus seinem mitgliedschaftlichen Teilnahme- und Stimmrecht heraus zur effektiven Ausübung dieser Rechte ein individuelles Recht zugesprochen, aufgrund dessen er einen Anspruch auf Mitteilung aller für die Beurteilung des Beschlussgegenstandes erforderlichen Informationen hat. Dieses Informationsrecht besteht losgelöst von dem Informationsanspruch der Gesellschaftergesamtheit als Prüfungs- und Überwachungsorgan.[773]

Rechtssystematisch ist das mitgliedschaftliche Stammrecht auf Information des Gesellschafters jedoch von den einzelnen hieraus resultierenden Informationsansprüchen zu unterscheiden. Das Stammrecht auf Information ist mit der Mitgliedschaft untrennbar verbunden und bedarf im Gegensatz zu den einzelnen Informationsansprüchen keiner besonderen Geltendmachung durch ein Informationsverlangen.[774] Dennoch wird es von § 51a GmbHG umfasst und regelmäßig auf diese gesetzliche Grundlage gestützt werden können.[775]

b) Informationsrecht gem. § 51a GmbHG

aa) Inhalt des Informationsrechtes

Das Informationsrecht des § 51a GmbHG ist ein Individualrecht auf Information, das jedem einzelnen Gesellschafter einer GmbH i.S.d. § 16 I GmbHG für die Dauer seiner Zugehörigkeit zur Gesellschaft ohne Rücksicht auf seine Beteiligungshöhe und unabhängig von der Frage zusteht, ob er nur stimmrechtslose Anteile besitzt oder von der Beschlussfassung ausgeschlossen ist.[776] Es regelt

---

773 Hierzu näher *Baumbach/Hueck/Zöllner* § 46 Rn 31; *Lutter/Hommelhoff* § 46 Rn 17; *Schmiegelt* in Becksches Hdb GmbH § 3 Rn 97ff; Rn 102; *Scholz Schmidt* § 51a Rn 9

774 *Scholz/Schmidt* § 51a Rn 1,4,9

775 Eingehender *Ingerl* in Mü Hdb § 39 Rn 47f; *Baumbach/Hueck/Zöllner* § 51a Rn 39; *Schmiegelt* in Becksches Hdb GmbH § 3 Rn 92; vgl. *Rowedder/Koppensteiner* § 46 Rn 12

776 *Lutter/Hommelhoff* § 51a Rn 1,3,6; *Baumbach/Hueck/Zöllner* § 51a Rn 5; *Hachenburg/Hüffer* § 51a Rn 7, 12; *Rowedder/Koppensteiner* § 51a Rn 3, 10; *Schmiegelt* in Becksches Hdb GmbH § 3 Rn 66 mit Beispielen

die allgemeinen Kontroll- und Informationsrechte des einzelnen Gesellschafters, die er innerhalb und auch außerhalb einer Gesellschafterversammlung ausüben kann.[777] § 51a I GmbHG regelt jedoch nicht die Berichtspflicht der Geschäftsführung. Diese ist lediglich Gegenstand organschaftlicher Pflichten der Geschäftsführung gegenüber der Gesellschaft und nicht Gegenstand individueller Gesellschafteransprüche.[778]

Nach § 51a I GmbHG haben die Geschäftsführer jedem Gesellschafter zum einen auf Verlangen unverzüglich Auskunft über alle Angelegenheiten der Gesellschaft zu geben und zum anderen die Einsicht der Bücher und Schriften zu gestatten. Beide Informationsrechte sind Bestandteil eines einheitlichen Informationsrechtes und verkörpern lediglich unterschiedliche Informationsmittel. Sie stehen grundsätzlich gleichberechtigt und kumulativ nebeneinander.[779] Wenn das Informationsbegehren des Gesellschafters auf beide Arten zu befriedigen ist, kann er im Hinblick auf das Gebot des schonendsten Mittels aber nur die Art der Informationserteilung verlangen, die für die Gesellschaft mit dem geringeren Aufwand verbunden ist. Somit ist sogar eine eventuelle Subsidiarität des Einsichtsrechtes für den Einzelfall nicht ausgeschlossen.[780]

Das Informationsrecht nach § 51a GmbHG weist keinen höchstpersönlichen Charakter auf. Ein Gesellschafter, der nicht persönlich in der Gesellschafterversammlung anwesend sein kann oder nicht will, kann sich grundsätzlich bei der Geltendmachung seiner Informationsrechte vertreten lassen, wobei die Satzung hier Einschränkungen vornehmen kann. Er kann auch Dritte wie Mitgesellschafter oder Angehörige eines zur beruflichen Verschwiegenheit verpflichteten Berufsstandes wie z.B. Rechtsanwälte, Notare, Wirtschaftsprüfer oder Steuerberater zur Ausübung seines Informationsanspruches hinzuziehen (siehe Teil 3 D I 2 b).[781] Steht ein Geschäftsanteil mehreren Mitberechtigten Personen ungeteilt zu, so können diese nach §§ 18 I, III GmbHG das Informationsrecht nur gemeinschaftlich oder von einem gemeinsamen Vertreter ausüben.

---

777 *Baumbach/Hueck/Zöllner* § 51a Rn 1

778 *Scholz/Schmidt* § 51a Rn 4

779 *Hachenburg/Hüffer* § 51a Rn 6; KG GmbHR 1988, 221; *Binz/Freudenberg/Sorg* BB 1991, 785; näher *Schmiegelt* in Becksches Hdb GmbH § 3 Rn 67

780 *Lutter/Hommelhoff* § 51a Rn 7; *Rowedder/Koppensteiner* § 51a Rn 12

781 *Baumbach/Hueck/Zöllner* § 51a Rn 5; *Rowedder/Koppensteiner* § 51a Rn 3f; *Schmiegelt* in Becksches Hdb GmbH § 3 Rn 68; *Lutter/Hommelhoff* § 51a Rn 4; hierzu auch *Hachenburg/Hüffer* § 51a Rn 15f

bb) Anspruchsgegner

Obwohl § 51a I AktG ausdrücklich die Geschäftsführer nennt, ist die Gesellschaft selbst Schuldner des Informationsanspruchs. Sie kommt allerdings durch die Geschäftsführer als ihre Organe der Erfüllung ihrer Informationspflicht nach. Diese können ihre Aufgabe aber delegieren und so die Informationen von den zuständigen Mitarbeitern oder den mit den entsprechenden Vorgängen befassten außenstehenden Personen erteilen lassen. Voraussetzung hierfür ist, dass durch ein solches Delegieren das Informationsbedürfnis des Gesellschafters nicht beeinträchtigt wird.[782]

cc) Gegenstand des Informationsrechtes

Das Informationsrecht des Gesellschafters nach § 51a GmbHG bezieht sich auf die „Angelegenheiten der Gesellschaft", wobei dieser Begriff weit zu verstehen ist.[783] Das Informationsrecht gilt grundsätzlich unbeschränkt. § 51a GmbHG stellt insoweit eine Ausformung des Grundsatzes dar, wonach es zwischen der GmbH und ihren Gesellschaftern keine Geheimnisse gibt.[784] Im GmbH-Recht gibt es keine dem § 131 I AktG entsprechende Einschränkung, wonach eine Auskunft nur in dem zur Beurteilung des Gegenstandes der Tagesordnung der Hauptversammlung erforderlichen Umfang zu erteilen ist.[785] Bei einer GmbH & Co KG sind alle Angelegenheiten der KG grundsätzlich auch Angelegenheiten der GmbH.[786]

---

782 *Lutter/Hommelhoff* § 51a Rn 5; BGH WM 1997, 1052 (1053); *Rowedder/Koppensteiner* § 51a Rn 5; *Hachenburg/Hüffer* § 51a Rn 5; ausführlicher *Schmiegelt* in Becksches Hdb GmbH § 3 Rn 75

783 *Lutter/Hommelhoff* § 51a Rn 8; *Baumbach/Hueck/Zöllner* § 51a Rn 9; *Rowedder/Koppensteiner* § 51a Rn 6; *Hachenburg/Hüffer* § 51a Rn 21ff; *Scholz/Schmidt* § 51a Rn 19; vgl. *Binz/Freudenberg/Sorg* BB 1991, 785 (789)

784 Ausführlicher hierzu *Schmiegelt* in Becksches Hdb GmbH § 3 Rn 73; *Lutter/Hommelhoff* § 51a Rn 7

785 *Baumbach/Hueck/Zöllner* § 51a Rn 9

786 *Rowedder/Koppensteiner* § 51a Rn 6f; *Schmiegelt* in Becksches Hdb GmbH § 3 Rn 73; *Baumbach/Hueck/Zöllner* § 51a Rn 10b; eingehend *Hachenburg/Hüffer* § 51a Rn 23ff; *Binz/Freudenberg/Sorg* BB 1991, 785ff (788)

dd) *Ausübung des Auskunfts- und Einsichtsrechts nach § 51a GmbHG*

aaa) Recht auf Auskunftserteilung

§ 51a I GmbHG schreibt vor, dass die Auskunftserteilung „auf Verlangen" des Gesellschafters zu gewähren ist. Erforderlich ist also in diesem Sinne eine empfangsbedürftige Erklärung des Gesellschafters bzw. seines Bevollmächtigten innerhalb oder auch außerhalb der Gesellschafterversammlung, wobei der Gesellschafter seinen Informationsanspruch nicht näher begründen muss.[787] Die Auskunftserteilung selbst muss inhaltlich bestimmt sein[788] und kann nach Ermessen des Geschäftsführers grundsätzlich mündlich oder schriftlich erfolgen, da bzgl. der Auskunft kein Formzwang besteht und der Gesellschafter keinen Anspruch auf eine schriftliche Auskunftserteilung hat.[789] Außerhalb der Gesellschafterversammlung können Auskünfte allerdings nur mit Zustimmung des betreffenden Gesellschafters mündlich erteilt werden. Für den Fall, dass eine mündliche Auskunft aus bestimmten Gründen nicht genügt, hat die Gesellschaft einen anderen Weg zu wählen, z.B. eine schriftliche Auskunft oder die Einsichtsgewährung.[790] Obwohl eine formlose Erklärung wirksam ist, ist eine schriftliche Formulierung des Informationsverlangens dennoch ratsam. Diesbezüglich ist es trotz § 51a III GmbHG sogar möglich, im Gesellschaftsvertrag ein Schriftformerfordernis für alle Informationsverlangen vorzuschreiben.[791]

Gem. § 51a I GmbHG sind die verlangten Informationen „unverzüglich", also nach § 121 BGB „ohne schuldhaftes Zögern" zu erteilen.[792]

bbb) Recht auf Büchereinsicht

Der Gesellschafter hat des weiteren zur Informationsgewinnung auch einen Anspruch auf Einsichtnahme in die Bücher und Schriften der Gesellschaft, die ihm ebenfalls „auf Verlangen" zu erteilen ist. Diesbezüglich sind keine besonderen

---

787 *Lutter/Hommelhoff* § 51 Rn 21f

788 Näher *Schmiegelt* in Becksches Hdb der GmbH § 3 Rn 79; *Hachenburg/Hüffer* § 51a Rn 32

789 *Baumbach/Hueck/Zöllner* § 51a Rn 13; OLG Düsseldorf WM 1990, 1823ff; *Lutter/Hommelhoff* § 51a Rn 23; *Hachenburg/Hüffer* § 51a Rn 33; *Binz/Freudenberg/Sorg* BB 1991, 785 (789)

790 *Lutter/Hommelhoff* § 51a Rn 23

791 *Schmiegelt* in Becksches Hdb der GmbH § 3 Rn 74

792 *Baumbach/Hueck/Zöllner* § 51a Rn 14 der grundsätzlich eine sofortige Antwort verlangt; a.A.: *Lutter/Hommelhoff* § 51a Rn 23 und *Rowedder/Koppensteiner* § 51a Rn 9; innerhalb einer angemessenen Frist; näher hierzu *Hachenburg/Hüffer* § 51a Rn 34 und *Schmiegelt* in Becksches Hdb GmbH § 3 Rn 76

Anforderungen an das Einsichtsrecht zu stellen. Vielmehr ist es ausreichend, dass der Gesellschafter ohne eine genauere Begründung zu erkennen gibt, dass er eine Einsichtnahme wünscht.[793] Unter Büchereinsicht ist hierbei vergleichbar mit § 118 HGB die Einsicht in die Handelsbücher i.S.v. § 238 HGB zu verstehen, so dass hiervon die gesamte Buchhaltung umfasst wird, die dem Jahresabschluss dient.[794] Mit der Einsicht in die Schriften der Gesellschaft, die gleichbedeutend mit den „Papieren der Gesellschaft“ nach § 118 HGB sind, ist die Einsicht in die geschriebenen Geschäftsunterlagen der Gesellschaft einschließlich der Korrespondenz und Buchungsbelege gemeint.[795] Dadurch werden sämtliche urkundlichen und nichturkundlichen Informationsträger als Gegenstand des Einsichtsrechtes erfasst, die dazu bestimmt und geeignet sind, die Geschäfte der GmbH und die Lage ihres Vermögens ersichtlich zu machen.[796]

Das Einsichtsrecht umfasst die schriftlichen Unterlagen der Gesellschaft mit ihren technischen Surrogaten, so dass hierunter auch die auf Mikrofilm aufgenommene Schriftstücke und die mit modernen technischen Mittel nichtschriftlich gespeicherten Informationen fallen, wie insbesondere elektronisch gespeicherte Daten der Gesellschaft.[797] Diese Informationsträger sind dem informationsbegehrenden Gesellschafter in den Geschäftsräumen der Gesellschaft zur Einsichtnahme zugänglich zu machen,[798] doch ist den Gesellschaftern i.d.R. die Möglichkeit zum Anfertigen von Abschriften und zum Anfertigen von Kopien der eingesehenen Unterlagen auf eigene Kosten einzuräumen. Bei mittels EDV erstellten Unterlagen muss dem Gesellschafter auf Verlangen ein Ausdruck übergeben werden.[799] Bei einer internetgestützten oder gar komplett virtuell abgehaltenen Gesellschafterversammlung kann in diesem Zusammenhang genauso vorgegangen werden wie bei der Aktiengesellschaft. Dem Gesellschafter, der lediglich online mit der realen Gesellschafterversammlung verbunden ist, kann über das Internet die Möglichkeit eröffnet werden, die entsprechenden Unterlagen über eine Homepage der Gesellschafterversammlung einzusehen. Eine komplett virtuelle Gesellschafterversammlung muss dann diese Unterlagen ebenso

793 *Hachenburg/Hüffer* § 51a Rn 35

794 *Scholz/Schmidt* § 51a Rn 25; *Baumbach/Hueck/Zöllner* § 51a Rn 15ff

795 *Baumbach/Hueck/Zöllner* § 51a Rn 15ff

796 *Hachenburg/Hüffer* § 51a Rn 39

797 *Lutter/Hommelhoff* § 51a Rn 18; *Baumbach/Hueck/Zöllner* § 51a Rn 15ff; *Hachenburg/Hüffer* § 51a Rn 39f; *Scholz/Schmidt* § 51a Rn 25

798 *Schmiegelt* in Becksches Hdb GmbH § 3 Rn 80; *Baumbach/Hueck/Zöllner* § 51a Rn 18; hierzu *Hachenburg/Hüffer* § 51a Rn 41f

799 *Rowedder/Koppensteiner* § 51a Rn 12, 44; OLG Düsseldorf 02.03.1991 WM 1990, 1823ff; *Baumbach/Hueck/Zöllner* § 51a Rn 18; *Lutter/Hommelhoff* § 51a Rn 18f; *Schmiegelt* in Becksches Hdb GmbH § 3 Rn 80; *Hachenburg/Hüffer* § 51a Rn 49f; vgl. *Scholz/Schmidt* § 51 Rn 25

auf einer Homepage bereit halten und sie den legitimierten und online anwesenden Gesellschaftern vor und während der Abhaltung der Gesellschafterversammlung zur virtuellen Einsichtnahme anbieten (siehe Teil 2 D II 2).

Das Recht auf Einsichtnahme ist kein höchstpersönliches Informationsrecht. Dem Gesellschafter ist es damit auch gestattet, einen Sachverständigen zu Rate zu ziehen, der der beruflichen Verschwiegenheitspflicht unterliegt (z.B. Rechtsanwalt, Notar, Wirtschaftsprüfer, Steuerberater) und der dann natürlich auch die Vertraulichkeitsgrundsätze wahren muss.[800]

Um Mehrfachanfragen und Ungleichbehandlungen von Gesellschaftern zu vermeiden und um ein gutes Vertrauensverhältnis zwischen Gesellschaft und ihren Gesellschaftern sowie zwischen den Gesellschaftern untereinander zu fördern, werden solche gesellschaftsvertraglichen Regelungen als ratsam angesehen, nach denen die Antworten der Geschäftsführung auf Anfragen eines Gesellschafters ebenso allen andern Gesellschaftern übersandt werden und dass solche Gesellschafter, die Einsicht in die Unterlagen genommen haben, den anderen Gesellschaftern darüber Bericht erstatten müssen.[801] Dies kann unter Zuhilfenahme moderner Kommunikationsmittel wie E-Mail besonders gut geschehen. Hierzu kann auch von der Gesellschaft eine Mailingliste mit allen Gesellschaftern eingerichtet werden. Dazu hat sie die Möglichkeit, die Informationen auch über eine nur den Gesellschaftern zugängliche Homepage weiterzuleiten.

ee) Umfang / Schranken des Informationsrechtes

Allgemein bemisst sich der Umfang der zu erteilenden Auskunft nach den Zwecken des Auskunftsrechtes und nach den Grundsätzen gewissenhafter und getreuer Rechenschaft.[802] Das Informationsrecht wird sehr weit verstanden. Im Gegenzug unterliegt es der immanenten Schranke seiner funktionsgerechten Ausübung, so dass es nur bei Vorliegen eines Informationsbedürfnisses so weit ausgeübt werden darf, wie eben dieses Bedürfnis reicht.[803] Obwohl es ein eigennütziges Recht jedes Gesellschafters darstellt, muss es wegen seiner Eigenschaft als Mitgliedschaftsrecht ausschließlich den Gesellschafterinteressen dienen, und darf der Gesellschafter es nur insoweit ausüben, als es im Zusammenhang mit seiner Zugehörigkeit zur Gesellschaft steht. Er darf über sein Informationsrecht

800 *Baumbach/Hueck/Zöllner* § 51a Rn 18, 19; *Hachenburg/Hüffer* § 51a Rn 45; *Lutter/Hommelhoff* § 51a Rn 24
801 *Schmiegelt* in Becksches Hdb GmbH § 3 Rn 80
802 *Hachenburg/Hüffer* § 51a Rn 32
803 *Baumbach/Hueck/Zöllner* § 51a Rn 20ff; *Hachenburg/Hüffer* § 51a Rn 46, 56; a.A.: *Rowedder/Koppensteiner* § 51a Rn 15

keine Kenntnis von Vorgängen erlangen wollen, die nicht für ihn als Gesellschafter bedeutsam sind.[804]

Eine weitere Einschränkung des Informationsrechtes ergibt sich aus der gesellschaftsrechtlichen Treuepflicht, nach der der Gesellschafter seine Informationsrechte gegenüber der Gesellschaft möglichst schonend einsetzen muss. Obwohl Auskunfts- und Einsichtsrecht grundsätzlich gleichberechtigt nebeneinander stehen, kann das Einsichtsrecht die Gesellschaft stärker belasten, so dass vor dem Hintergrund der Treuepflicht das Einsichtsrecht oftmals zurückstehen kann.[805] Darüber hinaus kann in extremen Fällen das Informationsrecht des Gesellschafters Beschränkungen durch den Verhältnismäßigkeitsgrundsatz unterliegen.[806] Daneben unterliegt selbstverständlich auch der Informationsanspruch wie jede Rechtsausübung dem Verbot des Rechtsmissbrauchs gem. § 242 BGB.[807]

Als Ausgleich zu dem umfassenden und weitreichenden Informationsanspruch sind die Gesellschafter aus der Treuepflicht und aus dem Umstand heraus, dass sie ihre Informationen lediglich zweckgebunden zur Ausübung der Gesellschafterrechte erhalten, verpflichtet, die erlangten Information vertraulich zu behandeln. Insofern entspringt dem Informationsrecht die Verschwiegenheitspflicht des Gesellschafters, so dass eine Weitergabe der erteilten Informationen an Dritte in der Regel unzulässig ist und nur in Ausnahmefällen erlaubt ist.[808]

ff) Informationsverweigerungsrecht

Gem. § 51a II GmbHG dürfen die Geschäftsführer nach einem entsprechenden Beschluss der Gesellschafter die Auskunft und die Einsicht verweigern, wenn zu besorgen ist, dass der Gesellschafter sie zu gesellschaftsfremden Zwecken verwendet und dadurch der Gesellschaft oder einem verbundenen Unternehmen ein nicht unerheblicher Nachteil zufügen wird. Verglichen mit dem Aktienrecht (siehe Teil 2 D III 2 b dd) besteht dieses Verweigerungsrecht somit nur in sehr

---

804 *Schmiegelt* in Becksches Hdb GmbH § 3 Rn 69f mit Beispielen

805 *Baumbach/Hueck/Zöllner* § 51a Rn 22; *Hachenburg/Hüffer* § 51a Rn 60, 62; *Lutter/Hommelhoff* § 51a Rn 7; *Rowedder/Koppensteiner* § 51a Rn 12

806 *Hachenburg/Hüffer* § 51a Rn 63; vgl. *Baumbach/Hueck/Zöllner* § 51a Rn 22; *Scholz/Schmidt* § 51a Rn 36

807 *Schmiegelt* in Becksches Hdb GmbH § 3 Rn 70; *Scholz/Schmidt* § 51a Rn 37

808 *Hachenburg/Hüffer* § 51a Rn 11; näher *Schmiegelt* in Becksches Hdb GmbH § 3 Rn 71, 136f ; *Lutter/Hommelhoff* § 51a Rn 24; *Scholz/Schmidt* § 51a Rn 6; *Lutter* ZGR 1982, 1 (12ff); *Lutter* in FS Schippel 1996 S. 455 (459)

eingeschränktem Maß.[809] Mit der Besorgnis der „Verwendung der Auskunft zu einem gesellschaftsfremden Zweck“ ist gemeint, dass die Verwendung der Information durch den Gesellschafter entweder die Interessen der Gesellschaft direkt schädigt oder nicht gesellschaftsnützlich ist und somit nicht einem ordnungsgemäßen mitgliedschaftlichen Verhalten entspricht.[810]

Es genügt für eine berechtigte Informationsverweigerung, dass die gesellschaftsfremde Verwendung der Information zu besorgen ist. Daher müssen die Geschäftsführer kein konkretes Vorhaben einer gesellschaftsfremden Verwendung der Information durch den Gesellschafter nachweisen, sondern benötigen lediglich den Nachweis einer entsprechenden Wahrscheinlichkeit „aufgrund konkreter Tatsachen“.[811]

Die Geschäftsführung muss der Gesellschafterversammlung zu einer sachgerechten Beschlussfassung über die Informationsverweigerung die Gründe für die geplante Auskunftsverweigerung darlegen. Der betroffene Gesellschafter darf auch an dieser Gesellschafterversammlung teilnehmen, ihm steht allerdings bei der Beschlussfassung über die Informationsverweigerung kein Stimmrecht zu.[812]

Bei der Beschlussfassung darüber, ob eine Information nach § 51 a II GmbHG verweigert wird oder nicht, besteht jedoch weder für die Geschäftsführung noch für die Gesellschafter ein Ermessensspielraum. Bei Vorliegen der Verweigerungsvoraussetzungen, und nur dann, muss die Information verweigert werden, andernfalls ist sie zu erteilen. Höchstens bei der Frage, ob eine Besorgnis der Informationsverwendung zu gesellschaftsfremden Zwecken gegeben ist und ob ein nicht unerheblicher Nachteil für die Gesellschaft vorliegt, besteht ein gewisser Beurteilungsspielraum.[813]

Über das Informationsverweigerungsrecht des § 51a II GmbHG hinaus können Auskünfte noch aus weiteren Gründen, wie z.B. der Strafbarkeit der Informationserteilung, des Verstoßes gegen ein gesetzliches Verbot, faktischer Unmöglichkeit der Informationsbeschaffung und eventuell auch wegen miss-

---

809 *Lutter/Hommelhoff* § 51a Rn 1,6, 25ff; *Baumbach/Hueck/Zöllner* § 51a Rn 23ff, 26; *Hachenburg/Hüffer* § 51a Rn 50; vgl. auch *Binz/Freudenberg/Sorg* BB 1991, 785 (790)

810 Genauer *Schmiegelt* in Becksches Hdb GmbH § 3 Rn 81ff; *Hachenburg/Hüffer* § 51a Rn 47

811 *Baumbach/Hueck/Zöllner* § 51a Rn 25; *Schmiegelt* in Becksches Hdb GmbH § 3 Rn 81 mit Bsp.; *Hachenburg/Hüffer* § 51a Rn 49

812 *Lutter/Hommelhoff* § 51a Rn 25, 29; *Baumbach/Hueck/Zöllner* § 51a Rn 27; *Rowedder/Koppensteiner* § 51a Rn 26; *Hachenburg/Hüffer* § 51a Rn 53

813 *Schmiegelt* in Becksches Hdb GmbH § 3 Rn 83

bräuchlicher Rechtsausübung des auskunftsverlangenden Gesellschafters, verweigert werden.[814]

gg) Satzungsbestimmungen

Gem. § 51a III GmbHG haben die Regelungen des Informationsrechts zwingenden Charakter. Somit darf von den Bestimmungen der Absätze 1 und 2 nicht durch den Gesellschaftsvertrag abgewichen werden. Das ist allerdings so zu verstehen, dass nur eine Schwächung und nicht eine Stärkung des Informationsrechtes oder eine neutrale Regelung unzulässig ist, so dass durchaus durch die Satzung eine verfahrensmäßige Ordnung des Informationsverlangens und der Informationserteilung insoweit getroffen werden kann, als dadurch keine fühlbare Einschränkung der Position des Gesellschafters bewirkt wird.[815] Darüber hinaus darf die Satzung nicht das in Abs. 2 normierte Auskunftsverweigerungsrecht der Geschäftsführer ausschließen, mindern oder erweitern.[816]

hh) Zwischenergebnis zu III. 2:

Auch hinsichtlich der Ausübung des Auskunftsrechtes via Internet bei einer internetunterstützten oder einer rein im Internet durchgeführten Gesellschafterversammlung unterscheidet sich die Art der Ausführung bei der GmbH nicht von der bei der Aktiengesellschaft. Dem Gesellschafter können insoweit vor und auch während der Gesellschafterversammlung wichtige Informationen über die Gesellschaft auf einer eigens erstellten Homepage zugänglich gemacht werden, die nur nach einer Legitimationsprüfung erreicht werden kann. Darüber hinaus kann es dem Gesellschafter ermöglicht werden, vor der Gesellschafterversammlung per E-Mail Fragen an die Gesellschaft zu stellen, die auf dem selben Weg beantwortet werden können. Zulässig ist auch eine Einrichtung eines Online-Forums, in dem Gesellschafter via Internet miteinander kommunizieren können. Zur Informationserlangung während einer laufenden Gesellschafterversammlung ist es prinzipiell vorstellbar, dass ein online zugeschalteter Gesellschafter einem Vertreter vor Ort per E-Mail oder anderer moderner Kommunikationsmittel seine Fragen und Auskunftsbegehren übersendet und dieser sie dann in der Ver-

---

814 *Baumbach/Hueck/Zöllner* § 51a Rn 30 bis 32; näher *Schmiegelt* in Becksches Hdb GmbH § 3 Rn 85; BGH WM 1997, 1052 (1053); *Hachenburg/Hüffer* § 51a Rn 55;

815 *Lutter/Hommelhoff* § 51a Rn 32f („chaotischer Charakter des Auskunftsrechtes"); OLG Köln WM 1986, 761 (762f); *Rowedder/Koppensteiner* § 51a Rn 50; *Baumbach/Hueck/Zöllner* § 51a Rn 2f; vgl. auch *Hachenburg/Hüffer* § 51a Rn 66ff

816 *Schmiegelt* in Becksches Hdb GmbH § 3 Rn 66 mit Beispielen; *Baumbach/Hueck/Zöllner* § 51 Rn 2f; *Rowedder/Koppensteiner* § 51a Rn 30

sammlung vorträgt. Des weiteren ist es denkbar, die Auskunftsbegehren per Worteinspielungen in der Präsenzversammlung bzw. Wortbeiträge in einer rein virtuellen Gesellschafterversammlung vorzunehmen. Noch problemloser ist das Informationsrecht der Büchereinsicht mit elektronischen Medien wahrzunehmen. Hier können zum einen den einzelnen Gesellschaftern mit einer Rundmail die relevanten Unterlagen zugesendet werden. Zum anderen kann auch hier die GmbH eine Gesellschaftsinternetseite einrichten, auf die nur die legitimierten Gesellschafter Zugang haben und dort die betreffenden Informationen zur Einsicht und zum Download bereithalten.

3. Stimmrecht

a) Inhalt

Das Stimmrecht ist das grundsätzlich mit jedem Geschäftsanteil verbundene Recht, durch Stimmabgabe an der Beschlussfassung der Gesellschaft mitzuwirken.[817] Inhaber des Stimmrechtes ist der gem. § 16 GmbHG der GmbH gegenüber legitimierte rechtliche Inhaber des Geschäftsanteils.[818] Es steht einem jeden Gesellschafter ohne Rücksicht auf die Höhe seiner Beteiligung zu und es ist im GmbH-Recht zur Ausübung des Stimmrechtes auch anders als in § 134 II AktG nicht von Bedeutung, ob der Gesellschafter seine Einlage vollständig geleistet hat.[819] Im Unterschied zum Teilnahmerecht, das zwar jedem Stimmberechtigten zusteht, ist aber nicht gleichzeitig jeder Teilnahmeberechtigte auch stimmberechtigt. Jedoch darf auch der Gesellschafter, der von der Stimmabgabe ausgeschlossen ist, kraft seiner Mitgliedsstellung an der Versammlung teilnehmen und dort seine Meinung über die zur Beschlussfassung anstehenden Punkte vortragen.[820]

Da das Stimmrecht eine mitgliedschaftliche Befugnis darstellt, ist weder eine originäre Stimmrechtsbegründung durch eine Satzungsregelung noch eine rechtsgeschäftliche Übertragung eines Gesellschafters zulässig. Dritte haben kein

---

817 *Behrens* in FS 100 Jahre 1992 S. 539; *Baumbach/Hueck/Zöllner* § 47 Rn 23

818 *Baumbach/Hueck/Zöllner* § 47 Rn 26; vgl. *Rowedder/Koppensteiner* § 47 Rn 19; zu Treuhändern, Verpfändung, Pfändung, Nießbrauch *Ingerl* in Mü Hdb GmbH § 38 Rn 5; näher *Fischer* in Becksches Hdb GmbH § 4 Rn 82; *Hachenburg/Hüffer* § 47 Rn 45; zu Pfandgläubigern BGH GmbHR 1992, 656 (657); zum Nießbrauch OLG Koblenz GmbHR 1992, 464 (465)

819 *Baumbach/Hueck/Zöllner* § 47 Rn 26; RGZ 139, 224 (228); näher *Fischer* in Becksches Hdb GmbH § 4 Rn 82; *Hachenburg/Hüffer* § 47 Rn 42

820 BGH NJW 1971, 2225; *Baumbach/Hueck/Zöllner* § 47 Rn 23

Stimmrecht.[821] Mitberechtigte über einen Geschäftsanteil können gem. §§ 18 I, III GmbHG das mit diesem verbundene Stimmrecht nur gemeinschaftlich ausüben oder einen gemeinsamen rechtsgeschäftlichen Vertreter beauftragen.[822]

Das Gesetz enthält auch hier nur Teilaussagen über Art und Weise der Stimmrechtsausübung, so dass die Gesellschafter individuelle Regelungen über das Stimmrecht und dessen Ausübung im Gesellschaftsvertrag treffen können.[823]

b) Erweiterungen und Beschränkungen des Stimmrechtes

Nach dem gesetzlichen Regelfall ist das Stimmrecht mit jedem Geschäftsanteil verbunden. Die Stimmkraft ist das Gewicht, das der Stimmabgabe eines Gesellschafters zukommt. Ist keine besondere Festlegung in der Satzung getroffen worden, so bemisst sie sich nach der Höhe der Gesellschafterbeteiligung und hierbei alleine nach dem Nennbetrag des Geschäftsanteils.[824] Jede 50 Euro des Nominalwertes eines Geschäftsanteils gewähren laut der gesetzlichen Stimmkraftregelung des § 47 II GmbHG unabhängig von der Einzahlungsquote eine Stimme, doch ist auch diese Bestimmung in gewissem Umfang satzungsdispositiv, so dass auch eine von der Höhe der Beteiligung unabhängige Stimmkraft wie z.B. eine Stimmkraft nach Köpfen ebenso wie Mehrfachstimmrechte, Höchststimmrechte, Vetorechte oder Zustimmungserfordernisse zugunsten bestimmter Gesellschafter durchaus satzungsmäßig eingeführt werden können.[825] Sogar bzgl. Satzungsänderrungen sind solche Stimmkraftregelungen möglich, da § 53 II 1 GmbHG für Satzungsänderungen lediglich ein zwingendes Mehrheitserfordernis und keine verhältnismäßige Beteiligung am Stammkapital vorschreibt. Nachträgliche Stimmkraftänderungen bedürfen jedoch stets der Zustimmung derjenigen Gesellschafter, die dadurch zukünftig schlechter gestellt sind.[826]

---

821 *Hachenburg/Hüffer* § 47 Rn 52

822 *Ingerl* in Mü Hdb GmbH § 38 Rn 5; *Baumbach/Hueck/Zöllner* § 18 Rn 2ff; *Scholz/Winter* § 18 Rn 17ff; *Scholz/Schmidt* § 47 Rn 15

823 Vgl. *Hachenburg/Hüffer* § 47 Rn 91; *Behrens* in FS 100 Jahre 1992 S. 539 (541f); vgl. *Lutter/Hommelhoff* § 47 Rn 8; *Baumbach/Hueck/Zöllner* § 47 Rn 31

824 *Baumbach/Hueck/Zöllner* § 47 Rn 42; vgl. hierzu *Hachenburg/Hüffer* § 47 Rn 87ff

825 Eingehender *Baumbach/Hueck/Zöllner* § 47 Rn 43; *Ingerl* in Mü HdB § 38 Rn 13; *Hachenburg/Hüffer* § 47 Rn 89; *Mayer* GmbHR 1990, 61ff; vgl. *Rowedder/Koppensteiner* § 47 Rn 14

826 Vgl. *Mayer* GmbHR 1990, 61, 63; vgl. *Baumbach/Hueck/Zöllner* § 47 Rn 43; *Hachenburg/Hüffer* § 47 Rn 89f; *Ingerl* in Mü Hdb GmbH § 38 Rn

aa) Stimmrechtslose Geschäftsanteile

Ähnlich den Vorzugsaktien ohne Stimmrecht bei der AG können aber auch bei der GmbH nach h.M. durch den Gesellschaftsvertrag stimmrechtslose Geschäftsanteile geschaffen werden.[827] Dem jeweiligen Gesellschafter müssen allerdings andere Rechte derart belassen werden, dass der Kern seiner Mitgliedschaft gewahrt bleibt. So müssen auf jeden Fall z.B. das Teilnahmerecht an der Gesellschafterversammlung, das Recht zur Anfechtung fehlerhafter Gesellschafterbeschlüsse oder die Beteiligung am Liquidationserlös unangetastet bleiben, doch fordert das GmbH-Recht hierbei keinen solchen Ausgleich wie das Aktienrecht, das mit den §§ 12 I, 139ff AktG einen Gewinnvorzug bei der Vorzugsaktie ohne Stimmrecht normiert (siehe Teil 2 D III 3 b cc).[828] Da solche Beschlüsse, die die Inhaber stimmrechtsloser Gesellschaftsanteile gegenüber stimmberechtigten Anteilseignern benachteiligen würden, nicht ohne die Zustimmung der betroffenen Gesellschafter gefasst werden dürfen, bleiben sie auch nicht schutzlos vor einer willkürlichen Benachteiligung.[829]

c) Stimmrechtsausschluss / Stimmverbot

Neben der Möglichkeit, einen Gesellschafter durch die Vergabe stimmrechtsloser Geschäftsanteile durch eine entsprechende Satzungsgrundlage vom Stimmrecht auszuschließen, normiert § 47 IV GmbHG einen gesetzlichen Stimmrechtsausschluss unter bestimmten Voraussetzungen. Der betroffene Gesellschafter hat hiernach dann kein eigenes Stimmrecht und darf dieses auch nicht für andere ausüben, wenn eine Beschlussfassung über seine Entlastung, seine Befreiung von einer Verbindlichkeit, die Vornahme eines Rechtsgeschäftes ihm gegenüber oder die Einleitung oder Erledigung eines Rechtsstreites gegen ihn abgestimmt wird. In diesen vier Fällen, in denen ein Gegensatz zwischen Eigeninteresse und Gesellschaftsinteresse vorliegt, sollen ausschließlich unbefangene Gesellschafter an der Willensbildung beteiligt sein, um die Gesellschaft und die anderen Gesellschafter vor einer zu großen Einflussnahme solcher Gesellschafter zu schützen, die eigene verbandsfremde Sonderinteressen verfolgen.[830] § 47 IV GmbHG ist insofern ein Ausdruck des im Gesellschaftsrecht all-

---

827 *Baumbach/Hueck/Zöllner* § 47 Rn 24; *Hachenburg/Hüffer* § 47 Rn 56; eingehend *Immenga/Werner* GmbHR 1976, 53f

828 BGHZ 14, 264 (269)

829 *Ingerl* in Mü Hdb § 38 Rn 5; *Baumbach/Hueck/Zöllner* § 47 Rn 24; *Rowedder/Koppensteiner* § 47 Rn 16; *Hachenburg/Hüffer* § 47 Rn 56

830 *Baumbach/Hueck/Zöllner* § 47 Rn 44; *Hachenburg/Hüffer* § 47 Rn 120

gemein geltenden Stimmverbots wegen Interessenkollision und beruht auf den Prinzipien des Verbots, Richter in eigener Sache zu sein und dem Verbot des Insichgeschäfts.[831]

Ein Gesellschafter, der sich bei der Bildung des Verbandswillens nicht mehr am Gesellschaftsinteresse orientiert, soll demnach von der Willensbildung, nicht aber von der Teilnahme an der Gesellschafterversammlung, ausgeschlossen sein, wenn seine vermögensrelevanten persönlichen Interessen in unmittelbarem Gegensatz zur Zweckförderung der Gesellschaft bzw. zu den vermögensrelevanten Interessen der Gesamtheit der Gesellschafter stehen und die Orientierung am Gesellschafterinteresse so typischerweise auch nicht mehr erwartet werden kann, so dass der Gesellschafter in diesen Fällen als „befangen" gilt.[832] Aus diesem Grund ist das Stimmverbot nicht nur in der Gesellschafterversammlung, sondern auch in anderen Gremien der Gesellschaft zu beachten wie z.B. dem Beirat.[833]

§ 47 IV GmbHG ist allerdings keine Generalklausel, die bei Vorliegen jedes möglichen Interessenkonfliktes einschlägig wäre. Vielmehr werden nur die aufgezählten Fälle abschließend erfasst („starre Schranken").[834] Dementsprechend dürfen die in § 47 IV GmbHG genannten Fälle nicht zu weit über den gesetzlichen Wortlaut hinaus ausgedehnt werden. Andere Interessenkollisionen müssen über die Schranken des Stimmrechtsmissbrauchs geregelt werden.[835]

Auch hier zeigt sich die dem GmbH-Recht eigene Flexibilität und Möglichkeit einer satzungsmäßigen individuellen Gestaltung. § 47 IV GmbHG unterliegt der Disposition der Gesellschaftergesamtheit und kann gem. § 45 II GmbHG abweichend gestaltet werden bzw. mit Ausnahmen auch abbedungen werden.[836]

---

831 BGHZ 97, 28 (33); BGHZ 9, 157 (178); *Bacher* GmbHR 2001, 133 (134); *Lutter/Hommelhoff* § 47 Rn 13; *Rowedder/Koppensteiner* §47 Rn 51; *Hachenburg/Hüffer* § 47 Rn 121

832 *Bacher* GmbHR 2001, 133 (133f); BGH NJW 1971, 2225; vgl. *Lutter/Hommelhoff* § 47 Rn 19; *Baumbach/Hueck/Zöllner* § 47 Rn 44ff; *Rowedder/Koppensteiner* § 47 Rn 51

833 *Fischer* in Becksches Hdb GmbH § 4 Rn 95; *Lutter/Hommelhoff* § 47 Rn 17; vgl. *Immenga/Werner* GmbHR 1976, 53 (55)

834 BGHZ 56, 47(53); BGHZ 68, 107 (109f); BGHZ 80, 69 (71); BGHZ 97, 28(33); OLG Hamm DB 1992, 2130; *Baumbach/Hueck/Zöllner* § 47 Rn 44

835 BGHZ 97, 238(33); *Baumbach/Hueck/Zöllner* § 47 Rn 44; *Ingerl* in Mü Hdb GmbH § 38 Rn 22ff; *Fischer* in Becksches Hdb GmbH § 4 Rn 94, 113; *Hachenburg/Hüffer* § 47 Rn 120; vgl. *Rowedder/Koppensteiner* § 47 Rn 51f

836 RGZ 89, 367 (383); BGH WM 1977, 192f; *Immenga/Werner* GmbHR 1976, 53 (55); *Bacher* GmbHR 2001, 133 (134ff); *Behrens* in FS 100 Jahre 1992 S. 539 (548ff, 557); *Lutter/Hommelhoff* § 47 Rn 13, 18ff; *Baumbach/Hueck/Zöllner* § 47 Rn 73; *Hachenburg/Hüffer* § 47 Rn 187; abweichend *Rowedder/Koppensteiner* § 47 Rn 83

d) Ruhen des Stimmrechtes

Eine GmbH kann ebenso wie eine AG unter bestimmten Voraussetzungen in den durch § 33 GmbHG gezogenen Grenzen eigene Geschäftsanteile erwerben. Das GmbHG trifft aber keine dem § 71b AktG vergleichbare Regelung, die solchen Geschäftsanteilen keine Rechte zuweist. Um aber eine Verschiebung der Stimmverhältnisse zugunsten der Geschäftsführung zu verhindern, ruhen auch bei der GmbH nach allgemeiner Meinung die Mitgliedschaftsrechte aus solchen Gesellschaftsanteilen, die die Gesellschaft selbst, ein von ihr abhängiges oder in ihrem Mehrheitsbesitz stehendes Unternehmen oder ein für Rechnung eines solchen Unternehmens oder der Gesellschaft selbst handelnder Dritter hält analog §§ 71b, 71d AktG (vgl. Teil 2 D III 3 c).[837] Der Gesellschaft steht insofern insbesondere nicht das Stimmrecht in der Gesellschafterversammlung zu.[838]

e) Stimmrechtsmissbrauch

Bei der Stimmrechtsausübung sind die immanenten Schranken zu beachten, wonach insbesondere eine missbräuchliche Ausübung nicht zulässig ist. Die Gesellschafter unterliegen neben den allgemeinen Missbrauchsgrenzen noch weitergehenden ungeschriebenen Beschränkungen aus dem Mitgliedschaftsverhältnis, wie z.B. dem Verbot der Verfolgung von Sondervorteilen. Hierbei stehen die Bindung des Stimmrechts an den Gesellschaftszweck und die gesellschaftsrechtliche Treuepflicht stark im Vordergrund.[839]

Als Rechtsfolge zieht ein Stimmrechtsmissbrauch die Nichtigkeit der betreffenden Stimme nach sich. Falls sie dennoch mitgezählt worden ist und kausal für das Ergebnis war, begründet dies die Anfechtbarkeit des Beschlusses.[840]

---

837 *Baumbach/Hueck/Zöllner* § 47 Rn 40; OLG München GmbHR 1995, 590 (591); *Lutter/Hommelhoff* § 47 Rn 17a; *Fischer* in Becksches Hdb GmbH § 4 Rn 156 Rn 116; *Rowedder/Koppensteiner* § 47 Rn 21; *Hachenburg/Hüffer* § 47 Rn 43

838 BGH NJW 1995, 1027; *Fischer* in Becksches Hdb GmbH § 4 Rn 156 Rn 116f; zur GmbH im Konzern BGHZ 119, 346 und OLG München GmbHR 1995, 590 (591); BGH ZIP 1995, 374; *Baumbach/Hueck/Zöllner* § 47 Rn 40; *Ingerl* in Mü Hdb GmbH § 38 Rn 4

839 BGH BB 1995, 1201 (1202); BGHZ 65, 15 (19); *Baumbach/Hueck/Hueck-Fastrich* § 13 Rn 22; *Rowedder/Koppensteiner* § 47 Rn 100ff, 125; näher *Ingerl* in Mü Hdb GmbH § 38 Rn 46ff; *Lutter/Hommelhoff* § 47 Rn 26; *Hachenburg/Hüffer* § 47 Rn 191ff; *Scholz/Schmidt* § 47 Rn 29

840 BGH GmbHR 1993, 579 (581); BGH GmbHR 1991, 62; BGHZ 14, 25 (37f); vgl. hierzu *Lutter/Hommelhoff* § 47 Rn 26; *Baumbach/Hueck/Hueck-Fastrich* § 13 Rn 31; *Hachenburg/Hüffer* § 47 Rn 195ff

f) Stimmbindungsverträge

Auch im GmbH-Recht sind Stimmbindungsverträge weit verbreitet und haben große praktische Bedeutung.[841] Sie sind nach wohl h.M. zugunsten von Mitgesellschaftern und gegenüber Dritten grundsätzlich ohne Einhaltung einer besondern Form zulässig und können somit auch mit elektronischen Medien vorgenommn werden.[842] Eine Stimmbindung zugunsten der Gesellschaft selbst oder eines von ihr abhängigen Dritten ist hingegen nach einhelliger Meinung schon im Hinblick auf das Ruhen des Stimmrechts aus eigenen Anteilen grundsätzlich unwirksam. Hingegen ist das in § 136 II AktG festgeschriebene Verbot einer Stimmbindung an ein Geschäftsführungsorgan oder den Aufsichtsrat der Gesellschaft nach h.M. grundsätzlich nicht auf das GmbH-Recht übertragbar.[843]

Da ein Stimmbindungsvertrag lediglich schuldrechtliche Bedeutung hat, ist eine vertragswidrig abgegebene Stimme nach allgemeiner Meinung dennoch grundsätzlich gültig und ein gefasster Beschluss nicht fehlerhaft (siehe Teil 2 D III 3 d).[844]

g) Verpflichtung zur Stimmabgabe in bestimmtem Sinne

Der Gesellschafter ist in seiner Stimmausübung grundsätzlich frei und kann so nach eigenem Ermessen und unter Verfolgung eigener Vorteile abstimmen. Dennoch unterliegt er den sich aus dem Gesellschaftsverhältnis ergebenden Bindungen und hierbei vor allem den Bindungen an den Gesellschaftszweck bzw. das Gesellschaftsinteresse und den weitreichenden Treubindungen gegenüber der Gesellschaft und den Mitgesellschaftern. In eng begrenzten Ausnahmefällen und insbesondere bei einer personalistisch organisierten GmbH können die bei der Stimmrechtsausübung zu beachtenden inhaltlichen Bindungen eine über bloße Rücksichts- und Unterlassungspflichten hinausgehende Verpflichtung zur akti-

---

841 *Zutt* ZHR 91, 213ff; OLG Köln ZIP 1988, 1122; *Ingerl* in Mü Hdb GmbH § 38 Rn 51

842 BGHZ 48, 163 (167); BGH NJW 1987, 1890 (1892); *Baumbach/Hueck/Zöllner* § 47 Rn 77; *Rowedder/Koppensteiner* § 47 Rn 29; *Mayer* GmbHR 1990, 61ff; näher *Odersky* in FS Lutter 2000 S. 557 (559f); vgl. hierzu *Behrens* in FS 100 Jahre 1992 S. 539 (551); BGH NJW 1983, 1910(1911); a.A.: *Ingerl* in Mü Hdb GmbH § 38 Rn 52ff und *Hachenburg/Hüffer* § 47 Rn 73; zur Sittenwidrigkeit eines Stimmenkaufs vgl. § 405 II Nr. 6/7 AktG und *Ingerl* in Mü Hdb GmbH § 38 Rn 56

843 Näher *Ingerl* in Mü Hdb GmbH § 38 Rn 54f; vgl. *Zöllner* ZHR 1991, 168 (183f); *Scholz/Schmidt* § 47 Rn 53

844 BGH NJW 1983, 1910 (1911); Näher *Ingerl* in Mü Hdb GmbH § 38 Rn 57; *Fischer* in Becksches Hdb GmbH § 4 Rn 120; *Baumbach/Hueck/Zöllner* § 47 Rn 79

ven Förderung der Gesellschaftsinteressen führen, die sich sogar bis hin zu einer Verpflichtung der Stimmabgabe in bestimmter Art und Weise entwickeln können, wenn ein bestimmter Beschluss unabweisbar geboten erscheint.[845]

h) Willensbildung durch Beschlussfassung

Nach §§ 47 I, 48 I, II, III GmbHG erfolgt die Willensbildung der Gesellschafter in den Angelegenheiten der Gesellschaft sowohl in der Gesellschafterversammlung als auch im schriftlichen Verfahren oder bei der Ein-Mann-GmbH durch Beschluss nach der Mehrheit der abgegebenen Stimmen.[846]

Wie die Abhaltung der Gesellschafterversammlung im Ganzen nicht näher durch gesetzliche Bestimmungen geregelt ist, so enthält das Gesetz auch keine ausführlichen Bestimmungen über das Zustandekommen der Beschlüsse im Besonderen und über die Art und Weise der Abstimmung. Die §§ 47-51 GmbHG sind in diesem Zusammenhang etwas „lückenhaft".[847] Das Beschlussfassungsverfahren kann und soll insoweit grundsätzlich durch den weiten Spielraum einer satzungsmäßigen Ausgestaltung den individuellen Bedürfnissen der Gesellschaft angepasst werden.[848]

aa) Der Beschluss / Beschlussantrag

Der Beschluss ist das Instrument der Gesellschaftergesamtheit zur Bildung und Äußerung des organschaftlichen Willens.[849] Wie im Aktienrecht stellt er auch im GmbH-Recht eine verbindliche Abstimmung über einen vorausgegangenen, konkreten Antrag dar. Der Beschluss besteht in der Annahme oder der Ablehnung des Antrags (siehe Teil 2 D III 3 e aa).[850]

Die Beschlussfassung erfolgt auch bei der GmbH durch Abstimmung aller abstimmungsberechtigten Teilnehmer über einen konkreten, inhaltlich bestimmten Beschlussantrag, für den keine besondere Form vorgeschrieben ist. Dieser

---

845 *Baumbach/Hueck/Zöllner* § 47 Rn 76ff ; vgl. BGH WM 1986, 1348; *Rowedder/Koppensteiner* § 47 Rn 20; *Lutter/Hommelhoff* § 14 Rn 19f

846 *Ingerl* in Mü Hdb GmbH § 36 Rn 4; *Fischer* in Becksches Hdb GmbH § 4 Rn 1

847 *Baumbach/Hueck/Zöllner* § 47 Rn 1

848 *Ingerl* in Mü Hdb GmbH § 39 Rn 1; zu den Grenzen der Abdingbarkeit vgl. *Rowedder/Koppensteiner* § 47 Rn 83

849 *Hachenburg/Hüffer* § 47 Rn 2

850 *Baumbach/Hueck/Zöllner* § 47 Rn 2; *Rowedder/Koppensteiner* § 47 Rn 5; *Ingerl* in Mü Hdb GmbH § 36 Rn 4; zum negativen Beschluss BGHZ 97, 28 (30) und BGHZ 88, 320 (328);

Antrag muss allerdings so konkret ausgestaltet sein, dass die Stimmabgabe der Gesellschafter als bloße Bejahung oder Verneinung des Antrages erfolgen kann.[851] Das Antragsrecht ist eine Ausprägung des Teilnahmerechtes und so kann jeder anwesende oder vertretene Gesellschafter unabhängig von seinem Stimmrecht im Rahmen der Tagesordnung Anträge zur Beschlussfassung stellen.[852] Hingegen ist eine Antragstellung durch einen Boten ohne entsprechende Satzungsgrundlage unzulässig,[853] doch kommt auch dieser Frage kaum eine allzu große praktische Bedeutung zu, da der Gesellschafter einen Vertreter zur Antragstellung beauftragen kann.[854]

Nach h.M. steht den Mitgliedern eines obligatorischen Aufsichtsrates ebenso ein Antragsrecht zu, wohingegen die Mitglieder eines fakultativen Aufsichtsrates, eines Beirates und die Geschäftsführer ohne eigens getroffene satzungsmäßige Grundlage keine Anträge stellen dürfen.[855]

Die der Einberufung beigefügte Tagesordnung gibt die Gegenstände vor, über die die Gesellschafter zu beschließen haben. Sie muss dabei jedoch nicht den konkreten Antrag, über den abgestimmt werden soll, wörtlich wiedergeben. Vielmehr genügt es, ihn inhaltlich von einem Tagesordnungspunkt zu umfassen. Wenn im Interesse der Gesellschaft eine sofortige Beschlussfassung unumgänglich ist, kann eine Abstimmung ausnahmsweise über einen Gegenstand erfolgen, der nicht in der Tagesordnung aufgeführt ist. Darüber hinaus können alle Gesellschafter einvernehmlich auch solche Beschlüsse fassen, die von der angekündigten Tagesordnung abweichen. Werden zu einem Tagesordnungspunkt mehrere Anträge gestellt, so kann durch eine Bestimmung der Satzung, der Geschäftsordnung der Gesellschafterversammlung, durch die Gesellschaftergesamtheit in der Gesellschaftersammlung selbst oder durch den Abstimmungsleiter die Reihenfolge der Abhandlung festgelegt werden. Die Stellung eines Antrages und die Nennung eines Beschlussgegenstandes in der Tagesordnung hat allerdings nicht zwingend zur Folge, dass über den jeweiligen Antrag eine Abstimmung in der Sache zu erfolgen hat. Die Gesellschafter können daher außer in Fällen, in denen die Treuepflicht eine Entscheidung ausnahmsweise gebietet, jeden Tagesord-

---

851 *Baumbach/Hueck/Zöllner* § 47 Rn 6, 8; *Hachenburg/Hüffer* § 47 Rn 7, 10

852 *Ingerl* in Mü Hdb GmbH § 39 Rn 54; *Baumbach/Hueck/Zöllner* § 47 Rn 7,10; *Rowedder/Koppensteiner* § 48 Rn 14

853 Str. so *Baumbach/Hueck/Zöllner* § 47 Rn 7; *Hachenburg/Hüffer* § 47 Rn 8; a.A.: *Rowedder/Koppensteiner* § 48 Rn 13

854 *Ingerl* in Mü Hdb GmbH § 39 Rn 54

855 *Ingerl* in Mü Hdb GmbH § 39 Rn 54; *Hachenburg/Hüffer* § 47 Rn 9; *Fischer* in Becksches Hdb GmbH § 4 Rn 60; Zweifelnd *Rowedder/Koppensteiner* § 48 Rn 14f

nungspunkt durch Mehrheitsbeschluss vertagen oder eine Entscheidung in der Sache ganz ablehnen.[856]

Da ein Antrag keiner besonderen Form bedarf, kann bei einer internetunterstützen Gesellschafterversammlung den Gesellschaftern auch die Möglichkeit eingeräumt werden, Beschlussanträge per E-Mail direkt an den Versammlungsleiter zu senden. Problematisch hieran ist nur, dass das Antragsrecht auch bei der GmbH nur den anwesenden oder vertretenen Gesellschaftern zusteht. Jedenfalls können zugeschaltete Gesellschafter ihre Anträge einem persönlichen Vertreter zukommen lassen, der diese dann in der Versammlung stellt. Bei einer virtuellen Gesellschafterversammlung könnte die Antragstellung ebenfalls durch das Senden einer E-Mail an den Versammlungsleiter bzw. durch Ausfüllen eines Bildschirmformulars mit anschließendem Einstellen auf die Versammlungshomepage durchgeführt werden.

bb) Beschlussfähigkeit

Das GmbHG fordert bzgl. der Beschlussfähigkeit der Gesellschafterversammlung weder die Anwesenheit einer bestimmten Anzahl von Gesellschaftern, noch setzt es die Vertretung eines bestimmten Teils des Stammkapitals voraus. Die Zahl der Beteiligungshöhe bzw. die der erschienenen Gesellschafter ist bei einer ordnungsgemäßen Einberufung bedeutungslos. Das Gesetz stellt vielmehr gar keine besonderen Anforderungen an die Beschlussfähigkeit auf. Eine ordnungsgemäß einberufene Gesellschafterversammlung ist daher selbst für Abstimmungen über Satzungsänderungen schon dann beschlussfähig, wenn nur ein einziger Gesellschafter anwesend ist, auch wenn dieser nur eine Bruchteil des Stammkapitals repräsentiert.[857]

Durch Satzungsregelungen können allerdings besondere Voraussetzungen an die Beschlussfähigkeit wie z.B. eine nach Köpfen, Stimmenzahl oder Beteiligungshöhe berechnete Mindestpräsenz oder die Anwesenheit bestimmter oder aller Gesellschafter geknüpft werden.[858] Es werden auch solche Satzungsbestimmungen als ratsam angesehen, die für den Fall dass die satzungsmäßig erforderlichen Voraussetzungen für die Abhaltung einer Gesellschafterversammlung nicht erfüllt sind, eine unverzügliche Einberufung einer zweiten Versamm-

---

856 *Fischer* in Becksches Hdb GmbH § 4 Rn 59; *Ingerl* in Mü Hdb GmbH § 39 Rn 55; vgl. hierzu *Baumbach/Hueck/Zöllner* § 47 Rn 7,9 a.A.: *Rowedder/Koppensteiner* § 48 Rn 15

857 *Rowedder/Koppensteiner* § 48 Rn 13; *Fischer* in Becksches Hdb GmbH § 4 Rn 130; *Baumbach/Hueck/Zöllner* § 47 Rn 2f; *Hachenburg/Hüffer* § 47 Rn 5

858 OLG München BB 1956,938; *Hachenburg/Hüffer* § 47 Rn 6; näher *Fischer* in Becksches Hdb GmbH § 4 Rn 131

lung mit gleicher Tagesordnung regeln, die dann ohne Rücksicht auf die Präsenz beschlussfähig ist. Werden vom Gesellschaftsvertrag bestimmte Anforderungen an die Beschlussfähigkeit, wie z.B. ein bestimmtes Quorum, gestellt, so sind diese Voraussetzungen für jede einzelne Beschlussfassung zu erfüllen. Müssen zur Beschlussfassung also eine bestimmte Anzahl von Gesellschaftern anwesend sein, so ist die Präsenz bei jeder Abstimmung genauestens festzustellen und zu überprüfen, wobei es zur Ermittlung eines Quorums unerheblich ist, ob anwesende Gesellschafter einem Stimmrechtsausschluss unterliegen.[859] Satzungsklauseln zur Beschlussfähigkeit werden in der Regel so ausgelegt, dass eine einmal eingetretene Beschlussfähigkeit grundsätzlich für die gesamte Dauer der Versammlung gilt und ein vorzeitiges Verlassen der Versammlung von Gesellschaftern die Beschlussfähigkeit nicht beeinträchtigt.[860]

Der Einsatz elektronischer Hilfsmittel kann bei einer internetunterstützten Präsenzversammlung auch bei der GmbH eine exakte Feststellung der Präsenz zu jedem Zeitpunkt sicherstellen. Auch bei einer rein virtuellen Gesellschafterversammlung unterscheidet sich das Vorgehen bei der GmbH nicht von dem bei der Aktiengesellschaft (siehe Teil 2 D I 4).

cc) Zur Stimmabgabe

Auch im GmbHG sind keine Vorgaben über die Form der Stimmabgabe getroffen worden, so dass sich die Art und Weise der Abstimmung vorrangig nach der Satzung, nach einer Festlegung in der Geschäftsordnung oder nach einer Bestimmung durch den Versammlungsleiter richtet. In Betracht kommen auch hier eine verkörperte oder eine unverkörperte Stimmabgabe in offener oder verdeckter Form. Will man eine Abstimmung über Online-Voting durchführen, scheidet allerdings die Möglichkeit einer unverkörperten Abstimmung aus. Hier sind dann elektronische Erklärungen, wie das Ausfüllen von Bildschirmformularen oder Stimmabgaben über E-Mail als verkörperte Willenserklärungen auch als eine verkörperte Stimmabgabe zu verstehen (siehe Teil 2 C I 4 a).

aaa) Wirksamkeit der Stimmabgabe

Die Stimmabgabe ist eine einseitige, regelmäßig empfangsbedürftige, zustimmende oder ablehnende Willenserklärung eines Gesellschafters, die auf die Herbeiführung eines Beschlusses gerichtet ist und die sich grundsätzlich nach den

---

859 OLG Hamm GmbHR 1992, 466 (467); näher *Fischer* in Becksches Hdb GmbH § 4 Rn 13; *Baumbach/Hueck/Zöllner* § 47 Rn 2a; vgl. *Scholz/Schmidt* § 48 Rn 42
860 Näher *Ingerl* in Mü Hdb GmbH § 39 Rn 51

allgemeinen zivilrechtlichen Vorschriften des BGB über Zugang, Anfechtbarkeit und Nichtigkeit von Willenserklärungen richtet.[861] Erklärungsempfänger ist die GmbH, die dabei i.d.R. durch den Versammlungsleiter, einen Geschäftsführer oder ansonsten durch die übrigen Gesellschaftern vertreten wird.[862] Mit Zugang bei diesem wird die Stimmabgabe unwiderruflich wirksam (siehe Teil 2 D III 3 e cc).[863] Zwar kann sie nach § 119 ff BGB angefochten werden, doch beurteilt sich die Auswirkungen auf den Beschluss selbst nur nach den Regeln für fehlerhafte Beschlüsse. So hat eine mangelhafte Stimme nur dann rechtliche Konsequenzen, wenn sie derart kausal für das Abstimmungsergebnis war, dass gerade durch sie die erforderliche Mehrheit beeinflusst wird.[864]

bbb) Einheitliche Stimmabgabe

Nach wohl h.M. kann ein Gesellschafter sein Stimmrecht aus einem Gesellschaftsanteil nur einheitlich ausüben, selbst wenn dieser Anteil, wie es als gesetzlicher Regelfall nach § 47 II GmbH vorgesehen ist, mehrere Stimmen verschafft.[865] Gleiches gilt für mehrere Mitberechtigte über einen Gesellschaftsanteil. Werden von einem Gesellschafter allerdings mehrere Geschäftsanteile gehalten, so darf er mit jedem Anteil unterschiedlich abstimmen (siehe Teil 2 D III 3 e cc bbb).[866]

---

861 BGHZ 14, 264 (267); BGHZ 48, 163 (173); *Hachenburg/Hüffer* § 47 Rn 41; *Rowedder/Koppensteiner* § 47 Rn 24

862 *Baumbach/Hueck/Zöllner* § 47 Rn 4; BGHZ 48, 163 (173); BGHZ 14, 264 (267)

863 Vgl. *Scholz/Schmidt* § 45 Rn 22; a.A.: *Hachenburg/Hüffer* § 47 Rn 41 bei einem wichtigen Grund für einen Widerruf

864 Vgl. BGHZ 14, 264 (267); OLG München WM 1984, 260 (262); näher *Ingerl* in Mü Hdb GmbH § 36 Rn 6; *Fischer* in Becksches Hdb GmbH § 4 Rn 128f; *Baumbach/Hueck/Zöllner* § 47 Rn 4

865 Eingehend *Armbrüster* FS Bezzenberger 2000 S 3 (5ff); BGH GmbHR 1965, 32; *Baumbach/Hueck/Zöllner* § 47 Rn 11; *Lutter/Hommelhoff* § 47 Rn 4; *Hachenburg/Hüffer* § 46 Rn 58f; a.A.: RGZ 137, 305,314

866 Vgl. eingehend *Armbrüster* FS Bezzenberger 2000 S 3 (5ff); *Ingerl* in Mü Hdb GmbH § 38 Rn 20; *Rowedder/Koppensteiner* § 47 Rn 38f; *Hachenburg/Hüffer* § 47 Rn 57ff; RGZ 157, 52 (57); a.A.: *Fischer* in Becksches Hdb GmbH § 4, der eine Zulässigkeit hier nur dann bejaht, wenn ein schutzwürdiges Interesse des Stimmberechtigten vorliegt, so auch *Baumbach/Hueck/Zöllner* § 47 Rn 11 unter Verweis auf die im Vergleich zum Aktienrecht größere Treubindung und größere Verantwortungsnähe eines GmbH-Gesellschafters

dd) Ausübung des Stimmrechtes durch den Gesellschafter selbst

Der Gesellschafter kann sein Stimmrecht persönlich ausüben. Der gesetzliche Regelfall geht auch bei der GmbH davon aus, dass der Gesellschafter hierzu in einer Präsenzversammlung anwesend ist und seine Stimme dort abgibt. Gerade bei einer internetunterstützten Gesellschafterversammlung könnte die Stimmabgabe eines nicht körperlich anwesenden Gesellschafters jedoch über eine Online-Verbindung durchgeführt werden. Wo die AG hier allerdings im Hinblick auf die Versammlungsgebundenheit des Stimmrechtes noch ein zwingendes Zusammenkommen an einem Ort vorschreibt, sieht das GmbH-Recht mit § 48 II GmbHG auch Möglichkeiten einer Beschlussfassung außerhalb förmlicher Gesellschafterversammlungen vor, so dass eine Online-Stimmabgabe für die GmbH durchaus nicht nur technisch sondern auch rechtlich möglich erscheint (hierzu Teil 3 D III 3 h)

ee) Ausübung des Stimmrechtes durch Dritte

Da das Stimmrecht auch im GmbH-Recht nicht als höchstpersönliches Recht gilt, kann es auch hier in Form der rechtsgeschäftlichen Bevollmächtigung oder der gesetzlichen Vertretung durch Dritte wahrgenommen werden.

aaa) Gesetzliche Vertreter

Für eine gesetzliche Vertretung z.B. durch die Eltern, Pfleger oder durch die Vertreter juristischer Personen und Personengesellschaften gelten hierbei die bürgerlich-rechtlichen Vorschriften.[867]

bbb) Rechtsgeschäftliche Bevollmächtigung zur Stimmrechtsausübung

Wie aus § 47 III GmbHG folgt, ist eine Stimmabgabe durch Bevollmächtigte grundsätzlich zulässig, doch steht auch diese Möglichkeit im Hinblick auf § 45 II GmbHG unter dem Vorbehalt einer anderweitigen gesellschaftsvertraglichen Regelung, so dass die Gesellschafter die Zulässigkeit der rechtsgeschäftlichen Vertretung, die Art und Weise der Bevollmächtigung und der Legitimation des

867 Vgl. *Ingerl* in Mü Hdb GmbH § 38 Rn 5; zu Testamentsvollstreckern Nachlaß- und Insolvenzverwaltern vgl. *Fischer* in Becksches HdB GmbH § 4 Rn 83ff; *Baumbach/Hueck/Zöllner* § 47 Rn 27, 30a

Bevollmächtigten beliebig gestalten und eine Vertretung sogar ausschließen können.[868]

Die Erteilung der Vollmacht stellt ein einseitiges Rechtsgeschäft dar, das nach § 167 BGB durch eine empfangsbedürftige Willenserklärung erfolgt. Die Stimmrechtsvollmacht muss entweder gegenüber der Gesellschaft oder gegenüber dem Bevollmächtigten erteilt werden und kann ihrem Inhalt und Umfang nach von dem Vertretenen frei bestimmt werden, der die Vollmacht gem. §§ 170-173 BGB auch bis zur Stimmabgabe widerrufen kann.[869] Eine unwiderrufliche Erteilung der Stimmrechtsvollmacht ist aber nur mit der Einschränkung möglich, dass mit der Beendigung des zu Grunde liegenden Rechtsverhältnisses auch die Stimmrechtsvollmacht ihr Ende findet.[870]

Die Stimmabgabe durch einen Boten in der Gesellschafterversammlung, der nicht eine „eigene" Erklärung tätigt, sondern eine vorgefertigte Abstimmungserklärung eines Gesellschafters mündlich übermittelt, ist nur mit einer entsprechenden, dies gestattenden Satzungsbestimmung zulässig.[871]

aaaa) Person des Vertreters

Grundsätzlich ist der GmbH-Gesellschafter wie auch der Aktionär in der Wahl der Person seines Bevollmächtigten vollständig frei und kann diesen nach Belieben aussuchen. Dennoch darf auch er keine treuwidrige Wahl treffen oder einen Bevollmächtigten benennen, der für die Mitgesellschafter unzumutbar ist. Auch wenn eine Vertretung durch Mitgesellschafter allein nicht schon gegen § 181 BGB verstößt, so darf der Gesellschafter aber keinen Mitgesellschafter als Bevollmächtigten bestimmen, der selbst mit seinem Stimmrecht aus solchen Gründen ausgeschlossen ist, die in seiner Person liegen.[872] Einem unzumutbaren Bevollmächtigten können die Gesellschafter mit einem Beschluss analog § 51a II 2

---

868 *Behrens* in FS 100 Jahre 1992 S. 539 (541f); vgl. *Lutter/Hommelhoff* § 47 Rn 8; *Baumbach/Hueck/Zöllner* § 47 Rn 31; *Rowedder/Koppenstein* § 47 Rn 43; *Hachenburg/Hüffer* § 47 Rn 92

869 *Lutter/Hommelhoff* § 47 Rn 9; *Rowedder/Koppensteiner* § 47 Rn 45; *Hachenburg/Hüffer* § 47 Rn 95; zur Zulässigkeit unwiderruflicher Stimmrechtsvollmachten vgl. *Fischer* Becksches Hdb GmbH § 4 Rn 88;

870 *Baumbach/Hueck/Zöllner* § 47 Rn 36f; vgl. *Lutter/Hommelhoff* § 47 Rn 9, 11; *Hachenburg/Hüffer* § 47 Rn 92f

871 *Baumbach/Hueck/Zöllner* § 47 Rn 39

872 *Fischer* in Becksches Hdb GmbH § 4 Rn 85; vgl. hierzu *Baumbach/Hueck/Zöllner* § 47 Rn 32; *Hachenburg/Hüffer* § 47 Rn 100; *Rowedder/Koppensteiner* § 47 Rn 48 und eingehend zum Selbstkontrahieren § 47 Rn 79ff

GmbHG entgegentreten und ihm so die Teilnahme an der Beschlussfassung der Gesellschafterversammlung verweigern.[873]

Durch entsprechende Satzungsbestimmungen können bestimmte Voraussetzungen an die Person des Vertreters geknüpft werden und so der Kreis der zulässigen Vertreter eingeschränkt werden. So kann z.B. eine Beschränkung der vertretungsberechtigten Personen auf Mitgesellschafter erfolgen[874] und Anknüpfen der Wirksamkeit einer Bevollmächtigung an persönliche Qualitäten erfolgen, wie z.B. den Beruf des Rechtsanwaltes, Wirtschaftsprüfers oder Steuerberaters.[875] Ein Gesellschafter kann i.d.R. auch mehrere Personen bevollmächtigen, doch ist deren Teilnahmerecht dann zumeist auf einen Teilnehmer beschränkt.[876]

bbbb) Vollmacht

Früher erforderte § 47 III GmbHG für die Erteilung der Vollmachten an einen Stimmrechtsvertreter die Schriftform i.S.d. § 126 BGB, doch wurde die Norm damals schon ihrem Wortlaut entgegen so ausgelegt, dass dieses Schriftformerfordernis nicht als Wirksamkeitsvoraussetzung sondern lediglich als eine Legitimationsregelung zu verstehen sei.[877] Auch der BGH hatte eine nicht der Schriftform genügende Stimmvollmacht dann als wirksam angesehen, wenn die formlose Bevollmächtigung sämtlichen Gesellschaftern bekannt war und keine berechtigten Einwände erhoben wurden.[878]

Mit der Neufassung des § 47 III GmbHG ist jedoch das Erfordernis der Schriftform weggefallen. Heute bedarf die Stimmrechtsvollmacht zu ihrer Gültigkeit der Textform. Die alte Auslegung des § 47 III GmbHG wird jedoch weiterhin beibehalten und so ist entgegen seinem Wortlaut die Textform der Vollmacht nach § 126b BGB n.F. auch jetzt nicht als Wirksamkeitserfordernis zu verstehen, sondern eher als Legitimationsregelung, anhand derer die Voraussetzung des Anspruchs auf Teilnahme an der Versammlung und Abgabe der Stimme geprüft werden kann, so dass die Stimmrechtsvollmacht selbst auch formlos

---

873 *Lutter/Hommelhoff* § 47 Rn 8; *Baumbach/Hueck/Zöllner* § 47 Rn 32; *Hachenburg/Hüffer* § 47 Rn 100

874 BGH GmbHR 1990, 75; *Hachenburg/Hüffer* § 47 Rn 100

875 Näher *Ingerl* in Mü Hdb GmbH § 38 Rn 12; *Fischer* in Becksches Hdb GmbH § 4 Rn 85; hierzu und zu § 181 BGB bei der Vertretung durch Mitgesellschafter vgl. *Baumbach/Hueck/Zöllner* § 47 Rn 32f, 41

876 *Baumbach/Hueck/Zöllner* § 47 Rn 34; *Hachenburg/Hüffer* § 47 Rn 101

877 *Scholz/Schmidt* § 47 Rn 85 8. Auflage 1995; *Ingerl* in Mü Hdb GmbH § 38 Rn 9; *Fischer* in Becksches Hdb GmbH § 4 Rn 87; differenzierend *Hachenburg/Hüffer* § 47 Rn 97f

878 BGHZ 49, 183 (194); vgl. hierzu *Lutter/Hommelhoff* § 47 Rn 9; *Baumbach/Hueck/Zöllner* § 47 Rn 37

wirksam ist und die Textform unter bestimmten zusätzlichen Voraussetzungen auch entbehrlich sein kann. Ein Vertreter, der sich allerdings nicht nach § 47 III GmbHG legitimieren kann, hat demnach keinen Anspruch darauf, an der Versammlung teilzunehmen und die Stimme abzugeben.[879] Darüber hinaus ist diese Formvorschrift auch satzungsmäßig abdingbar, so dass Erleichterungen getroffen werden können und sogar ganz auf die Textform verzichtet werden kann.[880]

ccc) Zwischenergebnis zu 3. bb:

Der Gesellschafter kann sein Stimmrecht selbst oder durch Vertreter ausüben. Hier kann die GmbH auch, genau wie die Aktiengesellschaft, eigene Stimmrechtsvertreter benennen, die von den Gesellschaftern individuell zur Stimmrechtsausübung bevollmächtigt werden und mit konkreten Einzelweisungen versehen werden. Dabei muss die Gesellschaft gewährleisten, dass die Verwaltung in keiner Weise auf die Arbeit dieser Stimmrechtsvertreter Einfluss nehmen kann und so eine Stimmabgabe manipuliert. Die Vollmachtserteilung kann hierbei über E-Mail vorgenommen werden. Den vom Gesellschafter selbst benannten Bevollmächtigten wie auch den von der Gesellschaft eingesetzten Stimmrechtsvertretern können die Einzelweisungen neben dem herkömmlichen schriftlichen Weg auch mit modernen Kommunikationsmitteln wie E-Mail oder Bildschirmformulare übermittelt werden. Dies kann sogar mit einer Online-Verbindung auch noch während der Versammlung „just in time" geschehen.

ff) Feststellen des Abstimmungsergebnisses / Mehrheiten

aaa) Mehrheits- und Zustimmungserfordernisse

Eine Beschlussfassung im Sinne des Antrages kommt dann zustande, wenn ihm die erforderliche Mehrheit zugestimmt hat (§ 47 I GmbHG). Erlangt der Antrag diese Mehrheit nicht, so liegt ein ablehnender Beschluss vor.[881] Obwohl in der Regel mehrere Gesellschafter an der Beschlussfassung mitwirken, ist der Beschluss auch dann wirksam zustande gekommen, wenn lediglich ein einziger von mehreren anwesenden Gesellschaftern oder ein Alleingesellschafter an der Abstimmung teilnimmt.[882]

879 *Rowedder/Koppensteiner* § 47 Rn 46f
880 *Rowedder/Koppensteiner* § 47 Rn 49
881 *Hachenburg/Hüffer* § 47 Rn 13; *Baumbach/Hueck/Zöllner* § 47 Rn 13
882 *Ingerl* in Mü Hdb GmbH § 36 Rn 5; *Rowedder/Koppensteiner* § 47 Rn 3; *Hachenburg/Hüffer* § 47 Rn 41; *Scholz/Schmidt* § 45 Rn 18

aaaa) Einfache Mehrheit

Grundsätzlich ist zur Beschlussfassung, sofern keine besonderen Regelungen durch das Gesetz oder die Satzung getroffen worden sind, die einfache Mehrheit der abgegebenen Stimmen gem. § 47 I GmbHG erforderlich und ausreichend. Dies ist erreicht, wenn die Anzahl der abgegebenen gültigen[883] „Ja"-Stimmen die der „Nein"-Stimmen mit mindestens einer Stimme überwiegt. Ist dies nicht der Fall, gilt ein Antrag auch bei Stimmengleichheit mangels Mehrheit als abgelehnt. Stimmenthaltungen und ungültige Stimmen zählen auch hier bei der GmbH nicht mit.[884]

bbbb) Qualifizierte Mehrheit

In bestimmten gesetzlich aufgeführten Fällen, wie z.B. der Satzungsänderung nach § 53 I, GmbHG der Kapitalerhöhung nach § 57c IV GmbHG und der Auflösung der Gesellschaft nach § 60 I Nr. 2 GmbHG und gewissen Umwandlungsvorgängen, ist eine qualifizierte Mehrheit von drei Viertel der abgegebenen Stimmen erforderlich.[885]

Auch in diesem Punkt herrscht eine weitgehende Freiheit, die gesetzlichen Mehrheitserfordernisse dann durch die Satzung zu ändern, wenn nicht gesetzlich bestimmte Mehrheiten zwingend vorgeschrieben sind. Auf diese Weise können in der Satzung noch weitere Erfordernisse an die Wirksamkeit von Gesellschafterbeschlüssen geknüpft werden. Der Gesellschaftsvertrag kann so auch über die gesetzlich vorgesehenen Fälle hinaus und auch zusätzlich zu dem Erfordernis einer qualifizierten Mehrheit die Zustimmung einzelner Gesellschafter zu bestimmten Entscheidungen festlegen bzw. diesen Gesellschaftern ein Vetorecht einräumen.[886] Es ist sogar zulässig, für manche Entscheidungen die Mehrheitserfordernisse durch Satzungsbestimmungen bis hin zum Erfordernis der Einstim-

---

883 BGHZ 80, 212 (215) BGHZ 76, 154 (156); *Baumbach/Hueck/Zöllner* § 47 Rn 14

884 BGHZ 104, 66 (74); *Lutter/Hommelhoff* § 47 Rn 3; *Hachenburg/Hüffer* § 47 Rn 13; *Rowedder/Koppensteiner* § 47 Rn 8f

885 *Rowedder/Koppensteiner* § 47 Rn 12; *Hachenburg/Hüffer* § 47 Rn 15 und *Ingerl* in Mü Hdb GmbH § 38 Rn 16; vgl. Aufzählung bei *Baumbach/Hueck/Zöllner* § 47 Rn 14

886 *Fischer* in Becksches Hdb GmbH § 4 Rn 38, 67; *Rowedder/Koppensteiner* § 47 Rn 13; *Hachenburg/Hüffer* § 47 Rn 17

migkeit zu steigern.[887] Ob das Erfordernis der einfachen Mehrheit allerdings durch die Satzung herabgesetzt werden kann, ist strittig.[888]

cccc) Ergebnisermittlung

Die Form der Abstimmung selbst ist wie die Ergebnisermittlung nicht gesetzlich geregelt, so dass auch hier durch die Satzung eine individuelle Regelung getroffen werden kann. Aus den verschiedene Möglichkeiten der körperlichen oder unkörperlichen, offenen und verdeckten Abstimmung kann ein Abstimmungsmodus auch von den Gesellschaftern in der Gesellschafterversammlung mit einfacher Mehrheit beschlossen werden. Andernfalls wird dies vom Abstimmungsleiter bestimmt. Das jeweilige Vorgehen muss allerdings gewährleisten, dass das Abstimmungsergebnis zahlenmäßig einwandfrei ermittelt werden kann. Eine geheime Abstimmung kann allerdings nur durch eine satzungsmäßige Bestimmung oder einen Geschäftsordnungsbeschluss festgelegt werden.[889] Eine Blockabstimmung ist ebenfalls grundsätzlich zulässig.[890]

Die Stimmauszählung kann bei der GmbH wie auch bei der AG nach den einschlägigen Vorgehensweisen des Additionsverfahrens oder des Subtraktionsverfahrens erfolgen (siehe Teil 2 D III 3 e ff bbb), wobei auch hier grundsätzlich alle technischen Hilfsmittel eingesetzt werden können.[891]

gg) Änderung des Gesellschaftsvertrags

aaa) Gesellschaftsvertrag Satzung

Auch der Gesellschaftsvertrag selbst kann vor dem Hintergrund der weitreichenden Satzungsautonomie geändert werden. Er besteht formell aus dem notariell beurkundeten Regelungswerk der Gründungsgesellschafter über die Errichtung der Gesellschaft und den später vollzogenen Änderungen und Ergänzungen (siehe Teil 2 A IV). Nur diese Bestandteile unterliegen den strengen Änderungsre-

---

887 *Baumbach/Hueck/Zöllner* § 47 Rn 15; *Ingerl* in Mü Hdb GmbH § 38 Rn 17; *Hachenburg/Hüffer* § 47 Rn 24; vgl. hierzu BGH WM 1984, 29; *Scholz/Schmidt* § 47 Rn 8ff, 12

888 Vgl. *Scholz/Schmidt* § 47 Rn 10; dagegen: *Baumbach/Hueck/Zöllner* § 47 Rn 15, *Lutter/Hommelhoff* § 47 Rn 4 und *Hachenburg/Hüffer* § 47 Rn 22 mit Ausnahmen; näher mit Beispielen *Ingerl* in Mü Hdb GmbH § 38 Rn 17

889 *Baumbach/Hueck/Zöllner* § 47 Rn 10; *Rowedder/Koppensteiner* § 48 Rn 16; *Hachenburg/Hüffer* § 47 Rn 12

890 *Baumbach/Hueck/Zöllner* § 47 Rn 9

891 *Fischer* in Becksches Hdb GmbH § 4 Rn 63; vgl. hierzu *Baumbach/Hueck/Zöllner* § 47 Rn 12

geln, nicht aber solche Bestimmungen, die nicht im beurkundeten Gesellschaftsvertrag enthalten sind oder die nicht zum notwendigen oder fakultativen Inhalt der Satzung gehören und bloß den Charakter von schuldrechtlichen Nebenabreden aufweisen.[892] Bzgl. des Umfangs einer Satzungsänderung gibt es auch keine gesetzlich vorgeschriebene Grenze, so dass sogar die Grundlagen der Gesellschaft vollkommen geändert werden können und dadurch auch eine wirtschaftliche „Neugründung“ der GmbH ohne Einhaltung der Gründungsvorschriften vollzogen werden kann.[893]

Vor diesem Hintergrund versteht man unter einer Änderung des Gesellschaftsvertrages (Satzungsänderung) daher schon jede Änderung des Wortlautes der Satzung wie erst recht jede inhaltliche Neugestaltung, Streichung oder Aufnahme neuer Regelungen. Sogar bloß redaktionelle Änderungen sind nach ganz h.M. Änderungen in diesem Sinne, wenn sie sich auf die oben genannten Satzungsbestandteile beziehen.[894]

bbb) Voraussetzungen

Unabdingbare Voraussetzung für eine wirksame Satzungsänderung ist ein Änderungsbeschluss der Gesellschafter in der ordnungsgemäßen Form gem. § 53 I, II GmbHG und dessen Eintragung im Handelsregister (§ 54 III GmbHG). Eine Übertragung der Beschlussfassung auf ein anderes Organ, ein Organmitglied, einen Gesellschafter oder gar einen außenstehenden Dritten ist nicht zulässig.[895]

Satzungsändernde Gesellschafterbeschlüsse bedürfen nach § 53 II GmbHG einer Mehrheit von drei Vierteln der abgegebenen Stimmen. Eine Leistungsvermehrung nach § 53 III GmbHG kann zudem durch eine Satzungsänderung unabdingbar nur mit Zustimmung sämtlicher betroffener Gesellschafter vorgenommen werden. Bei Änderungen des Gesellschaftszwecks ist sogar noch nach § 53 III GmbHG die Zustimmung aller Gesellschafter erforderlich, doch kann der Gesellschaftsvertrag dieses Mehrheitserfordernis mildern.[896]

---

892 Näher *Baumbach/Hueck/Zöllner* § 53 Rn 2ff Rn 10a ff; *Rowedder/Zimmermann* § 53 Rn 1

893 *Fischer* in Becksches Hdb GmbH § 4 Rn 145

894 *Lutter/Hommelhoff* § 53 Rn 1ff; *Fischer* in Becksches Hdb GmbH § 4 Rn 141; *Rowedder/Zimmermann* § 53 Rn 13; OLG Köln GmbHR 1993, 164 zur vollständigen Neufassung; vgl. *Scholz/Priester* § 53 Rn 21

895 Hierzu näher *Fleck* ZGR 1988, 104 (111); *Lutter/Hommelhoff* § 53 Rn 6f; *Baumbach/Hueck/Zöllner* § 53 Rn 26, 46; *Rowedder/Zimmermann* § 53 Rn 35

896 Näher *Fischer* in Becksches Hdb GmbH § 4 Rn 150ff; näher hierzu *Rowedder/Zimmermann* § 53 Rn 47

Des weiteren müssen Satzungsänderungen nach § 53 II 1 HS 1 GmbHG notariell beurkundet werden. Ansonsten ist der Beschluss nichtig (§ 241 Nr. 2 AktG). Für die Beurkundung gelten die §§ 36, 37 BeurkG.[897] Eine GmbH mit Sitz im Inland kann auch im Ausland eine Satzungsänderung vornehmen. Dieser Beschluss bedarf dann ebenso der Form des § 53 II 1 GmbHG. Die Beurkundung kann dann auch bei der GmbH durch einen ausländischen Notar vorgenommen werden, wenn sie der deutschen Beurkundung gleichwertig ist (siehe Teil 2 D II 4).[898]

Diese Regelungen sind zwingend und unterliegen nicht der sonst üblichen flexiblen Vertragsgestaltung. Die vorgeschriebene Mehrheit von drei Viertel der abgegebenen Stimmen kann durch den Gesellschaftsvertrag nur verschärft, aber nicht gemildert werden.[899] Wegen dieser zumeist zwingenden Regelungen über Satzungsänderungen ist auch eine konkludente Satzungsänderung oder eine faktische Satzungsänderung ausgeschlossen und ein Begründen von Satzungsänderungen oder -ergänzungen durch langjährige stillschweigende Übung der Gesellschafter mangels Einhaltung der gesetzlich vorgeschriebenen Form nicht zulässig.[900]

hh) Beschlussfeststellung

Im Gegensatz zum Aktienrecht, wo eine Feststellung des Beschlusses zu den Wirksamkeitsvoraussetzungen gehört, verlangt das GmbHG zur Wirksamkeit eines Gesellschafterbeschlusses (von Satzungsänderungen abgesehen) nach allgemeiner Meinung nicht die förmliche Feststellung und Verkündung des Abstimmungsergebnisses durch den Versammlungsleiter oder in anderer Weise. Dennoch kann eine solche Voraussetzung durch eine entsprechende Satzungsbestimmung verbindlich begründet werden.[901]

Wird das Ergebnis eines Gesellschafterbeschlusses aber entsprechend einer eventuellen Satzungsbestimmungen über das Zustandekommen von Beschlüssen förmlich vom Versammlungsleiter festgestellt, so wird der Beschluss nach h.M.

---

897 *Rowedder/Zimmermann* § 53 Rn 37, 43; näher *Baumbach/Hueck/Zöllner* § 53 Rn 37f; *Scholz/Priester* § 53 Rn 67; a.A. OLG Köln BB 1993, 317 nach § 8 BeurkG

898 *Schervier* NJW 1992, 593ff; *Baumbach/Hueck/Zöllner* § 53 Rn 40; vgl. auch *Lutter/Hommelhoff* § 53 Rn 16; BGHZ 80, 76ff; *Rowedder/Zimmermann* § 53 Rn 39

899 *Baumbach/Hueck/Zöllner* § 53 Rn 32f; *Lutter/Hommelhoff* § 53 Rn 13; *Rowedder/Zimmermann* § 53 Rn 46; *Hachenburg/Ulmer* § 53 Rn 82; *Fischer* in Beckssches Hdb GmbH § 4 Rn 135

900 OLG Köln WiB 1997, 189f; *Fischer* in Becksches Hdb GmbH § 4 Rn 143

901 BGHZ 51, 209 (212); BGHZ 76, 154 (156); *Baumbach/Hueck/Zöllner* § 48 Rn 18; vgl. OLG Stuttgart WiB 1994, 907; *Rowedder/Koppensteiner* § 48 Rn 17; *Hachenburg/Hüffer* § 47 Rn 26

mit dem festgestellten Inhalt verbindlich, selbst wenn ein unrichtiges Abstimmungsergebnis vorliegt.[902]

ii) Beschlussfassung in einer Ein-Mann-GmbH

Befinden sich alle Geschäftsanteile einer Gesellschaft in der Hand eines Gesellschafters oder daneben in der Hand der Gesellschaft, so bedarf es keiner Abhaltung einer förmlichen Gesellschafterversammlung. Vielmehr kann der Alleingesellschafter seine Beschlüsse jederzeit und formlos fassen.[903] Ihm steht daneben auch die Möglichkeit zu, seine Beschlüsse ebenso förmlich in einer Gesellschafterversammlung zu treffen. Oftmals kann aber auch davon ausgegangen werden, dass in der Praxis bestimmten Maßnahmen des Einzelgesellschafters ein „Entschluss" als Beschluss vorausgeht, so dass eine ausdrückliche Beschlussfassung nicht mehr vonnöten ist. Formlos gefasste Beschlüsse muss er jedoch laut § 48 III GmbHG unverzüglich nach Beschlussfassung in eine Niederschrift, die Tag und Ort der Beschlussfassung enthalten muss, aufnehmen und diese unterschreiben.[904]

jj) Zwischenergebnis zu 3. h:

Die Beschlussfassung in Gesellschafterversammlungen läuft bei der GmbH vergleichbar mit der Beschlussfassung bei der Aktiengesellschaft ab. Auch der Gesellschaftsvertrag selbst kann unter Beachtung von Besonderheiten bei Form- und Mehrheitserfordernissen in Hinblick auf die Satzungsautonomie geändert werden.

Grundsätzlich besteht auch bei der GmbH wie bei der Aktiengesellschaft die technische Möglichkeit für online zugeschaltete Gesellschafter, ihre Stimmen per Online-Voting über ein Bildschirmformular oder eine E-Mail abzugeben und zu der Präsenzversammlung zu übersenden. Dort können die Stimmen direkt auf einem Stimmrechtsserver einlaufen. Eine andere Möglichkeit liegt darin, dass auch die Gesellschafter einer GmbH einem vor Ort anwesenden Vertreter eine

902 Vgl. BGHZ 97, 28 (30) und hierzu in Ergänzung BGHZ 104, 66 Leitsatz; BayObLG BB 1991, 2103 (2104); *Zöllner* in FS Lutter 2000 S. 821 (826); *K. Schmidt* GmbHR 1992, 9(11)

903 BGHZ 12, 337 (339); *Lutter/Hommelhoff* § 48 Rn 16; *Baumbach/Hueck/Zöllner* § 48 Rn 30; *Rowedder/Koppensteiner* § 48 Rn 22; vgl. hierzu auch BGH GmbHR 1995, 373 (375f)

904 Näher hierzu *Fischer* in Becksches Hdb GmbH § 4 Rn 75ff; *Baumbach/Hueck/Zöllner* § 48 Rn 31 § 47 Rn 4; *Hachenburg/Hüffer* § 48 Rn 66; *Rowedder/Koppnsteiner* § 48 Rn 22; *Scholz/Schmidt* § 48 Rn 75ff

Bevollmächtigung zur Stimmrechtsausübung erteilen und diesem Weisungen zur Stimmrechtsausübung übersenden. Hierzu können elektronische Medien verwendet werden. Auch bei einer rein virtuellen Versammlung können die Stimmabgaben elektronisch durch ein Bildschirmformular oder das Versenden von E-Mails auf einen Stimmrechtsserver übersandt werden und dort ausgewertet werden. Das Erstellen elektronischer Teilnehmerlisten verbunden mit der Möglichkeit, bei Präsenzversammlungen Terminals am Versammlungseingang aufzustellen, an denen sich alle Teilnehmer an- und abmelden, garantiert ein korrektes Erfassen der aktuellen Präsenz. Die Ermittlung von Abstimmungsergebnissen per Additions- oder Subtraktionsmethode kann auf diese Art genau durchgeführt werden, so dass eine Verknüpfung dieser Techniken eine ideale Ausgangsbasis für eine schnelle und zuverlässige Ergebnisermittlung gewährleistet. Beschlussergebnisse können sodann auf einer nur den Gesellschaftern zugänglichen Homepage elektronisch verkündet und per E-Mail an alle Gesellschafter versandt werden.

i) Beschlussfassung im Verfahren gem. § 48 II GmbHG

Neben der Beschlussfassung in Gesellschafterversammlungen besteht für die Gesellschafter einer GmbH auch die Möglichkeit, nach § 48 II GmbHG in einem „schriftlichen Verfahren" bei Einstimmigkeit in der Sache (1.Alt) oder bei einhelligem Einverständnis mit dieser Verfahrensweise (2.Alt) Beschlüsse zu fassen.

aa) Anwendungsbereich

Obwohl das GmbHG die Beschlussfassung in Gesellschafterversammlungen gem. § 48 I GmbHG als den Regelfall ansieht, können die Gesellschafter einer GmbH auch außerhalb einer regulären Gesellschafterversammlung in „schriftlichen" Verfahren gem. § 48 II GmbHG grundsätzlich über jeden Entscheidungsgegenstand Beschlüsse fassen. Hiervon sind nur wenige Fälle ausgenommen, in denen das Gesetz eine Beschlussfassung in Gesellschafterversammlungen ausdrücklich und zwingend vorschreibt, wie z.B. bei Umwandlungsbeschlüssen nach § 193 I 2 UmwG oder einem Verschmelzungsbeschluss nach § 13 I 2 UmwG.[905]

---

905 *Scholz/Schmidt* § 48 Rn 61; *Fischer* in Becksches Hdb GmbH § 4 Rn 1, 72 mit weiteren Beispielen; *Baumbach/Hueck/Zöllner* § 48 Rn 16; *Hachenburg/Hüffer* § 48 Rn 17, 52ff; *Rowedder/Koppensteiner* § 48 Rn 18

Nach früherer h.M. musste auch ein satzungsändernder Gesellschafterbeschluss zwingend in einer Gesellschafterversammlung gefasst werden, da der Beschluss selbst notariell zu beurkunden sei und nicht die einzelnen Stimmabgaben.[906] Heute geht man jedoch allgemein davon aus, dass das Erfordernis eines Gesellschafterbeschlusses nicht das Erfordernis einer Gesellschafterversammlung begründet, so dass satzungsändernde Gesellschafterbeschlüsse nicht notwendigerweise in einer förmlichen Gesellschafterversammlung gefasst werden müssen und hierzu ebenso eine Beschlussfassung im Abstimmungsverfahren nach § 48 II GmbHG zulässig ist.[907] Sogar Auflösungsbeschlüsse können so gefasst werden.[908]

Auch die Existenz eines den mitbestimmungsrechtlichen Regelungen unterliegenden Aufsichtsrates steht einer Beschlussfassung außerhalb der Gesellschafterversammlung nicht entgegen. Dem Aufsichtsrat muss bei Durchführung des Verfahrens nach § 48 II GmbHG aber auch die Möglichkeit zur Stellungnahme eingeräumt werden.[909]

bb) Einleitungsberechtigung

Zur Einleitung des Abstimmungsverfahrens nach § 48 II GmbHG ist neben den zur Einberufung von Gesellschafterversammlungen Befugten auch jeder Gesellschafter berechtigt.[910]

cc) Verfahren

§ 48 II GmbHG regelt zwei Möglichkeiten:

Alternative 1: Einmal kommt ein Beschluss hiernach dann wirksam zustande, wenn sich ausnahmslos sämtliche Gesellschafter einstimmig in Textform mit der zu treffenden Bestimmung einverstanden erklären.[911] Damit sind alle an einer

---

906 OLG Hamm NJW 1974, 1057; zweifelnd *Scholz/Priester* § 53 Rn 63f

907 *Lutter/Hommelhoff* § 53 Rn 12; *Baumbach/Hueck/Zöllner* § 53 Rn 26; *Zöllner* in FS Fischer 1979 S. 911; *Hachenburg/Ulmer* § 53 Rn 40; *Scholz/Schmidt* § 48 Rn 61; a.A.: *Rowedder/Zimmermann* § 53 Rn 36; vgl. BGHZ 15, 324 (328)

908 BayObLG GmbHR 1995, 54; *Baumbach/Hueck/Zöllner* § 48 Rn 16; *Ingerl* in Mü Hdb GmbH § 39 Rn 63; vgl. *Zöllner* in FS Fischer S. 905, 911ff

909 *Rowedder/Koppensteiner* § 48 Rn 18; *Baumbach/Hueck/Zöllner* § 48 Rn 17; *Lutter/Hommelhoff* § 48 Rn 13; vgl. *Zöllner* in FS Fischer 1979 S. 905 (917); *Scholz/Schmidt* § 48 Rn 61

910 *Rowedder/Koppensteiner* § 48 Rn 19; *Ingerl* in Mü Hdb § 39 Rn 64; *Fischer* in Becksches Hdb GmbH § 4 Rn 72

911 *Rowedder/Koppensteiner* § 48 Rn 19; *Fischer* in Becksches Hdb GmbH § 4 Rn 71; *Ingerl* in Mü Hdb § 39 Rn 65; *Baumbach/Hueck/Zöllner* § 48 Rn 18

Gesellschafterversammlung teilnahmeberechtigten Gesellschafter gemeint, also auch diejenigen, die kein Stimmrecht haben und folglich von der Teilnahme an der Beschlussfassung selbst ausgeschlossen sind.[912] Diese Einverständniserklärung kann bei stimmberechtigten Gesellschafter gleichzeitig als Stimmabgabe zu werten sein, bei nicht stimmberechtigten Gesellschaftern jedoch lediglich als Verfahrenserfordernis für eine einstimmige Beschlussfassung durch die Stimmberechtigten. Auf diese Art machen die stimmrechtslosen Gesellschafter bei diesem Verfahren von ihrem Teilnahmerecht Gebrauch.[913] Um dem Auslegungsproblem entgegenzutreten, ob die dokumentierte Einverständniserklärung schon eine regelnde Stimmabgabe oder nur eine vorläufige Meinungsäußerung ist, empfiehlt sich eine formalisierte Handhabung des Verfahrens durch den Versammlungsleiter und eine abschließende Feststellung des Beschlussergebnisses mit Mitteilung an die Gesellschafter.[914] Einverständniserklärung und Stimmabgabe sind demnach voneinander zu unterscheiden, doch stellen beide empfangsbedürftige Willenserklärungen dar.[915] Da das Gesetz hier ausdrücklich die Textform vorsieht, ist auch klargestellt, dass Beschlüsse außerhalb von Gesellschafterversammlungen sogar ohne eine entsprechende Satzungsgrundlage per E-Mail gefasst werden können.[916]

Alternative 2: Zum anderen erlaubt das Gesetz eine schriftliche Beschlussfassung, wenn zwar kontroverse Stimmabgaben erfolgen und somit in der Sache keine Einstimmigkeit zu erwarten ist, sämtliche im Falle einer Gesellschafterversammlung teilnahmeberechtigten Gesellschafter aber ihr Einverständnis mit der schriftlichen Abstimmung gegenüber der Gesellschaft erklären.[917] Diese Einverständniserklärung kann als eine Willenserklärung bis zum Zugang widerrufen werden.[918] Die Zustimmung der Gesellschafter muss hinreichend deutlich sein und kann formlos oder auch sogar stillschweigend erteilt werden.[919] Insofern bezieht sich das Merkmal der Textform in § 48 II GmbHG nicht auf diese Einver-

---

912 OLG Düsseldorf DB 1989, 1963; *Rowedder/Koppensteiner* § 48 Rn 19; *Baumbach/Hueck/Zöllner* § 48 Rn 18; *Lutter/Hommelhoff* § 48 Rn 10; *Scholz/Schmidt* § 48 Rn 63

913 *Scholz/Schmidt* § 48 Rn 63

914 *Scholz/Schmidt* § 48 Rn 63; vgl. BGHZ 15, 324 (329)

915 *Scholz/Schmidt* § 48 Rn 65

916 *Zwissler* GmbHR 2000, 28 (29); vgl. auch *Hohlfeld* GmbHR 2000 R 53

917 *Rowedder/Koppensteiner* § 48 Rn 19; *Fischer* in Becksches Hdb GmbH § 4 Rn 71; *Ingerl* in Mü Hdb § 39 Rn 65; *Baumbach/Hueck/Zöllner* § 48 Rn 15, 20

918 *Baumbach/Hueck/Zöllner* § 48 Rn 20

919 *Rowedder/Koppensteiner* § 48 Rn 19; BGHZ 28, 355 (358); *Fischer* in Becksches Hdb GmbH § 4 Rn 71; *Ingerl* in Mü Hdb § 39 Rn 65; *Baumbach/Hueck/Zöllner* § 48 Rn 21; *Hachenburg/Hüffer* § 48 Rn 47

ständniserklärung.[920] Das Einverständnis kann auch zusammen mit der Stimmabgabe und noch während der Abstimmung erteilt werden und sogar noch nach der Abstimmung nachgeholt werden. Bis zur Einverständniserklärung aller Gesellschafter ist der Beschluss schwebend unwirksam.[921]

Verweigert aber auch nur ein Gesellschafter sein Einverständnis, so geht die wohl h.M. davon aus, dass die dennoch gefassten schriftlichen Beschlüsse zwar nicht nichtig, aber anfechtbar sind.[922]

Bei dieser 2. Alternative wurde aber schon nach § 48 II GmbHG a.F. das Schriftlichkeitserfordernis nicht i.S.d. § 126 BGB verstanden und ein Erfordernis einer eigenhändigen Unterzeichnung durch die Gesellschafter nicht als Wirksamkeitsvoraussetzung angesehen. Vielmehr genügte der Zugang einer Abstimmungserklärung oder das Einverständnis zur schriftlichen Abstimmung durch eine verkörperte Gedankenerklärung bei der Gesellschaft, so dass telegraphische, fernschriftliche oder Telefaxerklärungen sowie von sämtlichen Gesellschaftern unterschriebene Rundschreiben oder Registeranmeldungen ausreichten.[923] Diese Auffassung wird auch nach Einführung des Textformerfordernisses beibehalten. Die Einhaltung der Form des § 126 I BGB ist nicht zwingend vorgeschrieben, so dass die Übermittlung mit elektronischen Medien wie einer E-Mail den Anforderungen grundsätzlich genügt.[924]

Die Abstimmungserklärungen im Verfahren nach § 48 II GmbHG werden der Gesellschaft gegenüber abgegeben. Sie wird hierbei von einem Geschäftsführer vertreten, wobei die Satzung auch einen Abstimmungsleiter als zuständiges Empfangsorgan einrichten kann. Mit dem Zugang der Abstimmungserklärungen an der entsprechend zugewiesenen Stelle wird die Stimme wirksam.[925] Elektronisch abgegebene Stimmen gehen mit ihrem Eintreffen auf dem Stimmrechtsserver zu (siehe Teil 2 C I 4 a).

Allerdings kann der Beschluss dann nicht wirksam zustande kommen, wenn auch nur eine erforderliche positive Stimmabgabe fehlt.[926]

920 *Scholz/Schmidt* § 48 Rn 64
921 *Baumbach/Hueck/Zöllner* § 48 Rn 22; *Hachenburg/Hüffer* § 48 Rn 47
922 *Ingerl* in Mü Hdb GmbH § 39 Rn 66; a.A. *Baumbach/Hueck/Zöllner* § 48 Rn 22 endgültig unwirksam
923 *Baumbach/Hueck/Zöllner* § 48 Rn 19, 23; *Fischer* in Becksches Hdb GmbH § 4 Rn 71; *Lutter/Hommelhoff* § 48 Rn 11; vgl. BGHZ 15, 324 (329f); vgl. RGZ 101, 78; a.A. *Hachenburg/Hüffer* § 48 Rn 49
924 *Rowedder/Koppensteiner* § 48 Rn 18ff, 20; *Scholz/Schmidt* § 48 Rn 62
925 *Scholz/Schmidt* § 48 Rn 65; *Hachenburg/Hüffer* § 48 Rn 50; *Baumbach/Hueck/Zöllner* § 48 Rn 18; *Rowedder/Koppensteiner* § 48 Rn 19
926 *Baumbach/Hueck/Zöllner* § 48 Rn 19

dd) Mehrheitsberechnung

Beim „schriftlichen Verfahren“ werden zu einer Mehrheitsberechnung die Stimmen berücksichtigt, die binnen einer angemessenen Frist nach Aufforderung zur Stimmabgabe auch tatsächlich abgegeben worden sind, so dass die nicht rechtzeitig abgegebenen Stimmen als Nichtteilnahme an der Abstimmung gewertet werden.[927] Ansonsten sind die gleichen Methoden wie auch bei der Mehrheitsermittlung in ordentlichen Gesellschafterversammlungen oder Hauptversammlungen statthaft und gerade eine Einbindung von EDV und modernster Technik bei einer Stimmabgabe über E-Mail oder sonstiger frei gewählter Abstimmungsart zulässig und auch notwendig.

ee) Zustandekommen eines Beschlusses

Der Beschluss selbst kommt in beiden Formen des schriftlichen Verfahrens nach h.M. regelmäßig mit dem Zugang der letzten Stimme bei dem zuständigen und den Gesellschaftern bekannt gegebenen Erklärungsempfänger zustande,[928] Im Gegensatz hierzu wird mancherorts auch der Zugang des die Stimmabgabe enthaltenden „Erklärungsträgers“ bei der Gesellschaft oder der Zugang aller Erklärungen bei sämtlichen Gesellschaftern als ausreichend angesehen.[929] Ein Widerruf der Stimmabgabe ist nur bis zum Zugang der Erklärung möglich.[930] Eine förmliche Feststellung oder Bekanntgabe des Abstimmungsergebnisses ist nicht erforderlich.[931] Dennoch ist es zweckmäßig, den Beschlussinhalt festzustellen und mitzuteilen, um jeden Zweifel zu vermeiden, doch ist dazu jede eindeutige und endgültige Willenserklärung ebenso ausreichend.[932] Der Erklärungsempfänger hat dann wie der Versammlungsleiter einer Gesellschafterversammlung das Abstimmungsergebnis zu ermitteln und dieses den Gesellschaftern mitzuteilen.

Hierzu stehen ihm all die Möglichkeiten zur Verfügung, die auch der Versammlungsleiter einer aktienrechtlichen Hauptversammlung hat.

---

927 *Baumbach/Hueck/Zöllner* § 48 Rn 23

928 So: *Baumbach/Hueck/Zöllner* § 48 Rn 19, 23; *Scholz/Schmidt* § 48 Rn 65; *Lutter/Hommelhoff* § 48 Rn 12; vgl. BGHZ 15, 324(329)

929 *Rowedder/Koppensteiner* § 48 Rn 21 Zugang bei allen Gesellschaftern; vgl. *Ingerl* in Mü Hdb GmbH § 39 Rn 69; BGHZ 15, 324 (329)

930 *Scholz/Schmidt* § 48 Rn 66

931 BGHZ 15, 324 (329); *Rowedder/Koppensteiner* § 48 Rn 21; *Baumbach/Hueck/Zöllner* § 48 Rn 19, 23

932 *Hachenburg/Hüffer* § 48 Rn 51; *Scholz/Schmidt* § 48 Rn 67

ff) Satzungsänderung im Verfahren nach § 48 II GmbHG

Eine gewöhnliche Satzungsänderung ist im Rahmen des Verfahrens nach § 48 II GmbHG grundsätzlich zulässig.[933] Allerdings ist auch hier die Pflicht zur notariellen Beurkundung nach § 53 II GmbHG zu beachten. Dies kann nach allgemeiner Meinung so geschehen, dass die Gesellschafter ihre Stimmen nacheinander zu Protokoll desselben oder verschiedener Notare abgeben. Der Notar, der die Beurkundung i.S.v. § 53 II GmbHG vornimmt, bekommt von den anderen Notaren dann die Niederschriften der Gesellschafter übersandt und erstellt aufgrund der bei ihm entweder selbst zu Protokoll gegebenen oder der ihm von den anderen Notaren übersandten Niederschriften formgerecht (§ 53 II GmbHG) die entsprechende Urkunde über die Beschlussfassung.[934]

Für die Beschlussfassung selbst gelten die allgemeinen Mehrheitserfordernisse, wobei diejenigen Stimmabgaben bei der Mehrheitsberechnung mitberechnet werden, die innerhalb einer vom Geschäftsführer oder dem zuständigen Abstimmungsleiter bestimmten Frist bzw. bei Fehlen einer solchen innerhalb eines angemessenen Zeitraums nach Einleitung der Abstimmung formgerechten zugehen. Nicht abgegebene Stimmen werden wie eine Nichtteilnahme an einer Abstimmung in der Gesellschafterversammlung gewertet.[935]

gg) Möglichkeiten satzungsmäßiger Ausgestaltung

Auch hier zeigt sich wiederum die weitgehende Flexibilität des GmbH-Rechtes. Die Beschlussfassung außerhalb von Gesellschafterversammlungen kann durch entsprechende Satzungsbestimmungen weitestgehend frei variiert und somit an den individuellen Bedürfnissen der Gesellschafter und der Gesellschaft ausgerichtet werden. Es ist möglich, das Verfahren des § 48 II GmbHG von dem Einverständnis einer Minderheit abhängig zu machen, es zu erleichtern bzw. auszudehnen, es zu erschweren bzw. ganz auszuschließen oder es gar als Regelverfahren einzuführen, wobei jedoch auf die §§ 50 I, III zu achten ist.[936] Die Satzung kann die Beschlussfassung der GmbH auch bei einer mitbestimmten GmbH zu

---

933 *Baumbach/Hueck/Zöllner* § 48 Rn 16, § 53 Rn 26, 39; *Fischer* in Becksches Hdb GmbH § 4 Rn 73

934 *Lutter/Hommelhoff* § 53 Rn 12 ; *Baumbach/Hueck/Zöllner* § 53 Rn 39; *Fischer* in Becksches Hdb GmbH § 4 Rn 73

935 *Baumbach/Hueck/Zöllner* § 48 Rn 23; *Ingerl* in Mü Hdb GmbH § 39 Rn 67; *Scholz/Schmidt* § 48 Rn 66; vgl. hierzu *Rowedder/Koppensteiner* § 48 Rn 21

936 *Rowedder/Koppensteiner* § 48 Rn 20; *Scholz/Schmidt* § 48 Rn 68f; *Fischer* in Becksches Hdb GmbH § 4 Rn 74; *Baumbach/Hueck/Zöllner* § 48 Rn 27; *Ingerl* in Mü Hdb GmbH § 39 Rn 70; vgl. BGHZ 28 (355ff)

großen Teilen von den gesetzlichen Förmlichkeiten lösen und eigenständige Verfahrensformen einführen. Soweit also keine zwingenden Formvorschriften zu wahren sind, kann sie eine Beschlussfassung per E-Mail und sogar eine telefonische oder eine kombinierte Beschlussfassung festlegen, bei der zum einen eine Gesellschafterversammlung als Präsenzversammlung abgehalten wird und zum anderen andere Gesellschafter über § 48 II GmbHG ihre Stimmen abgeben können. Vom gesetzlichen Leitbild her ist eine solche Kombination nicht zulässig, doch besteht Raum für eine ausdrückliche Satzungsgestattung.[937] Hierfür sah *Fischer* schon zum alten Recht Bestimmungen als ratsam an, die moderne Kommunikationsmittel mit einbeziehen und verwies u.a. auf die Möglichkeit der telefonischen Beschlussfassung.[938] Nach *K.Schmidt* ist es sogar möglich, in allseitigem Einverständnis auch ohne eine gesellschaftsvertragliche Grundlage Beschlüsse zu fassen, die weder in einer Gesellschafterversammlung, noch in einem schriftlichen Verfahren zustande kommen, sondern vielmehr durch eine Konferenzschaltung oder einen telefonischen Rundruf. Nach seiner Ansicht können die Gesellschafter als allzeitige Herren der Beschlussfassung sogar unter bestimmten Voraussetzungen durch eine Satzungsdurchbrechung (siehe Teil 3 A III 2) von dispositivem Recht abweichen und in allseitigem Einverständnis wie ein Einpersonengesellschafter handeln.[939] Mit der h.M. ist aber davon auszugehen, dass eine Beschlussfassung in anderen Fällen, als den in § 48 GmbHG genannten, nur aufgrund einer Satzungsbestimmung vorgenommen werden kann. Dies auch vor dem Hintergrund, dass eine Satzungsdurchbrechung lediglich für einmalige und punktuelle Regelungen im Einzelfall als zulässig erachtet wird, deren Beschlusswirkung sich auf eine bestimmte Maßnahme beschränkt (siehe Teil 3 A III 2). Dauerhaft getroffene Entscheidungen hingegen, die einen von der Satzung abweichenden rechtlichen Zustand begründen, dürfen im Wege der Satzungsdurchbrechung selbst dann nicht vollzogen werden, wenn dieser Zustand auf einen bestimmten Zeitraum begrenzt ist. Das Institut der Satzungsdurchbrechung ist demnach solch starken Einschränkungen unterworfen, dass eine Rechtfertigung einer kompletten Beschlussfassung an all den satzungsmäßigen Bestimmungen bzgl. der Willensbildung vorbei hiermit unmöglich erscheint. Für derartige Vorgehensweisen ist demnach eine gesellschaftsvertragliche Regelung unumgänglich.

---

937 *Hachenburg/Hüffer* § 48 Rn 61; *Scholz/Schmidt* § 48 Rn 70f; *Ingerl* in Mü Hdb GmbH § 39 Rn 73; OLG München BB 1978, 471 (472); vgl. *Hüffer* in FS 100 Jahre 1992 S. 521 (534f); *Lutter/Hommelhoff* § 48 Rn 14; hierzu *Baumbach/Hueck/Zöllner* § 48 Rn 26; a.A. *Scholz/Schmidt* § 48 Rn 72 keine Satzungsregelung erforderlich

938 *Fischer* in Becksches Hdb GmbH § 4 Rn 74

939 *Scholz/Schmidt* § 48 Rn 71

Bei individuellen satzungsmäßigen Ausgestaltungen muss allerdings gewährleistet sein, dass das Recht der einzelnen Gesellschafter auf Teilnahme an der Willensbildung der Gesellschaft in seinem unentziehbaren Kern erhalten bleibt und dem zur Meinungsbildung erforderlichen Informations- und Mitspracherecht der Gesellschafter genügt wird.[940]

Auch wenn durch die Satzung das schriftliche Verfahren vorgeschrieben wird, ist dennoch eine Gesellschafterversammlung einzuberufen, wenn die Wichtigkeit der Entscheidung dies erfordert, die zur Meinungsbildung erforderlichen Informations- und Mitspracherechte bei der Beschlussfassung in einem Verfahren nach § 48 II GmbHG nicht ausreichend wahrgenommen werden können oder Fälle des § 49 II und III GmbHG vorliegen (siehe Teil 3 C III).[941]

hh) Zwischenergebnis zu 3. i:

Es besteht für die Gesellschafter neben der Beschlussfassung in Gesellschafterversammlungen auch die Möglichkeit, in dem Verfahren nach § 48 II GmbHG bei Einstimmigkeit in der Sache oder bei einhelligem Einverständnis mit dieser Verfahrensweise Beschlüsse zu fassen. Bei diesem Beschlussfassungsverfahren ist die Einhaltung der Form des § 126 I BGB bzw. § 126a BGB nicht zwingend vorgeschrieben so dass die Übermittlung der Abstimmungserklärung oder das Einverständnis zur schriftlichen Abstimmung durch eine verkörperte Gedankenerklärung bei der Gesellschaft ausreicht. Telegraphische, fernschriftliche oder Telefaxerklärungen sowie von sämtlichen Gesellschaftern unterschriebene Rundschreiben genügen den Anforderungen insofern genauso, wie eine Übermittlung mit elektronischen Medien. Diese Stimmen werden mit ihrem Zugang an der entsprechend zugewiesenen Stelle wirksam. Bei einer mittels E-Mail elektronisch abgegebenen Stimmen erfolgt der Zugang mit ihrem Eintreffen auf dem Stimmrechtsserver. Das Verfahren nach § 48 II GmbHG kann durch entsprechende Satzungsbestimmungen zudem weitestgehend frei variiert und somit nach den individuellen Bedürfnissen der Gesellschafter und der Gesellschaft ausgerichtet werden. Auf diese Art kann auch eine Beschlussfassung per E-Mail oder eine kombinierte Beschlussfassung festgelegt werden, die eine Gesellschafterversammlung als Präsenzversammlung mit einer Beschlussfassung anderer Gesellschafter über § 48 II GmbHG vereint.

---

940 *Scholz/Schmidt* § 48 Rn 68; *Hachenburg/Hüffer* § 48 Rn 62; *Ingerl* in Mü Hdb GmbH § 39 Rn 70,75; *Baumbach/Hueck/Zöllner* § 48 Rn 27

941 *Fischer* in Becksches Hdb GmbH § 4 Rn 74; *Scholz/Schmidt* § 48 Rn 68

E. Zusammenfassende Ausführungen zur Einbeziehung elektronischer Medien in die Gesellschafterversammlung einer GmbH

Die Einbindung elektronischer Kommunikationsmittel in die Durchführung einer Gesellschafterversammlung einer GmbH unterscheidet sich in der Technik und in der praktischen Handhabung nicht von der Einbeziehung der modernen Kommunikationsmittel bei der Aktiengesellschaft. Auch bei der GmbH ergeben sich gedanklich die beiden Alternativen, dass zum einen eine physisch reale Zusammenkunft der Gesellschafter in einer körperlichen Gesellschafterversammlung veranstaltet wird und diese dann zugeschalteten Gesellschaftern übertragen wird, die ihrerseits wiederum über eine Online-Verbindung ihre Rede, Auskunfts- und Stimmrechte ausüben können. Zum anderen ist die Idee einer rein virtuellen Gesellschafterversammlung zu untersuchen, die eine körperliche Zusammenkunft der Gesellschafter nicht mehr benötigt.

Weist eine GmbH auch i.d.R. weitaus weniger Gesellschafter auf wie eine AG Aktionäre hat und hat die GmbH infolgedessen regelmäßig auch eine kleinere Teilnehmerzahl in ihren Gesellschafterversammlungen als dies bei der AG der Fall ist, so ist die praktische Umsetzung doch bei beiden Gesellschaftsformen im Grunde gleich.

I. Internetunterstützte Gesellschafterversammlung als Präsenzversammlung mit Online zugeschalteten Gesellschaftern und deren Rechtsausübung über Vertreter vor Ort

Bei einer Gesellschafterversammlung, die nach § 48 I GmbHG im herkömmlichen Sinn als eine Präsenzversammlung abgehalten wird, können Online-Teilnehmer zugeschaltet werden, die dann die Versammlung über Internet verfolgen. Zur Ausübung ihrer Verwaltungsrechte wie Stimmrecht, Antragsrecht, Rederecht und Informationsrecht können sie sich durch einen in der Gesellschafterversammlung körperlich anwesenden Bevollmächtigten vertreten lassen. In technischer Hinsicht kann dies genauso vorgenommen werden, wie schon oftmals geschildert.

Durch das FormVorSchrAnpG[942] wurde mit Art. 28 Nr. 1 die früher für eine wirksame Vertretung erforderliche Schriftform der Vollmachtsurkunde nunmehr

942 BGBl I 2001, 1542

aufgehoben. § 47 III GmbHG sieht heute für eine wirksame Bevollmächtigung die Einhaltung der Textform als ausreichend an. Somit kann der Vertretene seinem Bevollmächtigten eine Vollmacht auch auf elektronischem Wege und hierbei insbesondere durch eine E-Mail erteilen.[943] Die Möglichkeit der elektronischen Signatur eröffnet hierbei auch eine größtmögliche Sicherheit bei der Überprüfung der Authentizität des die Vollmacht erstellenden Vertretenen (siehe Teil 1 II 2 h bb ccc).

Für eine Weisungserteilung zur Ausübung des Stimmrechts in einer ganz bestimmten Weise verlangt das GmbH-Recht keine besondere Form. Auch hier kann also genauso verfahren werden, wie bei der AG. Der Vertretene kann seinem Bevollmächtigten Weisungen zur Stimmrechtsausübung auf elektronischem Wege noch bis kurz vor die Abstimmung erteilen. Hierzu kann er sich einer E-Mail bedienen. Ebenso kann allerdings auch hier die Möglichkeit zur Verfügung gestellt werden, über ein Bildschirmformular im Internet seine Weisungen dem Vertreter zu übermitteln. Der GmbH bleibt es weiterhin unbenommen, eigene Stimmrechtsvertreter in der Gesellschafterversammlung einzusetzen und dann ihren online zugeschalteten Gesellschaftern ein Verfahren ähnlich dem § 134 III 3 AktG anzubieten.

Diesen Vertreter kann der Aktionär dann beauftragen, sein Rederecht und Informationsrecht auszuüben. Zu letzterem kann er dem Vertreter auch über Internet in einem eigens angefertigten Formular oder über eine E-Mail seine Informationsbegehren mitteilen, die der Vertreter vor Ort an die Geschäftsführung richtet.

Auch sind die bei der Aktiengesellschaft geschilderten Methoden der Versammlungsleitung in technischer Hinsicht auf die Gesellschafterversammlung der GmbH übertragbar. Obwohl die GmbH rechtlich gesehen keinen Versammlungsleiter benötigt, so wird es ihn dennoch wohl in den meisten Fällen geben. Der Versammlungsleiter hat dann die gleichen Befugnisse wie der Hauptversammlungsleiter einer AG und kann auch die Gesellschafterversammlung in gleicher Weise organisieren und die Befugnisse in gleicher Weise ausüben wie bei der AG geschildert, d.h. die Ausführungen zu den Möglichkeiten des Einsatzes moderner Kommunikationstechnik bzgl. Legitimation der (zugeschalteten) Teilnehmer, Zugangskontrolle mit Informationsangeboten am Eingang zur Gesellschafterversammlung, Feststellung und Überwachung der Versammlungspräsenzen, Erstellung des elektronischen Teilnehmerverzeichnisses und Ordnung bzw. Leitung der Versammlung sind auch auf die „elektronische Gesellschafterversammlung" einer GmbH anwendbar.

---

943 Vgl. noch zum Gesetzesentwurf *Zwissler* GmbHR 2000, 28 (29)

Zwar wird mit Inkrafttreten des TransPuG am 01.01.2003 die Frage der Übertragung einer aktienrechtlichen Hauptversammlung mit § 118 III AktG n.F. geregelt und der langjährige Streit um die Aufnahme und Übertragung von Redebeiträgen einzelner Gesellschafter somit beendet, die Überlegungen, die zu diesem Fragenkreis und zur Bewertung des Persönlichkeitsrechtes jedoch angestellt wurden, können ebenso in gleicher Weise auf das GmbH-Recht übertragen werden (siehe Teil 2 D II 3). Auch wenn die GmbH in der Regel einen kleineren Gesellschafterkreis aufweist und die Gesellschafterversammlungen daher selten mit den Hauptversammlungen einer Aktiengesellschaft zu vergleichen sind, stehen den Gesellschaftern doch die gleichen Persönlichkeitsrechte zu, die es bei einer Aufzeichnung und Übersendung von Wortbeiträgen zu schützen gilt. Wird eine real stattfindende Gesellschafterversammlung im Internet übertragen oder eine rein virtuelle Gesellschafterversammlung abgehalten, so wird man auch die GmbH-Gesellschafter auf eine Aufzeichnung und Übertragung ihrer Beiträge hinweisen bzw. sogar eine Zustimmung der Teilnehmer einholen und dem einzelnen Gesellschafter ein Widerspruchsrecht einräumen müssen, wenn die Übertragung ohne Zugangsbeschränkung erfolgt. Können hingegen nur Mitgesellschafter als legitimierte Teilnehmer die Versammlung im Internet verfolgen bzw. sie auch aktiv mitgestalten und ist ihnen die Aufzeichnung und Übertragung bekannt, so kann auf die Zustimmung und das Widerspruchsrecht verzichtet werden.

1. Zwischenergebnis:

Wo allein die Umsetzung einer internetunterstützten Hauptversammlung für eine große Publikums-AG noch von manchen Stimmen als technisch undurchführbar betrachtet wird, ist dieses Vorgehen hingegen bei der GmbH vor dem Hintergrund der zumeist übersichtlichen Gesellschafterversammlungen und des kleineren Personenkreises ohne weiteres technisch und auch rechtlich möglich.

II. Virtuelle Gesellschafterversammlung bzw. direkte Rechtsausübung über Internet in eine Präsenzversammlung durch zugeschaltete Gesellschafter nach § 48 I GmbHG

Online zugeschaltete Gesellschafter könnten, wie schon beschrieben, eine Rechtsausübung auch direkt über Internet und ohne den Umweg über einen vor Ort anwesenden Vertreter vornehmen. Auch was die Durchführung einer rein virtuellen Gesellschafterversammlung anbelangt, kann auf das verwiesen werden, was bereits gesagt wurde. Hier wäre bei der GmbH ein gleiches Vorgehen in Sachen Legitimation der Teilnehmer, virtueller Rechtsausübung, Versammlungsleitung und -ordnung etc. wie bei der AG durchführbar.

1. Erfordernis einer physisch realen Zusammenkunft

Scheitert sowohl eine Online-Teilnahme an einer Präsenzversammlung als auch das Abhalten einer virtuellen Hauptversammlung bei der AG im Wesentlichen an dem Erfordernis einer körperlichen Zusammenkunft der Aktionäre an einem realen Ort, so fragt es sich, wie dies bei der GmbH zu bewerten ist.

Auch § 48 I GmbHG sieht nämlich für die Beschlussfassung der Gesellschafter einer GmbH als Regelfall das Zusammenkommen in einer Gesellschafterversammlung vor. In diesem Zusammenhang ist nun jedoch zu klären, ob mit dem Begriff der Gesellschafterversammlung der GmbH ebenfalls ausschließlich das gleichzeitige physische Zusammentreffen der Gesellschafter an einem realen Ort zu verstehen ist, oder ob von diesem Verständnis hier abgewichen werden kann und damit die an einer realen Versammlung zugeschalteten „Online-Teilnehmer“ und die Teilnehmer einer rein virtuellen Versammlung hiervon mit erfasst werden.

Bei historischer Betrachtung war mit § 48 I GmbHG ursprünglich die traditionelle Versammlung als körperliche Zusammenkunft der Gesellschafter an einem realen Ort gemeint. Dies wird gerade dadurch noch deutlicher, dass das GmbHG in § 48 II die Möglichkeit einer Beschlussfassung außerhalb einer persönlichen Zusammenkunft zulässt. Vor diesem Hintergrund ist eine Gesellschafterversammlung im Grunde gar nicht anders denkbar, als eine körperliche Zusammenkunft der Gesellschafter.

Für die Gesellschafterversammlung einer GmbH ist es aber genau wie für die Hauptversammlung einer Aktiengesellschaft auch ein wesentliches und kennzeichnendes Merkmal, dass die Teilnehmer sich sehen und hören und somit in einer Weise kommunizieren können, wie dies unter Anwesenden üblich ist. Mit modernen elektronischen Kommunikationsmitteln kann nun aber dieses Ziel ebenso erreicht werden, auch ohne dass hierfür eine körperliche Anwesenheit an ein und demselben Ort notwendig wäre. Online verbundene Kommunikationspartner können wie Anwesende miteinander reden, sich sehen und hören. Vor diesem Hintergrund hält *Zwissler* eine virtuelle Gesellschafterversammlung im Sinne einer Gesellschafterversammlung nach § 48 I GmbHG unter dem Gesichtspunkt des Versammlungszweckes bei entsprechender technischer Ausgestaltung für zulässig (zur Diskussion über dieses Argument siehe Teil 2 E I). Er sieht für die Beschlussfassung den Weg über § 48 I GmbHG als virtueller Gesellschafterversammlung ebenso wie eine Kombination aus Präsenzversammlung und virtueller Teilnahme online zugeschalteter Gesellschafter als eröffnet an, so dass außer bei satzungsändernden Beschlüssen ein Rückgriff auf § 48 II GmbHG nicht erforderlich ist.[944] Auch *Hohlfeld* möchte den Versammlungsbegriff reduzieren auf die Möglichkeit der Teilnehmer, sich sehen und hören und miteinander kommunizieren zu können, so dass auch eine gleichzeitige Anwesenheit in einem virtuellen Raum im Internet der Präsenzversammlung inhaltlich sehr nahe kommt. Demnach genüge auch für ihn eine entsprechende Satzungsbestimmung, die einschlägige Gestaltungsmöglichkeiten formuliert.[945]

Wie oben jedoch dargestellt, hält die h.M. im Aktienrecht zur Zeit noch an dem traditionellen Begriff des Versammlungsortes fest. Dies auch vor allem vor dem Hintergrund, dass weder das NaStraG noch das TransPuG eine ausdrückliche Abkehr von dem Prinzip der Versammlungsgebundenheit der Verwaltungsrechte getroffen hat. Allein schon aus diesem Grund verbietet es die „Wesensverwandtheit"[946] von AG und GmbH, eine unterschiedliche Interpretation des Versammlungsbegriffes im GmbH-Recht vorzunehmen und hierbei ein virtuelles Sehen-, Hören- und Kommunizierenkönnen mit einem physischen Zusammentreffen gleichzusetzen. Ein Treffen im virtuellen Raum kann demnach nicht die Voraussetzungen erfüllen, die § 48 I GmbHG an die Gesellschafterversammlung stellt, so dass die gesetzliche Regelung keine „Online-Teilnahme" zugeschalteter Gesellschafter an einer Präsenzversammlung und schon gar nicht eine virtuelle Gesellschafterversammlung erlaubt.

Damit ist klar, dass die online zugeschalteten Gesellschafter ihre Verwaltungsrechte nicht direkt ausüben können. Sie können zwar wie ein Aktionär auch hier ihre Gesellschafterversammlung online verfolgen, benötigen jedoch zur Rechtsausübung einen vor Ort anwesenden Vertreter.

2. *Virtuelle Gesellschafterversammlung nach § 48 I GmbHG mit entsprechender Satzungsgestaltung*

Das von dem Grundsatz der Satzungsautonomie beherrschte GmbH-Recht bietet den Gesellschaftern jedoch vielfältige Möglichkeiten bei der Gestaltung der Organisation von Gesellschafterversammlungen. Dazu erlauben die §§ 45 I, II GmbHG es den GmbH-Gesellschaftern ausdrücklich, von den Gesetzesbestimmungen der §§ 46 bis 51 abzuweichen und die Ausübung ihrer Rechte in einem

944 *Zwissler* GmbHR 2000, 28 (29)
945 *Hohlfeld* GmbHR 2000 R 53
946 Vgl. hierzu *Baumbach/Hueck/Hueck G.-Fastrich* Einl. Rn 17, 28

Gesellschaftsvertrag festzulegen. Hierbei können sie auch das Beschlussverfahren der §§ 47 bis 51 GmbHG grundlegenden Modifikationen unterziehen. Angesichts dieser Spielräume sah *Noack* es schon 1998 für zulässig an, dass eine GmbH statt einer Präsenzversammlung eine Tele-Konferenz abhalten kann.[947]

Selbst wenn die Satzung somit weitreichende abweichende Regelungen bzgl. der Ausübung der Verwaltungsrechte treffen kann, so kann sie dies nicht in beliebigem Umfang tun, sondern unterliegt hierbei auch gewissen Grenzen. Wie oben gezeigt, findet die Satzungsautonomie ihre Grenzen in zwingenden Regelungen des GmbHG und ungeschriebenen Grundsätzen des Gesellschafts- und Verbandsrechts sowie in anderen, allgemein die Vertragsfreiheit begrenzenden Gesetze.[948] Dadurch soll auch der unverzichtbare Kern von Mindestrechten des einzelnen Gesellschafters zur Mitwirkung an der Willensbildung gesichert und der einzelne Gesellschafter vor einer willkürlichen Benachteiligung durch eine Gesellschaftermehrheit geschützt werden (siehe Teil 3 A III).

Es ist durchaus fraglich, ob eine Satzungsregelung, die § 48 I GmbHG dahingehend abändert, dass die in ihm gesetzlich festgelegte Präsenzversammlung durch eine virtuelle Zusammenkunft ersetzt wird, in den Kern von Mindestrechten des einzelnen Gesellschafters zur Mitwirkung an der Willensbildung der Gesellschaft eingreift. Bei der heutigen Verbreitung des Internet (siehe Teil 1 C II 1 b) verfügen so viele Gesellschafter über einen eigenen Internetzugang bzw. können sich ohne unlösbare Probleme für den Zeitraum der Gesellschafterversammlung einen Internetzugang verschaffen, dass es jedem Gesellschafter möglich wäre, als Teilnehmer an der virtuellen Gesellschafterversammlung mitzuwirken. Dort ist es ihm dann durch die Möglichkeiten moderner Technik unbenommen, seinen Beitrag an der Willensbildung der Gesellschaft zu leisten. Dadurch, dass moderne Kommunikationsmittel eine gegenseitiges Hören und Sehen und die Möglichkeit einer Kommunikation wie unter Anwesenden erlauben, bleibt auch bei einer virtuellen Zusammenkunft der Gesellschafter der eigentliche Versammlungszweck gewahrt. Eine Satzungsbestimmung, die eine virtuelle Gesellschafterversammlung i.S.d. § 48 I GmbHG definiert, würde also den traditionellen Versammlungsbegriff abändern und auf die Elemente des Hörens, Sehens und Kommunizierens beschränken. Eine solche Satzungsregelung, die die Rechtsausübung in einer anderen Weise erlaubt, beschneidet den Gesellschafter demnach auch nicht in dem Kern seiner unverzichtbaren Rechte.

---

947 *Noack* ZGR 1998, 592 (595)

948 Näher *Rowedder/Koppensteiner* § 45 Rn 2, 13; *Lutter/Hommelhoff* § 45 Rn 3; *Baumbach/Hueck/Zöllner* § 45 Rn 5, 9; vgl. hierzu auch *Zöllner* in FS 100 Jahre 1992 S. 85 (100ff)

Auf der anderen Seite entfernt eine GmbH, die eine solche gesellschaftsvertragliche Regelung trifft, mit dieser Änderung des Versammlungsbegriffes die herkömmliche Art und Weise der Gesellschafterzusammenkunft vollkommen aus den Möglichkeiten ihrer Willensbildung und genau damit nimmt sie ihren einzelnen Gesellschaftern diese Art und Weise der Rechtsausübung. Damit entfernt sie sich in einem wesentlichen Punkt stark von dem gesetzlichen Leitbild der Präsenzversammlung und der versammlungsgebundenen Rechtsausübung. Vor dem Hintergrund der weitgehenden Satzungsfreiheit könnte man ein solches Vorgehen mit der Abänderung des § 48 I GmbH auch billigen, träfe das GmbHG nicht selbst in § 48 II GmbHG die Möglichkeit der Beschlussfassung außerhalb einer Präsenzversammlung mit ihrem traditionellen Bild des Versammlungsbegriffes als einer physisch realen Zusammenkunft. Gerade dadurch, dass das Gesetz in § 48 II GmbHG diesen Verzicht auf die Gesellschafterversammlung als Präsenzversammlung vorsieht und eine gleichwertige Beschlussfassung anbietet, wird das Erfordernis der körperlichen Zusammenkunft des § 48 I GmbHG um so mehr verstärkt. Wollte das Gesetz die körperliche Zusammenkunft der Gesellschafter in § 48 I GmbHG derart leicht einer gesellschaftsvertraglichen Abänderung überlassen, wäre das Verfahren des § 48 II GmbHG nicht notwendig. Auch in den jüngsten Gesetzesänderungen, die durch das NaStraG und das TransPuG im Aktiengesetz vorgenommen wurden und durch die Änderungen der §§ 47 III, 48 II GmbHG durch das FormVorSchrAnpG, bei denen der Gesetzgeber an der Gestaltung des § 48 I GmbHG und der Wertung der aktienrechtlichen Hauptversammlung als Präsenzversammlung festhielt, kommt zum Ausdruck, dass eine Änderung des Versammlungsbegriffes, und sei es auch lediglich durch eine Satzungsbestimmung, an der Wertung des Gesetzes vorbeiläuft.

Hirte betont darüber hinaus die starke Bindung des GmbH-Rechts an das Aktienrecht, die sich dahingehend ausdrückt, dass das GmbH-Recht sich in seinen Grenzen der vertraglichen Gestaltung und der Abdingbarkeit gesetzlicher Regelungen häufig am Aktienrecht orientiert und seinen Mindeststandard unter Heranziehung der aktienrechtlichen Regeln und Wertungen konkretisiert. Dem Recht der aktienrechtlichen Hauptversammlung mit seinen in ihm gezogenen Grenzen komme auf diesem Wege über den unmittelbaren aktienrechtlichen Anwendungsbereich hinaus ein Leitbildcharakter für das gesamte Gesellschaftsrecht und gerade für das wesensverwandte GmbH-Recht zu.[949]

Angesichts dieser Überlegungen ist der in § 48 I GmbHG innewohnenden Versammlungsbegriff genauso wie der aktienrechtliche Versammlungsbegriff auszulegen. Im direkten Zusammenhang mit der Möglichkeit der Beschlussfas-

949 *Hirte* in FS Buxbaum 2000 S. 283 (287f)

sung nach § 48 II GmbHG kommt ihm zudem noch ein derart starkes Gewicht zu, dass auch eine satzungsmäßige Abänderung nicht möglich ist.

3. Zwischenergebnis:

Wie auch im Recht der §§ 118 ff AktG erfordert der dem § 48 I GmbHG zugrundeliegende Versammlungsbegriff ein körperliches Zusammenfinden der Gesellschafter in einer herkömmlichen realen Versammlung. Ein Treffen im virtuellen Raum erfüllt nicht die Voraussetzungen, die § 48 I GmbHG an die Gesellschafterversammlung stellt. Nach der gesetzlichen Vorgabe sind daher über Internet an einer Präsenzversammlung zugeschaltete Gesellschafter keine Teilnehmer im Rechtssinne. Ebenso wird eine rein virtuelle Gesellschafterversammlung von § 48 I GmbHG nicht gedeckt. Trotz der weitreichenden Möglichkeiten einer satzungsmäßigen Gestaltung kann dieser Versammlungsbegriff des § 48 I GmbHG auch nicht derart von dem Gesellschaftsvertrag abgewandelt werden, dass ein virtuelles Zusammenfinden von ihm mit umfasst würde. Nach § 48 I GmbHG ist demnach weder eine Online-Teilnahme an einer Präsenzversammlung noch eine virtuelle Gesellschafterversammlung durchführbar, auch nicht durch eine entsprechende Satzungsbestimmung.

III. Beschlussfassung ausserhalb förmlicher Gesellschafterversammlungen

Wenn auch eine Satzungsbestimmung eine virtuelle Gesellschafterversammlung i.S.d. § 48 I GmbHG nicht festlegen kann, so bleibt doch zu überlegen, ob eine virtuelle „Gesellschafterversammlung" nicht doch über § 48 II GmbHG möglich ist.

§ 48 II GmbHG weicht von dem Grundsatz des § 48 I GmbHG der Beschlussfassung in Gesellschafterversammlungen dahingehend ab, dass auch außerhalb der Gesellschafterversammlung eine Beschlussfassung im „schriftlichen Verfahren" möglich ist. Nach altem Recht war hierfür allerdings die Schriftform des § 126 BGB einzuhalten, wobei jedoch nach allgemeiner Ansicht durch die Satzung weitgehende Erleichterungen auch in diesem Punkt getroffen werden konnten und hierbei sogar ganz auf das Schriftformerfordernis verzichtet werden konnte. Damit sah *Noack* auch schon 1998 bei entsprechender Satzungsausgestaltung des § 48 II GmbHG keine Probleme, eine Stimmabgabe per E-Mail genügen zu lassen.[950]

---

950 *Noack* ZGR 1998, 592 (595)

Einmal kommt ein Beschluss hiernach gem. § 48 II 1. Alt GmbHG dann wirksam zustande, wenn sich ausnahmslos sämtliche Gesellschafter einstimmig in Textform (§ 126b BGB) mit der zu treffenden Bestimmung einstimmig einverstanden erklären. In der 2. Alternative des § 48 II GmbHG erlaubt das Gesetz eine schriftliche Beschlussfassung, wenn zwar kontroverse Stimmabgaben erfolgen und somit in der Sache keine Einstimmigkeit zu erwarten ist, sämtliche im Falle einer Gesellschafterversammlung teilnahmeberechtigten Gesellschafter aber ihr Einverständnis mit der schriftlichen Abstimmung gegenüber der Gesellschaft erklären. Nach dem Inkrafttreten des FormVorschrAnpG wurde in diesem Zusammenhang auch in § 48 II 1. Alt GmbHG das Schriftformerfordernis aufgehoben und durch das Einhalten der Textform ersetzt. Damit ist klargestellt, dass Beschlüsse außerhalb von Gesellschafterversammlungen sogar ohne eine entsprechende Satzungsgrundlage bei allseitiger Einstimmigkeit per E-Mail gefasst werden können. Aber auch bei der zweiten Alternative, bei der keine Einstimmigkeit in der Beschlussfassung gegeben sein muss wurde das Schriftformerfordernis schon nach § 48 II GmbHG a.F. nicht i.S.d. § 126 BGB verstanden. Jede schriftlich verkörperte Gedankenerklärung wurde als ausreichend betrachtet, so dass telegraphische, fernschriftliche oder Telefaxerklärungen sowie von sämtlichen Gesellschaftern unterschriebene Rundschreiben oder Registeranmeldungen schon nach altem Recht zur Erfüllung der Norm genügten. Da diese Auffassung auch nach Einführen der Textform beibehalten wurde, genügt die Übermittlung der Stimmenerklärung mit elektronischen Medien (siehe Teil 3 D III 3 h).

Bei einem Verfahren nach § 48 II GmbHG wird insofern die enge Verknüpfung der Ausübung des Stimmrechtes mit einer körperlichen Zusammenkunft aufgelöst.

Über einfache Beschlussfassungen hinaus kann im Wege des § 48 II GmbHG grundsätzlich auch eine Änderungen der Satzung vorgenommen werden. Problematisch ist dies allerdings dann, wenn eine Satzungsänderung auf elektronischem Wege vollzogen werden soll.

Das Erstellen der Niederschrift einer rein virtuellen Gesellschafterversammlung ist technisch problemlos möglich, da alle erforderlichen Angaben auch in einer virtuellen Niederschrift erfasst und protokolliert werden können. Der Notar hat beim Anfertigen dieser Niederschrift seine einschlägigen und persönlichen Wahrnehmungen zu beurkunden,[951] die er auch aus einer elektronischen Abstimmungserklärung gewinnen kann (siehe Teil 2 D II 4). Das Problem ist dabei

---

951 *Rowedder/Zimmermann* § 53 Rn 38; Ausführlicher hierzu mit einer Auflistung der Beurkundungsgegenstände vgl. *Baumbach/Hueck/Zöllner* § 53 Rn 38; vgl. auch *Lutter/Hommelhoff* § 53 Rn 16

allerdings, dass die Erklärungen nicht bei dem Notar persönlich abgegeben werden. Eine herkömmliche Satzungsänderung im Wege des § 48 II GmbHG läuft nach h.M. so ab, dass die Gesellschafter ihre Stimmen nacheinander zu Protokoll desselben oder verschiedener Notare abgeben, die dann diese Niederschriften an den Notar weiterleiten, der die Beurkundung i.S.v. § 53 II GmbHG vornimmt und damit einen formgerechten Satzungsbeschluss feststellen kann. Bei einer elektronischen Stimmabgabe wird die Erklärung hingegen nicht bei einem Notar direkt zu Protokoll abgegeben, der die protokollierte Erklärung dann an den Notar der Gesellschafterversammlung weiterleitet. Vielmehr übersendet der Gesellschafter seine nicht protokollierte Erklärung an den Notar der Gesellschafterversammlung. Die elektronischen Stimmenabgabe könnten aber durch den Gesellschafter mit einer elektronischen Signatur versehen werden. Dadurch wird sichergestellt, dass sie zum einen von dem berechtigten Inhaber der Signatur und somit von dem wirklichen betreffenden Gesellschafter der GmbH stammen, zum anderen hat der Notar dann auch die Gewissheit, dass sie auf dem Weg zu ihm, nicht verändert worden sind. Dadurch bleibt im Ergebnis allerdings ein Restrisiko offen. Der Notar kann dann nämlich nur seine persönlichen Wahrnehmungen aus der ihm elektronisch übersandten Willenserklärung beurkunden. Er kann jedoch nicht ersehen, ob der Gesellschafter nicht einem Dritten seine elektronische Signatur überlassen hat und dieser Dritte mit der elektronischen Signatur des Gesellschafters dessen Stimmrecht missbräuchlich ausübt. Des weiteren könnte ein Dritter den Gesellschafter unter Zwang setzen, seine Stimme in einer bestimmten Weise abzugeben. Dies sind jedoch Risiken, denen sich ein Notar auch bei einer herkömmlichen Stimmabgabe nicht entziehen kann. Auch hier kann der Gesellschafter, der in Gegenwart des Notars seine Stimme abgibt, unter einer äußeren Beeinflussung und somit nicht nach seinem eigenen Willen handeln. Ein elektronisches Verfahren verstärkt die Risiken einer missbräuchlichen oder beeinflussten Stimmabgabe daher nicht über die Maßen und die Möglichkeit der elektronischen Signatur verschafft die Gewissheit, dass die Stimme zumindest von dem Berechtigten abgegeben worden ist.

Darüber hinaus schreibt § 53 II 1 GmbHG auch lediglich vor, dass der Beschluss und nicht die Stimmabgabe selbst notariell zu beurkunden ist. Die Stimmabgaben können daher in elektronischer Form, wie sie durch § 48 II GmbHG zugelassen ist, an den Abstimmungsleiter übersandt werden, der sie dann auswertet und die Beschlussfassung feststellt. Dieser Beschluss kann dann von einem Notar, der sich mit dem Abstimmungsleiter an einem Ort befindet und die Feststellung des Beschlusses aufgrund der eingegangenen elektronischen Stimmen überwacht hat, beurkundet werden.

Auf diese Weise kann dann in einer elektronischen Abstimmung nach § 48 II GmbHG auch eine Satzungsänderung vorgenommen werden.

Bei den oben genannten Ausnahmen, wie z.B. bei Umwandlungsbeschlüssen nach § 193 I 2 UmwG oder einem Verschmelzungsbeschluss nach § 13 I 2 UmwG, kann dieses Verfahren allerdings nicht durchgeführt werden. In diesen Fällen, in denen das Gesetz eine Beschlussfassung in Gesellschafterversammlungen ausdrücklich und zwingend vorschreibt, kann das Verfahren nach § 48 II GmbH weder auf die herkömmliche schriftliche Art noch auf eine moderne elektronische Art vollzogen werden.[952]

Eine elektronische Abstimmung kann demgemäss auf diesem Weg vorgenommen werden. § 48 II GmbHG eröffnet jedoch seinem Wortlaut nach nur die Beschlussfassung außerhalb einer Gesellschafterversammlung. Das von dem Grundsatz der Satzungsfreiheit durchzogene Recht der GmbH eröffnet es den Gesellschaftern allerdings, die Organisation der Beschlussfassung weitgehend selbst zu regeln. Wenn das Gesetz also eine virtuelle Abstimmung zulässt, so gibt es keine Gründe, die es den GmbH-Gesellschaftern in ihrer Satzungsfreiheit verbieten würden, über diese gesetzliche Möglichkeit der Stimmrechtsausübung hinaus auch die virtuelle Ausübung von Informations- und Rederechten im Gesellschaftervertrag zu regeln und insoweit an § 48 I GmbHG vorbei über den Weg einer satzungsmäßigen Ausgestaltung des § 48 II GmbHG eine virtuelle Zusammenkunft der Gesellschafter zu ermöglichen. Wenn dies wegen der aus § 48 I GmbHG resultierenden Unzulässigkeit auch keine virtuelle „Gesellschafterversammlung" im eigentlichen Sinne ist, so wird vom Ergebnis her über die entsprechende satzungsgemäße Ausgestaltung des § 48 II GmbHG doch genau dies erreicht.

Zumindest zu diesem Ergebnis kommen auch Stimmen in der Literatur, die vor dem Hintergrund der Freiheit, durch die Satzung über § 45 II GmbHG von der Versammlungsgebundenheit der Beschlussfassung abweichen zu können und sogar telefonische Beschlussfassungen einführen zu können, die satzungsmäßige Einführung einer virtuellen Gesellschafterversammlung grundsätzlich als zulässig ansehen.[953]

Auf diese Art und Weise kann dann auch eine Satzungsregelung getroffen werden, die eine kombinierte Beschlussfassung festlegt, bei der sich Gesellschafter in einer Präsenzversammlung treffen und andere Gesellschafter online

---

952 Zu dem Erfordernis der Einberufung einer Gesellschafterversammlung in den Fällen des § 49 II, III GmbHG oder bei entsprechender Wichtigkeit der Entscheidung (siehe Teil 3 C III); vgl. *Fischer* in Becksches Hdb GmbH § 4 Rn 74; *Scholz/ Schmidt* § 48 Rn 68

953 *Spindler* ZGR 2000, 420 (444f); *Marsch-Barner* in Noack/Spindler Unternehmensrecht S. 66; vgl. *Hohlfeld* GmbHR 2000 R 53; *Zwissler* GmbHR 2000, 28ff; *Habersack* ZHR 2001 (165) 172 (193, 197); *Hasselbach/Schumacher* ZGR 2000, 258 (264, 275); *Lutter/Hommelhoff* § 48 Rn 1

zugeschaltet werden und eine Rechtsausübung über § 48 II GmbHG vornehmen können.[954]

Ergebnis:

Auch wenn der Versammlungsbegriff des § 48 I GmbHG eine Online-Teilnahme an einer Präsenzversammlung und die Abhaltung einer virtuellen Gesellschafterversammlung nicht erlaubt, besteht dennoch die Möglichkeit, im Wege von § 48 II GmbHG elektronische Abstimmungen per E-Mail durchzuführen.

Durch die weitreichende Satzungsfreiheit ist es einer GmbH erlaubt, sich selbst gesellschaftsvertragliche Regelungen zu geben, anhand derer Auskunftsbegehren elektronisch gestellt und genauso beantwortet werden können. In gleichem Maße kann es den Gesellschaftern auch ermöglicht werden, sich in Rede- oder Textbeiträgen, die über das Internet übermittelt werden, den anderen Gesellschaftern mitzuteilen. Auf diese Weise können Auskunftsbegehren und deren Beantwortungen und die Möglichkeit, Redebeiträge über Internet den Gesellschaftern zugänglich zu machen zusammen mit einer elektronischen Abstimmung verknüpft werden. So kann zwar keine virtuelle Gesellschafterversammlung im rechtlichen Sinne abgehalten werden, die virtuelle Gestaltung von Redebeiträgen, Auskünften und der Stimmrechtsausübung führt allerdings zu einer „de facto virtuellen Gesellschafterversammlung".

Neben dieser Möglichkeit der komplett elektronischen Kommunikation und Stimmrechtsausübung kann der Gesellschaftsvertrag auch kombinierte Verfahren erlauben, die eine Mischung aus Präsenzversammlung und Online-Versammlung bewirken.

Den Gestaltungswünschen der Gesellschafter bieten sich insoweit viele Wege.

954 *Hachenburg/Hüffer* § 48 Rn 61; *Scholz/Schmidt* § 48 Rn 70f; *Ingerl* in Mü Hdb GmbH § 39 Rn 73; OLG München BB 1978, 471 (472); vgl. *Hüffer* in FS 100 Jahre 1992 S. 521 (534f); *Lutter/Hommelhoff* § 48 Rn 14; hierzu *Baumbach/Hueck/Zöllner* § 48 Rn 26; a.A. *Scholz/Schmidt* § 48 Rn 72 keine Satzungsregelung erforderlich

Teil 4 Satzung

Aus den bisher gewonnenen Erkenntnissen und insbesondere unter Beachtung der in Teil 3 der Arbeit erarbeiteten Vorgaben werden im Folgenden Satzungsbestimmungen formuliert, die es einer GmbH ermöglichen, elektronische Kommunikationsmedien bei der Einberufung und der Abhaltung von Gesellschafterversammlungen zu verwenden:

A. Präsenzversammlung mit Internetunterstützung

§ 1 Gesellschafterversammlungshomepage

(1) Die Gesellschaft hat auf ihrer Homepage eine eigens die Gesellschafterversammlung betreffende Internetseite einzurichten, auf die nur die Berechtigten Zugriff haben. Die Berechtigten sind: Alle Gesellschafter der Gesellschaft, legitimierte Vertreter der Gesellschafter, Angehörige von Vorstand, Aufsichtsrat und Beirat, der für die Beurkundung von Gesellschafterbeschlüssen hinzugezogene Notar und ausdrücklich zur Teilnahme an der Gesellschafterversammlung eingeladene Dritte. Eine Einschränkung des Zugangs auf die Berechtigten ist mit Hilfe technischer Systeme wie elektronischer Signatur und der Vergabe von PIN-Nummern und Passwort-Systemen abzusichern.

(2) Die Gesellschaft richtet eine weitere Homepage ein, auf der sie den Gesellschaftern die Möglichkeit anbietet, sich in einem Internetforum vor und während einer Gesellschafterversammlung zusammenzufinden und dort über die Angelegenheiten der Gesellschaft zu diskutieren. Der Zugang zu dieser Homepage ist ebenso zu beschränken wie in Abs. 1.

§ 2 Ort und Zeit der Gesellschafterversammlung

(1) Die Gesellschafterversammlung findet als eine Präsenzversammlung an dem im Gesellschaftsvertrag bezeichneten Sitz der Gesellschaft statt.

(2) Die Gesellschaft überträgt die Gesellschafterversammlung über ihre Gesellschafterversammlungshomepage in Bild und Ton. Den Gesellschaftern steht kein Widerspruchsrecht zu, aufgrund dessen sie eine Aufzeichnung und Übertragung ihrer Wortbeiträge über das Internet unterbinden können. Die Geschäfts-

führung ist verpflichtet, alle technischen Vorkehrungen zu treffen und die erforderlichen Maßnahmen, die in dem Verantwortungsbereich der Gesellschaft liegen, durchzuführen, um eine störungsfreie Übertragung und eine Aufrechterhaltung der Verbindung sicherzustellen. Sie muss alle ihr zurechenbaren Voraussetzungen dafür schaffen, dass die Internetteilnehmer die Redebeiträge und Diskussionen in der Präsenzversammlung verfolgen, sich selbst beteiligen und alle ihre nach Gesetz oder Satzung zustehenden Rechte ausüben können. Insbesondere hat sie für ausreichende Kapazität der von ihr selbst bereitgestellten Organisation und Technik zu sorgen.

(3) Die Gesellschaft kann an weiteren Orten in Deutschland Zusammenkünfte von Gesellschaftern einrichten, die mit der Gesellschafterversammlung am Sitz der Gesellschaft über Internet in Bild und Ton verbunden sind.

(4) Alle Teilnehmer der Gesellschafterversammlung, auch die über Internet zugeschalteten, müssen sich vor der Teilnahme an der Versammlung ausreichend legitimieren. Ein genaues Verfahren der Legitimation bestimmt der Vorstand mit Zustimmung des Aufsichtsrates.

(5) Nach Möglichkeit ist die Gesellschafterversammlung auf einen geschäftsüblichen Zeitpunkt anzuberaumen. Die Zulässigkeit der Durchführung einer Gesellschafterversammlung an einem Wochenende oder an Feiertagen bleibt hiervon unberührt. Die Gesellschafterversammlung muss spätestens um 24 Uhr des Tages, für den sie einberufen wurde, beendet werden.

§ 3 Einberufung

(1) Die ordnungsgemäße Gesellschafterversammlung findet einmal jährlich statt und ist von den Geschäftsführern und in den gesetzlich vorgesehenen Fällen durch den Aufsichtsrat einzuberufen.

(2) Einberufungsverlangen einer Gesellschafterminderheit gem. § 50 I GmbHG und Ankündigung bestimmter Gegenstände zur Beschlussfassung der Versammlung gem. § 50 II GmbHG können unter Angabe des Zwecks und der Gründe in der Form einer Tagesordnung an die E-Mailadresse der GmbH gestellt werden.

§ 4 Einzuberufende; Teilnahmeberechtigte

(1) Berechtigt zur Teilnahme an der Gesellschafterversammlung sind alle Gesellschafter. Die Einladung der Gesellschafterversammlung hat daher an alle gem. § 16 GmbHG legitimierten und teilnahmeberechtigten Gesellschafter per-

sönlich zu ergehen. Anstelle eines nicht teilnahmeberechtigten Gesellschafters sind dessen gesetzliche Vertreter und im Falle des Todes eines Gesellschafters dessen Erben bzw. der Testamentsvollstrecker einzuladen.

(2) Jeder Gesellschafter hat die Möglichkeit, sich auf der Gesellschafterversammlung durch einen rechtsgeschäftlich Bevollmächtigten seiner Wahl vertreten zu lassen. Die Bevollmächtigung bedarf zu ihrer Gültigkeit der Textform. Insbesondere kann ein Gesellschafter seinem Vertreter und auch den von der Gesellschaft eigens eingesetzten Stimmrechtsvertretern seine Vollmacht durch eine mit einer elektronischen Signatur versehenen E-Mail erteilen. Der Bevollmächtigte muss sich der Gesellschaft gegenüber als Vertreter des Gesellschafters legitimieren.

(3) Die Gesellschaft kann eigene Stimmrechtsvertreter benennen, die von den Gesellschaftern zur Ausübung des Stimmrechtes bevollmächtigt werden können. Die Geschäftsführung ist verpflichtet, alle technischen Vorkehrungen zu treffen und die erforderlichen Maßnahmen, die in ihrem Verantwortungsbereich liegen, durchzuführen, so dass die Gesellschafter diese Stimmrechtsvertreter auch während der Gesellschafterversammlung erreichen und ihre Weisungen zur Stimmrechtsausübung online abgeben können. Die Vollmachtserteilung ist elektronisch zu speichern und für den Zeitraum eines Jahres nachprüfbar festzuhalten.

(4) Ist ein Gesellschafter der deutschen Sprache nicht hinreichend mächtig, so darf er einen Dolmetscher oder einen anderen sprachkundigen Dritten zu den Beratungen in der Gesellschafterversammlung hinzuziehen.

(5) Den Geschäftsführern und den Mitgliedern des Aufsichtsrates ist Ort und Zeit der Versammlung mit der Tagesordnung mitzuteilen.

§ 5 Form und Frist der Einladung

(1) Die Einberufung der Gesellschafterversammlung hat grundsätzlich durch Einladung der teilnahmeberechtigten Gesellschafter mit einer Frist von mindestens einem Monat vor dem Termin der Gesellschafterversammlung mittels eines eingeschriebenen Briefes zu erfolgen. Der Gesellschafter ist unter der Adresse zu laden, die er zuletzt gegenüber der Gesellschaft verwendet hat.

(2) Die Gesellschafterversammlung kann ebenso auf elektronischem Wege mit einer E-Mail einberufen werden, die mindestens einen Monat vor dem Termin der Gesellschafterversammlung gesendet werden muss. Voraussetzung hierfür ist, dass die jeweiligen Gesellschafter gegenüber der Gesellschaft ihr Einverständnis mit dieser Vorgehensweise erklärt haben. Die Gesellschaft kommt ihrer Pflicht zur Einladung dadurch nach, dass sie die E-Mail an die E-Mail-Adresse versendet, die der Gesellschafter der Gesellschaft gegenüber als letztes angege-

ben hat. Der Gesellschafter ist verpflichtet, der Gesellschaft unverzüglich nach Erhalten der E-Mail deren Empfang ebenfalls durch eine mit einer elektronischen Signatur versehene E-Mail zu bestätigen. Falls der Gesellschaft bis vierzehn Tage vor dem Termin der Gesellschafterversammlung keine Empfangsbestätigung zugeht, hat sie die Einladung mittels eingeschriebenen Brief unverzüglich, spätestens aber bis acht Tage vor dem Termin der Gesellschafterversammlung, nachzuholen.

(3) Die Einberufung ist zusammen mit der Tagesordnung auf der Gesellschafterversammlungshomepage zu veröffentlichen.

§ 6 Inhalt der Einladung

(1) Die Einladung muss Ort, Tag und Uhrzeit der Gesellschafterversammlung angeben und die Tagesordnung der Gesellschafterversammlung bekannt geben.

(2) In der Einladung muss die Adresse der Gesellschafterversammlungshomepage genannt werden, über die sich die einzelnen Gesellschafter von einem gesicherten PC mit Internetanschluss aus in die Gesellschafterversammlung einwählen können. Des weiteren sind in der Einladung die weiteren Veranstaltungsorte bekannt zu geben, an denen die Gesellschaft weitere Zusammenkünfte i.S.d. § 2 Abs. 3 eingerichtet hat. Setzt die Gesellschaft von ihr benannte Stimmrechtsvertreter ein, so hat sie die E-Mail-Adressen zur Bevollmächtigung dieser Stimmrechtsvertreter und die Internetadresse, unter der diesen Stimmrechtsvertreter mittels eines Bildschirmformulars elektronische Weisungen erteilt werden können, in der Einladung anzugeben und auf der Gesellschafterversammlungshomepage mindestens einen Monat vor dem Termin der Gesellschafterversammlung zu veröffentlichen.

§ 7 Durchführung der Gesellschafterversammlung

(1) Der Gesellschafterversammlung muss ein Geschäftsführer als Versammlungsleiter vorstehen, der in Ausübung seiner Leitungs- und Ordnungsbefugnisse eine zügige und rechtmäßige Durchführung der Gesellschafterversammlung unter sachgerechter Abwicklung der Tagesordnungspunkte regelt. Der Versammlungsleiter kann eine andere als die in der Tagesordnung vorgesehene Reihenfolge der Beschlussfassungs- und Beratungsgegenstände festlegen. Er kontrolliert die Ordnungsmäßigkeit der Einberufung und das Teilnahmerecht der erschienenen Gesellschafter sowie die Legitimation der Vertreter und bestimmt die Art und Form der Abstimmung.

(2) Der Versammlungsleiter hat ein elektronisches Teilnahmeverzeichnis zu erstellen, das auf der Gesellschafterversammlungshomepage den Versammlungsteilnehmern zur Einsicht offen steht und ständig auf Zu- und Abgänge überprüft und aktualisiert werden muss. Zur Einsichtnahme in dieses Teilnehmerverzeichnis hat die Gesellschaft am Ort der Gesellschafterversammlung eine ausreichende Anzahl von Terminals bereit zu stellen.

(3) Die Gesellschafterversammlung kann mit einfacher Mehrheit einen anderen Versammlungsleiter wählen.

(4) Die Gesellschafterversammlung ist dann beschlussfähig, wenn mindestens 10% der Gesellschafter anwesend oder vertreten sind. Sind weniger Gesellschafter anwesend oder vertreten, so ist unverzüglich eine nächste Versammlung mit der gleichen Tagesordnung einzuberufen, die ohne Rücksicht auf die Präsenz beschlussfähig ist. Eine einmal festgestellte Beschlussfähigkeit wird nicht dadurch aufgehoben, dass im Verlaufe der Versammlung die Präsenzquote unter 10% fällt. Die Beschlüsse der Gesellschafterversammlung werden mit einfacher Mehrheit getroffen, sofern nicht etwas anderes durch zwingende Vorschriften des GmbHG oder durch die Satzung bestimmt ist. Jede 50 Euro eines Geschäftsanteils gewähren eine Stimme.

(5) Beschlüsse der Gesellschafterversammlung sind vom Versammlungsleiter in Textform festzuhalten und auf die Homepage der Gesellschafterversammlung einzustellen.

§ 8 Besonderheiten bzgl. der Internetteilnahme

(1) Richtet die Gesellschaft weitere über Internet mit der zentralen Gesellschafterversammlung am Sitz der Gesellschaft verbundene Zusammenkünfte ein, so muss von den dort versammelten Gesellschaftern mit einfacher Mehrheit der Stimmen ein Schriftführer und ein Versammlungsleiter gewählt werden, der die Leitungs- und Ordnungsbefugnis in dieser Zusammenkunft ausübt. Dieser Versammlungsleiter unterliegt der Aufsicht und den Weisungen des Versammlungsleiters der zentralen Gesellschafterversammlung. Aufgaben des Versammlungsleiters und des Schriftführers der Satellitenversammlung sind:

Überprüfen der Anwesenheit der Gesellschafter und Gültigkeit der Vollmachten; Überprüfen der technischen Funktionstüchtigkeit der Internetverbindung; Überwachen der Ordnungsmäßigkeit der Abstimmungen; Auszählung der lokalen Abstimmungen und Übersenden der Abstimmungsergebnisse an den Versammlungsleiter der Präsenzversammlung mittels einer elektronisch signierten E-Mail; Übersenden des unterzeichneten Protokolls der Satellitenversammlung an den Versammlungsleiter der zentralen Gesellschafterversammlung mittels einer elektronisch signierten E-Mail.

(2) Die über Internet zugeschalteten Gesellschafter können zur Ausübung ihres Rederechtes einen am Ort der zentralen Gesellschafterversammlung am Sitz der Gesellschaft anwesenden Vertreter anweisen. Eine Beauftragung des von der Gesellschaft benannten Stimmrechtsvertreters ist hierzu nicht möglich.

(3) Die über Internet zugeschalteten Gesellschafter können zur Ausübung ihres Auskunftsrechtes einen am Ort der zentralen Gesellschafterversammlung anwesenden Vertreter anweisen. Eine Beauftragung des von der Gesellschaft benannten Stimmrechtsvertreters ist hierzu nicht möglich. Die Auskunftserteilung erfolgt mündlich in der Präsenzversammlung und wird über Internet übertragen. Sollte die Gesellschaft die Auskunft in Textform erteilen, so ist sie jedem Gesellschafter in einer E-Mail zu übersenden. Die Gesellschaft hat ihre „Bücher und Schriften" i.S.d. § 51a I GmbHG in elektronischer Form auf die Gesellschafterversammlungshomepage einzustellen. Dort können die Gesellschafter ihr Recht auf Einsichtnahme ausüben.

(4) Der Antrag auf eine Beschlussfassung bedarf keiner besonderen Form. Die über Internet zugeschalteten Gesellschafter können ihre Anträge auf elektronischem Weg ihrem persönlichen Vertreter zukommen lassen, der die Anträge dann in der Versammlung stellt. Eine Beauftragung des von der Gesellschaft benannten Stimmrechtsvertreters ist hierzu nicht möglich.

(5) Die über Internet zugeschalteten Gesellschafter können ihr Stimmrecht mit Hilfe persönlicher Vertreter oder des von der Gesellschaft benannten Stimmrechtsvertreters vor Ort der zentralen Gesellschafterversammlung am Sitz der Gesellschaft ausüben. Die notwendige Bevollmächtigung des Vertreters und die Erteilung der Weisungen zur Stimmrechtsübung muss in Textform erfolgen. Hierzu genügt eine mit einer elektronischen Signatur versehene E-Mail. Zur Weisungserteilung kann auch ein Bildschirmformular verwendet werden.

B. Präsenzversammlung mit Internetunterstützung sowie direkte, aktive Beteiligung der über Internet Angeschlossenen

§ 1 Gesellschafterversammlungshomepage (wie oben unter A § 1)

§ 2 Ort und Zeit der Gesellschafterversammlung

(1) Die Gesellschafterversammlung findet als eine Präsenzversammlung an dem im Gesellschaftsvertrag bezeichneten Sitz der Gesellschaft statt. Dort haben sich auch der Versammlungsleiter, der die Niederschrift über die Versammlung abfassende und unterschreibende Schriftführer und der Notar einzufinden.

(2) Die Gesellschaft überträgt ihre Gesellschafterversammlung über ihre Gesellschafterversammlungshomepage in Bild und Ton. Die Gesellschafter haben kein Widerspruchsrecht, aufgrund dessen sie eine Aufzeichnung und Übertragung ihrer Wortbeiträge über das Internet unterbinden können. Die Gesellschafterversammlung wird als eine über Internet übertragene Konferenz durchgeführt, an der sich die Gesellschafter über einen Internetanschluss ihrer Wahl beteiligen können. Die Geschäftsführung ist verpflichtet, alle technischen Vorkehrungen zu treffen und die erforderlichen Maßnahmen, die in dem Verantwortungsbereich der Gesellschaft liegen durchzuführen, um eine störungsfreie Übertragung und eine Aufrechterhaltung der Verbindung sicherzustellen. Sie muss alle ihr zurechenbaren Voraussetzungen dafür schaffen, dass die Internetteilnehmer die Redebeiträge und Diskussionen in der Präsenzversammlung verfolgen, sich selbst beteiligen und alle ihren nach Gesetz oder Satzung zustehenden Rechte ausüben können. Insbesondere hat sie für ausreichende Kapazität der von ihr selbst bereitgestellten Organisation und Technik zu sorgen. Die Gesellschafterversammlung gilt zusammen mit den über Internet zugeschalteten Teilnehmern als an dem Ort der Gesellschafterversammlung am Sitz der Gesellschaft abgehalten.

(3) Alle Teilnehmer der Gesellschafterversammlung, auch die über Internet zugeschalteten, müssen sich vor der Teilnahme an der Versammlung ausreichend legitimieren. Ein genaues Verfahren der Legitimation bestimmt der Vorstand mit Zustimmung des Aufsichtsrates.

(4) Nach Möglichkeit ist die Gesellschafterversammlung auf einen geschäftsüblichen Zeitpunkt anzuberaumen. Die Zulässigkeit der Durchführung einer Gesellschafterversammlung an einem Wochenende oder an Feiertagen

bleibt hiervon unberührt. Die Gesellschafterversammlung muss spätestens um 24 Uhr des Tages, für den sie einberufen wurde, beendet werden.

§ 3 Einberufung (wie oben unter A § 3)

§ 4 Einzuberufende; Teilnahmeberechtigte

(1) wie oben unter A § 4 I

(2) wie oben unter A § 4 II

(3) Ist ein Gesellschafter der deutschen Sprache nicht hinreichend mächtig, so darf er einen Dolmetscher oder einen anderen sprachkundigen Dritten zu den Beratungen in der Gesellschafterversammlung hinzuziehen.

(4) Den Geschäftsführern und den Mitgliedern des Aufsichtsrates ist Ort und Zeit der Versammlung mit der Tagesordnung mitzuteilen.

§ 5 Form und Frist der Einladung (wie oben unter A § 5)

§ 6 Inhalt der Einladung

(1) wie oben unter A § 6 I

(2) In der Einladung muss die Adresse der Gesellschafterhomepage genannt werden, über die sich die einzelnen Gesellschafter von einem gesicherten PC mit Internetanschluss aus in die Gesellschafterversammlung einwählen können.

§ 7 Durchführung der Gesellschafterversammlung (wie oben unter A § 7)

§ 8 Besonderheiten bzgl. der Internetteilnahme

(1) Die über Internet mit der Gesellschafterversammlung am Sitz der Gesellschaft verbundenen Gesellschafter gelten als Teilnehmer der Gesellschafterversammlung. Der Versammlungsleiter übt seine Leitungs- und Ordnungsbefugnis auch gegenüber diesen Gesellschaftern aus.

(2) Die über Internet zugeschalteten Gesellschafter können Redebeiträge koordiniert durch den Versammlungsleiter per Internet in die Gesellschafterver-

sammlung live einspielen. Der Redebeitrag wird auf einer Großbildleinwand in der Präsenzversammlung und auf der Gesellschafterversammlungshomepage ausgestrahlt.

(3) Die über Internet zugeschalteten Gesellschafter können Auskunftsbegehren als Redebeitrag koordiniert durch den Versammlungsleiter über Internet in die Gesellschafterversammlung einspielen. Das Informationsbegehren wird dort auf einer Großbildleinwand und auf der Gesellschafterversammlungshomepage ausgestrahlt. Die über Internet zugeschalteten Gesellschafter können ihre Informationsbegehren auch in Textform mit einer elektronisch signierten E-Mail an die Gesellschaft stellen. Die Auskunftserteilung erfolgt mündlich in der Gesellschafterversammlung am Sitz der Gesellschaft und wird über das Internet übertragen. Sollte die Gesellschaft die Auskunft in Textform erteilen, so ist sie jedem Gesellschafter in einer E-Mail zu übersenden und am Versammlungsort auszulegen. Die Gesellschaft hat ihre „Bücher und Schriften" i.S.d. § 51a I GmbHG in elektronischer Form auf die Homepage der Gesellschafterversammlung einzustellen. Dort können die Gesellschafter ihr Recht auf Einsichtnahme i.S.d. § 51a I GmbHG ausüben.

(4) Ein Antrag auf Beschlussfassung soll in Textform gestellt werden. Dazu können die über Internet zugeschalteten Gesellschafter einen formulierten Antrag in einer elektronisch signierten E-Mail an die Gesellschaft schicken. Der Antrag auf Beschlussfassung bedarf jedoch nicht zwingend einer besonderen Form. Die über Internet zugeschalteten Gesellschafter können einen Antrag als Wortbeitrag auch über Internet in die Gesellschafterversammlung einspielen. Er wird dort auf einer Großbildleinwand und auf der Gesellschafterversammlungshomepage ausgestrahlt.

(5) Die über das Internet zugeschalteten Gesellschafter können ihr Stimmrecht im Sinne eines Online-Votings durchführen. Die Gesellschaft erstellt zu diesem Zweck auf der Gesellschafterversammlungshomepage ein Bildschirmformular.

C. Virtuelle Gesellschafterversammlung

§ 1 Gesellschafterversammlungshomepage (wie oben A § 1)

§ 2 Ort und Zeit der Gesellschafterversammlung

(1) Die Gesellschafterversammlung wird ausschließlich virtuell im Internet über die Gesellschafterversammlungshomepage durchgeführt. Einzig ein Geschäftsführer als Leiter der Gesellschafterversammlung und der beurkundende Notar müssen an einem Ort körperlich zusammenkommen. Dieser Ort sollte der im Gesellschaftsvertrag i.S.d. § 3 I GmbHG aufgeführte Sitz der Gesellschaft sein und gilt dann als Ort der Gesellschafterversammlung.

(2) Die Gesellschafter können sich von einem sicheren Internetanschluss ihrer Wahl auf die Gesellschafterhomepage einwählen und die virtuelle Gesellschafterversammlung als eine Konferenz in Bild und Ton abhalten. Die Geschäftsführung ist verpflichtet alle technischen Vorkehrungen zu treffen und die erforderlichen Maßnahmen, die in dem Verantwortungsbereich der Gesellschaft liegen durchzuführen, um eine störungsfreie Übertragung und eine Aufrechterhaltung der Verbindung sicherzustellen. Sie muss alle ihr zurechenbaren Voraussetzungen dafür schaffen, dass alle Internetteilnehmer die Redebeiträge und Diskussionen in der Präsenzversammlung verfolgen können, sich selbst beteiligen können und alle ihren nach Gesetz oder Satzung zustehenden Rechte ausüben können. Insbesondere hat sie für ausreichende Kapazität der von ihr selbst bereitgestellten Organisation und Technik zu sorgen.

(3) Alle Internetteilnehmer der Gesellschafterversammlung müssen sich vor der Teilnahme an der Versammlung ausreichend legitimieren. Ein genaues Verfahren der Legitimation bestimmt der Vorstand mit Zustimmung des Aufsichtsrates.

(4) Nach Möglichkeit ist die virtuelle Gesellschafterversammlung auf einen geschäftsüblichen Zeitpunkt anzuberaumen. Die Zulässigkeit der Durchführung einer virtuellen Gesellschafterversammlung an einem Wochenende oder an Feiertagen bleibt hiervon unberührt. Die virtuelle Gesellschafterversammlung muss spätestens um 24 Uhr des Tages, für den sie einberufen wurde, beendet werden.

§ 3 Einberufung

(1) Die ordnungsgemäßen Gesellschafterversammlungen finden als virtuelle Gesellschafterversammlung einmal jährlich statt und ist von den Geschäftsführern und in den gesetzlich vorgesehenen Fällen durch den Aufsichtsrat einzuberufen.

(2) Einberufungsverlangen einer Gesellschafterminderheit und Ankündigung bestimmter Gegenstände zur Beschlussfassung der Versammlung können unter Angabe des Zwecks und der Gründe in der Form einer Tagesordnung an die E-Mailadresse der GmbH gestellt werden.

§ 4 Einzuberufende; Teilnahmeberechtigte

(1) Berechtigt zur Teilnahme an der virtuellen Gesellschafterversammlung sind alle Gesellschafter. Die Einladung der Gesellschafterversammlung hat daher an alle gem. § 16 GmbHG legitimierten und teilnahmeberechtigten Gesellschafter persönlich zu ergehen. Anstelle eines nicht teilnahmeberechtigten Gesellschafters sind dessen gesetzliche Vertreter und im Falle des Todes eines Gesellschafters dessen Erben bzw. der Testamentsvollstrecker einzuladen.

(2) Jeder Gesellschafter hat die Möglichkeit, sich auf der virtuellen Gesellschafterversammlung durch einen rechtsgeschäftlich Bevollmächtigten seiner Wahl vertreten zu lassen. Die Bevollmächtigung bedarf zu ihrer Gültigkeit der Textform und ist der Gesellschaft mittels einer elektronisch signierten E-Mail zu übermitteln. Der Bevollmächtigte muss sich der Gesellschaft gegenüber als Vertreter des Gesellschafters legitimieren.

(3) Ist ein Gesellschafter der deutschen Sprache nicht hinreichend mächtig, so darf er einen Dolmetscher oder einen anderen sprachkundigen Dritten zu den Beratungen in der virtuellen Gesellschafterversammlung hinzuziehen.

(4) Den Geschäftsführern und den Mitgliedern des Aufsichtsrates ist Ort und Zeit der Versammlung mit der Tagesordnung mitzuteilen.

§ 5 Form und Frist der Einladung

(1) Die Einberufung der virtuellen Gesellschafterversammlung hat durch Einladung der Gesellschafter mit einer Frist von mindestens einem Monat vor dem Termin der Gesellschafterversammlung mittels einer elektronisch signierten E-Mail zu erfolgen. Die Gesellschaft kommt ihrer Pflicht zur Einladung dadurch befreiend nach, dass sie die E-Mail an die E-Mail-Adresse versendet, die der Gesellschafter der Gesellschaft gegenüber als letztes angegeben hat. Der Gesell-

schafter ist verpflichtet, der Gesellschaft unverzüglich nach Erhalten der E-Mail deren Empfang ebenfalls in Textform durch eine mit einer elektronischen Signatur versehenen E-Mail zu bestätigen.

(2) Die Einberufung ist zusammen mit der Tagesordnung auf der Gesellschafterversammlungshomepage zu veröffentlichen.

§ 6 Inhalt der Einladung

(1) Die Einladung muss Tag und Uhrzeit der virtuellen Gesellschafterversammlung angeben und deren Tagesordnung enthalten.

(2) In der Einladung muss die Internetadresse der Gesellschafterversammlungshomepage genannt werden, über die sich die einzelnen Gesellschafter von einem gesicherten PC mit Internetanschluss aus in die Gesellschafterversammlung einwählen können. Diese Angaben sind ebenso auf der Gesellschafterversammlungshomepage mindestens einen Monat vor dem Termin der virtuellen Gesellschafterversammlung zu veröffentlichen.

§ 7 Durchführung der virtuellen Gesellschafterversammlung

(1) Der virtuellen Gesellschafterversammlung muss ein Geschäftsführer als Versammlungsleiter vorstehen, der in Ausübung seiner Leitungs- und Ordnungsbefugnisse eine zügige und rechtmäßige Durchführung der Gesellschafterversammlung unter sachgerechter Abwicklung der Tagesordnungspunkte regelt. Der Versammlungsleiter kann eine andere als die in der Tagesordnung vorgesehene Reihenfolge der Beschlussfassungs- und Beratungsgegenstände festlegen. Er kontrolliert die Ordnungsmäßigkeit der Einberufung und das Teilnahmerecht der erschienenen Gesellschafter sowie die Legitimation der Vertreter und bestimmt Art und Form der Abstimmung.

(2) Der Versammlungsleiter hat ein elektronisches Teilnahmeverzeichnis zu erstellen, das auf der Gesellschafterversammlungshomepage den Versammlungsteilnehmern zur Einsicht offen steht und ständig auf Zu- und Abgänge überprüft und aktualisiert werden muss.

(3) Die Gesellschafter, die sich virtuell zusammengefunden haben, können mit einfacher Mehrheit einen anderen Versammlungsleiter wählen.

(4) Die virtuelle Gesellschafterversammlung ist dann beschlussfähig, wenn mindestens 10% der Gesellschafter sich auf der Gesellschafterversammlungshomepage selbst eingewählt haben oder hierbei vertreten sind. Bei Unterschreiten dieser Anzahl, ist unverzüglich eine nächste virtuelle Gesellschafterver-

sammlung mit der gleichen Tagesordnung einzuberufen, die allerdings ohne Rücksicht auf die Präsenz beschlussfähig ist. Eine einmal festgestellte Beschlussfähigkeit wird nicht dadurch aufgehoben, dass im Verlaufe der Versammlung die Präsenzquote unter 10% fällt. Die Beschlüsse der virtuellen Gesellschafterversammlung werden mit einfacher Mehrheit getroffen, sofern nicht etwas anderes durch zwingende Vorschriften des GmbHG oder durch die Satzung bestimmt ist. Jede 50 Euro eines Geschäftsanteils gewähren eine Stimme.

(5) Beschlüsse der virtuellen Gesellschafterversammlung sind vom Versammlungsleiter in Textform festzuhalten und auf die Homepage der Gesellschafterversammlung einzustellen.

§ 8 Besonderheiten

(1) Die auf der Gesellschafterversammlungshomepage eingewählten Gesellschafter gelten als Teilnehmer der virtuellen Gesellschafterversammlung.

(2) Die Internetnetteilnehmer der virtuellen Gesellschafterversammlung können Redebeiträge koordiniert durch den Versammlungsleiter per Internet in die virtuelle Gesellschafterversammlung live einspielen. Der Redebeitrag wird dann gleichzeitig auf der Gesellschafterversammlungshomepage ausgestrahlt. Die Gesellschaft hat auch die Möglichkeit, Redebeiträge in einem Textaustausch in einem Internetchat oder einem Internetdiskussionsforum zuzulassen.

(3) Die Internetteilnehmer der virtuellen Gesellschafterversammlung können Informationsbegehren als Redebeitrag koordiniert durch den Versammlungsleiter über Internet in die virtuelle Gesellschafterversammlung einspielen. Das Informationsbegehren wird dort auf der Gesellschafterversammlungshomepage ausgestrahlt. Die über Internet zugeschalteten Gesellschafter können ihre Informationsbegehren auch in Textform mit einer elektronisch signierten E-Mail an die Gesellschaft stellen. Die Gesellschaft kann auf ihrer Gesellschafterversammlungshomepage auch die Möglichkeit des Ausfüllens eines Bildschirmformulars mit einem Informationsbegehren einräumen. Die Auskunftserteilung erfolgt mündlich durch einen Redebeitrag und wird über Internet ausgestrahlt. Die Gesellschaft kann die Auskunft auch in Textform erteilen und auf der Gesellschafterhomepage veröffentlichen oder jedem Gesellschafter in einer E-Mail übersenden. Die Gesellschaft hat ihre „Bücher und Schriften" i.S.d. § 51a I GmbHG in elektronischer Form auf die Homepage der Gesellschafterversammlung zur Einsichtnahme einzustellen.

(4) Ein Antrag auf Beschlussfassung soll in elektronischer Form gestellt werden. Dazu können die Internetteilnehmer der virtuellen Gesellschafterversammlung einen formulierten Antrag in einer elektronisch signierten E-Mail an die

Gesellschaft schicken. Die Gesellschaft kann auf ihrer Gesellschafterversammlungshomepage auch die Möglichkeit des Ausfüllens eines Bildschirmformulars zur Antragstellung einräumen. Der Antrag auf Beschlussfassung bedarf jedoch nicht zwingend einer besonderen Form. Die Internettteilnehmer der virtuellen Gesellschafterversammlung können einen Antrag als Wortbeitrag auch über Internet in die virtuelle Gesellschafterversammlung einspielen. Er wird dort auf der Gesellschafterversammlungshomepage ausgestrahlt.

(5) Die Internetteilnehmer der virtuellen Gesellschafterversammlung üben ihr Stimmrecht im Sinne eines Online-Votings aus. Die Gesellschaft erstellt zu diesem Zweck auf der Gesellschafterversammlungshomepage ein Bildschirmformular.

(6) Auch wenn durch die Satzung die Beschlussfassung in einer näher ausgestalteten virtuellen Gesellschafterversammlung als regelmäßiges Verfahren vorgeschrieben wird, so ist dennoch dann eine körperlich am Sitz der Gesellschaft zusammentretende Gesellschafterversammlung einzuberufen, wenn die Wichtigkeit der Entscheidung dies erfordert, die zur Meinungsbildung erforderlichen Informations- und Mitspracherechte bei der schriftlichen Beschlussfassung nicht gewahrt werden können oder Fälle des § 49 II, III GmbHG vorliegen.

Teil 5 Anhang / Glossar

Im Internet werden teilweise eigene technische Begriffe verwendet, zu deren besseren Verständnis nachfolgend in alphabetischer Reihenfolge einige grundlegende Begriffe und technische Funktionen grob beschrieben werden.

Attachement (Anlage, Anhang): Ein Attachement stellt einen Anhang an eine E-Mail dar ohne dabei ein Bestandteil der E-Mail zu sein. Auf diese Weise können nun Dateien verschiedenen Typs, wie z.B. Word-Dokumente, Bilder und Graphiken angehängt werden.

Backbone: Das Internet ist ein Netzwerk, das sich aus Datenleitungen mit hoher Bandbreite und daran angeschlossene kleinere Netze zusammensetzt. Die Hauptdatenleitungen, über die ein Grossteil des Datenverkehrs abgewickelt wird, werden Backbones genannt.

Bluetooth: Hierunter ist ein Protokoll für drahtlose Datenübertragung über kurzwelligen Funk zu verstehen. Dieses Verfahren soll die kabelgebundene Datenübertragung ersetzen.

Browser: Ein Browser ist ein Programm, das die in der Internetsprache HTML verfassten Daten interpretiert, sie in Webseiten umwandelt und dem Benutzer anzeigt. Dadurch ermöglicht es ihm den grafischen Zugriff auf das Internet. Die Funktionen des Browsers können durch Zusatzprogramme, sog. Plugins, erweitert werden. Die bekanntesten Browser sind Mosaic, Netscape® Navigator und Microsoft® Internet Explorer.

Client: Unter einem Client versteht man Software-Programme, die typischerweise Daten von Servern anfordern. Auch der WWW-Browser ist ein Client.

Dienst / Internetdienst: Im Internet werden verschiedene Dienste angeboten, die unterschiedliche Aufgaben erledigen können. Neuere Dienste können jedoch oftmals die Funktionen anderer Dienste integrieren. Die wichtigsten Internetdienste sind E-Mail, Diskussionsgruppen in Form von Mailing-Listen oder Newsgroups, WWW, IRC sowie der FTP-Dienst.

Digitale / Elektronische Signatur: Elektronische Dokumente können zur Erlangung größerer Sicherheit mit einer elektronischen Signatur versehen werden. Damit kann man mit höchster Wahrscheinlichkeit absichern, dass ein Dokument tatsächlich von dem angegebenen Absender stammt (Identifizierung) und dass es auf seinem Weg durch das Internet nicht verändert wurde (Authentifizierung).

Diskussionsgruppe: Eine Diskussionsgruppe stellt ein Forum im Internet dar, in dem man Beiträge und Nachrichten lesen und selbst verfassen kann, so dass sich hierdurch eine interaktive Kommunikation zwischen den Besuchern der Website ergibt. Diese können ihre Beiträge in ein Formular eingeben und dieses absenden. Darüber hinaus ist es möglich, die Gruppe mit einer Suchfunktion oder einem Inhaltsverzeichnis auf bestimmte Themen oder Beiträge zu durchsuchen und auf diese zuzugreifen.

Download: Der Abruf von Dateien oder Programmen aus dem Internet durch Kopieren von einem anderen Rechner auf den eigenen Rechner, wird als Download bezeichnet. Den umgekehrte Vorgang nennt man Upload.

E-Mail (electronic mail, elektronische Post): E-Mail stellt den ältesten, bekanntesten und wohl auch am meisten genutzten Internet-Dienst dar. E-Mail erlaubt die persönliche elektronische Übermittlung von Daten und Nachrichten von einem Sender an einen Empfänger über das Internet. Eine E-Mail ist vergleichbar mit normaler Post, doch ist sie wegen der elektronischen Übertragung über das Datennetz wesentlich schneller. Der Absender verschickt die E-Mail durch Betätigen des Sendebefehls, der von dem Computer an den Internet-Provider weitergeleitet wird. Der Provider schickt die E-Mail sodann an den Provider des Adressaten. Der Service Provider des einzelnen Teilnehmers unterhält einen ständig erreichbaren Mail-Server, auf dem die eingehende E-Mails bis zum Abruf durch den Teilnehmer in einem „elektronischen Briefkasten", der Mailbox, gespeichert werden und beim Abruf der eingegangenen E-Mails dann regelmäßig automatisch vom Server gelöscht werden.

Wegen ihrer Vorteile gegenüber herkömmlichen Kommunikationsmittel verdrängt die E-Mail vor allem im Geschäftsverkehr mehr und mehr Briefpost und Fax. Innerhalb weniger Minuten wird die Strecke vom Sender zum Empfänger selbst dann bewältigt, wenn diese mehrere tausend Kilometer beträgt. Hinzu kommt, dass E-Mails im Vergleich zu Briefen wesentlich preisgünstiger sind und durch den seit 1996 existierenden Mime-Standard (Multipurpose Internet Mail Extensions) ein bequemes Anhängen beliebiger Computerdateien an eine E-Mail erlauben.

Problematisch sind jedoch die mit einer E-Mail verbundenen Sicherheitsrisiken. Die unverschlüsselte E-Mail auf ihrem Weg vom Sender zum Empfänger wird daher in ihrer Geheimhaltung auch mit einer mit Bleistift geschriebenen Ansichtskarte verglichen – sie ist für sensible Daten ungeeignet. Moderne zuverlässige Verschlüsselungsverfahren, mit denen E-Mails und angehängte Dateien kodiert werden können, verleihen hier aber ein Höchstmaß an Sicherheit.

Firewall: Ein weiteres Instrument, um mehr Sicherheit zu schaffen sind sogenannte Firewalls. Darunter ist eine Kombination aus Hard- und Software zu verstehen, die den Zugang zu einem anderen Computer oder einem Netzwerk kontrolliert bzw. limitiert und den Datenverkehr anhand vorgegebener Regeln filtert. Ein Firewall dient so als Sperre für unerwünschte Zugriffe auf ein geschütztes Netzwerk und gewährt dem geschützten Netzwerk den Zugriff auf Netzwerke außerhalb des Firewalls. Der Firewall kann nur von legitimierten Benutzern passiert werden. Meistens werden die übertragene Daten hierbei auch auf Viren überprüft.

FTP (File Transport Protocol): Der Internetdienst FTP basiert auf dem Internet-Protokoll TCP/IP und ermöglicht den Down- und Upload von Text-, Bild-, Programm-, Ton- und Videodateien von einem anderen an das Netz angeschlossenen Rechner (FTP-Server). So kann der Benutzer von seinem Internet-Rechner aus auf den Dateibestand eines anderen Rechners zugreifen und Operationen, wie das Anzeigen von Verzeichnisinhalten, Anlegen und Wechseln von Verzeichnissen, oder das Löschen von Dateien durchführen. Ein Download von Dateien von öffentlich zugänglichen FTP-Server kann mit modernen WWW-Browsern, die die Dateilisten auf FTP-Servern als anklickbare Verweise anzeigen, geschehen. Für anspruchsvollere Arbeiten braucht man jedoch ein FTP-Programm.

Gopher: Gopher ist ein menügesteuerter zeichenorientierter Informationsdienst mit Querverweisen und verschachtelten Menüs von einem Gopher-Rechner zu einem anderen. Er liefert aber nur eine starr vom Betreiber des Gopher-Servers vorgegebene Benutzeroberfläche, die es lediglich ermöglicht, über Menüs Textseiten auszuwählen bzw. in Untermenüs abzusteigen. Der Aufbau ist streng hierarchisch, ähnlich einem einfachen Dateisystem.

Homepage: Eine Homepage ist eine Internetseite im WWW, die als Ausgangspunkt für die weiteren angebotenen Seiten dient. Sie wird dem Besucher standardmäßig angezeigt, der eine Webseite mithilfe eines Webbrowsers aufruft.

Host: Ein Host ist, wie ein Server, entweder ein einzelner Computer in einem Netzwerk oder ein Computersystem, das Informationsquellen anbietet. Im WWW wird der Computer als Server bezeichnet, auf dem Webserversoftware ausgeführt wird, die auf Anforderungen des HTTP-Protokolls antwortet.

HTML (Hypertext Markup Language): HTML bezeichnet eine Computersprache (Programmiercode), die verwendet wird, um Internet-Seiten zu erstellen. HTML-Dateien können mit jedem beliebigen Texteditor erstellt und gewartet werden. Erst aber mit ihrem Einbetten auf einem WWW-Server mit Internet-Zugang werden sie Bestandteil des WWW, wozu eine spezielle Server-Software erforderlich ist.

HTTP (Hypertext Transfer Protocol): HTTP ist ein Computerprogramm, das von Servern und Clients zum Austausch von Daten im WWW benutzt wird. Es arbeitet mit im Hypertext-Format geschriebenen Dateien und ermöglicht so die Verbindung von Texten und Grafiken im WWW zwischen Hyperlinks. Typische WWW-Seiten im Internet verwenden diesen Dienst.

Hyperlink: Ein Hyperlink ist ein Eintrag einer Adresse (URL) einer anderen WWW-Seite im Quellcode einer WWW-Seite, der dort einem Wort, einem Bild oder einer Grafik zugeordnet ist und somit eine Verbindung zwischen einer Seite und einem anderen Ziel, z.B. einer anderen Webseite, einer Graphik oder einer E-Mail-Adresse vermittelt. Hyperlinks im Text sind meist als farbig unterlegte oder unterstrichene Wörter erkennbar. Durch Anklicken eines Hyperlinks wird die im Quellcode eingetragene Seite aufgerufen und angezeigt und man gelangt so automatisch zu der anderen, durch den Hyperlink verbundenen Datei.

Internet: Das Internet wird heute oft als das „Netz der Netze" bezeichnet und ist als ein weltumspannendes Netzwerk zu verstehen. Zumeist wird im allgemeinen Sprachgebrauch unter der Bezeichnung „Internet" heutzutage nur ein Teilbereich des Internet gemeint, nämlich das WWW. Eine genaue Definition des Internet ist jedoch schwierig. Man kann es als einen losen Verbund von Millionen weltweit verteilter Rechnern sehen, über den der Benutzer Informationen auf gleiche Art wie in einem lokalen Netz an jeden Rechner senden und von jedem empfangen kann. Unter den einzelnen Systemverwaltern besteht eine Einigung, im Internet mit dem gleichen Kommunikationsprotokoll auf Grundlage des TCP/IP zu kommunizieren.

Intranet: Im Unterschied zum Internet stellt ein Intranet ein internes Rechnernetz eines Unternehmens oder einer Organisation dar, das Internet-Dienste auf Basis der Internet-Protokolle anbietet, um eine einfache Verbindung interner und externer Systeme zu ermöglichen.

IRC (Internet Relay Chat): Neben E-Mail und WWW gehört der Chat zu den beliebtesten Internet-Diensten. Das weltweit verbreitetste Chat-System ist IRC. IRC erlaubt eine Online-Echtzeitkommunikation über das Internet. Auf dem Bildschirm erscheint ein zweigeteiltes Fenster, in dessen erstem Teil die Beiträge der Teilnehmer erscheinen, die auch gerade in diesem Chat online sind und in dessen anderem Teil eigene Beiträge verfasst werden können. Dieser Dienst kann als Individualkommunikation zwischen zwei Personen genutzt werden und ähnelt dann einer E-Mail, mit dem Unterschied, dass eine fortwährende Kommunikation möglich ist. Man kann sich aber auch in Chat-Foren mit einer unbegrenzten Zahl von Personen an „Gesprächen" beteiligen, was dem Charakter von Newsgroups nahe kommt, wobei die Äußerungen jedoch nicht länger gespeichert werden.

Newsgroup (News-Dienst, Usenet): Unter Newsgroups sind Internet-Diskussionsforen zu verstehen, die sich zumeist einem bestimmten Thema widmen. Moderne WWW-Browser verfügen über integrierte News-Clients, mit denen man Newsgroups besuchen und die News lesen kann. Die einzelnen Teilnehmer schicken hierbei ihre Beiträge an einen Server, der diese dann den anderen Teilnehmern zum Abruf bereitstellt. So wird Newsgroups der Charakter eines Schwarzen Brettes zugeschrieben, an das Nachrichten angehängt werden, die alle Besucher lesen können. Bei moderierten Newsgroups wird jedoch nicht jede eingehende Mail veröffentlicht, sondern nur diejenige, die der für die Gruppe zuständige Moderator zulässt.

Mailing-Listen: Auch die den Newsgroups sehr verwandten Mailing-Listen sind Diskussionsgruppen zu bestimmten Themen. Während die an Newsgroups geschickten Beiträge jedermann zugänglich sind, können die per E-Mail an Mailing-Listen geschickten Beiträge nur von bei der Liste angemeldeten Personen wahrgenommen werden. So muss bei einer solchen Liste jedem Einzelnen der jeweilige Beitrag individuell per E-Mail zugesandt werden, was sich mit einem herkömmlichen Rundbrief vergleichen lässt. Zu unterscheiden sind auch hier moderierte und unmoderierte sowie offene und geschlossene Listen.

Protokoll: Ein Protokoll ist ein Computerprogramm, durch das der Ablauf von Datenübertragungen gesteuert wird.

Provider: Bei dem Zugang zum Internet und der Verbreitung seiner Inhalte sind verschiedene Beteiligte bzw. verschiedene Funktionsbereiche zu unterscheiden. Hierbei relevant sind das Verfassen und Zusammenstellen der Informationen, das Speichern des Angebotes auf einem Server und das Transportieren der Daten mit einer Verschaffung des Internetzugangs. Hier werden die Provider tätig, die sich untergliedern in Content Provider, Host Provider, Service Provider und Access Provider, wobei es keine genau abgegrenzten Definitionen für diese Begriffe gibt, so dass verschiedene Begriffe häufig für den gleichen Sachverhalt benutzt werden. Da hierdurch auch Funktionen beschrieben werden und nicht Personen, kann der gleiche Anbieter bei der einen Tätigkeit Access Provider sein, bei einer anderen dagegen Content Provider.

Proxy-Server: Proxy-Server nehmen Anfragen für Internet-Dienste von den Arbeitsstationen entgegen und leiten diese über Firewall an die Internet-Server weiter. Sie speichern bereits einmal aus dem Internet abgerufene Web-Seiten und tauschen Daten mit externen Servern und internen Arbeitsstationen aus. Der Proxy-Server übernimmt somit die Anfrage und fungiert als Gateway für Internetdienste. Findet die Proxy-Software die über einen Internet-Browser angeforderte Seite in ihrem eigenen Datenbestand, schickt sie die Antwort an den Browser zurück und die Internetverbindung braucht dann nicht einmal in Anspruch genommen zu werden. Andernfalls fordert sie diese bei anderen WWW-Servern an und speichert sie im eigenen Datenbestand. Der Benutzer hat den Eindruck, als wäre er direkt im Internet mit dem Server verbunden und für den Server sieht es so aus, als ob der Benutzer die Anfrage direkt auf dem Proxy-Server abgeschickt hätte, allerdings steht der Proxy-Server zwischen dem Benutzer auf der Innenseite des Netzwerks und dem Service außerhalb im Internet und übernimmt die Kommunikation zu den Internet-Diensten. Der Vorteil hieran ist, dass nicht die Arbeitsstation mit ihrer IP-Adresse die Anfrage im Internet stellt, sondern der Proxy-Server und dass hierdurch Netzbelastung und Wartezeiten verringert werden.

Router: Ein Router leitet Netzwerkpakete gezielt weiter bzw. überprüft in Verbindung mit Firewalls, ob ein Paket gemäß der Router-Konfiguration durchgelassen werden darf (Screening).

Server: Server sind Rechner in einem Netzwerk, die ständig auf Anfragen anderer Rechner (Clients) warten, um Übertragungs- und Verarbeitungsaufgaben für diese durchzuführen. (siehe auch: Host)

TCP/IP: Das Internet-Protokoll TCP/IP wird auch als der „kleinste gemeinsame Nenner" des gesamten Internet-Datenverkehrs bezeichnet. Das TCP/IP zerstückelt vor der Übertragung ins Netz die Daten in kleinere Pakete. TCP bedeutet Transmission Control Protocol (Protokoll für Übertragungskontrolle). Es sorgt unter Verwendung von Frequenznummern für die einzelnen Pakete einer Sendung dafür, dass die einzelnen Datenpakete richtig nummeriert werden und dann auch beim Empfänger in der richtigen Reihenfolge ankommen. Die Übertragung ist erst dann beendet, wenn sämtliche Pakete einer Sendung vollständig den Empfänger erreicht haben. Das IP (Internet Protocol) nimmt die Adressierung nach den IP-Adressen vor. Bei der Benutzung sämtlicher Internet-Dienste erfolgt die Datenübertragung an alle am Internet angeschlossenen Computer mit diesen beiden Protokollen. Die Daten werden so immer auf die gleiche Art adressiert und transportiert.

Telnet: Telnet ist ein vor allem für Unix-Systeme gedachtes Übertragungsprotokoll im Internet, mit dessen Hilfe man sich von dem eigenen Rechner aus in einen fernen Rechner im Internet einloggen kann, diesen direkt ansprechen und so bedienen kann, als säße man direkt davor. Hierbei kann man den eigenen PC als Terminal benutzen. Mit Telnet ist allerdings lediglich der Zugriff auf die Software des anderen PC aber keine Datenübertragung möglich.

URL (Universal Resource Locator): Die Adresse eines Dienstes im WWW nennt sich URL und sieht folgendermaßen aus: http://www.jura.uni-sb.de .

Virus: Ein Virus ist ein sich selbst reproduzierendes Programm, das zur Anrichtung von Schaden auf anderen Rechnern vor allem durch Wechseldatenträger (Disketten etc.) und über Rechnernetze bewusst verbreitet wird. Durch das WWW ist die Gefahr der Verbreitung solcher Viren stark angestiegen. Die Auswirkungen von Viren reichen von harmlosen Bildschirmanzeigen bis zu vollkommenem Datenverlust. Grundsätzlich unterscheidet man bei diesen Programmen drei verschiedene Arten: Virenprogramme, Wurmprogramme und Trojanische Pferde.

Voice over IP: Voice over IP bezeichnet die paketweise Übertragung von in digitale Signale umgewandelter Sprache über Datennetzwerke zum Empfänger.

WWW (World Wide Web): WWW ist ein Internet-Dienst, der eine Verknüpfung durch Hyperlinks in einem Text mit anderen Informationen aus dem Internet ermöglicht. WWW ist der heute neben E-Mail am meisten genutzte Internet-Dienst. Diese Verknüpfungen verbinden Millionen von Einzeldokumenten miteinander, und so können sich auch ungeübtere Internetanwender leicht im Informationsangebot des Web bewegen und durch das „Surfen“ von Link zu Link die für sie interessanten Informationen aus einem inzwischen unübersehbaren Angebot heraussuchen. Im WWW erscheinen im Gegensatz zu FTP die Informationen gleich beim Aufruf am Bildschirm. Der WWW-Browser erlaubt das bequeme Navigieren per Mausklick und erspart Dateinamen oder komplizierte Eingabebefehle.

Literaturverzeichnis

Adams, Michael: „Höchststimmrechte, Mehrfachstimmrechte und sonstige wundersame Hindernisse auf dem Markt für Unternehmenskontrolle"; AG 1990 S. 63

(Zitiert: Adams AG 1990, 63)

Albach, Horst: „Globalisierung und Organisationsstruktur mittelständischer Unternehmen"; Festschrift für Marcus Lutter zum 70. Geburtstag (Hrsg.: Schneider, Uwe H.; Hommelhoff, Peter; Schmidt, Karsten; Timm, Wolfram; Grunewald, Barbara; Drygala, Tim); Otto Schmidt; Köln; 2000; S. 3

(Zitiert: Albach in FS Marcus Lutter 2000 S. 3)

Armbrüster, Christian: „Zur uneinheitlichen Stimmrechtsausübung im Gesellschaftsrecht"; Festschrift für Gerold Bezzenberger zum 70. Geburtstag am 13. März 2000; (Hrsg. Westermann, Harm Peter; Mock, Klaus); Walter de Gruyter; Berlin; 2000; S. 3

(Zitiert: Armbrüster in FS Bezzenberger 2000 S. 3)

Bacher, Philipp: „Die Abdingbarkeit des Stimmverbots nach § 47 Abs. 4 GmbHG in der Satzung"; GmbHR 2001 S. 133

(Zitiert: Bacher GmbHR 2001, 133)

Bachmann, Gregor: „Namensaktie und Stimmrechtsvertretung"; WM 1999 S. 2100

(Zitiert: Bachmann WM 1999, 2100)

Baumann, Horst / Reiß, Wilhelm: „Satzungsergänzende Vereinbarungen – Nebenverträge im Gesellschaftsrecht"; ZGR 1989 S. 157

(Zitiert: Baumann/Reiß ZGR 1989, 157)

Baumbach, Adolf / Hueck, Alfred: „GmbH-Gesetz Gesetz betreffend die Gesellschaften mit beschränkter Haftung"; 17. Auflage; C.H. Beck; München; 2000

(Zitiert: Baumbach/Hueck/Bearbeiter §... Rn)

Baums, Theodor: „Empfiehlt sich eine Neuregelung des aktienrechtlichen Anfechtungs- und Organhaftungsrecht, insbesondere der Klagemöglichkeiten von Aktionären?"; Gutachten F für den 63. Deutschen Juristentag 2000 Leipzig Band I; C.H. Beck München 2000

(Zitiert: Baums Gutachten F)

Baums, Theodor: „Höchststimmrechte"; AG 1990 S. 221

(Zitiert: Baums AG 1990, 221)

Baums, Theodor / Vogel, Hans-Gert / Tacheva, Maja: „Rechtstatsachen zur Beschlusskontrolle im Aktienrecht“; ZIP 2000 S. 1649
(Zitiert: Baums/Vogel/Tacheva ZIP 2000, 1649)

Behrens, Peter: „Stimmrecht und Stimmrechtsbindung“; Festschrift 100 Jahre GmbH-Gesetz (Hrsg.: Lutter, Marcus; Ulmer, Peter; Zöllner, Wolfgang); Verlag Otto Schmidt KG; Köln; 1992; S. 539
(zitiert: Behrens in FS 100 Jahre 1992 S. 539)

Benner-Heinacher, Jella: „Kollidiert die Auskunftspflicht des Vorstandes mit dem Insidergesetz?“; DB 1995 S. 765
(Zitiert: Benner-Heinacher DB 1995, 765)

Beuthien, Volker: „Treuhand an Gesellschaftsanteilen“; ZGR 1974 S. 26
(Zitiert: Beuthien ZGR 1974, 26)

Biehler, Gernot: „Multinationale Konzerne und die Abhaltung einer Hauptversammlung nach deutschem Recht im Ausland“; NJW 2000 S. 1243
(Zitiert: Biehler NJW 2000, 1243)

Binz, Mark / Freudenberg, Götz / Sorg, Martin H.: „Informationsrechte in der GmbH & Co“; BB 1991 S. 785
(Zitiert: Binz/Freudenberg/Sorg BB 1991, 785)

Blank, Winfried / Zetzsche, Dirk: „ Software für die virtuelle Hauptversammlung“; K&R 2000 S. 486
(Zitiert: Blank/Zetzsche K&R 2000, 486)

Bukowski von, Christoph: „Das Internet und seine Dienste“; BuW 2001 S. 288
(Zitiert: Von Bukowski BuW 2001, 288)

Büllesbach, Alfred / Klawitter, Uta / Miedbrodt, Anja: „Das Namensaktiengesetz – Neuerungen und praktische Umsetzungsmöglichkeiten“; CR 2000 S. 565
(Zitiert: Büllesbach/Klawitter/Miedbrodt CR 2000, 565)

Büllesbach, Alfred / Heymann, Thomas: „Informationsrecht 2000 – Perspektiven für das nächste Jahrzehnt“; Verlag Otto Schmidt; Köln; 2001
(zitiert: Autor in Büllesbach/Heymann S.)

Claussen, Carsten Peter / Bröcker, Norbert: „ Corporate-Governance-Grundsätze in Deutschland – nützliche Orientierungshilfe oder regulatorisches Übermaß?“; AG 2000 S. 481
(Claussen AG 2000, 481)

Claussen, Carsten Peter: „Hauptversammlung und Internet“; AG 2001 S. 161
(Zitiert: Claussen AG 2001, 161)

Claussen, Carsten Peter: „25 Jahre deutsches Aktiengesetz von 1965 (II)“; AG 1991 S. 10
(Zitiert: Claussen AG 1991, 10)

Cordes, Alexandra: „Form und Zugang von Willenserklärungenim Internet im deutschen und US-amerikanischen Recht"; Schriften zum Informations-, Telekommunikations- und Medienrecht; Hrsg. Thomas Hoeren und Bernd Holznagel; LIT Verlag Münster , 2000
(Zitiert: Cordes S.)

Däubler-Gmelin, Herta: „Die Hauptversammlung der Zukunft – im Zeitalter des Internet"; HFR 2000 Beitrag 1; http://www.humboldt-forum-recht.de/1-2000 zuletzt abgerufen am 11.11.2002
(Zitiert: Däubler-Gmelin http://www.humboldt-forum-recht.de/1-2000)

Däubler-Gmelin, Herta: „Neue Ansätze für Entwicklungen im Wirtschaftsrecht"; WM 1999 S. 169
(Zitiert: Däubler-Gmelin WM 1999, 169)

Deutsch, Thomas: „Die Beweiskraft elektronischer Dokumente"; JurPC Web-DoK 188/2000; http://www.jurpc.de/aufsatz/20000188.htm ; zuletzt aufgerufen am 06.12.2002
(Zitiert: Deutsch http://www.jurpc.de/aufsatz/20000188.htm Abs.)

Diekmann, Hans: „Namensaktien bei Publikumsgesellschaften"; BB 1999 S. 1985
(Zitiert: Diekmann BB 1999, 1985)

Dörner, Dietrich / Menold, Dieter / Pfitzer, Norbert: „Reform des Aktienrechts, der Rechnungslegung und Prüfung"; 1999; Schäffer-Poeschel Verlag Stuttgart
(Zitiert: Dörner/Menold/Pfitzer S.)

Ebbing, Frank: "Schriftform und E-Mail"; CR 1996 S. 271
(Zitiert: Ebbing CR 1996, 271)

Eisenhardt, Ulrich: „Zum Weisungsrecht der Gesellschafter in der nicht mitbestimmten GmbH"; in: „Strafrecht, Unternehmensrecht, Anwaltsrecht" Festschrift für Gerd Pfeiffer; (Hrsg.: Freiherr von Gramm, Otto Friedrich / Raisch, Peter / Tiedemann, Klaus); Heynemanns Verlag Köln; 1988; S. 839
(Zitiert: Eisenhardt in FS Pfeiffer 1988 S. 839)

Ellmaier, Wolfgang: „Internet für Juristen"; Manzsche Verlags- und Universitätsbuchhandlung; Wien; 2001
(Zitiert: Ellmaier S.)

Ensthaler, Jürgen / Gesmann-Nuissl, Dagmar: „Virtuelle Unternehmen in der Praxis – eine Herausforderung für das Zivil- ‚Gesellschafts- und Kartellrecht"; BB 2000 S. 2265
(Zitiert: Ensthaler/Gesmann-Nuissl BB 2000, 2265)

Erd, Rainer: „Online-Recht kompakt: Von der Domain zum Download"; Fachhochschulverlag; Frankfurt am Main; 2000
(Zitiert: Erd S.)

Ernst, Stefan: „Wirtschaftsrecht im Internet"; BB 1997, 1057
(Zitiert: Ernst BB 1997, 1057)

Eylmann, Horst / Vaasen, Hans-Dieter: „Bundesnotarordnung, Beurkundungsgesetz"; C.H. Beck; München; 2000
(Zitiert: Bearbeiter in Eylmann/Vaasen §... Rn)

Fleischhauer, Jens: „Hauptversammlung und Neue Medien – Gesetzesvorschlag der Bundesnotarkammer zur Öffnung der Hauptversammlung der Aktiengesellschaft für den Einsatz Neuer Medien"; ZIP 2001 S. 1133
(Zitiert: Fleischhauer ZIP 2001, 1133)

Fleck, Hans-Joachim: „Schuldrechtliche Verpflichtungen einer GmbH im Entscheidungsbereich der Gesellschafter"; ZGR 1988 S. 104
(Zitiert: Fleck ZGR 1988, 104)

Franken, Paul / Heinsius, Theodor: „Das Spannungsverhältnis der allgemeinen Publizität zum Auskunftsrecht des Aktionärs"; in: „Rechenschaftslegung im Wandel" Festschrift für Wolfgang Dieter Budde;(Hrsg.: Förschle, Gerhart / Kaiser, Klaus / Moxter, Adolf); C.H. Beck`sche Verlagsbuchhandlung ; München; 1995 S. 213
(Zitiert: Franken/Heinsius in FS Budde 1995 S. 213)

Gehrlein, Markus: „Der Anspruch auf Einsicht in ein Hauptversammlungsprotokoll – eine gesetzesferne aber interessengerechte Rechtsschöpfung"; WM 1994 S. 2054
(Zitiert: Gehrlein WM 1994, 2054)

Geiger, Stefan: „Gerichtsverfahren mittels Videokonferenzen"; ZRP 1998 S. 365
(Zitiert: Geiger ZRP 1998, 365)

Geis, Ivo: „Die digitale Signatur"; NJW 1997 S. 3000
(Zitiert Geis NJW 1997, 3000)

Geßler, Ernst / Hefermehl, Wolfgang / Eckardt, Ulrich / Kropff, Bruno: „Aktiengesetz"
Band I: §§ 1-75 AktG;
Band II: §§ 76-147 AktG;
Verlag Franz Vahlen; München; 1984,1974
(Zitiert: Bearbeiter in Gessler/Hefermehl §... Rn)

Gessler, Ernst: „Einberufung und ungeschriebene Hauptversammlungszuständigkeiten"; Festschrift für Walter Stimpel zum 68. Geburtstag; (Hrsg.: Lutter, Marcus; Mertens, Hans-Joachim, Ulmer, Peter); Walter de Gruyter; Berlin; 1985; S. 771
(Zitiert: Gessler in FS Stimpel 1985 S. 771)

Gierke, Otto: „Deutsches Privatrecht 1. Band Allgemeiner Teil und Personenrecht"; Verlag von Duncker & Humblot; 1895
(Zitiert: Gierke S.)

Goedecke, Claus /Heuser, Friedericke: „NaStraG: Erster Schritt zur Öffnung des Aktienrechts für moderne Kommunikationstechniken"; BB 2001 S. 369
(Zitiert: Goedecke/Heuser BB 2001, 369)

Goedsche, Marcus: „Das Recht der Namensaktie und die Öffnung des Aktienrechts für moderne Kommunikationsmittel"; Peter Lang GmbH; Frankfurt am Main; 2002
(Zitiert: Goedsche S.)

Groeneveld, Heiko / Wächter, Michael: „Firewall-Systeme – ein Mittel der Organisationskontrolle?"; CR 1996 S. 390
(Zitiert: Groeneveld/Wächter CR 1996, 390)

„Großkommentar zum Aktiengesetz"
Erster Band Zweiter Halbband §§ 76-147 AktG ; 3. Auflage; Walter de Gruyter; Berlin; 1973
(Zitiert: Bearbeiter in Großkomm § .. Anm)

Groß, Wolfgang: „Vorbereitung und Durchführung von Hauptversammlungsbeschlüssen zu Erwerb oder Veräußerung von Unternehmensbeteiligungen"; AG 1996 S. 111
(Zitiert: Groß AG 1996, 111)

Grunewald, Barbara: „Die Auslegung von Gesellschaftsverträgen und Satzungen"; ZGR 1995 S. 68
(Zitiert: Grunewald ZGR 1995, 68)

Grunewald, Barbara: „Gesellschaftsrecht"; 4. Auflage 2000; J.C.B. Mohr; Tübingen
(Zitiert: Grunewald S.)

Habersack, Mathias: „Aktienrecht und Internet"; ZHR 165 (2001) S. 172
(Zitiert: Habersack ZHR 165 (2001), 172)

Habersack, Mathias: „Unwirksamkeit ‚zustandsbegründender' Durchbrechungen der GmbH-Satzung sowie darauf gerichteter schuldrechtlicher Nebenabreden"; ZGR 1994 S. 354
(Zitiert: Habersack ZGR 1994, 354)

„Hachenburg – Gesetz betreffend die Gesellschaften mit beschränkter Haftung (GmbHG) – Großkommentar" (Hrsg. Ulmer, Peter); 8. Auflage; Walter de Gruyter; Berlin
Erster Band: Allgemeine Einleitung §§ 1-34 GmbHG; 1992
Zweiter Band: §§ 35-52 GmbHG; 1997
Dritter Band: §§ 53-85 GmbHG; 1997
(Zitiert: Hachenburg/Bearbeiter § ... Rn)

Happ, Wilhelm / Freitag, Angelika: „Die Mitternachtsstund' als Nichtigkeitsgrund"; AG 1998 S. 493
(Zitiert: Happ/Freitag AG 1998, 493)

Happ, Wilhelm: „Vom Aktienbuch zum elektronischen Aktionärsregister"; Festschrift für Gerold Bezzenberger zum 70. Geburtstag am 13. März 2000; (Hrsg. Westermann, Harm Peter; Mock, Klaus); Walter de Gruyter; Berlin; 2000; S. 111
(Zitiert: Happ in FS Bezzenberger 2000 S. 111)

Hansen, Herbert: „GmbH-Bestand stieg auf mehr als 500 000 Gesellschaften an"; GmbHR 1993 S. 146
(Zitiert: Hansen GmbHR 1993, 146)

Hasselbach, Kai / Schumacher, Stephan: „Hauptversammlung im Internet"; ZGR 2000 S. 258
(Zitiert: Hasselbach/Schumacher ZGR 2000, 258)

Hellner, Thorwald / Steuer, Stephan: „Bankrecht und Bankpraxis, Band 4, 8 Depotgeschäft"; Bank-Verlag; Köln; Stand 2001
(Zitiert: Hellner/Steuer)

Henn, Günter: „Die Gleichbehandlung der Aktionäre in Theorie und Praxis"; AG 1985 S. 240
(Zitiert: Henn AG 1985, 240)

Henn, Günter: „Die Wahrung der Interessen der Aktionäre innerhalb und außerhalb der Hauptversammlung"; BB 1982 S. 1185
(Zitiert: Henn BB 1982, 1185)

Henn, Günter: „ Handbuch des Aktienrechtes"; 7. Auflage 2002; C.F. Müller; Heidelberg
(Zitiert: Henn Hdb Rn)

Hennerkes, Brun-Hagen / Kögel, Rainer: „Eine Geschäftsordnung für die Hauptversammlung"; DB 1999 S. 81
(Zitiert: Hennerkes/Kögel DB 1999, 81)

Henseler: „Die Abstimmung in der Hauptversammlung einer Aktiengesellschaft"; BB 1962 S. 1023
(Zitiert: Henseler BB 1962, 1023)

Herget von, Harald / Reimer, Mathias: „Rechtsformen und Inhalte von Verträgen im Online-Bereich"; DStR 1996 S. 1288
(Zitiert: von Herget/Reimer DStR 1996, 1288)

Hering, Thomas / Olbrich, Michael: „Zur Bemessung der Abfindung nach § 5 EG AktG – Die Abschaffung der Mehrstimmrechtsaktien aus modelltheoretischer und empirischer Sicht"; Die Wirtschaftsprüfung 2001 S. 809
(Zitiert: Hering/Olbrich Wpg 2001, 809)

Heun, Sven-Erik: „Die elektronische Willenserklärung"; CR 1994 S. 595
(Zitiert: Heun CR 1994, 595)
Hey, Andreas: „Unternehmen und Internet"; BuW 2000 S. 969
(Zitiert: Hey BuW 2000, 969)
Hirte, Heribert: „Der Einfluß neuer Informationstechniken auf das Gesellschaftsrecht und die corporate-governance-Debatte"; Corporations, capital markets, and business in the law: liber amicorum Richard M. Buxbaum; (Hrsg. Baums, Theodor; Hopt, Klaus; Horn, Norbert); Kluwer Law International; The Hague; 2000; S. 282
(Zitiert: Hirte in FS Buxbaum 2000 S. 282)
Hoffmann-Becking, Michael: „Der Einfluss schuldrechtlicher Gesellschaftervereinbarungen auf die Rechtsbeziehungen in der Kapitalgesellschaft"; ZGR 1994 S. 442
(Zitiert: Hoffmann-Becking ZGR 1994, 442)
Hoffmann-Becking, Michael (Hrsg.): „Münchner Handbuch des Gesellschaftsrechts";
Band 4 Aktiengesellschaft; 2. Auflage; C.H. Beck; München; 1999
(Zitiert: Bearbeiter in Mü Hdb GmbH §... Rn)
Hohenegg, Christoph / Tauschek, Stefan: „Rechtliche Probleme digitaler Signaturverfahren"; BB 1997, 1541
(Zitiert: Hohenegg/Tauschek BB 1997, 1541)
Hohlfeld, Matthias: „Virtuelle GmbH-Gesellschafterversammlung"; GmbHR 2000, R 53
(Zitiert: Hohlfeld GmbHR 2000 R 53)
Holznagel, Bernd / Enaux, Christoph / Nienhaus, Christian: „Grundzüge des Telekommunikationsrechts" ; C.H. Beck; München; 2001
(Zitiert: Holznagel/Enaux/Nienhaus S.)
Hommelhoff, Peter: „Das Unternehmensrecht vor den Herausforderungen der Globalisierung"; Festschrift für Marcus Lutter zum 70. Geburtstag (Hrsg.: Schneider, Uwe H.; Hommelhoff, Peter; Schmidt, Karsten; Timm, Wolfram; Grunewald, Barbara; Drygala, Tim); Otto Schmidt; Köln; 2000; S. 95
(Zitiert: Hommelhoff in FS Marcus Lutter 2000 S. 95)
Horbach, Matthias: „Verfahrensfragen bei Holzmüller-Beschlüssen der Hauptversammlung" BB 2001 S. 893
(Zitiert: Horbach BB 2001, 893)
Huber, Herwart: „Die ‚geplant beschlusslose' Hauptversammlung"; ZIP 1995 S. 1740
(Zitiert: Huber ZIP 1995, 1740)
Hüffer, Uwe: „Aktiengesetz"; 5. Auflage 2002; C.H. Beck ; München
(Zitiert: Hüffer §... Rn)

Hüffer, Uwe: „Die Gesellschafterversammlung – Organ der GmbH oder bloßes Beschlußverfahren?"; Festschrift 100 Jahre GmbH-Gesetz (Hrsg.: Lutter, Marcus; Ulmer, Peter; Zöllner, Wolfgang); Verlag Otto Schmidt KG; Köln; 1992; S. 521
(Zitiert: Hüffer in FS 100 Jahre 1992 S. 521)

Hüther, Mario: „Aktionärsbeteiligung und Internet – Eine rechtsvergleichende Bestandsaufnahme korporativer Willensbildung im Zeitalter neuer Medien"; Carl Heymanns Verlag KG; Köln; 2002
(Zitiert: Hüther S.)

Hüther, Mario: „Namensaktien, Internet und die Zukunft der Stimmrechtsvertretung"; AG 2001 S. 68
(Zitiert: Hüther AG 2001, 68)

Huhn, Dieter / Schuckmann von, Hans-Joachim: „Beurkundungsgesetz"; 3. Auflage 1995; de Gruyter; Berlin
(Zitiert: Huhn/Schuckmann §... Rn)

Immenga, Ulrich / Werner, Horst S. : „Der Stimmrechtsausschluß eines GmbH-Gesellschafters"; GmbHR 1976 S. 53
(Zitiert: Immenga/Werner GmbHR 1976, 53)

Jochum, Manfred (Hrsg.): „Elektronik und Urkunde – Elektronisches Dokument und Rechtssicherheit"; Manzsche Verlags- und Universitätsbuchhandlung; Wien 2000
(Zitiert: Bearbeiter in Jochum Elektronik und Urkunde S.)

Joussen, Peter: „Auskunftspflicht des Vorstandes nach § 131 AktG und Insiderrecht"; DB 1994 S. 2485
(Zitiert: Joussen DB 1994, 2485)

Kölling, Lars: „Namensaktien im Wandel der Zeit – ‚NaStraG'"; NZG 2000 S. 631
(Zitiert: Kölling NZG 2000, 631)

Kötz, Hein: „Freiheit und Zwang im Vertragsrecht"; Festschrift für Ernst-Joachim Mestmäcker zum siebzigsten Geburtstag; (Hrsg. Immenga, Ulrich / Möschel, Wernhard / Reuter, Dieter); Nomos Verlagsgesellschaft; Baden-Baden; 1996; S. 1037
(Zitiert: Kötz in FS Mestmäcker 1996 S. 1037)

Kropff, Bruno: „Aktiengesetz mit Begründung des Regierungsentwurfes"; Düsseldorf; 1965
(Zitiert: Kropff)

Kübler, Friedrich: „Gesellschaftsrecht"; 5. Auflage; C.F. Müller; Heidelberg; 1998
(Zitiert: Kübler S.)

Kuner, Christopher: „Rechtliche Aspekte der Datenverschlüsselung im Internet“; NJW-CoR 1995 S. 413
(Zitiert: Kuner NJW-CoR 1995, 413)

Larisch, Dirk: „Netzwerkpraxis für Anwender“; 3. Auflage; Carl Hanser Verlag; München; 2000
(Zitiert: Larisch S.)

Lehmann, Jürgen: „Die groben und die feinen Maschen des § 126 AktG“; Festschrift für Karlheinz Quack zum 65. Geburtstag; (Hrsg. Westermann, Harm Peter / Rosener, Wolfgang); Walter de Gruyter; 1991; S. 287
(Zitiert: Lehmann in FS Quack 1991 S. 287)

Leuering, Dieter: „Die Erteilung von Abschriften an Aktionäre“; ZIP 2000 S. 2053
(Zitiert: Leuering ZIP 2000, 2053)

Loritz, Karl-Georg: „Die Berechnung der Einberufungsfrist bei Gesellschafterversammlungen der GmbH“; GmbHR 1992 S. 790
(Zitiert: Loritz GmbHR 1992, 790)

Lütcke, Jens: „Persönlichkeitsrechtsverletzungen im Internet: Eine rechtsvergleichende Untersuchung zum deutschen und amerikanischen Recht“; Verlag Florentz FmbH; München; 2000
(Zitiert: Lütcke S.)

Luther, Martin: „§ 23 Abs. (5) AktG im Spannungsfeld von Gesetz und Einzelentscheidung der Organe der Aktiengesellschaft“; Freundesgabe für Hans Hengeler zum 70. Geburtstag; (Hrsg. Bernhardt, Wolfgang / Hefermehl, Wolfgang / Schilling, Wolfgang); Springer Verlag; Berlin; 1972; S. 167
(Zitiert: Martin Luther in FS Hengeler 1972 S. 167)

Lutter, Marcus: „Due diligence des Erwerbers beim Kauf einer Beteiligung“; Festschrift für Helmut Schippel zum 65. Geburtstag; (Hrsg. Bundesnotarkammer, Präsident Vaasen, Hans-Dieter); C.H. Beck; München; 1996; S. 455
(Zitiert: Lutter in FS Schippel 1996 S. 455)

Lutter, Marcus: „Gesetz für kleine Aktiengesellschaften und zur Deregulierung des Aktienrechtes“; AG 1994 S. 429
(Zitiert: Lutter AG 1994, 429)

Lutter, Marcus / Hommelhoff, Peter: „GmbH-Gesetz Kommentar“; 15. Auflage; Dr. Otto Schmidt; Köln 2000
(Zitiert: Lutter/Hommelhoff §... Rn)

Lutter, Marcus: „Zum Informationsrecht des Gesellschafters nach neuem GmbH-Recht“; ZGR 1982 S. 1
(Zitiert: Lutter in ZGR 1982, 1)

Lutter, Marcus: „Zur Treuepflicht des Großaktionärs“; JZ 1976 S. 252
(Zitiert: Lutter JZ 1976, 252)

Lutter, Marcus: „Zur Vorbereitung und Durchführung von Grundlagenbeschlüssen in Aktiengesellschaften"; Festschrift für Hans-Joachim Fleck zum 70. Geburtstag; (Hrsg: Goerdeler, Reinhard; Hommelhoff, Peter; Lutter, Marcus); Walter de Gruyter; Berlin; 1988; S. 169
(Zitiert: Lutter in FS Fleck 1988 S. 169)

Martens, Klaus-Peter: „Die Leitungskompetenz auf der Hauptversammlung einer Aktiengesellschaft"; WM 1981 S. 1010
(Zitiert: Martens WM 1981, 1010)

Max, Dietrich H. : „Die Leitung der Hauptversammlung"; AG 1991 S. 77
(Zitiert: Max AG 1991, 77)

Mayer, Dieter: „Die Zulässigkeit von Stimmrechtsvereinbarungen im GmbH-Recht" ; GmbHR 1990, 61
(Zitiert: Mayer GmbHR 1990, 61)

Meilicke, Heinz / Heidel, Thomas: „Das Auskunftsrecht des Aktionärs in der Hauptversammlung (Teil I)"; DStR 1992 S. 72
(Zitiert: Meilicke/Heidel DStR 1992, 72)

Menzel, Thomas: „Elektronische Signaturen"; Verlag Österreich; Wien; 2000
(Zitiert: Menzel Elektronische Signaturen S.)

Mertens, Hans-Joachim: „Satzungs- und Organisationsautonomie im Aktien- und Konzernrecht"; ZGR 1994 S. 426
(Zitiert: Mertens ZGR 1994, 426)

Messer, Herbert: „Der Widerruf der Stimmabgabe"; Festschrift für Hans-Joachim Fleck zum 70. Geburtstag; (Hrsg: Goerdeler, Reinhard; Hommelhoff, Peter; Lutter, Marcus); Walter de Gruyter; Berlin; 1988; S. 221
(Zitiert: Messer in FS Fleck 1988 S. 221)

Mohr, Alexander: „Courtroom 21"; JurPC Web-Dok. 130/2001, Abs. 1-6; http://www.jurpc.de/aufsatz/20010130.htm; zuletzt abgerufen am 13.12.2002-12-13
(Zitiert: Mohr http://www.jurpc.de/aufsatz/20010130.htm Abs.)

Mimberg, Jörg: Schranken der Vorbereitung und Durchführung der Hauptversammlung im Internet – die Rechtslage nach dem Inkrafttreten von NaStraG, Formvorschriften-AnpassungsG und TransPuG – "; ZGR 2003 S. 21
(Zitiert: Mimberg ZGR 2003, 21)

Möhring, Philipp: „Proxy-Stimmrecht und geltendes deutsches Aktienrecht"; Festschrift für Ernst Gessler zum 65. Geburtstag (Hrsg. Ballerstedt, Kurt; Hefermehl, Wolfgang); Franz Vahlen Verlag; 1971; München; S. 127
(Zitiert: Möhring in FS Gessler 1971 S. 127)

Müller, Welf / Hense, Burkhard (Hrsg.): „Beck`sches Handbuch der GmbH Gesellschaftsrecht Steuerrecht"; 2. Auflage ; C.H. Beck`sche Verlagsbuchhandlung; München; 1999
(Zitiert: Bearbeiter in Becksches Hdb GmbH §... Rn)

„Münchener Handbuch des Gesellschaftsrechts"; C.H. Becksche Verlagsbuchhandlung; München
Band 3: Gesellschaft mit beschränkter Haftung; (Hrsg.: Priester, Hans-Joachim / Mayer, Dieter); 1996
(Zitiert: Bearbeiter in Mü Hdb GmbH §... Rn)
Band 4: Aktiengesellschaft (Hrsg.: Hoffmann-Becking, Michael); 2. Auflage; 1999
(Zitiert: Bearbeiter in Mü Hdb AktG §... Rn)

„Münchener Kommentar zum Aktiengesetz"; (Hrsg. Kropff, Bruno /Semler, Johannes)
Band 1 §§ 1 – 53 AktG; 2. Auflage des Geßler / Hefermehl / Eckardt / Kropf Aktiengesetzes; C.H. Beck / Verlag Franz Vahlen; München; 2000
(Zitiert: Bearbeiter in MüKo AktG §... Rn)

„Münchner Kommentar zum Bürgerlichen Gesetzbuch"; (Hrsg. Rebmann, Kurt / Säcker, Franz Jürgen)
Band I; Allgemeiner Teil §§ 1-240 BGB, AGB-Gesetz; 3. Aufl.; C.H. Becksche Verlagsbuchhandlung; München; 1993
(Zitiert: Bearbeiter in MüKo BGB §.. Rn)

Noack, Ulrich: „Die Namensaktie – Dornröschen erwacht"; DB 1999 S. 1306
(Zitiert: Noack DB 1999, 1306)

Noack, Ulrich: „Die organisierte Stimmrechtsvertretung auf Hauptversammlungen – insbesondere durch die Gesellschaft"; Festschrift für Marcus Lutter zum 70. Geburtstag (Hrsg.: Schneider, Uwe H.; Hommelhoff, Peter; Schmidt, Karsten; Timm, Wolfram; Grunewald, Barbara; Drygala, Tim); Otto Schmidt; Köln; 2000; S. 1463
(Zitiert: Noack in FS Marcus Lutter 2000 S. 1463)

Noack, Ulrich: „Die Umstellung von Inhaber- auf Namensaktien"; Festschrift für Gerold Bezzenberger zum 70. Geburtstag am 13. März 2000; (Hrsg. Westermann, Harm Peter; Mock, Klaus); Walter de Gruyter; Berlin; 2000; S. 291
(Zitiert: Noack in FS Bezzenberger 2000 S. 291)

Noack, Ulrich: „Hauptversammlung und Neue Medien"; BB 1998 S. 2533
(Zitiert: Noack BB 1998, 2533)

Noack, Ulrich: „Moderne Kommunikationsformen vor den Toren des Unternehmensrechts"; ZGR 1998 S. 592
(Zitiert: Noack ZGR 1998, 592)

Noack, Ulrich: „Neuerungen im Recht der Hauptversammlung durch das Transparenz- und Publizitätsgesetz und den Deutschen Corporate Governance Kodex“; DB 2002 S. 620
(Zitiert: Noack DB 2002, 620)

Noack, Ulrich: „Neues Recht für die Namensaktie – Zum Referentenentwurf eines NaStraG“ ZIP 1999 S. 1993
(Zitiert: Noack ZIP 1999, 1993)

Noack, Ulrich: „Stimmrechtsvertretung in der Hauptversammlung nach NaStraG“; ZIP 2001 S. 57
(Zitiert: Noack ZIP 2001, 57)

Noack, Ulrich / Spindler, Gerald: „Unternehmensrecht und Internet“; Schriftenreihe Information und Recht Band 20; Verlag C.H. Beck; München 2001
(Zitiert: Bearbeiter in Noack/Spindler Unternehmensrecht S.)

Noack, Ulrich: „Unternehmensrecht und Internet – Das Aktienrecht 2001 macht die Internet-Hauptversammlung möglich“; http://www.jura.uni-duesseldorf.de/service/hv/faz.htm; zuletzt abgerufen am 02.12.2002
(Zitiert: Noack http://www.jura.uni-duesseldorf.de/service/hv/faz.htm)

Obermüller, Walter / Werner, Winfried / Winden, Kurt: „ Leitfaden für die Hauptversammlung einer Aktiengesellschaft“; 1963; Verlag Handelsblatt GmbH; Düsseldorf
(Zitiert: Obermüller/Werner/Winden S.)

Oberndörfer, Julian: „Die EG-Richtlinie über ‚gemeinschaftliche Rahmenbedingungen für elektronische Signaturen‘ und das Bankgeschäft am Beispiel von db-order“; NJW-CoR, 2000 S. 228
(Zitiert: Oberndörfer NJW-CoR 2000, 228)

Odersky, Walter: „Stimmbindung in Pool und ‚Unterpool‘ “; Festschrift für Marcus Lutter zum 70. Geburtstag (Hrsg.: Schneider, Uwe H.; Hommelhoff, Peter; Schmidt, Karsten; Timm, Wolfram; Grunewald, Barbara; Drygala, Tim); Otto Schmidt; Köln; 2000; S. 557
(Zitiert: Odersky in FS Marcus Lutter 2000 S. 557)

Palandt, Otto: „Bürgerliches Gesetzbuch“; 61. Auflage 2002; C.H. Beck; München
(Zitiert: Bearbeiter in Palandt §... Rn)

Planck, Marina: „Kleine AG als Rechtsform-Alternative zur GmbH“; GmbHR 1994 S. 501
(Zitiert: Planck GmbHR 1994, 501)

Preissler, Tino: „Wahrnehmung der Aktionärsrechte in der Hauptversammlung einer deutschen Aktiengesellschaft mit globalen Namensaktien durch in den USA ansässige Aktionäre“; WM 2001 S. 113
(Zitiert: Preissler WM 2001, 113)

Priester, Hans-Joachim: „Satzungsänderung und Satzungsdurchbrechung" ZHR 151 (1987) S. 40
(Zitiert: Priester ZHR 151 (1887), 40)

Quack, Karlheinz: „Beschränkungen der Redezeit und des Auskunftsrechtes des Aktionärs"; AG 1985 S. 145
(Zitiert: Quack AG 1985, 145)

Quack, Karlheinz: „Das Rederecht des Aktionärs in der Hauptversammlung"; Festschrift für Hans Erich Brandner 1996; Verlag Otto Schmidt; Köln; S. 113
(Zitiert: Quack in FS Brandner 1996 S. 113)

Riegger, Bodo: „Hauptversammlung und Internet"; ZHR 165 (2001) S. 204
(Zitiert: Riegger ZHR 165 (2001), 204)

Riegger, Bodo / Mutter, Stefan: „Zum Einsatz neuer Kommunikationsmedien in Hauptversammlungen von Aktiengesellschaften" ZIP 1998 S. 637
(Zitiert: Riegger/Mutter ZIP 1988, 637)

Roßnagel, Alexander: „Die neue Signaturverordnung"; BB 2002 S. 261
(Zitiert: Roßnagel BB 2002, 261)

Roßnagel, Alexander: „Ein Kulturumbruch: Digitale Signaturen"; BB 2000 die erste Seite H 10
(Zitiert: Roßnagel BB 2000 H 10)

Rowedder, Heinz / Schmidt-Leithoff, Christian: „Gesetz betreffend der Gesellschaften mit beschränkter Haftung (GmbHG) Kommentar"; 4. Auflage; Verlag Franz Vahlen; München; 2002
(Zitiert: Rowedder/Bearbeiter §... Rn)

Saenger, Ingo: „Hinzuziehung von Stellvertreter oder Beistand bei Beschlussfassung und Kontrolle im Gesellschaftsrecht"; NJW 1992 S. 348
(Zitiert: Saenger NJW 1992, 348)

Sasse, Marc: „Hauptversammlung und Internet"; Tenea Verlag; Berlin; 2002
(Zitiert: Sasse S.)

Schaaf, Andreas: „Publikumshauptversammlung und Rederecht"; ZIP 1997 S. 1324
(Zitiert: Schaaf ZIP 1997, 1324)

Schervier, Joachim: „Beurkundung GmbH-rechtlicher Vorgänge im Ausland"; NJW 1992 S. 593
(Zitiert: Schervier NJW 1992, 593)

Schicker, Stefan: „Die elektronische Signatur – eine praktische Einführung"; JurPC Web-Dok. 139/2001, Abs. 1-87; http://www.jurpc.de/aufsatz/20010139.htm (zuletzt abgerufen am 13.12.2002)
(Zitiert: Schicker http://www.jurpc.de/aufsatz/20010139.htm Abs.)

Schiessl, Maximilian: „Hauptversammlung deutscher Aktiengesellschaften im Ausland"; DB 1992 S. 823
(Zitiert: Schiessl DB 1992, 823)

Schmidt, Karsten: „Die Behandlung treuwidriger Stimmen in der Gesellschafterversammlung und im Prozeß"; GmbHR 1992 S. 9
(Zitiert: K. Schmidt GmbHR 1992, 9)

Schmidt, Karsten: „Gesellschaftsrecht"; 3. Auflage; Carl Heymanns Verlag KG; Köln; 1997
(Zitiert: K. Schmidt Gesellschaftsrecht)

Schneider, Uwe H. / Burgard, Ulrich: „Maßnahmen zur Verbesserung der Präsenz auf der Hauptversammlung einer Aktiengesellschaft"; Festschrift für Karl Beusch zum 68. Geburtstag; (Hrsg.: Beisse, Heinrich / Lutter, Marcus / Närger/ Heribald); Walter de Gruyter; Berlin; 1993; S. 783
(Zitiert: Schneider/Burgard in FS Beusch 1993 S. 783)

Schneider, Uwe H./ Singhof, Bernd: „ Die Weitergabe von Insidertatsachen in der konzernfreien Aktiengesellschaft, insbesondere im Rahmen der Hauptversammlung und an einzelne Aktionäre – Ein Beitrag zum Verhältnis von Gesellschaftsrecht und Kapitalmarktrecht"; Festschrift für Alfons Kraft zum 70. Geburtstag; (Hrsg.: Hönn, Günther / Konzen, Horst; Kreutz, Peter); Luchterhand; Neuwied; 1998; S. 585
(Zitiert: Schneider/Singhof in FS Kraft 1998 S. 585)

„Scholz - Kommentar zum GmbH-Gesetz"; 9. Auflage; Verlag Dr. Otto Schmidt; Köln
I. Band §§ 1-44 GmbHG Anhang Konzernrecht; 2000
II. Band §§ 45-87 GmbHG; 2002
(Zitiert: Scholz/Bearbeiter § .. Rn)

Schuster, Rolf / Färber, Johannes / Eberl, Markus: „Digital Cash – Zahlungssysteme im Internet"; Springer-Verlag; Berlin; 1997
(Zitiert: Schuster/Färber/Eberl S.)

Schweighofer, Erich / Menzel, Thomas (Hrsg.): „E-Commerce und E-Government: aktuelle Fragestellungen der Rechtsinformatik"; Verlag Österreich; Wien; 2000
(Zitiert: Autor in Schweighofer/Menzel E-Commerce S.)

Seeger, Axel M.: „Die Online-Hauptversammlung – Internetbasierte Ausübung von Aktionärsrechten auf der Hauptversammlung der deutschen Publikumsgesellschaft"; Deutscher Universitäts-Verlag GmbH; Wiesbaden; 2002
(Zitiert: Seeger S.)

Seibert, Ulrich: „Aktienrechtsnovelle NaStraG tritt in Kraft – Übersicht über das Gesetz und Auszüge aus dem Bericht des Rechtsausschusses“; ZIP 2001 S. 53
(Zitiert: Seibert ZIP 2001, 53)
Seibert, Ulrich: „Der Ausschluss des Verbriefungsanspruchs des Aktionärs in Gesetzgebung und Praxis“; DB 1999 S. 267
(Zitiert: Seibert DB 1999, 267)
Seibert, Ulrich: „Der Regierungsentwurf zum Namensaktiengesetz (NaStraG)“; ZIP 2000 S. 937
(Zitiert: Seibert Begründung RegE NaStraG ZIP 2000, 937)
Seibert, Ulrich: „OECD Principles of Corporate Governance – Grundsätze der Unternehmensführung und -kontrolle für die Welt“; AG 1999 S. 337
(Zitiert: Seibert AG 1999, 337)
Seibert, Ulrich: „Stimmrecht und Hauptversammlung – eine rechtspolitische Sicht“; BB 1998 S. 2536
(Zitiert: Seibert BB 1998, 2536)
Seibert, Ulrich: „ Transparenz- und Publizitätsgesetz“; ZIP 2001 S. 2192
(Zitiert: Seibert ZIP 2001, 2192)
Semler, Johannes / Volhard, Rüdiger (Hrsg.): „Arbeitshandbuch für die Hauptversammlung“; C.H. Beck Franz Vahlen GmbH; München; 1999
(Zitiert: Bearbeiter in Semler/Volhard Arbeitshandbuch Rn)
Siems, Mathias: „Der RegE für ein Gesetz zur Namensaktie und zur Erleichterung der Stimmrechtsausübung (NaStraG)“; NZG 2000 S. 626
(Zitiert: Siems NZG 2000, 626)
Siepelt, Stefan: „Das Rederecht des Aktionärs und dessen Beschränkung“; AG 1995 S. 254
(Zitiert: Siepelt AG 1995, 254)
Sina, Peter: „Das Recht des Gesellschafters auf Anwesenheit eines Beraters in der Gesellschafterversammlung“; GmbHR 1993, 136
(Zitiert: Sina GmbHR 1993, 136)
Spindler, Gerald / Hüther, Mario: „Das Internet als Medium der Aktionärsbeteiligung in den USA“; RIW 2000 S. 329
(Zitiert: Spindler/Hüther RIW 2000, 329)
Spindler, Gerald: „Deregulierung des Aktienrechts?“; AG 1998 S. 53
(Zitiert: Spindler AG 1998, 53)
Spindler, Gerald: „Internet und Corporate Governance – ein neuer virtueller (T)Raum?“; ZGR 2000 S. 420
(Zitiert: Spindler ZGR 2000, 420)

Stephan, Peter Friedrich: „Events und E-Commerce – Kundenbindung und Markenführung im Internet"; Springer Verlag; Berlin; 2000
(Zitiert: Autor in Stephan: Events und E-Commerce S.)

Stützle, Rudolf / Walgenbach, Joachim: „Leitung der Hauptversammlung und Mitspracherecht der Aktionäre in Fragen der Versammlungsleitung"; ZHR 155 (1991); S. 516
(Zitiert: Stützle/Walgenbach ZHR 155 (1991), 516)

Than, Jürgen: „Auf dem Weg zur virtuellen Hauptversammlung – Eine Bestandsaufnahme"; Festschrift für Martin Peltzer zum 70. Geburtstag (Hrsg. Lutter, Marcus); Köln Verlag Otto Schmidt; 2001; S. 577
(Zitiert: Than in FS Peltzer 2001 S. 577)

Thelen, Werner: „Die Ankündigung des Zwecks der Gesellschafterversammlung bei der Einberufung"; GmbHR 1992 S. 796
(Zitiert: Thelen GmbHR 1992, 796)

Thießen, Friedrich (Hrsg.): „Bezahlsysteme im Internet"; Fritz Knapp Verlag; Frankfurt am Main; 1999
(Zitiert: Autor in Thießen S.)

Timm, Wolfram: „Das Gesellschaftsrecht im Cyberspace"; Festschrift für Marcus Lutter zum 70. Geburtstag (Hrsg.: Schneider, Uwe H.; Hommelhoff, Peter; Schmidt, Karsten; Timm, Wolfram; Grunewald, Barbara; Drygala, Tim); Otto Schmidt; Köln; 2000; S. 157
(Zitiert Timm in FS Marcus Lutter 2000 S. 157)

Timm, Wolfram: „Die Mitwirkung des Aufsichtsrats bei unternehmensstrukturellen Entscheidungen"; DB 1980 S. 1201
(Zitiert: Timm DB 1980, 1201)

Trouet, Klaus: „Die Hauptversammlung – Organ der Aktiengesellschaft oder Forum der Aktionäre?"; NJW 1986 S. 1302
(Zitiert: Trouet NJW 1986, 1302)

Ulmer, Peter: „Verletzung schuldrechtlicher Nebenabreden als Anfechtungsgrund im GmbH-Recht?"; NJW 1987 S. 1849
(Zitiert: Ulmer NJW 1987, 1849)

Ultsch, Michael: „ Zugangsprobleme bei elektronischen Willenserklärungen"; NJW 1997 S. 3007
(Zitiert: Ultsch NJW 1997, 3007)

Vehslage, Thorsten: „Das geplante Gesetz zur Anpassung der Formvorschriften des Privatrechts und andere Vorschriften an den modernen Rechtsverkehr"; DB 2000 S. 1801
(Zitiert: Vehslage DB 2000, 1801)

Vellen, Michael: „Vorsteuerabzug aus elektronischen Rechnungen"; K&R 2001 S. 242
(Zitiert: Vellen K&R 2001, 242)

Vorwerk, Klaus / Wimmers, Jörg: „Treubindung des Mehrheitsgesellschafters oder der Gesellschaftermehrheit bei Beschlussfassung in der GmbH-Gesellschafterversammlung" GmbHR 1998 S.717
(Zitiert: Vorwerk/Wimmers GmbHR 1998, 717)

Werner, Winfried: „Bekanntmachung der Tagesordnung und bekanntmachungsfreie Anträge"; Festschrift für Hans-Joachim Fleck Fleck zum 70. Geburtstag; (Hrsg: Goerdeler, Reinhard; Hommelhoff, Peter; Lutter, Marcus); Walter de Gruyter 1988; S. 401
(Zitiert: Werner in FS Fleck 1988 S. 401)

Westermann, Harm Peter: „Das Konsortium als Verteidigungs- und Kampfinstrument in der GmbH"; Festschrift für Gerold Bezzenberger zum 70. Geburtstag am 13. März 2000; (Hrsg. Westermann, Harm Peter; Mock, Klaus); Walter de Gruyter; Berlin; 2000; S. 449
(Zitiert: H.P. Westermann in FS Bezzenberger 2000 S. 449)

Winter, Martin: „Satzungsergänzende schuldrechtliche Abreden?"; ZHR 154 (1990) S. 259
(Zitiert: Winter ZHR 154 (1990), 259)

Wohlwend, Corrado: „Die Hauptversammlung im Wandel der Kommunikationsformen – Eine vergleichende Untersuchung des US-amerikanischen und deutschen Rechts"; Peter Lang GmbH; Frankfurt am Main; 2001
(Zitiert: Wohlwend S.)

Würdinger, Hans: „Aktienrecht und das Recht der verbundenen Unternehmen – eine systematische Darstellung"; 4. Auflage; 1981; C.F. Müller; Heidelberg
(Zitiert: Würdinger S.)

Wymeersch, Eddy: „Die Harmonisierung des Gesellschaftsrechts im Zeitalter des Internets"; Festschrift für Marcus Lutter zum 70. Geburtstag (Hrsg.: Schneider, Uwe H.; Hommelhoff, Peter; Schmidt, Karsten; Timm, Wolfram; Grunewald, Barbara; Drygala, Tim); Otto Schmidt; Köln; 2000; S. 213
(Zitiert: Wymeersch in FS Marcus Lutter 2000 S. 213)

Zätzsch, Jörg / Gröning, Moritz: „Neue Medien im deutschen Aktienrecht: Zum RefE des NaStraG"; NZG 2000 S. 393
(Zitiert: Zätsch/Gröning NZG 2000, 393)

Zeilinger, Andreas: „Die Einberufung der Gesellschafterversammlung – Fallstricke für die Wirksamkeit von Gesellschafterbeschlüssen"; GmbHR 2001 S. 541
(Zitiert: Zeilinger GmbHR 2001, 541)

Zetzsche, Dirk (Hrsg.): „Die Virtuelle Hauptversammlung – Aktionärsbeteiligung via Internet aus juristischer und betriebswirtschaftlicher Sicht mit Erfahrungsberichten"; Erich Schmidt Verlag GmbH & Co; Berlin; 2002
(Zitiert: Autor in Zetzsche S.)

Zöllner, Wolfgang: „Beschluss, Beschlussergebnis und Beschlussergebnisfeststellung"; Festschrift für Marcus Lutter zum 70. Geburtstag (Hrsg.: Schneider, Uwe H.; Hommelhoff, Peter; Schmidt, Karsten; Timm, Wolfram; Grunewald, Barbara; Drygala, Tim); Otto Schmidt; Köln; 2000; S. 821
(Zitiert: Zöllner in FS Marcus Lutter 2000 S. 821)

Zöllner, Wolfgang: „Das Teilnahmerecht der Aufsichtsratsmitglieder an Beschlussfassungen der Gesellschafter bei der mitbestimmten GmbH"; Festschrift für Robert Fischer; (Hrsg.: Lutter, Marcus; Stimpel, Walter; Wiedemann, Herbert); Walter de Gruyter; Berlin; 1979; S. 905
(Zitiert: Zöllner in FS Fischer 1979 S. 905)

Zöllner, Wolfgang: „Die Ausübung des Stimmrechts für fremde Aktien durch die Aktiengesellschaft auf ihrer eigenen Hauptversammlung"; Festschrift für Harry Westermann zum 65. Geburtstag; (Hrsg. Hefermehl, Wolfgang; Gmür, Rudolf; Brox, Hans); C.F. Müller; Karlsruhe; 1974; S. 603
(Zitiert: Zöllner in FS Harry Westermann 1974 S. 603)

Zöllner, Wolfgang: „Die Konzentration der Abstimmungsvorgänge auf großen Hauptversammlungen"; ZGR 1974 S. 1
(Zitiert: Zöllner ZGR 1974, 1)

Zöllner, Wolfgang: „Inhaltsfreiheit bei Gesellschaftsverträgen"; Festschrift 100 Jahre GmbH-Gesetz (Hrsg.: Lutter, Marcus; Ulmer, Peter; Zöllner, Wolfgang); Verlag Otto Schmidt KG; Köln; 1992; S. 85
(Zitiert: Zöllner in FS 100 Jahre 1992 S.)

Zöllner, Wolfgang (Hrsg): „Kölner Kommentar zum Aktiengesetz"
Band I §§ 1-147 AktG; Carl Heymanns Verlag KG; Köln 1985
(Zitiert: Bearbeiter in Köln Komm §... Rn)

Zöllner, Wolfgang: „Zu Schranken und Wirkung von Stimmbindungsverträgen, insbesondere bei der GmbH" ; ZHR 155 (1991) S. 168
(Zitiert: Zöllner ZHR 155 (1991), 168)

Zutt, Jürg: „Stimmbindungen gegenüber Dritten – Ergebnisse einer Umfrage"; ZHR 155 (1991) S. 213
(Zitiert: Zutt ZHR 155 (1991), 213)

Zwissler, Thomas: „Gesellschafterversammlung und Internet"; GmbHR 2000 S. 28
(Zitiert: Zwissler GmbHR, 28)

Saarbrücker Studien zum Privat- und Wirtschaftsrecht

Herausgeber:
Johann Paul Bauer, Michael Martinek und Helmut Rüßmann

Band 1 Susanne Jaschinski: Die Haftung von Schwestergesellschaften im GmbH-Unterordnungskonzern. Ein Beitrag zum Konzernverfassungsrecht. 1997.

Band 2 Roman Sascha Ahnert: Die *actio individualis*. Ein Beitrag zur verfassungsrechtlichen Fundierung der Aktionärsklage bei sogenannten Aktien-Interessenverbänden. 1997.

Band 3 Torsten Peters: Der Cateringvertrag. Rechtstatsachen, Rechtsnatur und Rechtsprobleme eines modernen Dienstleistungsvertrags. 1998.

Band 4 Michael Meissner: Persönlichkeitsschutz juristischer Personen im deutschen und US-amerikanischen Recht. Eine rechtsvergleichende Untersuchung des allgemeinen Persönlichkeitsrechts juristischer Personen. 1998.

Band 5 Thomas Tegen: Joint Venture-Vertrag und Projektträgergesellschaft im amerikanischen und deutschen Recht. 1998.

Band 6 Gerhard Wolter: Treuhandrecht im Umbruch? Ein Blick nach Frankreich, Luxemburg, in die Schweiz und in den Libanon sowie auf das Haager Trust-Übereinkommen. 1999.

Band 7 Thomas Dehlfing: Das Recht der irreführenden Werbung in Deutschland, Großbritannien und Frankreich. 1999.

Band 8 Hanno Dornseifer: Börsentermingeschäfte und Börsentermingeschäftsfähigkeit. Zur börsengesetzlichen Behandlung von finanzwirtschaftlichen Festgeschäften, Options- und Optionsscheingeschäften. 1999.

Band 9 Patrick Lenz: Absatzförderung durch *zinssubventionierte* Darlehen. Eine wettbewerbs- und kartellrechtliche Studie zur Zulässigkeit von Niedrigzins-Kreditangeboten unter besonderer Berücksichtigung des Automobilmarktes. 1999.

Band 10 Mansur Pour Rafsendjani: Der Goodwill-Ausgleichsanspruch des Franchisenehmers. Ein Vergleich des deutschen, französischen und US-amerikanischen Franchiserechts. 1999.

Band 11 Jörg Hartmann: Juristische und ökonomische Regelungsprobleme des Insiderhandels. Eine rechtsvergleichende Darstellung USA – Deutschland. 1999.

Band 12 David Altmeier: Rückstellungsbilanzierung in Deutschland und Frankreich. Eine vergleichende Untersuchung der französischen Rückstellungsbilanzierung aus der Perspektive des deutschen Bilanzrechts. 1999.

Band 13 Barbara Günther: Aktivische Bilanzierungshilfen im deutschen und französischen Bilanzrecht. 1999.

Band 14 Bernhard Glasow: Vertikale Preisbindung, Wettbewerbstheorie und Wettbewerbsrecht in den USA, Deutschland und Europa. Bestandsaufnahmen, Kritik und Zukunftsperspektiven. 2000.

Band 15 Dorota Nowak-James: Der Börsenzugang für Anleger in Deutschland und Polen. Eine rechtsvergleichende Untersuchung zum deutschen Finanzkommissionsgeschäft und zum polnischen Brokerauftragsvertrag. 2000.

Band 16 Mathias Queck: Der Nießbrauch am Anteil einer offenen Handelsgesellschaft. Eine Form der (un-)mittelbaren Unternehmensbeteiligung. 2000.

Band 17 Ina Roth: Umweltbezogene Unternehmenskommunikation im deutschen und europäischen Wettbewerbsrecht. 2000.

Band 18 Jörg Preiss: Die Anwendung des markenrechtlichen Erschöpfungsgrundsatzes auf Dienstleistungsmarken. 2000.

Band 19 Kevin M. McDonald: Der Begriff der Dienstleistung im europäischen Binnemarkt und WTO-System (GATS). 2001.

Band 20 Carolin Opgenhoff: Die europäische Fusionskontrolle zwischen Wettbewerbsrecht und Industriepolitik. 2001.

Band 21 Susanne Schäfer: Die Deliktsfähigkeit juristischer Personen. Eine rechtsvergleichende Untersuchung zur Übertragbarkeit des englischen Modells. 2001.

Band 22 Kay Diedrich: Die Interventionswirkung – Ausprägung eines einheitlichen Konzepts zivilprozessualer Bindungswirkung. 2001.

Band 23 Michael Fröhlich: Zentrale Institutionen des deutschen Urheberrechts und des französischen Droit d'auteur auf dem Prüfstand der elektronischen Netzwerke. 2001.

Band 24 Joël Benjamin Münch: Abtretungsverbote im deutschen und französischen Recht. Rechtsvergleichende Untersuchung der Übertragungshindernisse im deutschen und französischen Forderungsverkehr als Beitrag zu einer weiteren Schuldrechtsvereinheitlichung in Europa. 2001.

Band 25 Monika Prieß: Der Begriff des Sachmangels im deutschen und englischen Kaufrecht. Reformbedarf aufgrund der Verbrauchsgüterkauf-Richtlinie 1999/44/EG. 2001.

Band 26 Katharina Siegel: Produkthaftung im polnischen, tschechischen und slowenischen Recht. 2001.

Band 27 Carolin Kühne: Die gesetzliche Form der Rechtsgeschäfte im deutschen und italienischen Recht. Eine rechtsvergleichende Untersuchung. 2002.

Band 28 Nina Scherf: Die Nachschußpflicht im Gesellschaftsrecht. Eine rechtsformübergreifende Bestandsaufnahme, Analyse und Kritik. 2002.

Band 29 Marc Laukemann: Fernsehwerbung im Programm. Die zunehmende Kommerzialisierung des Fernsehprogramms im Zeitalter einer Ökonomisierung der Aufmerksamkeit als verfassungs-, wettbewerbs- und rundfunkrechtliches Problem. 2002.

Band 30 Michael Bo Jaspers: Nachträgliche Rechtswahl im internationalen Schuldvertragsrecht. Unter besonderer Berücksichtigung der Rechtspraxis in England, Frankreich, Dänemark und Deutschland. 2002.

Band 31 Christina Pernice: Die Insolvenzverschleppung durch das Geschäftsführungsorgan der kleinen Kapitalgesellschaft im deutschen, französischen und englischen Recht. Eine rechtsvergleichende Untersuchung zur Entwicklung eines europäischen Lösungsansatzes. 2002.

Band 32 Anne Christine Janert: Der sachliche und persönliche Anwendgunsbereich des deutschen Verbraucherkeditrechts und des britischen Consumer Credit Act 1974. Ein Beitrag zu den Möglichkeiten und Grenzen verbraucherrechtlicher Harmonisierung in Europa. 2002.

Band 33 Annette Trost: Faktische Sitzverlegung unter Sitz- und Gründungstheorie im Vergleich. Unter besonderer Berücksichtigung ihrer gesellschafts- und zivilrechtlichen Folgewirkungen. 2003.

Band 34 Esther Cordula Hilpert: Die Gründerhaftung in der Gesellschaft mit beschränkter Haftung in Deutschland, Frankreich und England. 2003.

Band 35 Wei-ming Liao: Die Schiedsgerichtsbarkeit in Taiwan. Unter besonderer Berücksichtigung der internationalen Handelsschiedsgerichtsbarkeit und mit Hinweisen zu der Entwicklung in Deutschland. 2003.

Band 36 Stefan Stork: Sitzverlegung von Kapitalgesellschaften in der Europäischen Union. Zur Reichweite der Niederlassungsfreiheit unter Berücksichtigung der positiven und der negativen Integration. 2003.

Band 37 Marc Pfeffer: Interbrand-Kartellverbot und Intrabrand-Vereinbarungen. Die Ablösung horizontaler und vertikaler Eingriffsmerkmale im GWB zu Gunsten einer Betrachtung produktexterner und -interner Wettbewerbsfaktoren. 2003.

Band 38 Nicole Burkardt: Der arbeitsrechtliche Aufhebungsvertrag. Einvernehmliche Beendigung von Arbeitsverhältnissen unter Berücksichtigung der Rechtslage nach der Schuldrechtsreform. 2004.

Band 39 Christian Schmeling: Die Entlastung von Mitgliedern geschäftsführender Organe im Recht der Kapitalgesellschaften. Eine rechtsvergleichende Studie zum deutschen, schweizerischen und französischen Recht. 2004.

Band 40 Andreas Wolf: Wege zur virtuellen Haupt- und Gesellschafterversammlung. Eine vergleichende Untersuchung über die Einbeziehung elektronischer Medien in die Hauptversammlung einer Aktiengesellschaft und die Gesellschafterversammlung einer GmbH. 2004.

FSC
www.fsc.org
MIX
Papier | Fördert gute Waldnutzung
FSC® C083411

Kolibri 360 GmbH
Ferdinand-Jühlke-Straße 7
99095 Erfurt, Deutschland
produktsicherheit@kolibri360.de

Druck:
CPI Druckdienstleistungen GmbH
im Auftrag der
Kolibri 360 GmbH
Ferdinand-Jühlke-Str. 7
99095 Erfurt